SÜDWESTDEUTSCHE SCHRIFTEN

Herausgeber: W. v. Hippel, Ch. Jentsch, K. Schönhoven

14

Schriftleitung:

Rainer Joha Bender

Christiane Grosser, Thomas Grosser,
Rita Müller, Sylvia Schraut

Flüchtlingsfrage - das Zeitproblem

Amerikanische Besatzungspolitik, deutsche Verwaltung
und die Flüchtlinge in Württemberg-Baden
1945 - 1949

Institut für Landeskunde und Regionalforschung der Universität Mannheim

1993

Im Selbstverlag des Instituts für Landeskunde
und Regionalforschung der Universität Mannheim

Bezug und Schriftentausch auf Anfrage

ISBN 3-87804-225-6

Umschlag: Marianne Mitlehner
Layout: Silke Riedinger
Gesamtherstellung nach Layout: pocket edition printing gmbh
6100 Darmstadt

(c) Institut für Landeskunde und Regionalforschung
der Universität Mannheim 1993
Alle Rechte vorbehalten

Vorwort

Die Schriftenreihe des Instituts für Landeskunde und Regionalforschung der Universität Mannheim verfolgt das Ziel, die Ergebnisse einschlägiger wissenschaftlicher Arbeit einem breiteren Publikum zugänglich zu machen. Die vorliegende Veröffentlichung gilt einem der zentralen Themen der deutschen Nachkriegsgeschichte und bietet erste Teilergebnisse aus dem Projekt "Die Integration der Flüchtlinge und Heimatvertriebenen in Baden und Württemberg nach 1945", das unter Leitung des Unterzeichneten am Seminar für Neuere Geschichte der Universität Mannheim angesiedelt ist. Die einzelnen Beiträge leuchten wichtige Aspekte der vielschichtigen Thematik aus. Sie tun dies bei allen Unterschieden des inhaltlichen und methodischen Zugriffs stets mit Blick auf den regionalen Kontext, in dem das Forschungsprojekt angesiedelt ist. Gerade derartige 'Regionalisierung', ja teilweise sogar 'Lokalisierung' bietet die Möglichkeit, bei der Behandlung der Integrationsproblematik die wünschenswerte Tiefenschärfe zu erreichen. Diese aber ist eine entscheidende Voraussetzung dafür, allzu generelle Aussagen und Einschätzungen zu differenzieren, in Frage zu stellen und zu überwinden, und kann damit wiederum über den regionalen Kontext hinaus den allgemeinen Wissenschaftsdiskurs zum Thema fördern. Jeder der nun vorgelegten Aufsätze trägt hierzu seinen Teil bei. Frau Sylvia Schraut und Herr Thomas Grosser, die den Band eigenverantwortlich betreut haben, skizzieren einleitend Forschungsfeld und Forschungsstand und ordnen hierbei die einzelnen Beiträge in übergreifende Zusammenhänge ein, so daß sich weitere Erläuterungen an dieser Stelle erübrigen. Dem Unterzeichneten bleibt daher nur noch die angenehme Pflicht, dem Ministerium für Wissenschaft und Forschung des Landes Baden-Württemberg und der Stiftung Volkswagenwerk für ihre Förderung des Gesamtprojekts herzlich zu danken und dem neuesten Band der "Südwestdeutschen Schriften" viele ebenso interessierte wie kritische Leserinnen und Leser zu wünschen.

Mannheim, im April 1993

Wolfgang v. Hippel

Inhaltsverzeichnis

Thomas Grosser und **Sylvia Schraut**	*Flüchtlingsflut* als *Zeitproblem*. Einleitende Vorbemerkungen	1
Thomas Grosser	Das Assimilationskonzept der amerikanischen Flüchtlingspolitik in der US-Zone nach 1945	11
Thomas Grosser	*Wir brauchten sie nicht zu nehmen, sind aber froh gewesen, daß sie hier gewesen sind.* Die Aufnahme der Heimatvertriebenen und SBZ-Flüchtlinge in Mannheim 1945 - 1960	55
Sylvia Schraut	Von der politischen Entmachtung der Großgrundbesitzer zum Siedlungsgesetz. Die Bodenreform und das Flüchtlingsproblem in der amerikanischen Besatzungszone am Beispiel Württemberg-Badens (1945 - 1949)	129
Sylvia Schraut	Zwangswanderung nach 1945 und ihre sozialen Folgen. Die Aufnahme der Flüchtlinge und Ausgewiesenen in Württemberg-Baden 1945 - 1949	164
Rita Müller	Von den Schwierigkeiten einer Bergstraßengemeinde im Umgang mit den Heimatvertriebenen. Dossenheim 1945 - 1950	197
Christiane Grosser	Möglichkeiten und Probleme der retrospektiven Zeitzeugenbefragung aus sozialpsychologischer Sicht	224

Flüchtlingsflut als *Zeitproblem*
Einleitende Vorbemerkungen
Thomas Grosser und Sylvia Schraut

Die Aufnahme der Flüchtlinge und Heimatvertriebenen wird als eines der gravierendsten Strukturprobleme der deutschen Nachkriegsgeschichte angesehen, und deren auf den ersten Blick überraschend schnelle und scheinbar auch problemlose Eingliederung erschien lange geradezu toposhaft als eine der größten Leistungen der Nachkriegsgesellschaft. Daß sie durch das sogenannte Wirtschaftswunder begünstigt wurde, tat diesem Befund keinen Abbruch. Seine Pauschalität resultierte wesentlich aus der Erleichterung, daß die befürchtete politische Radikalisierung dieses potentiellen 'fünften Standes' ebenso ausgeblieben war wie eine sozio-ökonomische Destabilisierung der Verhältnisse in der sich innen- und außenpolitisch konsolidierenden Bundesrepublik Deutschland. Diese Einschätzung, die aus der Perspektive der 1960er und 1970er Jahre getroffen wurde und in den *Mythos der schnellen Integration* mündete,[1] wurde durch den Umstand begünstigt, daß mittlerweile die intensive Flüchtlings- und Vertriebenenforschung der 1950er Jahre in eine Phase der Stagnation getreten war.[2] Zudem schienen gerade ihre nationalökonomischen Integrationsmaßstäbe, die vorwiegend nach der Bedeutung der Zwangszuwanderer als 'Antrieb' oder 'Belastung' für die Nachkriegswirtschaft fragten, die auch politischerseits erwünschte Annahme zu bestätigen, man könne ihre Integration als erreicht ansehen. Den nicht aus der amtlichen Statistik direkt und problemlos ablesbaren Dimensionen der jenseits äußerlicher Indikatoren liegenden sozialen, kulturellen und psychologischen Integration ging man nicht weiter nach, obwohl sie von der zeitgeschichtlichen, volkskundlichen und sozialwissenschaftlichen Forschung in Ansätzen durchaus thematisiert worden waren. Derartigem Desinteresse lag unter anderem auch der Umstand zugrunde, daß die Politik der Vertriebenenverbände sich öffentlichkeitswirksam nur noch auf die mit Flucht und Vertreibung verbundenen außenpolitischen Konfliktfelder konzentrierte und nicht zuletzt dadurch ins Abseits des allgemeinen innenpolitischen Klimas geriet.

Seit Beginn der 1980er Jahre hat sich die Forschungssituation indessen aus vielerlei Gründen verändert. Durch die Öffnung der staatlichen Archive der ehemaligen westlichen Besatzungsmächte und den mit Ablauf der dreißigjährigen Sperrfrist nun auch möglichen Zugriff auf die Akten des Bundes, der Bundesländer, Kreise und Kommunen verbesserte sich die Überlieferungs- und Datenlage nachhaltig. Der größere zeitliche Abstand zu den Ereignissen und Strukturveränderungen ermöglichte den Blick auf ihre langfristigen Auswirkungen, und das Selbstverständnis der sich nun mehr und mehr als historische Sozialwissenschaft begreifenden Geschichtswissenschaft wandelte sich ebenso wie das der traditionellen Volkskunde, die sich zunehmend als historisch-empirische Kulturwissenschaft verstand. Nicht zuletzt gerieten so die Bereiche der Alltags- und Mentalitätsgeschichte verstärkt in den Blick. Damit waren die Voraussetzungen gegeben, die Ergebnisse der traditionellen ereignis-, politik-, verwaltungs- und

---

1 Vgl. dazu: LÜTTINGER (1986); DERS. (1989).
2 Vgl. zur Bilanzierung der frühen Flüchtlings- und Vertriebenenforschung: LEMBERG & EDDING (Hgg.) (1959); zum folgenden vgl. die neueren Forschungsberichte: BRELIE-LEWIEN (1987); SYWOTTEK (1989); HAERENDEL (1990).

institutionengeschichtlichen Zugänge neu zu bewerten und in umfassendere Kontexte einzubetten.[3] Verbunden mit dem Wechsel zu einer weder von Berührungsängsten, Verdrängungsmechanismen, Konfliktabstinenz noch von latenten außen- wie innenpolitischen Rücksichten beeinflußten Forschergeneration erfolgte die Entwicklung neuer Fragestellungen, der Einsatz verfeinerter Methoden und die Erweiterung der Forschungsperspektiven. Die Impulse der historischen Migrationsforschung trugen dazu ebenso bei wie ein nicht unerheblicher Wandel des nun nicht mehr weitgehend ökonomisch oder soziostrukturell verengten Integrationsbegriffs, der in den Sozialwissenschaften stattfand. Denn vor dem Hintergrund der Zuwanderung ausländischer Arbeitnehmer sowie der Asylproblematik erfolgte eine weitere Sensibilisierung für die komplexe Flüchtlingsproblematik. Dadurch intensivierte und differenzierte sich die wissenschaftliche Beschäftigung mit der Aufnahme und dem Schicksal der Flüchtlinge und Vertriebenen in der westdeutschen Nachkriegsgesellschaft. Doch bestehen noch immer weitreichende Desiderate, wie nicht nur die jüngste *Bilanzierung der Forschung* und die entsprechend entwickelten *Perspektiven für die künftige Forschungsarbeit* zeigen.[4]

Dies gilt zunächst für die noch immer ungenügende Verzahnung zwischen der allgemeinen zeitgeschichtlichen Forschung auf der einen Seite, die aus ihrer Perspektive die Flüchtlings- und Vertriebenenproblematik noch kaum ausreichend berücksichtigt hat, und den spezielleren Untersuchungen zu dieser Thematik auf der anderen Seite, die bislang die politik-, institutionen-, verwaltungs-, aber auch die sozial- und wirtschaftspolitischen Rahmenbedingungen nur sehr selektiv in Anschlag brachten. Insbesondere die wissenschaftliche Auseinandersetzung mit der alliierten Besatzungspolitik hat bisher auf eine Berücksichtigung des Flüchtlingsthemas nahezu gänzlich verzichtet. So sind zwar die Grundzüge alliierter Besatzungspolitik mittlerweile ebenso analysiert worden wie einzelne spezielle Themenkomplexe, die die besatzungspolitischen Weichenstellungen für die Entwicklung Nachkriegsdeutschlands betreffen, doch hat man dabei der Bedeutung, die der Aufnahme und Eingliederung der Millionen Zwangswanderer zukam, noch keineswegs ausreichende Aufmerksamkeit geschenkt. Umgekehrt lassen die Spezialstudien zum Flüchtlingsschicksal die Rahmenbedingungen und Vorgaben der alliierten Besatzungspolitik weitgehend außer acht, obwohl gewichtige Vorentscheidungen für die Flüchtlingsaufnahme und deren Integrationsbedingungen auf die Einflußnahmen der Besatzungsmächte zurückzuführen sind. Dies gilt nicht nur für die Sowjetische und die Französische Besatzungszone, für die sich die Quellenlage aus politischen Gründen besonders schwierig gestaltet.[5] Auch für die britische Besatzungspolitik liegen lediglich erste Ansätze für Analysen vor,[6] die die allgemeinen Leitkonzepte der Militärregierungen für die Flüchtlings- und Vertriebenenpolitik der ersten Nachkriegszeit wie auch deren Auswirkungen für bestimmte Gesetzgebungsprozesse betreffen. Dieses Defizit besteht schließlich erstaunlicherweise in besonderem Maße auch für die Amerikanische Besatzungszone. So widmet keine der einschlägigen Arbeiten zur amerikanischen Besatzungspolitik der Flüchtlingsfrage größeres Interesse,[7] obwohl viele be-

---

3   Vgl. dazu den Erstansatz einer Neubewertung der älteren Forschungsergebnisse bei: WALDMANN (²1987).
4   SCHULZE, BRELIE-LEWIEN & GREBING (Hgg.) (1987).
5   Vgl. dazu neuerdings: SOMMER (1990); MEINECKE (1991).
6   Vgl. dazu: WIESEMANN (1985).
7   Die frühen Studien zur amerikanischen Besatzungspolitik von amerikanischer Seite kommen nahezu ganz ohne Thematisierung der Flüchtlingsfrage aus; stellvertretend für viele sei hier ZINK (1947)

satzungspolitische Diskussionen innerhalb der amerikanischen Instanzen deutlich von den sozialen und wirtschaftlichen Konsequenzen der demographischen Verschiebungen mitbeeinflußt wurden. Weder der Umfang und Inhalt der amerikanischen Nachkriegsplanung, die Struktur und Veränderung der entsprechenden Konzeptionen, ihre besatzungspolitische Umsetzung und Auswirkungen noch der Handlungsspielraum der deutschen Behörden wurden bislang untersucht. Diese Lücken sucht der nachfolgende Beitrag Thomas Grossers zum Assimilationskonzept der amerikanischen Flüchtlingspolitik in der US-Zone nach 1945 zu schließen.

Daß das Flüchtlingsthema innerhalb der Diskussion um die amerikanische Besatzungspolitik bisher mehr oder minder ausgeblendet wurde, mag durch die Konzentration der Forschung auf die Politik der obersten hierarchischen Ebenen der Militärregierung in Berlin und der Ministerien in den USA mitverursacht worden sein. In der Regel standen Clay als Repräsentant und Verkörperung der Militärregierungspolitik und seine Auseinandersetzung mit den konkurrierenden Departments der US-Regierung im Mittelpunkt, wenn es um die deutsche Teilung und die sozialen wie politischen Weichenstellungen für die Bundesrepublik ging.[8] Doch die Person Clays darf nicht mit der Militärregierung in ihrem komplexen Gefüge gleichgesetzt werden, auch wenn sein Einfluß auf allen Hierarchieebenen der Militärregierungen der Zone und der Länder durchaus spürbar war. Und daß in öffentlichen Verlautbarungen der amerikanischen Besatzungskräfte und der Repräsentanten der amerikanischen Regierung 'vornehme Zurückhaltung' bezüglich der Zwangswanderer geübt wurde, sollte, wie die interne Aktenlage des Office of the Military Government in Germany of the United States (OMGUS) zeigt, mehr als Hinweis auf die politische Sensibilität des Themas denn als Desinteresse interpretiert werden.

Die Entscheidungsprozesse innerhalb von OMGUS waren keineswegs so eindimensional zentralistisch hierarchisch strukturiert, wie dies von einer Militäreinrichtung zu erwarten wäre. Amerikanische Besatzungspolitik wurde nicht nur in Berlin gemacht. Es standen sich vielmehr mehrere Militärregierungsinstanzen gegenüber, die sich in Kompetenzen, Sachfragen und Einflußnahmen überlappten. Konkurrierten in den ersten Besatzungsmonaten Behörden in den noch nicht aufgelösten Headquarters des United States Forces European Theater (USFET) in Frankfurt a. M. und in der frisch etablierten Militärregierung in Berlin (OMGUS), so gliederte sich auch nach Auflösung dieser Doppelbehörden die Militärregierung in thematisch und regional begründete, in Sachfragen durchaus konkurrierende Unter- und Nebenabteilungen auf. Die 'großen' Fragen der Politik im alliierten Kontrollrat und der Richtlinien der Besatzungspolitik waren zwar den Instanzen von OMGUS Berlin vorbehalten. Sie, die bisher am besten erforscht wurden, spiegeln jedoch weitaus mehr die von der amerikanischen Außenpolitik bestimmten Auseinandersetzungen zwischen den Alliierten und innerhalb der amerikanischen innenpolitischen Kräfte wider als das eigentliche Geschehen in der amerikanischen Besatzungszone. Von Zwangsmigration ist auf dieser Ebene recht wenig die Rede. Doch schon die Diskussionsprozesse innerhalb der fachlich organisierten Divisions und zwischen ihnen machen deutlich, wie sehr die Flüchtlingsfrage in alle möglichen Entscheidungsprozesse Eingang fand. Wie die Beschäftigung mit den OMGUS-Akten zeigt, war der Spielraum, der unterhalb der obersten Ent-

---

genannt. Auch der einschlägige Experte John Gimbel behandelt amerikanische Besatzungspolitik in erster Linie aus der Sicht der großen Besatzungspolitiklinien und kann damit auf die Flüchtlingsfrage verzichten, vgl. GIMBEL (1968).

[8] Vgl. KRIEGER (1987).

scheidungsebenen angesiedelten Divisions und Detachments gar nicht so klein, und er wurde deutlich von ihren Führungspersönlichkeiten geprägt. So lassen sich für viele Sachfragen divergierende Einschätzungen und Handlungsanweisungen aus den einzelnen Abteilungen der Militärregierung bezüglich der Flüchtlingsfrage nachweisen. Für die Durchsetzung der bei OMGUS Berlin erarbeiteten Richtlinien vor Ort waren die jeweiligen Landesmilitärregierungen zuständig. Zwar erhielten sie ihre grundsätzlichen Anweisungen aus Berlin, doch wie die allgemeinen Leitlinien in die konkrete Praxis umzusetzen waren, blieb den jeweiligen Landesmilitärregierungen und ihren regionalen Untergliederungen überlassen. Daß die Berliner Richtlinien durchaus Interpretationsspielräume auch in Flüchtlingsfragen zuließen, läßt sich an teilweise recht unterschiedlichen Vorgehensweisen in den Ländern der amerikanischen Zone aufzeigen. Mit zunehmender Nähe zu den Problemen vor Ort erfuhren darüber hinaus die Vorgaben aus Berlin Umdeutungen, die sich aus den politischen, sozialen und wirtschaftlichen konkreten Problemen und aus dem Willen, sie zu lösen, ergaben. So wandelte sich insbesondere in den Anfangsjahren der Besatzungszeit die OMGUS-Vorgabe von der ausschließlich deutschen Verantwortung für die Aufnahme der Zwangswanderer in recht konkrete amerikanische Verantwortungsübernahme auf der Länderebene. Massive Interventionen der Besatzungsbehörden vor Ort zugunsten eines Zwangsassimilationsprozesses standen damit einer offiziellen Zurückhaltung in Berlin gegenüber, lange bevor auch in Amerika ein Handlungsbedarf bei der Lösung des deutschen Flüchtlingsproblems anerkannt wurde. Es war dieses öffentliche Schweigen der Repräsentanten der amerikanischen Politik, das es den amerikanischen Politikern im Gefolge des kalten Krieges ermöglichen sollte, die eigene Beteiligung am Vertreibungsvorgang und an den Vorgaben für die Behandlung der Flüchtlinge in der eigenen Zone zu ignorieren.

Amerikanische Politik innerhalb der Zone wurde nicht nur über die regionalen Militärregierungen umgesetzt, sondern bediente sich auch der Beeinflussung von Gesetzgebungsprozessen auf deutscher Seite. Diese gingen in den ersten Jahren der Besatzungszeit in der Regel vom Stuttgarter Länderrat aus, bevor sie auf wirtschaftlichem Gebiet dem Frankfurter Wirtschaftsrat übertragen wurden. Eigens zur Kontrolle und 'Beratung', aber auch für eigene Gesetzesinitiativen schuf OMGUS als selbständige Militärregierungsinstanz beim Länderrat ein Koordinierungsorgan, das Regional Coordinating Office (RGCO). Es stand in der Anfangszeit unter ziviler Leitung, war außerhalb der sonstigen Militärregierungshierarchien angesiedelt und besaß einen direkten Kommunikationsdraht zu Clay. An den Militärbehörden auf Zonen- und Länderebene vorbei beeinflußte es in hohem Maße sachlich die deutsche Legislative und übernahm darüber hinaus die sachspezifische Koordinierung der jeweils betroffenen Fachleute der Landesmilitärregierungen und der Vertreter von OMGUS Berlin. Jenseits der im öffentlichen Interesse stehenden großen Linien der Besatzungspolitik schlug sich hier in praktischer gesetzgeberischer Kleinarbeit der Einfluß der amerikanischen Besatzungsmacht auf die deutsche Gesetzgebung der Zone nicht nur, aber ganz besonders auch in rechtlichen Fragen der Flüchtlingsaufnahme nieder. Der Beitrag von Sylvia Schraut veranschaulicht am Beispiel der umstrittenen Bodenreform das komplexe Kräfteverhältnis in den frühen Gesetzgebungsprozessen und den Einfluß, den die Flüchtlingsfrage auf sie besaß. Anhand der Bodenreformfrage läßt sich vorzüglich aufzeigen, wie jenseits der großen Linie, den Zwangszuwanderern keinen Sonderstatus einzuräumen, im Spezialfall durchaus ein Sonderprogramm für Flüchtlinge auf dem deutschen Gesetzeswege initiiert werden sollte.

Auch hinsichtlich der sozio-ökonomischen Strukturprobleme, die die Verteilung und Aufnahme der Zwangszuwanderer mit sich brachten, und hinsichtlich der regional wie lokal unterschiedlichen Rahmenbedingungen für deren Eingliederung besteht ein grundsätzlicher Bedarf an differenzierteren Analysen. Zwar wurden in den 1950er Jahren in einer Schriftenreihe des 'Vereins für Socialpolitik' flächendeckende Studien auf der Ebene der Bundesländer erstellt, die auf den Daten der amtlichen Statistik beruhen. Indessen waren sie überwiegend volkswirtschaftlich ausgerichtet und wiesen einen nur ungenügenden regionalen Binnendifferenzierungsgrad auf, da ihre kleinsten Analyseeinheiten vorwiegend auf Regierungsbezirks- und nur zuweilen bis auf Kreisebene herunterreichten.[9] Darüber hinaus leistete auch die zeitgenössische Soziogeographie, die sich angeregt von den Wanderungsbewegungen der Nachkriegszeit den sozialen Strukturveränderungen auf Gemeindeebene zuwandte, wichtige Vorarbeiten. Gerade für Württemberg-Baden liegen umfangreiche veröffentlichte Gemeindetypisierungen vor. Angesichts der eingeschränkten Möglichkeiten zur Quantifizierung, die noch auf das Anlegen von Strichlisten zurückgreifen mußte, konnten sie jedoch in den 1950er Jahren nicht differenziert ausgewertet und nicht in Zusammenhang mit der öffentlichen Statistik gebracht werden.[10] Für eine sinnvolle Verbindung der Deskription wie Analyse der Makro- und Mikrostrukturen ist deshalb eine Neuaufbereitung der umfangreichen zeitgenössischen Statistik unter neuen Gesichtspunkten unabdingbar. Im Rahmen des Mannheimer Forschungsprojekts zur 'Integration der Flüchtlinge und Heimatvertriebenen in Baden-Württemberg nach 1945' wurde daher ein EDV-Datensatz angelegt, der bis auf Gemeindeebene hinunter Informationen der amerikanischen Militärregierungsstatistik, der veröffentlichten deutschen Wohn-, Bevölkerungs- und Wahlstatistik und Soziogeographie verknüpft. Damit wurde es möglich, die bisher stets gewählte, nur unter Verwaltungsgesichtspunkten gegliederte Einteilung des Kreises zu brechen und bis auf den jeweiligen soziökonomischen Gemeindetyp hinunter soziale, wirtschaftliche und politische Bedingungen der Flüchtlingsaufnahme zu beleuchten. Erste auf diesem Datensatz beruhende Ansätze zu einer strukturell und regional differenzierten Analyse der sozialen Aufnahmebedingungen, auf die die Zwangsmigranten in den Gemeinden trafen, liefert der Aufsatz von Sylvia Schraut zur Zwangswanderung nach 1945 und ihren sozialen Folgen, der die Aufnahme der Flüchtlinge und Ausgewiesenen in Württemberg-Baden im Zeitraum 1945 bis 1949 behandelt. Lassen sich bereits aus der Neuperspektivierung der umfangreichen amtlichen Flüchtlings- und Vertriebenenstatistik auf regionaler Ebene neue Einsichten gewinnen, so gilt dies noch mehr für paradigmatische Lokalstudien, die vor dem Hintergrund der makrostrukturellen Rahmenbedingungen neu angesetzt werden müssen. Zwar hatte die Forschung in den 1950er Jahren durchaus auch auf lokaler Ebene eingesetzt,[11] doch blieben diese Studien letztlich isoliert. Auch neuere Untersuchungen, die zumeist auf Initiative der Kreisverbände der Vertriebenenorganisationen oder der Landratsämter entstanden, weisen nur eine beschränkte Perspektive

---

9   So erschienen in der von Bernhard Pfister herausgegebenen Reihe der Schriften des Vereins für Socialpolitik u.a. die *Untersuchungen zum deutschen Vertriebenen und Flüchtlingsproblem*: KOLLAI (1959); EDDING (1959); SPIETHOFF (1953); STAHLBERG (1957); SERAPHIM (1954); KOERBER (1954); ESENWEIN-ROTHE (1955); WAGNER (1956); MÜLLER (1962).
10 Hier soll vor allem auf die Arbeiten von Paul Hesse verwiesen werden: HESSE (1949).
11 Vgl. dazu für Baden-Württemberg: HETTENBACH (1949); HUND (1950); BOCK (1953); OPITZ (1955); PETER (1955); SCHLAU (1955); BOOS (1958); BAUSINGER, BRAUN & SCHWEDT (1959); GRUDA (1959).

auf, so verdienstvoll diese Versuche einer umfassenden Bestandsaufnahme des noch lokal verfügbaren Quellenmaterials auch zum Teil sein mögen.[12] Vor diesem Hintergrund ist eine Regionalisierung, Subregionalisierung, ja Lokalisierung der Forschung, wie sie in einigen Bundesländern bereits initiiert wurde,[13] notwendig, da es nun möglich sein sollte, auf einer verbreiterten Quellengrundlage nach systematischen Fragestellungen und mit der Perspektive einer Vergleichbarkeit der Integrationsrahmenbedingungen deren Unterschiedlichkeit und die daraus resultierenden Auswirkungen zu analysieren. Dafür bedarf es als Vorbedingung nicht nur einer ganzen Reihe von Studien zu einzelnen Dorfgemeinden, wie sie - zugeschnitten auf den paradigmatischen Problemaspekt der Flüchtlingsaufnahme und Wohnraumversorgung - der Beitrag von Rita Müller für das nordbadische Dossenheim darstellt. Erliegt man nicht einer mit der Erfolgsgeschichte der Bundesrepublik verbundenen Tendenz zur Konfliktabstinenz,[14] die so manche ältere Lokalstudie geprägt hat, so relativiert und differenziert sich das in politischen Sonntagsreden nachträglich gerne gepflegte Bild einer reibungslosen Integration, die in harmonischem Einvernehmen zwischen Alt- und Neubürgerschaft erreicht worden sei. Dies gilt um so mehr, wenn es durch eine vergleichende Perspektive möglich werden wird, im Rahmen einer Analyse der per se konfliktträchtigen, objektiven und strukturell bedingten Probleme der Zuwandererintegration deren jeweilige, lokal sehr unterschiedliche Bewältigung herausarbeiten zu können.

Aber nicht nur die unter anderem je nach Gemeindestrukturtyp zu differenzierenden Verhältnisse auf dem Land, auch die großstädtischen Räume bedürfen noch eingehenderer Analysen. Hier stellte sich das Vertriebenen- und Flüchtlingsproblem zeitverzögert und unter gänzlich anderen Bedingungen als in den mehr oder minder bäuerlich geprägten Dörfern. Da die Zwangsmigranten zunächst in den wenig kriegszerstörten agrarischen Bereichen untergebracht wurden, konzentrierte sich die Forschung bislang überwiegend auf die Landkreise. Die Weiterwanderung der Ausgewiesenen in die Städte, ihre Aufnahme in den häufig hochgradig ausgebombten Ballungsräumen, das dort in den 1950er Jahren schärfer ausgeprägte Zusammentreffen mit dem konkurrierenden Problem der Unterbringung der SBZ-Flüchtlinge, die mit ihrer Kettenwanderung verbundenen endogenen und exogenen Selektionsmechanismen und die urbanen Integrationsrahmenbedingungen in der Nachkriegszeit wurden dagegen kaum untersucht.[15] In diese Forschungslücken zielt die Studie von Thomas Grosser über die Aufnahme der Heimatvertriebenen und SBZ-Flüchtlinge in der Industrie- und Handelsstadt Mannheim. Schließlich hat sich im Zuge der Entdeckung der Alltags- und Mentalitätsgeschichte mit der Befragung von Zeitzeugen in den letzten Jahren auch die Oral-History-Forschung des Flüchtlings- und Vertriebenenthemas angenommen.[16] Über deren sinnvolle Verbindung mit archivalischen Quellenstudien, über die Generalisierbarkeit ihrer Ergebnisse wie über die Validität ihrer

---

12 Vgl. für Baden-Württemberg etwa: LIENERT & LIENERT (1985); LANDKREIS LUDWIGSBURG (Hg.) (1985); STADT NÜRTINGEN (Hg.) (1989); KOLB (1990).
13 Vgl. dazu etwa die aus dem von Helga Grebing geleiteten Arbeitskreis 'Geschichte des Landes Niedersachsen nach 1945' hervorgegangenen Studien: BROSIUS & HOHENSTEIN (1985); KRUG & MUNDHENKE (1988); BRELIE-LEWIEN (1990).
14 Vgl. dazu etwa: DETTMER (1983).
15 Für den städtischen Bereich vgl. beispielsweise: SCHNIER (1980); BAHA (1983). Hinweise zu unterschiedlichen Integrationsrahmenbedingungen in Stadt und Land liefert auch: LEHMANN (1991).
16 Vgl. dazu etwa: PLATO (1985); DERS. (1991); LEHMANN (1991).

Methoden besteht jedoch ein anhaltender Dissens.[17] Unter anderem resultiert dies aus dem Fehlen methodischer Grundlagenreflexionen. Denn auch in einer erfahrungsgeschichtlich orientierten Geschichtswissenschaft 'von unten' wirkt die ideographische Tradition der Historiographie noch immer fort, die deutliche Vorbehalte und Berührungsängste gegenüber den überwiegend quantifizierenden Ansätzen der sozialwissenschaftlichen Nachbardisziplinen und der 'falschen Präzision' ihrer Daten zeigt. Zwar hat die bisherige Praxis der Oral-History-Forschung, mit lebensgeschichtlich orientierten offenen Interviews kleiner und kleinster Befragtenpopulationen deren Lebensverhältnisse zugänglich zu machen, zu illustrativen Befunden und zur Generierung neuer Hypothesen geführt. Doch waren ihre Ergebnisse bislang kaum generalisierbar und wurden kaum in Beziehung gesetzt zu den soziostrukturellen Determinanten des Integrationsvorgangs. Daher wird es in Zukunft darauf ankommen, in enger Verzahnung mit den aus der Dokumentenanalyse archivalischer Quellen möglichen Untersuchungen die unterschiedlichen, auch regional zu differenzierenden und vergleichend zu betrachtenden Rahmenbedingungen systematisch in Anschlag zu bringen. Dies kann im Zuge stärker standardisierter, zum Teil auch hypothesengeleiteter Erhebungen geschehen, wobei das zu analysierende Sample von Zeitzeugen in einem geschichteten Auswahlverfahren rekrutiert und gezielt befragt werden sollte. Die Ausführungen von Christiane Grosser über die methodischen Probleme und Möglichkeiten von Retrospektivbefragungen in diesem Band entstanden im Zusammenhang mit der Vorbereitung einer entsprechend konzipierten Zeitzeugenbefragung zur Flüchtlings- und Vertriebenenintegration im Raum Mannheim und im Landkreis Buchen, deren Ergebnisse an anderer Stelle veröffentlicht werden. Die hier publizierte Studie soll in grundsätzlicher Form dazu beitragen, im Zuge eines Überblicks über die sozialwissenschaftliche, insbesondere sozialpsychologische Forschung zur Retrospektivbefragung das Defizit eines interdisziplinären Dialogs abzubauen und Vorüberlegungen zu einer Ergänzung der bislang in der Oral-History-Forschung üblichen Vorgehensweisen zu liefern.

Die Beiträge des vorliegenden Bandes wurden im Rahmen des von Prof. Wolfgang von Hippel geleiteten Forschungsprojekts über 'Die Integration der Flüchtlinge und Heimatvertriebenen in Baden-Württemberg nach 1945' erarbeitet, das vom Ministerium für Wissenschaft und Forschung des Landes Baden-Württemberg und von der Stiftung Volkswagenwerk gefördert wird. Den genannten Institutionen sei für ihre Unterstützung ebenso gedankt wie den Archivaren im Bundesarchiv Koblenz, im Hauptstaatsarchiv Stuttgart, im Generallandesarchiv Karlsruhe, im Stadtarchiv Mannheim und im Gemeindearchiv Dossenheim für ihre Hilfe bei der Erschließung der einschlägigen Archivalien. Zu danken ist schließlich auch den Herausgebern der Reihe "Südwestdeutsche Schriften", die die Publikation dieses Bandes ermöglichten, und Silke Riediger, die seine technische Redaktion besorgte.

---

17 Vgl. dazu etwa die den Tagungsband von Schulze, Brelie-Lewien & Grebing durchziehenden Kontroversen und insbesondere den Beitrag des wohl bedeutendsten Vertreters der deutschen Oral-History-Forschung: NIETHAMMER (1987) sowie: VORLÄNDER (1990).

Literaturverzeichnis

Baha, Norbert (1983): Wiederaufbau und Integration. Die Stadt Delmenhorst nach 1945, Delmenhorst

Bausinger, Hermann, Braun, Markus & Schwedt, Herbert (1959): Neue Siedlungen. Volkskundlich-soziologische Untersuchungen des Ludwig-Uhland-Instituts Tübingen, Stuttgart

Becker, Joseph, Stammen, Theo & Waldmann, Peter (Hgg.) (^{2}1987): Vorgeschichte der Bundesrepublik Deutschland. Zwischen Kapitulation und Grundgesetz, München

Bock, Gustav (1953): Das donauschwäbische Landvolk in Vergangenheit und Gegenwart. Eine Untersuchung über die Heimatvertriebenen in den nordwürttembergischen Landgemeinden Mergentheim, Schwäbisch Gmünd und Weitlingen, masch. Diss. Hohenheim

Boos, Engelberta (1958): Die wirtschaftliche und soziale Eingliederung von Heimatvertriebenen in die Altstadt Heidelberg. Ein Beitrag zur soziologischen Untersuchung der Heidelberger Altstadt, masch. Diss. Heidelberg

Brelie-Lewien, Doris von der (1987): Zur Rolle der Flüchtlinge und Vertriebenen in der westdeutschen Nachkriegsgeschichte - Ein Forschungsbericht, in: Schulze, Brelie-Lewien & Grebing (Hgg.), 1987, Hildesheim, S. 24 - 45

Brelie-Lewien, Doris von der (1990): 'Dann kamen die Flüchtlinge'. Der Wandel des Landkreises Fallingbostel vom Rüstungszentrum im 'Dritten Reich' zur Flüchtlingshochburg nach dem Zweiten Weltkrieg, Hildesheim

Brosius, Dieter & Hohenstein, Angelika (1985): Flüchtlinge im nordöstlichen Niedersachsen 1945 - 1948, Hildesheim

Dettmer, Frauke (1983): Konflikte zwischen Flüchtlingen und Einheimischen nach Ende des Zweiten Weltkrieges, in: Jahrbuch für ostdeutsche Volkskunde, 26/1983, S. 311 - 324

Edding, Friedrich (1959): Die wirtschaftliche Eingliederung der Vertriebenen und Flüchtlinge in Schleswig-Holstein, Berlin

Esenwein-Rothe, Ingeborg (1955): Die Eingliederung der Flüchtlinge in die Stadtstaaten Bremen und Hamburg, Berlin

Gimbel, John (1968): Amerikanische Besatzungspolitik in Deutschland 1945 - 1949, Frankfurt a. M.

Gruda, Gerd (1959): Die Eingliederung der Heimatvertriebenen als Vorgang der beruflichen Differenzierung mit der Grundeinstellung der positiven Resignation (dargestellt an Hand einer eigenen vergleichenden empirischen Repräsentativuntersuchung in zwei Gemeinden verschiedenen Strukturtyps im westlichen Teile des nordbadischen Förderkreises Buchen), masch. Diss. Münster

Haerendel, Ulrike (1990): Flüchtlinge und Vertriebene in der Bundesrepublik Deutschland. Forschungen zu ihrer Integration, in: Jahrbuch der historischen Forschung in der Bundesrepublik Deutschland, Berichtsjahr 1989, München, S. 35 - 42

Hesse, Paul (1949): Grundprobleme der Agrarverfassung, Stuttgart

Hettenbach, Else (1949): Über das Flüchtlingsproblem im Landkreis Mannheim, masch. Diss. Frankfurt a. M.

Hund, Heinrich (1950): Flüchtlinge in einem deutschen Dorf. Eine soziographische Untersuchung über den wirtschaftlichen und gesellschaftlichen Einbau von Ostvertriebenen in eine Landgemeinde an der Bergstraße (Schriesheim), masch. Diss. Heidelberg

Koerber, Hans-Joachim (1954): Die Heimatvertriebenen und Flüchtlinge aus der Sowjetzone in West-Berlin, Berlin

Kolb, Monika (1990): Flüchtling, Neubürger, Unterländler. Aufnahme und Eingliederung der Vertriebenen im Landkreis Heilbronn zwischen 1945 und 1953, Heilbronn

Kollai, Helmut R. (1959): Die Eingliederung der Vertriebenen und Zuwanderer in Niedersachsen, Berlin

Krieger, Wolfgang (1987): General Lucius D. Clay und die amerikanische Deutschlandpolitik 1945 - 1949, Stuttgart

Krug, Martina & Mundhenke, Karin (1988): Flüchtlinge im Raum Hannover und in der Stadt Hameln 1945 - 1952, Hildesheim

Landeszentrale für politische Bildung Baden-Württemberg (Hg.) (1985): Zeugen des Wiederaufbaus, Redaktion: Thomas Schnabel, Villingen-Schwenningen

Landkreis Ludwigsburg (Hg.) (1985): Die Eingliederung der Vertriebenen im Landkreis Ludwigsburg, Ludwigsburg

Lehmann, Albrecht (1991): Im Fremden ungewollt zuhaus. Flüchtlinge und Vertriebene in Westdeutschland 1945 - 1990, München

Lemberg, Eugen & Edding, Friedrich (Hgg.) (1959): Die Vertriebenen in Westdeutschland. Ihre Eingliederung und ihr Einfluß auf Gesellschaft, Wirtschaft, Politik und Geistesleben, 3 Bde., Kiel

Lienert, Eva Maria & Lienert, Wilhelm (1985): Die Eingliederung der Heimatvertriebenen in Schwäbisch Gmünd unter besonderer Berücksichtigung der Vertriebenen aus dem Sudetenland, in: Landeszentrale für politische Bildung Baden-Württemberg (Hg.), 1985, Villingen-Schwenningen, S. 163 - 238

Lüttinger, Paul (1986): Der Mythos der schnellen Integration, in: Zeitschrift für Soziologie 15/1986, S. 20 - 36

Lüttinger, Paul (1989): Integration der Vertriebenen. Eine empirische Analyse, Frankfurt a. M./New York

Meinecke, Wolfgang (1991): Flüchtlinge, Umgesiedelte, Vertriebene in der Sowjetischen Besatzungszone, in: Plato & Meinicke (Hgg.), 1991, Berlin, S. 23 - 81

Müller, Erwin (1962): Die Heimatvertriebenen in Baden-Württemberg, Berlin

Niethammer, Lutz & Plato, Alexander von (Hgg.) (1985): 'Wir kriegen jetzt andere Zeiten'. Auf der Suche nach der Erfahrung des Volkes in nachfaschistischen Ländern (= Lebensgeschichte und Sozialkultur im Ruhrgebiet, Bd. 3), Berlin/Bonn

Niethammer, Lutz (1987): Flucht ins Konventionelle? Einige Randglossen zu Forschungsproblemen der deutschen Nachkriegsmigration, in: Schulze, Brelie-Lewien & Grebing (Hgg.), 1987, Hildesheim, S. 316 - 323

Opitz, Thea (1955): Die Eingliederung der Heimatvertriebenen in ländlichen Orten unter besonderer Berücksichtigung des Landvolks, dargestellt an fünf Gemeinden des Zabergäus im Kreis Heilbronn, masch. Diss. Hohenheim

Peter, Alexander (1955): Die Förderkreise in Nordbaden. Eine Untersuchung von Bevölkerung und Arbeitsmarkt unter besonderer Berücksichtigung der Heimatvertriebenen, masch. Diss. Hohenheim

Plato, Alexander von (1985): Fremde Heimat. Zur Integration von Flüchtlingen und Einheimischen in die Neue Zeit, in: Niethammer & Plato (Hgg.), 1985, Berlin/Bonn, S. 172 - 219

Plato, Alexander von (1991): 'Wir leben auch unter keinem anderen Stern wie ihr'. Eine erfahrungsgeschichtliche Untersuchung mit Umgesiedelten in der SBZ und DDR, in: Plato & Meinicke (Hgg.), 1991, Berlin, S. 83 - 265

Plato, Alexander von & Meinicke, Wolfgang (Hgg.) (1991): Alte Heimat - neue Zeit. Flüchtlinge, Umgesiedelte, Vertriebene in der Sowjetischen Besatzungszone und in der DDR, Berlin

Schlau, Wilfried (1955): Heimatvertriebenes ostdeutsches Landvolk. Ergebnisse einer Untersuchung im Kreise Mergentheim, Marburg

Schnier, Siegfried (1980): Die Aufnahme und Eingliederung von Flüchtlingen und Vertriebenen in der Hansestadt Lübeck, Lübeck

Schulze, Rainer, Brelie-Lewien, Doris von der & Grebing, Helga (Hgg.) (1987): Flüchtlinge und Vertriebene in der westdeutschen Nachkriegsgeschichte. Bilanzierung der Forschung und Perspektiven für die künftige Forschungsarbeit, Hildesheim

Seraphim, Peter-Heinz (1954): Die Heimatvertriebenen in der Sowjetzone, Berlin

Sommer, Michael (1990): Flüchtlinge und Vertriebene in Rheinland-Pfalz. Aufnahme, Unterbringung, Eingliederung, Mainz

Spiethoff, Bodo (1953): Untersuchungen zum bayerischen Flüchtlingsproblem, Berlin

Stadt Nürtingen (Hg.) (1989): Im Schwabenland eine neue Heimat gefunden. Die Eingliederung der Heimatvertriebenen im Altkreis Nürtingen. Katalog zur Ausstellung anläßlich der Heimattage Baden-Württemberg 1989 in Nürtingen, Sigmaringen

Stahlberg, Gertrud (1957): Die Vertriebenen in Nordrhein-Westphalen, Berlin

Sywottek, Arnold (1989): Flüchtlingseingliederung in Westdeutschland. Stand und Probleme der Forschung, in: Aus Politik und Zeitgeschichte, 39/1989, Nr. 51, S. 38 - 46

Vorländer, Herwart (1990): Mündliches Erfragen von Geschichte, in: Vorländer (Hg.), 1990, Göttingen, S. 7 - 28

Vorländer, Herwart (Hg.) (1990): Oral History. Mündlich erfragte Geschichte, Göttingen

Wagner, Helmut (1956): Die Heimatvertriebenen und Sowjetzonenflüchtlinge in Rheinland-Pfalz, Berlin

Waldmann, Peter ([2]1987): Die Eingliederung der ostdeutschen Vertriebenen in die westdeutsche Gesellschaft, in: Becker, Stammen & Waldmann (Hgg.), [2]1987, München, S. 165 - 198

Wiesemann, Falk (1985): Flüchtlingspolitik und Flüchtlingsintegration in Westdeutschland, in: Aus Politik und Zeitgeschichte, 35/1985, Nr. 23, S. 35 - 44

Zink, Harold (1947): American Military Government in Germany, New York

Das Assimilationskonzept der amerikanischen Flüchtlingspolitik in der US-Zone nach 1945[*]

Thomas Grosser

Im Rahmen der intensiven Erforschung der deutschen Nachkriegsgeschichte bildete die amerikanische Besatzungspolitik auf der einen und die Aufnahme der Vertriebenen auf der anderen Seite den Gegenstand zahlreicher Studien.[1] Für den Schnittpunkt beider Themenkreise liegt indessen noch keine detaillierte Untersuchung vor. Zwar ist längst hinlänglich klar, daß die Politik der Besatzungsmächte und insbesondere der USA grundlegende Rahmenbedingungen und wichtige Weichenstellungen für die westdeutsche Nachkriegsentwicklung geschaffen hat. Doch aufgrund der Quellenlage und nicht zuletzt durch eine gewisse Konfliktabstinenz in der Flüchtlingsforschung[2] ist gerade der amerikanische Einfluß auf die Bewältigung der keineswegs unproblematischen Aufnahme und nicht minder konfliktfreien Eingliederung der Flüchtlinge und Vertriebenen bislang kaum beachtet worden. Lediglich die Beteiligung der westlichen Alliierten an den durch das Potsdamer Abkommen sanktionierten immensen Bevölkerungsverschiebungen, die für den westdeutschen Wiederaufbau eines der gravierendsten Strukturprobleme darstellten, wurde bislang eingehender analysiert.[3] Die Grundzüge der Vertriebenenpolitik der alliierten Regierungen und ihrer Besatzungsadministrationen liegen dagegen noch weitgehend im Dunkeln.[4] Dies gilt insbesondere für die USA, deren dominante Bedeutung für die Politik der westlichen Alliierten in anderen Bereichen längst offenkundig geworden ist. Vor diesem Hintergrund stellt sich die Frage nach Umfang und Inhalt der amerikanischen Nachkriegsplanung bezüglich der Aufnahme der Vertriebenen, nach der Struktur und den Veränderungen der entsprechenden Konzeptionen, nach ihrer Umsetzung durch die Besatzungspolitik in der US-Zone sowie nach den Auswirkungen der amerikanischen Flüchtlingspolitik und ihrer Bedeutung für den Handlungsspielraum der deutschen Behörden.

Im Frühsommer 1946, also auf dem Höhepunkt der Massenzwangsevakuierungen, die am 2. August 1945 auf der Potsdamer Konferenz beschlossen worden waren, stellte die für ihre Abwicklung auf amerikanischer Seite zuständige Prisoners of War and Displaced Persons Division des Office of Military Government of the United States (OMGUS) fest: *last fall, when the problem was beginning to develop [...], the problem was completely under-estimated.*[5] Und

---

[*] Diese Studie wurde aus Mitteln der Stiftung Volkswagenwerk gefördert.

[1] Zur Besatzungspolitik, insbesondere der USA, vgl.: LITCHFIELD (Hg.) (1953); ZINK (1957); GIMBEL (1968); LATOUR & VOGELSANG (1973); ESCHENBURG (1983); WOLFE (Hg.) (1984); BENZ (1986); zur bislang kaum und überwiegend in außenpolitischer Hinsicht bearbeiteten Zeit nach 1949 vgl.: RUPIEPER (1991).

[2] Vgl. dazu generell: DETTMER (1983) S. 311 - 324.

[3] Vgl. dazu insbes.: ZAYAS (1981); HENKE (1985) S. 49 - 69.

[4] Vgl. dazu: WIESEMANN (1985) S. 37; punktuelle Hinweise finden sich bei: SCHOENBERG (1970) insbes. S. 43 f.; BEER (1991) insbes. S. 10 f. Noch in neuesten Überblicksdarstellungen wird festgestellt: *Postulat der alliierten Politik war, die Flüchtlinge zu integrieren* (BENZ (1992) S. 382). Derartige Einschätzungen greifen, wie zu zeigen sein wird, in wesentlichen Punkten zu kurz.

[5] RG 260 OMGUS 11-39/1-1. Die Akten des Berliner Office of the Military Government in Germany of the United States liegen - wie auch die in OMGUS aufgegangenen Bestände des United States

dies galt insbesondere hinsichtlich der langfristigen Auswirkungen dieser immensen Bevölkerungsverschiebungen, mit denen sich nun die amerikanische Militärregierung in Deutschland konfrontiert sah: *It is more and more evident at the present that there is no comprehensive, long-range resettlement policy for expellees in the U.S. Zone.*[6] Dies resultierte nicht zuletzt daraus, daß die längerfristigen Folgen von Flucht und Vertreibung für sie *an unexpected postwar problem* darstellten, wie Georg Weiß, der spätere Chief der bescheiden ausgestatteten Refugee Section bei OMGUS,[7] im Dezember 1948 rückblickend konstatierte.[8] Zwar hatten gerade auch die Amerikaner noch während des Krieges frühzeitig der Vertreibung im Prinzip zugestimmt.[9] Doch waren sie dabei von in ihrem Umfang begrenzten, in ihrer zeitlichen Erstreckung entzerrten und in ihrer Durchführung international überwachten Umsiedlungsaktionen ausgegangen. Und diese sollten - so das Committee on Post-War Programs des State Department in einem Memorandum vom Mai 1944 - *be made, so far as may be feasible, under human conditions and without undue strain on Germany's absorptive capacity.*[10] Analog dazu hatten das Special Committee on Migration and Resettlement sowie das Inter-divisional Committee on Germany in einem gemeinsamen Memorandum vom 28. Juni 1944 hinsichtlich der *Policy with respect to displaced German nationals within and outside Germany* festgehalten: *Plans for restoration of order and economic activity within Germany will be the determining factor in the establishment of priorities of movement. [...] Every effort should be made to control precipitate mass movements of Germans into Germany on the basis of the capacity of Germany to absorb these returning groups and the degree of pressure exerted by the population expelling them.*[11] Diese Empfehlung resultierte aus der durchaus begründeten Annahme, daß der zur Verhinderung künftiger Nationalitätenkonflikte nicht zuletzt mit Blick auf die bereits von Hitler betriebene Umsiedlungspolitik im Prinzip akzeptierte massenhafte *Transfer of Germanic Populations*, wie das Committee on Post-War Programs im August 1944 festhielt, ein *problem [...] of enormous proportions* darstellen würde: *Serious economic injury would be done if these people should be summarily uprooted from their homes and thrown into Germany without compensation for their possessions and without provision for livelihood. [...] The great majority [...] would cause considerable strains unless there were an expanding German economy accompagnied by an increase in foreign trade.*[12] Doch die für die amerika-

---

Forces European Theater (USFET) und die Akten des Regional Government Coordinating Office in Stuttgart (OMGRGCO) - auf Microfiches verfilmt im Bundesarchiv Koblenz (BAK) vor. Die als OMGWB zitierten Akten des Office of Military Government Wuerttemberg-Baden sind in gleicher Weise verfilmt und können im Hauptstaatsarchiv Stuttgart (HSTAST) sowie im Generallandesarchiv Karlsruhe (GLAK) eingesehen werden.

6 RG 260 OMGUS 3-168/1-20.
7 Siehe dazu unten: Anm. 88.
8 RG 260 OMGUS 3-159/2-10.
9 Vgl. dazu: ZAYAS (1981) S. 61 ff.
10 UNITED STATES DEPARTMENT OF STATE (Hg.) (1966) Bd. 1, S. 302.
11 RG 260 OMGUS ACTS/86-2. Zu den genannten Ausschüssen vgl.: UNITED STATES DEPARTMENT OF STATE (Hg.) (1949) S. 224, 365, 543 f.
12 UNITED STATES DEPARTMENT OF STATE (Hg.) (1966) Bd. 1, S. 310. In diesem Grundsatzmemorandum über *The Treatment of Germany*, das Präsident Roosevelt am 28. August 1944 erhielt, wurde damit nicht nur das Prinzip einer Stabilisierung der europäischen Nachkriegsgrenzen durch eine umsiedlungspolitische Segmentierung ethnischer Bevölkerungsgruppen dargelegt, sondern bereits auch der daraus resultierende Zielkonflikt angedeutet, der zwischen den Morgenthau-Plänen einer gravierenden Beschränkung des deutschen Wirtschaftspotentials auf der einen und einer zuwande-

nische Politik bis nach der Potsdamer Konferenz beibehaltene Annahme, das Ausmaß, den Zeitplan sowie die Umstände der Vertreibung und damit auch die Modalitäten der Aufnahme der Vertriebenen kontrollieren und so den Nachkriegsverhältnissen in Deutschland anpassen zu können, führte dazu, den daraus entstehenden Folgeproblemen zunächst wenig Aufmerksamkeit zu widmen. Hinzu kam die Unterschätzung des Umfangs der anstehenden Bevölkerungsverschiebungen, die aus der anglo-amerikanischen *postponement*-Politik bezüglich der Nachkriegsgrenzregelung[13] und den von russischer, polnischer und tschechoslowakischer Seite bewußt heruntergespielten Zahlen der zu vertreibenden Deutschen[14] resultierte. So wurden in den amerikanischen Vorbereitungen für die Nachkriegszeit Planungen für die innerhalb Restdeutschlands aufzunehmende Bevölkerung zwar ins Auge gefaßt. Im November 1944 hatte etwa das Post-War Planning Committee empfohlen: *Transfers should be carried out [...] with provisions of resettlement.*[15] Doch der Umsetzung dieser Absichtserklärung kam offensichtlich keine Priorität zu, zumal in dieser Planungsphase der Kriegsausgang keineswegs genau kalkulierbar war und in den Planungsstäben die Bestrafung des vollständig niederzuwerfenden Gegners als wesentliches Teilmoment künftiger Besatzungspolitik einen hohen Stellenwert einnahm. So herrschte nicht zuletzt Einstimmigkeit in der Ansicht, daß die als deutsche Kriegsfol-

---

rungsbedingt notwendigen ökonomischen Stabilisierung, ja Stärkung Nachkriegsdeutschlands auf der anderen Seite entstehen würde, wobei interessanterweise die gezielte Kompensation der vertreibungsbedingten materiellen Verluste der Zwangsmigranten durchaus ins Auge gefaßt wurde. Insgesamt lauteten die Ausführungen zum Punkt *Transfer of Germanic Populations: A problem closely related to that of establishment of equitable frontiers is presented by the presence of considerable German minorities in the various states of Eastern Europe. In particular, the Czechoslovak Government has indicated a desire to transfer a substantial number of the 3 200 000 Germans from that state; Poland will wish likewise to remove the Germans from Poznan, as well as from newly acquired territories; Yugoslavia may desire to take similar action. These German minorities became the advance guard of National Socialist penetration, and the states which they helped to deliver to Hitler have a wellfounded grievance against them. Their transfer to Germany would probably contribute to the tranquility of the countries concerned. Hitler himself has set an example by numerous forced migrations of the peoples of this region of Europe. The problem, however, is one of enormous proportions. Serious economic injury would be done if these people should be summarily uprooted from their homes and thrown into Germany without compensation for their possessions and without provision for livelihood. By land reform in Germany it would be possible to absorb perhaps one million of the immigrants into agriculture. The great majority would have to enter urban life and would cause considerable strains unless there were an expanding German economy accompanied by an increase in foreign trade. It is recommended, because of the above consideration, that this Government oppose the mass transfer of these people immediately upon the cessation of hostilities. It will perhaps be desirable, however, to sanction the relocation of individuals and groups who have constituted a special problem. Further study is to be undertaken on the questions of (a) criteria of selecting populations to be transferred, (b) the establishment of an inter-allied commission to supervise transfers of population, and (c) an inter-allied occupation of East Prussia.*

13 Das Post-War Programs Committee des State Department hatte bereits in einem Memorandum vom 28. Juli 1944 vor der Problematik einer derartigen Politik gewarnt: *A subsidiary disadvantage of a long postponement of territorial settlements is found in those cases in which the boundary settlements may be accompanied or followed by transfers of populations; since a substantial part of the peoples of Europe will have to start rebuilding almost from the ground up, it would be better in the long run for resettled populations to begin rebuilding at once in the area in which they are to live permanently* (zit. nach: UNITED STATES DEPARTMENT OF STATE (Hg.) (1949), S. 594).
14 Vgl. dazu: ZAYAS (1981) S. 102 f., 104 - 108.
15 Unpublished Research Paper of the Post-War Planning Committee, 22. November 1944, zit. nach: CLAUDE (1955) S. 230, Anm. 26.

gelast zu transferierende Bevölkerung, sobald sie in den alliierten Besatzungszonen angekommen sei, ausschließlich in die Verantwortung der deutschen Behörden fallen sollte.[16] Mit der Unterzeichnung des Potsdamer Abkommens stimmte auch die amerikanische Regierung der Vertreibung zu. Dies geschah allerdings unter der Maßgabe, daß die Umsiedlungsaktionen in geregelter und humaner Weise erfolgen und bis zur Erhebung ihres Umfangs sowie zur Planung, Beschließung und Sicherung einer angemessenen Verteilungspraxis auf die Besatzungszonen vorläufig ausgesetzt werden sollten.[17] Doch erwiesen sich diese Bestimmungen, deren Einhaltung indessen keineswegs mit höchster Priorität verfolgt wurde, als nicht durchsetzbar. Angesichts der eklatanten Nichteinhaltung des Umsiedlungsmoratoriums von Seiten der polnischen und der tschechoslowakischen Regierungen, die trotz der entsprechenden Bestimmungen des Potsdamer Abkommens die schon zuvor praktizierten 'wilden' Vertreibungen fortsetzten, geriet die amerikanische Militärregierung in Deutschland unter einen enormen Zeitdruck, der in Anbetracht des akuten Handlungsbedarfs weiterreichende Planungen unmöglich machte. Angesichts der ad hoc zu lösenden immensen verhandlungstechnischen, logistischen und organisatorischen Probleme war es zwar sinnvoll, daß - entsprechend der langfristigen Nachkriegsplanung - bei OMGUS die Zuständigkeit und Federführung für Flüchtlings- und Vertriebenenfragen bei der Prisoners of War and Displaced Persons Division lag und nicht etwa - wie auf der Ebene der Ländermilitärregierungen - auf die für Public Welfare zuständige Abteilung überging, sobald die Zwangszuwanderer in ihre Aufnahmegemeinden eingewiesen worden waren. Doch diese Zuständigkeitsverteilung wurde noch beibehalten, als sich das logistische Problem der Erstaufnahme längst in das sozialpolitische Problem der weiteren Betreuung gewandelt hatte. Auch dieser Umstand trug mittelfristig dazu bei, die Entwicklung von umfassenderen, systematischen und langfristigen Konzepten zur Behandlung der Folgeprobleme der Massendeportationen zu behindern.[18] Denn im Gegensatz zu den mit den komplexen Fragen des Sozialwesens befaßten amerikanischen Experten konzentrierte sich die Prisoners of War and Displaced Persons Division von OMGUS vordringlich auf das Schicksal der ausländischen verschleppten Zwangsarbeiter, auf die notwendigen interalliierten Verhandlungen und auf die rein organisatorischen Aspekte der immensen Bevölkerungstransfers.[19] Hinzu kam, daß in der amerikanischen Nachkriegsplanung, soweit sie die deutsche zwangsmobilisierte Bevölkerung betraf, in erster Linie die kriegsbedingt temporär Evakuierten berücksichtigt worden waren, die lediglich als ein in deutscher Zuständigkeit stehendes *emergency relief problem* aufge-

---

16 Diese generelle Tendenz faßte ein Memorandum des Supreme Headquarter of the Alliied Expeditionary Forces (SHAEF) vom 16. April 1945 zusammen, das als *General Policy* im Gegensatz zur *direct military responsibility* für *liberation, care and repatriation of United Nations displaced persons* festlegte: *The control and repatriation of enemy and ex-enemy displaced persons and refugees will be a responsibility of the German authorities, acting under the direction of Allied Military Government authorities* (RG 260 OMGUS ACTS/86-2).
17 Vgl. dazu: ZAYAS (1981) S. 112 ff.
18 Vgl. dazu: RG 260 OMGUS 5-342/1-27.
19 Vgl. zu dieser Aufgabenstellung der Prisoners of War and Displaced Persons Branch: RG 260 OMGUS 11-38/3-8. Moniert wurde dieser Umstand von Seiten der OMGUS Civil Affairs Division, Public Welfare Branch, in einem Memorandum des Commanding Officers vom 8. Oktober 1947, in dem eine entsprechende Zuständigkeitsverlagerung und eine *reallocation and centralisation at the OMGUS level of responsibility for the expellee and refugee program* gefordert wurde (RG 260 OMGUS 5-324/1-27).

faßt wurden.[20] Für die Behandlung der ja auf Dauer neu aufzunehmenden Flüchtlinge und Vertriebenen standen daher den Besatzungsoffizieren - wie aus der OMGUS-Aktenlage hervorgeht - keine eigenständigen und detaillierteren Langzeitkonzepte zur Verfügung, die im Kontext der umfassenden amerikanischen Nachkriegsplanung auszuarbeiten möglich gewesen wäre. Und dies war der Fall, obwohl die Vertreibung deutscher Minoritäten aus den östlichen Nachbarstaaten des Deutschen Reiches und die daraus resultierenden langfristigen Probleme bereits lange vor Kriegsende absehbar waren.[21]

Vor diesem Hintergrund konzentrierte sich die zuständige OMGUS-Division in Beantwortung einer ersten Anfrage General Lucius D. Clays über die Folgen der gerade in Potsdam beschlossenen Bevölkerungstransfers Anfang Oktober 1945 weitgehend auf eine rein zahlenmäßige Einschätzung. Es galt, überhaupt erst einmal *the scope of the problem* zu umreißen, das nach der damaligen, viel zu gering ausgefallenen Annahme auf die Aufnahme von 2,5 Millionen Vertriebenen in die US-Zone hinauslief.[22] Zwar lagen die problematischen *ethnological aspects of the situation* auf der Hand, die durch die Aufnahme großer Bevölkerungsteile mit eigenständiger Tradition und Kultur entstehen würden, was durchaus als *difficult* begriffen wurde. Doch legten die äußeren Zwänge der raschen Bewältigung dieser mit dem Potsdamer Abkommen akzeptierten Aufgabe es nahe, damit verbundene Überlegungen hintenanzustellen und die Lenkung der immensen Bevölkerungsverschiebungen *on a pure logistic basis* vorzunehmen, in der US-Zone also vornehmlich Vertriebene aus dem rein geographisch naheliegenden Einzugsbereich der Tschechoslowakei, Österreichs, Ungarns, Rumäniens und der Ukraine aufzunehmen. Deren Verteilung innerhalb der amerikanischen Besatzungszone konnte aufgrund des kriegszerstörungsbedingten Stadt-Land-Gefälles hinsichtlich der Versorgungslage und der Wohnraumsituation darüber hinaus ohnehin nur nach dem Prinzip erfolgen, daß *sending a preponderance of German expellees to rural areas would seem to be indicated.* Die

---

20   Dies wird etwa daran deutlich, daß die einschlägige Direktive der European Advisory Commission (EAC) über *Control of Displaced Persons and Refugees* vom 6. Dezember 1944 sich primär bezog auf *refugees* als *German civilians within Germany who are temporarily homeless because of military operations, or who are residing at some distance from their homes for reasons related to the war.* Damit wurde in der Planungsphase in erster Linie dieser später als *evacuees* bezeichnete Personenkreis berücksichtigt, der nach amerikanischer Intention allein unter der Verantwortung der deutschen Lokalbehörden zu versorgen war und *merely an emergency relief problem* darstellte, *handled like any other emergency relief problem.* Diese Verfahrensweise wurde einfach auf andere (zwangs-)mobilisierte Bevölkerungsgruppen übertragen: *German displaced persons returning to Germany will, upon entering Germany, assume all characteristics of refugees and will be handled accordingly* (RG 260 OMGUS 3-159/3-8).

21   Auf britischer Seite war man sich aufgrund der interalliierten Konferenzen nicht nur über die nach Kriegsende anstehenden Bevölkerungsverschiebungen im Klaren, die aus polnischen und tschechischen Forderungen resultieren würden, sondern auch über deren langfristige innerdeutsche Konsequenzen. Bereits im Mai 1944 hatte ein interministerieller Ausschuß darauf hingewiesen, daß *kurzfristig große Umsiedlungen, wenn sie nicht wohlorganisiert werden und sich über Jahre erstrecken, wirtschaftliche Probleme schwerwiegendster Art erzeugen würden, die sich als unlösbar erweisen und zu einem völligen deutschen Zusammenbruch führen könnten* (Resümee des britischen Außenministeriums über die bisherige Deutschlandplanung vom 29. November 1944, zit. nach: RUHL (Hg.) (^{2}1984) S. 37).

22   RG 260 OMGUS 3-168/1-20. Tatsächlich wurden bis zum 1. Oktober 1948, wie eine Bestandsaufnahme der Tripartite Statistical Working Party vom 5. März 1949 ergab, in der US-Zone 3.222.200 Vertriebene und 367.500 SBZ-Flüchtlinge aufgenommen, insgesamt also 3.589.700 Personen (RG 260 OMGUS 5-324/2-49).

dadurch entstehenden gravierenden arbeitsmarktpolitischen Schwierigkeiten waren schon zu diesem Zeitpunkt absehbar. Aber diese und andere langfristige Probleme sollten ausschließlich die deutschen Behörden lösen, die nach damaliger amerikanischer Auffassung schließlich die Folgen des von Deutschland verantworteten Krieges alleine zu tragen hatten: *It is possible that many expellees cannot be directly absorbed into local German agriculture and industry, immediately upon their arrival in localities in 'new' Germany. An intermediate or processing phase, in camps may be necessary. The burden upon the the locality of feeding these people, would be an impetus to the German local authorities towards getting them rapidly resettled - or at least into day-wages productive activity. This would be a practical application of the dictum 'Make the Germans do it'.*[23] Doch bereits am 2. November 1945 stellte die Combined Repatriation Executive von OMGUS angesichts der abzusehenden Probleme, die sich aus dem massenhaften Bevölkerungstransfer ergaben, selbstkritisch fest: *With the rapid redeployment of U.S. Forces we no longer have the experienced officers to deal with this tremendous problem. Military Government has not sufficiently organized the German authorities to do the job. We have not had a complete overall policy and plan on refugees, expellees etc agreed to by all 4 powers that could be sent down to all levels for execution.*[24] Diese Feststellung bezog sich nicht nur auf fehlende interalliierte Koordinierungsmaßnahmen und auf die Schwierigkeiten, die aus der zonalen Abschottung hervorgingen. Auch innerhalb der amerikanischen Besatzungszone existierte keine weiterreichende Planung, sieht man einmal davon ab, daß der Stuttgarter Länderrat am 17. Oktober 1945 über die bevorstehenden Massentransporte informiert und bei den deutschen Behörden die vom Länderrat am 12. November 1945 diskutierte infrastrukturelle Organisation der Aufnahme und Unterbringung im Sinne einer ad-hoc-Verteilung initiiert wurde.[25]

Zwar waren längerfristig angelegte, umfassende Konzeptionen kaum entwickelt worden, und die pragmatischen Zwänge spielten bei der Erstverteilung der zwangsweise aufzunehmenden Bevölkerungsteile eine dominante Rolle. Doch der Kern der amerikanischen Politik gegenüber den Flüchtlingen und Vertriebenen, wie sie das State Department formulierte, stand im Wesentlichen fest: *United States policy is directed toward the full assimilation, political, social and economic, of all refugees in the communities to which they are assigned.*[26] Diese strikt durchgehaltene Grundlinie entsprach aber weniger besonderen Integrationsüberlegungen. Ausschlaggebend dafür waren vielmehr jene außenpolitische Erwägungen, die bereits zur amerikanischen Zustimmung zu den Bestimmungen des Potsdamer Abkommens geführt hatten, nämlich *to avoid the rise of dangerous minority problems in the states concerned.*[27] Diese Maxime galt sowohl für die von amerikanischer Seite akzeptierte Motivation der Vertreibung von seiten der Abgabeländer als auch für die in den Aufnahmeregionen zu betreibende Politik. Deren Durchführung stand unter strikter militärbehördlicher Kontrolle, wurde aber in Fortschreibung der SHAEF- und EAC-Planung als alleinige Aufgabe der deutschen Behörden festgelegt.[28]

---

23   RG 260 OMGUS 3-168/1-20.
24   Ebd.
25   RG 260 OMGUS 11-39/1-1.
26   UNITED STATES DEPARTMENT OF STATE (Hg.) (1947) S. 26; vgl. auch: DASS. (1973) S. 1303.
27   Occupation of Germany (wie Anm. 26), S. 25.
28   Vgl. dazu die Military Government Regulation (MGR) 20-310, die die amerikanische *Basic Policy* festlegte: *The reception, care, distribution and resettlement of dislodged Germans and expellees who*

Das Ziel der entsprechend durchzuführenden Maßnahmen bestand in der schnellstmöglichen, vollständigen, geräuschlosen und unumkehrbaren Absorption der Zwangszuwanderer. Es wurde allen amerikanischen Dienststellen mit der *Standing Operation Procedure for Refugees and Expellees* vom 21. Mai 1946 mitgeteilt[29] und den deutschen Behörden unzweideutig mit der MGR Direktive 20-311 auf dem Verordnungsweg vorgegeben: *It is the policy of Military Government to require German governmental agencies: a. To effect the transfer and resettlement of dislodged Germans and expellees in an orderly and humane manner. b. To insure that there will be no discrimination by the German authorities or people against dislodged Germans and expellees arriving under MG authority. These persons will be absorbed integrally into the German communities and will be subject to all laws, regulations and obligations and will be entitled to all privileges therein.*[30] In unmißverständlicher Weise ordnete die Militärregierung damit die völlige rechtliche Gleichstellung der Zuwanderer mit der einheimischen Bevölkerung an. Dies geschah nicht nur, um eine wesentliche Barriere für eine dauerhafte Integration erst gar nicht entstehen zu lassen. Mit der zivil- und staatsrechtlichen Gleichstellung, die auf amerikanische Veranlassung im Flüchtlingsgesetz vom 14. Februar 1947 geregelt und nochmals durch die Direktive der Joint Chiefs of Staff (JCS) 1779 vom 11. Juli 1947 bekräftigt wurde,[31] sollte auch ein Sonderstatus hinsichtlich der politischen Verantwortlichkeit für die deportierte Minorität vermieden werden. Denn als deutsche Staatsbürger waren die Flüchtlinge und Vertriebenen - anders als die ausländischen Displaced Persons (DP) - zugleich der besonderen Zuständigkeit der Besatzungsmacht entzogen,[32] obwohl diese ihre Vertreibung politisch zu verantworten hatte.

Im Rahmen ihrer strikten Assimilationspolitik ordnete die Militärregierung darüber hinaus die möglichst disperse Verteilung der Vertriebenen in den Aufnahmeregionen an: *In order to prevent minority cells from developing in the U.S. Area of Control, the German authorities will distribute and resettle expellees from anyone community abroad among several German communities, to the greatest extend practicable, consistent with humane and judicious treatment.*[33] Dabei waren, wie dem Generalsekretär des Stuttgarter Länderrats vom Regional Government Coordinating Office bereits im März 1946 verbindlich mitgeteilt wurde, in der gesamten US-Zone *Familien, nicht jedoch Gemeinden, als eine Einheit zusammenzuhalten*, so daß aus humanitären Gründen zwar familiäre Bindungen nicht zerrissen wurden, wohl aber die heimatlichen sozialen Netzwerke, die auf der Ebene der Dorf- oder Stadtgemeinschaften be-

---

	arrive within the U.S. area of control under the authority of Military Government, is a direct responsibility of the German authorities (RG 260 OMGUS 3-165/1-11).
29	RG 260 OMGUS 11-38/3-6.
30	RG 260 OMGUS 3-165/1-11.
31	Hierin wurde als Aufgabe des amerikanischen Militärgouverneurs festgelegt: *You will require that persons of German extraction who have been transferred to Germany be granted German nationality with full civil and political rights* (zit. nach: UNITED STATES DEPARTMENT OF STATE (Hg.) (1950) S. 36).
32	So wurde bereits auf einem *Meeting of [OMGUS-] Division Heads* am 6. Mai 1946 Übereinstimmung erzielt über *the passing of a law giving citizenship rights to those people we are attempting to settle in Germany*, denn damit würden *the problems [...] definitively become a German responsibility, which is desirable because of the fact that the expellees will stay here permanently and aid cannot be given by the United States indefinitely* (RG 260 OMGUS 11-39/1-1).
33	MGR 20-311.1 (RG 260 OMGUS 3-165/1-11). Diese Bestimmung wurde bereits im Mai 1946 in der entsprechenden Standing Operation Procedure (SOP) formuliert. Vgl. RG 260 OMGUS 11-38/3-6.

standen hatten, um dadurch schon vorbeugend einen wesentlichen Faktor auszuschalten, der den Weiterbestand der heimatgebundenen Identität der Vertriebenen und ihre Organisation als spezifische Gruppe hätte fördern können; angesichts der Kriegszerstörungen in den Großstädten hatte deren *Wiederansiedlung vorzugsweise in Orten von 20 000 oder weniger Einwohnern anstatt in früher dicht besiedelten Orten in Anbetracht der darniederliegenden Wirtschaft* zu erfolgen, so daß insbesondere der weite ländliche Raum mit seinen zwar weitgehend unzerstörten aber dezentralen Aufnahmekapazitäten in Anspruch genommen wurde; und der Aufenthalt der Zwangsmigranten in Sammellagern durfte eine bestimmte *Höchstanzahl von Tagen, innerhalb welcher Flüchtlinge und Ausgewiesene vorübergehend untergebracht werden*, nicht überschreiten, so daß die Massentransporte in kürzester Frist aufzuteilen und die Einzelpersonen bzw. die überwiegend unvollständigen Familien in die Privatquartiere der einheimischen Bevölkerung einzuweisen waren.[34] Darüber hinaus wurden die amerikanischen wie deutschen Dienststellen angewiesen, entsprechenden Druck auf die Vertriebenen wie auch auf die einheimische Bevölkerung auszuüben, um Widerstände gegen diese Ansiedlungspolitik im Keim zu ersticken: *German officials will impress on expellees at every opportunity that their resettlement in Germany is permanent. Equally, the native population will be subject to severe penalties for discrimination or agitation against the newcomers.*[35]

In diesen Direktiven kam nicht nur die Absicht der Besatzungsmacht zum Ausdruck, dem deutschen Volk gemäß der Kollektivschuldhypothese die Folgen des verlorenen Krieges in ihrer ganzen Härte aufzuerlegen. In deutlicher Weise durchdrangen darüber hinaus in diesen Anweisungen die Assimilationsintentionen der Besatzungsmacht die pragmatischen Sachzwänge jener gewaltigen Aufgabe, eine in kürzester Frist in Massentransporten ins Land einströmende Masse von Millionen Menschen in einem von den Kriegsfolgen ohnehin aufs Schwerste belasteten Land aufzunehmen und unterzubringen. Dies galt nicht nur als zentrale amerikanische Politik in der US-Zone, sondern auch auf Landesebene. Hier lag die Kontrolle für die Ausführung der amerikanischen Besatzungspolitik, die die deutschen Behörden auszuführen hatten, bei den Land Military Government Offices. Die von OMGUS vorgegebene Generallinie wurde hier, auf regionale und lokale Gegebenheiten reagierend, umgesetzt.[36] Die allgemeine Situation in der amerikanischen Besatzungszone spiegelte sich beispielhaft in der Lage des Landes Württemberg-Baden, das hinsichtlich der Integrationsprobleme der Flüchtlinge und Vertriebenen nach amerikanischer Einschätzung eine mittlere Position zwischen Hessen und Bayern einnahm.[37]

Obgleich die amerikanische Besatzungsmacht nach außen sämtliche Flüchtlings- und Vertriebenenfragen zur rein deutschen Angelegenheit erklärte, betrieb sie nicht nur eine umfassende Politik strikter Kontrolle, um die Umsetzung ihrer Direktiven sicherzustellen.[38] Darüber hinaus

---

34	HSTAST, EAI/014 Bü. 564.
35	RG 260 OMGUS 11-38/3-6.
36	Vgl. dazu: ZINK (1957) S. 35 f.
37	Vgl. dazu: McCartney, Carlile A.: The Expellee Problem in the US Area of Control in Germany (1948), S. 2 (RG 260 OMGUS 15-99/1-5); zur Situation in Württemberg-Baden vgl.: SAUER (1978) insbes. S. 232 - 262; BEER (1991); SCHNABEL & SCHNEIDER (1991) S. 112 - 131.
38	Bereits im Dezember 1945 wurde von der Prisoners of War and Displaced Persons Division bei OMGUS festgelegt: *Although resettling minorities is German officials problem, effects on Government in US Zone are extremely far-reaching in this tremendous matter. Therefore, request that Land Military Governments be thus informed and be directed to send competent personnel to redistributi-*

erhob sie präventiv und unabhängig von den deutschen Dienststellen umfangreiche Daten, um Problemfelder frühzeitig in den Blick zu bekommen. So führte die Information Control Division in der amerikanischen Besatzungszone in mehreren Wellen repräsentative Befragungen durch, die der Aufnahme der Zuwanderer galten.[39] Zwar gaben deren erste Ergebnisse zu Beginn der Massentransporte im März 1946 wie auch die amerikanischen Kontrollen der deutschen Auffanglager[40] und die allgemeine Einschätzung der Effizienz der deutschen Verwaltungsmaßnahmen[41] noch zu optimistischen Erwartungen Anlaß. Doch es verschärften sich die sozialen Spannungen zwischen Einheimischen und Neubürgern in der Folgezeit mit der steigenden Zahl der Eingewiesenen und ihrer längeren Aufenthaltsdauer in dramatischer Weise.[42] Schnell schienen die amerikanischen Vorstellungen einer reibungslosen Assimilation höchst gefährdet zu sein. Mit Blick auf Württemberg-Baden, wo sich diese Entwicklung früher als in den anderen Ländern abzeichnete, wies bereits im November 1946 eine Sonderuntersuchung der Surveys Branch auf die Brisanz dieser Entwicklung hin. Die soziologisch geschulten Experten der Information Control Division zogen aus ihren Untersuchungsergebnissen unmißverständlich den Schluß, daß die Assimilationsvorstellungen der (Militär-) Politiker weitgehend illusorisch waren. Denn diese wandten für ihre Überlegungen die ihnen vertrauten, heimischen Maßstäbe an, wie auch von deutscher Seite bemerkt wurde: *Die Verhältnisse im eigenen Land wa-*

---

[39] *on and reception points to determine adaequacy of preparations and provisions for prompt and efficient executions of responsibilities by German officials* (RG 260 OMGUS POLAD 738/21).
Information Control Division (ICD) OMGUS, Surveys Branch: German Attitudes toward the Expulsion of German Nationals from Neighboring Countries, Report No. 14A, 8 July 1946; An Investigation to Determine any Changes in Attitudes of Native Germans toward the Expellees in Wuerttemberg-Baden, Report No. 28, 14 November 1946; Opinions on the Expellee Problem, Report No. 47, 20 February 1947; German Reactions to Expellees and DPs, Report No. 81, 3 December 1947; Who are the Expellees and What Do They Think?, Report No. 84, 17 December 1947; Characteristics of Natives and Expellees in AMZON in 1948, Report No. 162, 4 March 1949. Diese Reports sind zugänglich über das Zentralarchiv für empirische Sozialforschung der Universität Köln, Zentrum für historische Sozialforschung. Zum Teil wurden die Ergebnisse dieser Umfragen in Kurzform zum internen Dienstgebrauch veröffentlicht in der von OMGUS ICD herausgegebenen *Weekly Review of Political Analysis and Public Opinion* (RG 260 OMGUS 3-429/1-106 bis 110).

[40] Vgl. etwa den Weekly Report des OMGWB vom 6.10.1946: *The administration of refugee centers is very satisfactory* (RG 260 OMGUS 5-322/1-26).

[41] So kommentierte der zuständige Verbindungsoffizier des RGCO, Brewster H. Morris, die Berichte und Ergebnisse einer Sitzung des Stuttgarter Länderrats am 15. Februar 1946 mit der Einschätzung: *On the whole, it appears that the Germans are dealing with this tremendous problem vigorously and with success* (RG 260 OMGUS 11-39/1-1).

[42] Vgl. dazu etwa den ICD-Report No. 81 (wie Anm. 39), S. 2: *Over the past year and a half, dissatisfaction has increased among both expellees and native Germans. A comparatively high degree of optimism was found among the expellees in March, 1946, when as few as 7 out of 100 said they were dissatisfied with the treatment they had received from the local population since their arrival. However, in September, 1947, almost half (45%) of the expellees interviewed said they were not satisfied with the way they had been treated. Similarly, in March 1946, as many as six out of ten expellees predicted that they would be able to get along with the native population, with one out of four saying that they didn't expect to get along. [...] These findings were reversed in the June, 1947 survey. In this later study, almost two-thirds of the expellees (64%) said that they did not expect to get along with the native Germans. On the other hand, dissatisfaction is also increasing among native Germans. In March, 1946, one-fourth of the people predicted that the expellees would not get along with the native population. In September, 1947, almost twice as many people (46%) took this pessimistic point of view.*

ren für die verantwortlichen Amerikaner in Deutschland das Vorbild.[43] Und dabei orientierten sie sich offensichtlich am Konstrukt des amerikanischen 'melting-pot', der jedoch bereits zu dieser Zeit mehr dem ideologisch verklärten 'american dream' als der amerikanischen Realität entsprach, was die Sozialwissenschaftler in der amerikanischen Militärverwaltung durchaus selbstkritisch eingestanden. Die von ihnen analysierte, fundamentale *question of the successful assimilation of the expellees into the local society* stellte sich im zerstörten Nachkriegsdeutschland noch dazu unter ganz anderen Rahmenbedingungen: *Factors such as a hard winter, inadequate housing, inadequate clothing, and inadequate food for all contribute to a dangerous situation. The presence of this minority (the expellees as a whole) constitutes a potential scape goat. There is a strong tendency of the entrenched native group in any society to regard the recent arrival, even after a generation or more of residence as 'foreigners' (e.g., the native white Americans considering the Italo-American or the Polish-American as a 'foreign element'). This is almost altruism in Europe where small ethnic elements preserve their identity for generations, viz., the Basques of Spain, the Balts, the Sudeten Germans, etc. Furthermore, the assimilation of immigrant groups into American society has been aided by a frontier economy, i.e., open lands, shortage of labour, a fluid society, etc., characteristics absent in the present situation of Germany. To prevent any organized resistance to the expellees demands either rigid control or else the alleviation of any economic distress within the Zone which can be ascribed to their presence - a task of years duration.*[44]
Die amerikanische Politik beschritt letztlich beide Wege. Doch bevor sie - im Kontext der weltpolitischen Entwicklung und der angestrebten politischen wie ökonomischen Westintegration der westlichen Besatzungszonen - mehr und mehr die Verbesserung der allgemeinen wirtschaftlichen Rahmenbedingungen in Angriff nahm, konzentrierte sie sich auf die strikte Kontrolle der Flüchtlinge und Vertriebenen. Sie wurde erst allmählich gelockert und als flankierende Maßnahme bis zum Ende der Besatzungszeit beibehalten. Dies entsprach der amerikanischen Generallinie, der zwangsweise zugewanderten Minorität trotz ihrer offensichtlichen realen Benachteiligung[45] möglichst keinen Status als eigenständige Gruppe und darüber hinaus keine gruppenspezifischen Förderungsmaßnahmen zukommen zu lassen.
In erster Linie konzentrierte sich diese Politik darauf, die Formation und Reorganisation der Flüchtlinge und Vertriebenen als eigenständige Gruppe zu verhindern. Entsprechende Aktivitä-

---

43 MIDDELMANN (1985) S. 228, Nachlaß Werner Middelmann. (Für die Benutzung der in Privatbesitz befindlichen Dokumente des nordbadischen Landesbeauftragten für das Flüchtlingswesen, der als Leiter des Referats für Flüchtlingsfragen in der Sozialabteilung des Stuttgarter Länderrats, als Generalsekretär der Arbeitsgemeinschaft der deutschen Landesflüchtlingsverwaltungen, als stellvertretender Leiter des Amtes für Fragen der Heimatvertriebenen bei der Verwaltung der Vereinigten Wirtschaftsgebiete und als Abteilungsleiter für wirtschaftliche Eingliederung und Auslandshilfe im Bundesvertriebenenministerium die westdeutsche Vertriebenenpolitik wesentlich mitgestaltet und dabei immer wieder intensiv mit amerikanischen Dienststellen verhandelt hat, danke ich Frau Vera Middelmann, Bregenz, recht herzlich.)

44 ICD-Report No. 28 (wie Anm. 39), S. 6. Zur amerikanischen Melting-Pot-Vorstellung vgl.: KEIL (1983) S. 71 - 81.

45 Die im Vergleich zur einheimischen Bevölkerung wesentlich schlechteren Lebensbedingungen der Flüchtlinge und Vertriebenen waren den amerikanischen Stellen nicht nur aus deutschen Berichten bekannt. Auch ihre eigenen Untersuchungen zur Arbeitslosigkeit, zum Beschäftigungsstatus und zum monatlichen Durchschnittseinkommen beider Bevölkerungsgruppen zeigten dies deutlich. Vgl. etwa den ICD-Report No. 162 (wie Anm. 39), S. 1, 3 f.

ten, die bereits früh einsetzten, wurden minutiös registriert und überwacht.[46] Die Militärregierung bemühte sich dabei, bereits die Kontaktaufnahme der Vertriebenen untereinander im Keim zu ersticken. So verboten die deutschen Behörden auf ihre Anordnung hin die Versendung von Kettenbriefen und das Sammeln von Unterschriften, zumal wenn es sich um Petitionen handelte, die die Erlaubnis für eine Rückkehr in die alte Heimat forderten.[47] Und sogar das Tragen äußerer Kennzeichen, die die Vertriebenen als solche erkennbar machten, wurde untersagt, um bereits ihre Selbstwahrnehmung als eigenständige Gruppe zu unterdrücken und die assimilationsbehindernde Sichtbarkeit der Zuwanderer für die einheimische Bevölkerung zu minimieren.[48] Schon in der alltäglichen Wahrnehmung sollten die Zuwanderer im wahrsten Sinne des Wortes verschwinden. Zugleich war beabsichtigt, ihr Schicksal in ihrem und im Bewußtsein der einheimischen Bevölkerung als individuelles und keineswegs als kollektives Gruppenphänomen erscheinen, verarbeiten und bewältigen zu lassen. Die vollständige Atomisierung dieser Bevölkerungsgruppe sollte insofern assimilationsfördernd wirken, als damit hinderliche Vorurteilsstrukturen und soziale Kategorisierungsprozesse außer Kraft gesetzt würden, wie etwa Charles LaFolette, Director des OMG Wuerttemberg-Baden, in seiner offiziellen Begrüßungsansprache zu den Stuttgarter Kulturtagen der Vertriebenen am 16. Oktober 1948 ausführte: *The answer to the 'new citizen question' is that old citizens must begin accepting new citizens as individuals and not as members of a 'label group'.*[49]

---

46   So berichtete etwa die Intelligence Division der Navy bereits im Juli 1946: *Many attempts have been made to form expellee organisations. Recent censorship submissions show the existence of a variety of tracing bureaus, all dedicated to the purpose of locating expellees from the East. Most of them put out circulars advertising their services. Some of these are streight-forward advertisements; others are couched in such propagandistic linge as list of names and known addresses of your fellow-sufferers* (RG 260 OMGUS 5-322/1-26. Vgl. auch: ebd., POLAD 757/16).

47   Der Badische Landeskommissar für das Flüchtlingswesen ließ daher über seine Kreisreferenten im Februar 1947 die offizielle Bekanntmachung verbreiten: *Aus dem verständlichen Wunsch, alles zu tun, um die Möglichkeit zur Rückkehr in die Heimat zu ermöglichen, wenden sich sudetendeutsche und ungarische Flüchtlinge mit Kettenbriefen an ihre Landsleute. Im Flüchtlingsausschuß des Länderrats wurde wiederholt mit den amerikanischen Dienststellen über die Zulässigkeit solcher Rundschreiben gesprochen. Die amerikanischen Vertreter teilen mit, daß die Bildung von sudetendeutschen Komitees sowie das Unterschriftensammeln, Verteilen von Kettenbriefen u.ä. Maßnahmen keinesfalls geduldet werden können. [...] Die Ausgewiesenen aus der Tschechoslowakei müssen sich in die einheimische Bevölkerung eingliedern, und es kann von ihrer Seite nichts getan werden, um eine Rückkehr in ihre frühere Heimat herbeizuführen* (Amtsblatt für den Landkreis Buchen, 2/1947, Nr. 6 vom 8. Februar, S. 23).

48   So ordnete etwa der Flüchtlingsreferent für den nordbadischen Landkreis Buchen auf Anweisung des Staatskommissariats für das Flüchtlingswesen an: *Ziel der ganzen Arbeit im Flüchtlingswesen ist, möglichst rasch Alt- und Neubürger zu einem einheitlichen Volksganzen zu verschmelzen. [...] Wie mir aus verschiedenen Gemeinden des Landkreises mitgeteilt wird, versucht eine Firma in allen Gemeinden des Landkreises sogenannte Flüchtlings-Schmucknadeln als Erkennungszeichen an die Ausgewiesenen zu verkaufen. Das Staatskommissariat teilt mit, daß der Verkauf und das Tragen solcher Schmucknadeln dem eingangs erwähnten Ziel widerspricht und deshalb verboten ist* (Amtsblatt für den Landkreis Buchen, 1/1946, Nr. 30 vom 21. Dezember, S. 118).

49   RG 260 OMGWB 12-63/1-5. Diese Perspektive, die auf den starken Einfluß der sozialpsychologischen Vorurteilsforschung zurückgeht, bildete eine wesentliche Konstante und Legitimation der amerikanischen Assimilationspolitik: *Since complete assimilation is contingent upon the acceptance of these foreign elements [der 'varied backgrounds', 'traditions and customs' der Zwangszuwanderer, TG] one of the greatest obstacles is the personal and official prejudice on the part of the native population* (Assimilation of Displaced Populations, in: Office of the U.S. High Commissioner for Germany: 5th Quarterly Report on Germany, October 1 - December 31, 1950, S. 56 - 63, hier: S. 57).

Diese Atomisierungskomponente der Assimilationspolitik der Besatzungsmacht schloß logischerweise die Formierung spezieller 'pressure groups' aus, obwohl diese für die gruppenspezifische Interessenvertretung in einem pluralistischen und demokratischen Staatswesen, wie es gerade die amerikanische Nachkriegspolitik in Deutschland aufbauen wollte, unabdingbar gewesen wäre. Vor diesem Hintergrund kam der Bildung politischer Flüchtlings- und Vertriebenenparteien besondere Bedeutung zu. Die prinzipielle Frage ihrer Zulassung stellte sich für die amerikanische Militärregierung bereits im April 1946[50] und wurde wenige Wochen später mit einem Lizensierungsantrag der Mainburger "Wirtschaftspartei der Flüchtlinge" akut. Die Civil Affairs Division von OMGUS befürwortete ihre Zulassung, zwar nicht auf Landesebene, um einer Zersplitterung der Parteienlandschaft nach Weimarer Muster nicht Vorschub zu leisten, wohl aber auf Kreisebene zur Wahrung der berechtigten Interessen der Vertriebenen: *The fundamental principle involved is the right of association, a right which Military Government recognizes in the case of political parties, denying it only where parties or groups are 'undemocratic, militaristic, subversive, hostile to the objectives of the occupation, or prejudical to military security and the maintenance of order'. It does not appear that the Economic Party of the Refugees falls into any of these categories. The party does propose to take care for the needs of refugees but this is not different from a farmers' party looking after the interests of farmers or a workers' party looking after interests of workers.*[51]
General Clay jedoch setzte das Assimilationsziel der Besatzungspolitik höher an als die Prinzipien der Demokratisierung. So wies er die Militärregierungen der Länder bereits am 5. Juli 1946 in einer Grundsatzentscheidung an: *Expellees and refugees should express their political needs by joining the established political parties and political groups rather than by seeking to create their own separate parties and groups. [...] You will disapprove all applications to form political parties and political groups of expellees and refugees and will dissolve any parties and groups of this character which have heretofore been authorized. [...] Non-political organizations of expellees may be formed under the provisions of a directive now in preparation on miscellaneous German social and fraternal groups but will be subject to dissolution by the Land OMG if they engage in political activities. [...] In order to protect expellees and refugees from discriminatory treatment by German governmental agencies, you will direct the Minister President to insure their direct representation on committees related to refugee affairs and on administrative and advisory committees connected with housing, welfare, labor and other governmental offices which are of immediate concern to the expellees and refugees themselves.*[52]

---

50 Vgl. dazu den ICD-Report No. 39 vom 27. April 1946: *The constantly increasing number of expellees from the East is creating serious social and political problems in the American Zone. Recent information [...] indicates that social tension and dissatisfaction have reached the stage where the expellees are beginning to organize themselves formally to promote their own interests. Some of these organizations are openly political in character. Military Government is thus faced with the problem of deciding whether to license seperate parties for expellees or whether, rather, to encourage the regular political parties to show more interest in the needs of the expellees* (RG 260 OMGUS POLAD 757/16).
51 RG 260 OMGUS 1945-46/1-4.
52 Ebd.; vgl. auch: ebd., 3-168/1-20.

Wenngleich damit die Zulassung nichtpolitischer Selbsthilfeorganisationen der Vertriebenen auf Kreisebene in Aussicht gestellt[53] und ihre Beteiligung in den Beiräten der deutschen Verwaltungsbehörden als kompensatorische Maßnahme angeordnet wurde, so bedeutete dies doch ein Koalitionsverbot, das mit der Garantie der Vereinigungsfreiheit für alle Deutschen in den mittlerweile in Kraft getretenen Länderverfassungen kaum zu vereinbaren war. Mit Nachdruck stellte dies der deutsche Flüchtlingsausschuß des Länderrats am 22. Januar 1947 fest. Er plädierte dafür, *den Flüchtlingen ein Sprachrohr ihrer Wünsche und Begehren zu geben, da die im Flüchtlingsgesetz vorgesehene Regelung von Beiräten diesem Bedürfnis offensichtlich nicht vollkommen Rechnung trägt; sind diese Beiräte, die einen anderen Zweck haben, doch aus gutem Grunde nicht allein aus den Flüchtlingen zusammengesetzt.* Insofern sprach sich der Ausschuß für die Zulassung eigenständiger Flüchtlingsorganisationen aus, nicht ohne die ihm wohlbekannten amerikanischen Vorbehalte einzugestalten: *Gegen die Zulassung von Flüchtlingsorganisationen ist anzuführen: 1. Die Organisationen würden landsmannschaftliche Tradition und die Sehnsucht nach Rückkehr in die verlorene Heimat wachhalten. Dies würde sich in politischen Willen umsetzen und auf die deutsche Außenpolitik einen Druck ausüben, der sie in gefährliche, abenteuerliche Richtung drängen könnte. 2. Die Zusammenfassung von Flüchtlingsinteressen könnte zur Verschärfung des Gegensatzes führen, der zwischen ihnen und der eingesessenen Bevölkerung besteht. [...] Das Entstehen außenpolitischer Gefahren durch eigene Flüchtlingsorganisationen wird von niemand bestritten; man kommt jedoch zu dem Schluss, daß es angesichts des elementaren demokratischen Rechts der Flüchtlinge und des Beitrags, den solche Organisationen zur Verwirklichung der materiellen Eingliederung der Flüchtlinge leisten können, in Kauf genommen werden muß.*[54] Ein derartiges Risiko einzugehen war indessen die amerikanische Militärbehörde keineswegs bereit, denn *such a party might well become the focal point for irridendist movements which would again menace the peace of Central Europe*, wie die Prisoners of War Division der Legal Division im Rahmen der OMGUS-internen Diskussion als *pertinent consideration in Military Government's opposition to formation of such parties* im Dezember 1947 mitteilte.[55] Damit wurde das Koalitionsverbot bestätigt, obwohl das Office of the Director of Political Affairs in einem Memorandum vom 20. März 1947 darauf hingewiesen hatte, daß eine Lizensierung durchaus möglich sei, da jegliche irridentistische Propaganda derartiger Parteien wirksam unterdrückt werden könne, denn die Kontrollratsdirektive Nr. 40 untersage die Propagierung nationalistischer und pangermanischer Ideen, die Verbreitung anti-alliierter Gerüchte sowie jegliche Kritik an Entscheidungen des Kontrollrats und der alliierten Konferenzen.[56] Genau dies zu verhindern war in der Praxis offensichtlich jedoch nicht möglich, da aufgrund der diffusen Verteilung der Vertriebenen sich allerorten eine vehemente, nicht zuletzt anti-amerikanisch ausgerichtete Kritik an der Vertreibungspraxis artikulierte, die gerade auch bei der einheimischen Bevölkerung auf fruchtbaren Boden fiel.[57] Und die damit verbundene Forderung nach der Rückkehr in die

---

53   Die entsprechende Direktive erging am 2. August 1946. Vgl. RG 260 OMGUS 5-324/2-49.
54   RG 260 OMGUS 5-324/1-27.
55   RG 260 OMGUS 17-55/2-9.
56   RG 260 OMGUS POLAD 782/41.
57   Bereits am 8. Juli 1946 berichtete der Geheimdienst der US-Navy in seinem Intelligence Report: *M[ilitary] G[overnment], Wuerttemberg-Baden, statet on 5 June that the expellees are becoming a serious threat to the reputation of the Allies. In every little town there are hundreds of expellees who*

alte Heimat bildete trotz - oder besser: aufgrund - der wachsenden Spannungen zwischen 'Alt-' und 'Neubürgern' ein Band, das beide Gruppen einigte, konnte doch mit der Propagierung einer derartigen Lösung des Vertriebenenproblems den elementaren Interessen beider Bevölkerungsteile entsprochen werden. Dies folgerten jedenfalls die amerikanischen Besatzungsoffiziere, die - wie in Württemberg-Baden - die Entwicklung der seit Frühjahr 1947 auf Kreisebene zugelassenen nichtpolitischen Flüchtlings- und Vertriebenenorganisationen genau im Auge behielten: *In the development of local Kreis and Gemeinde expellee organizations it appears that their leaders are using propaganda slogans which are giving encouragement and hope of the idea of returning home (Sudetenland and Silesia). The use of this concept in any form as a method to recrute members for local expellee organizations is considered by this office to be an exceedingly dangerous action and a real threat to the future political structure of the whole bizonal area for reasons outlined below: a. It has a tremendous popular appeal among the expellees. b. It would have the overwhelming support of the majority of old German residents. c. It tends to obstruct the orderly social and economic assimilation of expellees who are considered to be absolute essential to the future reconstruction of Western Germany. d. If followed to logical conclusion the promotion of this political concept could only be resolved by negotiations and/or open conflict for the USSR.*[58]
Diese weitreichenden Befürchtungen wurden durch die zunehmende Politisierung der Vertriebenen, die aufgrund der Verschlechterung ihrer materiellen Lage einsetzte, noch bestärkt. Daher erfolgte am 20. August 1948 zur Bestätigung des Koalitionsverbotes die Veröffentlichung der Military Government Regulation 3-208, die allerdings das Hauptmotiv der Direktive, die Wahrung des Potsdamer Abkommens, mit keinem Wort erwähnte und das Koalitionsverbot euphemistisch allein als assimilationsfördernde Maßnahme begründete: *To facilitate the assimilation of expellee and refugee elements into the life of the German people, political parties whose primary aim is judged to be the furtherance of expellee and refugee interests will not be authorized.*[59] Dieses Verbot beschränkte sich jedoch auf explizit parteipolitische Zusammenschlüsse. Unpolitische Vereinigungen, wie die "Interessensgemeinschaft der ausgewiesenen Deutschen" (IDAD) in Nord-Baden oder der "Hilfsverband der Neubürger" in Nord-Württemberg, die sich laut Satzung alleine der Wahrung sozioökonomischer und kultureller Interessen widmeten, wurden trotz ihrer indirekten politischen Wirkung am 10. März 1947 auf Kreis-[60] und im August 1948 auf Landesebene[61] zugelassen, wobei sie allerdings unter Androhung eines Widerrufs der Zulassung einer entsprechenden Überwachung unterlagen.[62] Dagegen war bei den Gemeinde- und Kreistagswahlen eine Kandidatur der Zwangszuwanderer, die ihre Ei-

tell terrible stories about the mistreatment by Poles or Czechs. The Germans who hear those stories are reported to be much more interested in them by now than they are in the Nuremberg Trials or newspaper reports of Nazi misdeeds. Russia, America, and Britain are blamed almost as much as Poland and Czechoslovakia, and thoughts of revenge are hot and common (RG 260 OMGUS 5-322/1-26).

58	RG 260 OMGWB 12-77/3-7.
59	Zit. nach: UNITED STATES DEPARTMENT OF STATE (Hg.) (1950) S. 159.
60	Vgl. dazu: RG 260 OMGUS 11-38/3-8.
61	Vgl. dazu: RG 260 OMGWB 12-77/3-9 sowie die entsprechenden Angaben im Protokoll über den ersten Landesverbandstag der IDAD am 31. Oktober 1948 in Heidelberg: GLAK, Nachlaß Bartunek, Nr. 10.
62	Vgl. etwa: RG 260 OMGWB 12-77/3-8 [Hilfsverband]; OMGWB 12-77/3-9 [IDAD].

genschaft als Flüchtlinge oder Vertriebene explizit erkennen ließ, nicht möglich.[63] Nichtsdestoweniger betrug der Anteil der *Neubürger* unter den am 7. Dezember 1947 gewählten Gemeinderäten durch die Bildung 'neutraler', unabhängiger Wahllisten in den Landkreisen Württemberg-Badens 12,7% und in den Stadtkreisen 3,4% bei einem Bevölkerungsanteil von 22,6 bzw. 4,9%.[64] Konnten so die Restriktionen der amerikanischen Militärbehörde unterlaufen werden, so war dies bei der Bundestagswahl 1949 nicht möglich. Da hier das Verhältniswahlrecht nur für die Landesliste galt und der in Württemberg-Baden mittlerweile gebildeten "Notgemeinschaft der Kriegsgeschädigten und Vertriebenen" von amerikanischer Seite die Parteilizenz auf Landesebene verweigert wurde,[65] konnten ihre in 17 von 20 Wahlkreisen dennoch aufgestellten Kandidaten nur über das Mehrheitswahlrecht ein Direktmandat erringen. Zwar erhielt die "Notgemeinschaft" in Nord-Württemberg 15,7 und in Nord-Baden 11,7% der Stimmen, jedoch gelang es nur im Wahlkreis Esslingen einem ihrer Kandidaten, mit 28% die relative Mehrheit der abgegebenen Voten auf sich vereinigen. Aufgrund der Verweigerung einer Lizensierung durch die amerikanische Militärregierung, die von den etablierten Parteien stillschweigend gebilligt[66] und erst im Januar 1950 mit der allgemeinen Aufhebung des Lizenzzwanges für politische Parteien durch die Alliierte Hohe Kommission hinfällig wurde,[67] gingen

---

63 Darüber hinaus galten noch weitere Beschränkungen, wie etwa eine Anfrage einer Neubürgergruppe aus dem nordbadischen Landkreis Buchen bei der Militärregierung ergab: *Wie sich herausstellte, hat die Verordnung, daß den Neubürgern die Aufstellung eigener Wahllisten nicht gestattet ist, zu Mißverständnissen geführt. Daraufhin holten die Mudauer Neubürger genaue Informationen ein. Von amerikanischen Stellen erhielten sie die Auskunft, daß jede unpolitische Wählergruppe ihre Listen mit beliebigen Kandidaten aufstellen kann, sofern es sich nicht um bestimmte Volksgruppen (Flüchtlinge, Evakuierte) oder um die Gründung einer Art von Partei oder Bewegung handelt. [...] Eventuelle Einladungen zu Versammlungen müssen an die Allgemeinheit, nicht an eine bestimmte Volksgruppe (Altbürger, Ostvertriebene usw.) gerichtet sein, und in Wahlversammlungen darf wohl gegen politische Parteien, jedoch nicht gegen andere Volksgruppen gesprochen werden* (Rhein-Neckar-Zeitung, Ausgabe Nordbaden 3/1947, Nr. 136 vom 22. November, S. 3).
64 GLAK, Nachlaß Bartunek, Nr. 12.
65 Vgl. dazu die Weekly Intelligence Reports des Amerikanischen Generalkonsulats in Stuttgart vom 8. und vom 14. Juli 1949, RG 260 OMGUS 7-29/1-5.
66 So berichtete das Amerikanische Generalkonsulat in Stuttgart am 2. September 1949 dem Außenministerium: *Still hoping to win the expellee vote, the two right-wing parties [i.e. CDU und DVP] do not favour subsequent licensing of the Notgemeinschaft. The attitude of the KPD is similar* (RG 260 OMGUS 7-29/1-5).
67 Von der Seite der Vertriebenen wurde der Wahlerfolg der "Notgemeinschaft" als wesentliches Movens für die Aufhebung des Lizenzzwanges und damit des Koalitionsverbots dargestellt: *Die Wirkung des Wahlergebnisses blieb nicht aus: Am Tag nach der Wahl erklärte der für Württemberg-Baden zuständige amerikanische Militärgouverneur General Groß im Süddeutschen Rundfunk: 'Es ist nun eine der ersten Aufgaben der verantwortlichen deutschen Stellen, der Notgemeinschaft die gleichen Chancen zu geben wie jeder anderen Partei.'- Damit war der Lizenzzwang praktisch gefallen* (SCHWARZ (1975) S. 32). Diese Einschätzung ist jedoch fraglich. Denn die *Highlights on Refugees 1949* des Refugee and Welfare Advisers Württemberg-Baden vom Dezember 1949 stellten fest: *Following the election the Notgemeinschaft applied again for recognition as a political party and HICOG [Office of the U.S. High Commissioner for Germany] subsequently changed its policy and made the licensing of political parties a function of the Federal Government. The Federal German Government as yet has not officially licensed the Notgemeinschaft* (RG 260 OMGWB 12-77/1-5). Zwar hob der amerikanische Hohe Kommissar McCloy am 29. November 1949 den Lizenzzwang für die ehemalige US-Zone aufgrund seiner Unvereinbarkeit mit dem Besatzungsstatut auf. Doch die Alliierte Hohe Kommission (AHK) versuchte ihn insofern aufrechtzuerhalten, als sie die Lizensierungskompetenz auf die neue Bundesregierung übertragen wollte, um nicht mehr selbst als Sanktio-

die der "Notgemeinschaft" als viertstärkster Partei rein rechnerisch über die Landesliste nach dem Verhältniswahlrecht zustehenden weiteren 4 Mandate verloren, so daß die insgesamt für sie abgegebenen 248.305 Stimmen im Bundestag nur durch einen Abgeordneten repräsentiert wurden.[68]
Die amerikanische Basispolitik gegenüber den Flüchtlingen und Vertriebenen bestand somit nicht nur in einer einseitigen Anpassung der zwangsweise aufgenommenen Zuwanderer an die neuen Verhältnisse und in einem weitgehenden Ausschluß gruppenspezifischer Fördermaßnahmen. Auch ihre lediglich formalrechtliche Gleichberechtigung gegenüber der einheimischen Bevölkerung wurde in wesentlichen Teilbereichen eingeschränkt. Diese Momente bestimmten in deutlicher Weise vor allem die frühen Auseinandersetzungen zwischen der amerikanischen Militärbehörde und den deutschen Länderregierungen. Denn auch auf sie konzentrierte sich von Anfang an der amerikanische Druck, um die Akzeptanz der Vertriebenen sicherzustellen. Nicht allein die Zwangszuwanderer, auch die Einheimischen bildeten ein zentrales Objekt für die amerikanische Flüchtlingspolitik. Schließlich war es *no secret that the immigrants are not wanted in Germany by the Germans of today*. Dies galt nicht nur für die alteingesessene Bevölkerung, sondern mehr noch für die deutschen Auftragsbehörden, durch die die Militärregierung eine Verschleppung ihrer Anordnungen erwartete und auf deren Seite sie eine latente Opposition gegen ihre Intentionen wahrnehmen zu können glaubte. So stellte beispielsweise das Office of Military Government Wuerttemberg-Baden am 21. April 1946 fest: *Even more important and significant are the definite signs of mutual agreement on an expellee-opposition program among influencial Germans and German civil agencies. Carefully scrutinized and analyzed, this opposition-program - studiously unexpressed - exhibits the following: (a) A haphazard, unplanned program, if carried out, will result in continually unsettled conditions. Such conditions will discourage the expellee-immigrant from expecting or anticipating absorption and will encourage the German citizenry in denying acceptance, thus nullifying, eventually, the entire program, and helping to persuade the expellee that his destiny, in the long run, is to return to the country from which he was expelled. Such a program would obviate land reform, land resettlement or reallocation, presumably alleviate anticipated unemployment and, to all intents and purposes, free Germany from the obligation of accepting and absorbing an unwanted migration of several millions. (b) If successful in maintaining continually unsettled conditions relative to the expellee Germany is able to focus attention upon Eastern boundary disputes to the end that boundary changes may be made by the victorious*

---

nierungsinstanz in Erscheinung zu treten. Konrad Adenauer allerdings lehnte dies aus grundsätzlichen Erwägungen ab (*Je mehr Parteien, desto besser*), zumal er die Einführung eines reinen Persönlichkeitswahlrechts und damit die automatische Eliminierung jeglicher Splitterparteien erhoffte (vgl. dazu das deutsche Verhandlungsprotokoll der AHK-Sitzung vom 8. Dezember 1949 (SCHWARZ (1989) S. 51 - 53)). In der Kabinettssitzung der Bundesregierung vom 13. Dezember gab Adenauer zudem zu Protokoll: *In der Frage der Zulassung politischer Parteien gäbe es Meinungsverschiedenheiten zwischen den Hohen Kommissaren. Man wolle nunmehr der Bundesregierung die Lizensierung überlassen. Er habe aber eine Lizensierung abgelehnt* (BUNDESARCHIV KOBLENZ (Hg.) (1982) S. 264). Daraufhin wurde der Lizenzzwang für politische Parteien und damit auch das Koalitionsverbot von der Alliierten Hohen Kommission am 14. Januar 1950 für alle ehemaligen westlichen Besatzungszonen offiziell aufgehoben (vgl. dazu: IMHOF (1975) S. 83).

68   Vgl. dazu: STÖSS (^{2}1986a) Bd. 2, S. 891, DERS. (^{2}1986b) Bd. 2, S. 1262.

powers to provide Germany with more territory eastward, so much the better for Germany.[69] Nicht zuletzt vor dem Hintergrund amerikanischer Befürchtungen, die deutschen Behörden würden eine Rücksiedlung der Vertriebenen betreiben wollen,[70] erging bereits am 24. April 1946, zu einem Zeitpunkt, als wöchentlich ca. 20.000 bis 22.000 Vertriebene in Massentransporten nach Württemberg-Baden verbracht wurden, an Ministerpräsident Reinhold Maier die Weisung, innerhalb von drei Wochen einen umfassenden *german refugee and expellee plan* vorzulegen, *which will insure adequate provisions for the reception, care, control, resettlement and rehabilitation of this people.* Angesichts der Tatsache, daß *the resettlement of these new arrivals in the Wuerttemberg-Baden area [...] must have priority in your government program,* sollte dieser Plan *immediate, inter-mediate and long-range objectives* abdecken.[71] Der noch im Aufbau befindlichen und durch die notwendigen organisatorischen Sofortmaßnahmen zur Erfassung und Verteilung der einströmenden Menschenmassen völlig überlasteten Flüchtlingsverwaltung war es kaum möglich, diese weitgesteckten Erwartungen zu erfüllen. Der entsprechende, vom Regierungskabinett gebilligte Bericht des Staatsbeauftragten für das Flüchtlingswesen, der der Stuttgarter Militärregierung am 10. Mai 1946 zuging, konzentrierte sich notwendigerweise auf die bisher getroffenen Maßnahmen.[72] Daher kritisierte William W. Dawson mit Schreiben an Reinhold Maier vom 22. Juni 1946: *The plan submitted 11 May 1946 is an emergency plan only, providing for the primary reception and distribution of the expellees and refugees, but it lacks an affirmative long range program that will accomplish the purpose of Military Government.* Darüber hinaus aber lehnte die Militärregierung die von deutscher Seite intendierten Erfassungs- und Förderungsmaßnahmen ab, die unter anderem die bevorzugte Versorgung der Zuwanderer mit Sachgütern, deren Produktion und Distribution durch Flüchtlingsgenossenschaften, die Einrichtung von speziellen Krankenhäusern und Internaten, Sonderkontingente für die Zuteilung von Baumaterialien, die Förderung gemeinnütziger Produktivgenossenschaften, einen eigenen, alle sozialfürsorgerischen Ausgaben umfassenden Finanzhaushalt für die Flüchtlingssonderverwaltung und die Herausgabe eines speziellen Informationsblattes für die Vertriebenen umfaßten. Gerade diese Elemente erschienen von amerikanischer Seite als *inadequate to achieve the objectives of Military Government: The organization as outlined in the plan submitted, appears to be built somewhat on the principle of separation: separate budgets, separate staff, separate schools, separate societies of settlers, separate industries. The basic principle approved by Military Government is one of assimilation, not separation.* Die Betonung dieser rigiden Zwangsassimilierungspolitik ging sogar so weit, die Einführung eines Flüchtlingsausweises abzulehnen: *No part of the plan should estab-*

---

69 RG 260 OMGUS 5-47/3-4.
70 In der Tat akzentuierte in dieser Hinsicht gerade der württemberg-badische Innenminister Ulrich versuchsweise einen Antrag des Länderrats am 7. Mai 1946, der der Familienzusammenführung galt: *Der Länderrat wolle die amerik. Militärregierung bitten, die tschechische Regierung zu veranlassen, die zurückbehaltenen Männer nachzusenden und die Familien künftig geschlossen in das reichsdeutsche Gebiet zurückzuführen oder im Falle der Verneinung die ausgewiesenen Familienangehörigen der zurückbehaltenen Männer zurückzunehmen* (BUNDESARCHIV KOBLENZ & INSTITUT FÜR ZEITGESCHICHTE (Hgg.) (1976) S. 496 f.).
71 RG 260 OMGWB 12-22/1-31.
72 Ebd.

lish a special category within the population. It is recommended that there be no special registration of expellees by the land.[73] Damit entsprach die amerikanische Militärbehörde der grundsätzlichen Auffassung, daß die Lage der Flüchtlinge und Vertriebenen kein spezifisches Sonderproblem, sondern integraler Bestandteil der allein von Deutschland zu verantwortenden allgemeinen Kriegsfolgen und des ökonomischen Zusammen- wie des demographischen Umbruchs in der Nachkriegsgesellschaft sei. Die praktischen Auswirkungen dieser Politik gingen in letzter Konsequenz jedoch an der Realität vorbei. Schon alleine um dringend notwendige Planungsdaten zu erhalten, war es notwendig, die Flüchtlinge systematisch zu erfassen, zumal ein nicht unbeträchtlicher Teil nicht mit den kontrollierbaren Massentransporten ins Land kam, sondern im Zuge der Kriegswirren und danach als *infiltrees* unkontrolliert eingesickert war. Insofern erwies sich die spezielle Erfassung dieser Zuwanderer im Zuge der Volkszählung vom Oktober 1946 und die Einführung eines Flüchtlingsausweises als unabdingbar. Zwar mußten die deutschen Behörden die amerikanische Grundlinie akzeptieren. So modifizierte das Stuttgarter Innenministerium im Juli 1946 seinen *Plan für deutsche Flüchtlinge und Ausgewiesene*, der *auf lange Sicht hinaus dem beabsichtigten Verschmelzungsprozess dienen soll*. Die Behörde nahm darin *von dem Vorschlag einer Sonderzeitschrift für die Ausgewiesenen Abstand*, terminierte die Einrichtung von speziellen Hilfskrankenhäusern und Hilfskinderheimen nur auf eine *kurze Zeit bis zur Erweiterung der vorhandenen Einrichtungen* und verzichtete auf einen - angesichts der kommunalen Selbstverwaltungstradition ohnehin nur schwer durchsetzbaren - eigenen exekutiven Unterbau für die in den beiden Landesteilen eingerichtete Flüchtlingssonderverwaltung, um diese nur mit einem *zweckmäßigen Aufsichtsrecht auszustatten* und auf Kreisebene in die Regelverwaltung zu integrieren, so daß die Flüchtlingsreferenten in den Stadt- und Landkreisen zwar der Weisungsbefugnis des württembergischen Staats- und des badischen Landeskommissariats für das Flüchtlingswesen unterlagen, disziplinarisch jedoch den jeweiligen Landräten bzw. Oberbürgermeistern unterstellt waren. Doch insistierte das Innenministerium angesichts der ungeheuren Probleme im Wohnraumsektor auf gesonderten Bauprogrammen, da ohne *Lockerung der Raummenge [...] die reibungslose Verschmelzung mit der einheimischen Bevölkerung immer ein unlösliches Problem sein* werde, was auch für die spezielle Versorgung der zumeist mittellosen Zuwanderer mit alltäglichen Sachgütern galt. Und wenngleich sie den Standpunkt der Militärregierung grundsätzlich anerkannte, *daß keine speziellen Flüchtlingsbetriebe tragbar sind*, so hielt sie an gezielten Arbeitsbeschaffungsmaßnahmen bis hin zur geschlossenen Wiederansiedlung von Spezialbetrieben aus den Vertreibungsgebieten dennoch fest, indem sie lediglich den Adressatenkreis derartiger Fördermaßnahmen auf alle Kriegsopfer (Ausgewiesene,

---

[73] RG 260 OMGWB 12-63/1-7. Dawson folgte damit der Stellungnahme des "Refugee Coordinating Committee" der Stuttgarter Public Welfare Branch: *Request for separate schools, spezialized registration, separate newspapers, separate hospital facilities are examples of the fundamental weakness of the plan which tends to exaggerate differences between expellees and Germans rather than provide for expansion of existing facilities and the assimilation of these people into local communities* (RG 260 OMGWB 12-63/1-15). Vgl. auch den Weekly Report der Public Welfare Branch vom 14. Juni 1946: *it was agreed that our objections would be based upon questions of policy rather upon operational method* (RG 260 OMGWB 12-26/3-19). Vor diesem Hintergrund ist die Feststellung, die Landesregierung habe ebenso wie die Militärbehörde von Anfang an konsequent erreichen wollen, *daß die Ostflüchtlinge keine Art von Staat im Staate bildeten* (SAUER (1978) S. 241), so kaum mehr aufrecht zu erhalten. Vgl. dazu bereits: MATZ (1989) S. 251.

Flüchtlinge, Kriegsversehrte, Kriegswitwen und -waisen) extensivierte, um ihre Exklusivität für die Vertriebenen zu relativieren.[74] In den programmatischen Formulierungen der Verwaltungsanordnungen und Gesetzgebungsprozesse dagegen kam man den amerikanischen Vorstellungen entgegen. Bestimmten die württemberg-badischen *Vorläufigen Richtlinien für die Betreuung der Flüchtlinge und Vertriebenen* vom 26. September 1946 noch als *Zweck der Betreuung*, dieser Personengruppe *eine neue Heimat zu schaffen*,[75] so wurde diese Zielsetzung im Flüchtlingsgesetz vom 14. Februar 1947 nach den amerikanischen Assimilationsvorstellungen insoweit präzisiert, als deren Absorptionskomponente in organologischer Diktion Aufnahme fand: *Die Eingliederung der Flüchtlinge soll ihr organisches Aufgehen in der einheimischen Bevölkerung gewährleisten.*[76]

Vor dem Hintergrund dieser Auseinandersetzungen, die von amerikanischer Seite gerade auch unter konzeptionellen Gesichtspunkten, von deutscher Seite jedoch eher unter pragmatischen Aspekten geführt wurden, wuchsen indessen die konkreten Probleme kontinuierlich. So faßte die ICD-Division in Württemberg-Baden die Situation im Januar 1947 wie folgt zusammen: *The unfriendliness of the native population toward the expellees, the fantastic hopes of the expellees of returning to their former homes, the housing difficulties and the difficulties of integrating these masses into the tottering German economy, the belief of the majority of the Germans that the expulsions are unjust, the difficulty of providing the expellees with the minimum essentials of life - all these factors make the unassimilated masses of expellees one of the major problems facing the Germans today.*[77] Die immensen Schwierigkeiten gewannen eine Eigendynamik, die nicht mehr ignoriert werden konnte und zu einer Bilanzierung der bisherigen Politik auf zonaler Ebene zwang. Angesichts der sich in massiver Weise häufenden Klagen und Berichte über zunehmende Spannungen zwischen Alt- und Neubürgerschaft aufgrund der *crowded conditions*[78] wandte sich General Clay in der Sitzung des Länderrats vom 4. Februar 1947 an die Ministerpräsidenten der US-Zone: *We are receiving increasing reports of the hostility and harsh treatment by the German population of the refugees who have been received from Czechoslovakia and Hungary. These people are with you. They must be absorbed and your good citizenship in the future depends on the manner in which you absorb them. If it continues as at present, you will be establishing a minority group fostering hatred and hostility for years. You should know the difficulties that minority groups have caused in the past. It seems to me that a real measure of your determination to solve this problem must be*

---

74 GLAK, Bestand 466, Zugang 1981/47, Nr. 13 (Hervorhebung im Text).
75 BAK, B 150, Nr. 427.
76 Regierungsblatt der Regierung Württemberg-Baden, Stuttgart 1947, S. 15.
77 RG 260 OMGUS 5-234/1-50.
78 So berichtete der Weekly Military Government Report des OMG Wuerttemberg-Baden am 2. Februar 1947: *Complaints from expellees indicate a serious problem in their assimilation in this land. Field inspections in various kreise also indicate considerable friction between them and the native population which is apparently becoming more serious. Lack of fuel for heating and cooking and crowded conditions aggravated by an extremley cold winter have undoubtedly contributed to this situation. The large number of complaints received in this headquarter indicates the desirability of a complaint section in the Office of the German Refugee Commissioner* (RG 260 OMGUS 5-47/3-5). Vgl. auch den Weekly Report des Stuttgarter Public Welfare Branch vom 30. Januar 1947: RG 260 OMGWB 12-26/3-27.

shown now. I urge your consideration of a program specifically designed to receive and accept these people under favorable conditions.[79] Daraufhin beauftragte das Direktorium des Länderrats den Flüchtlingsausschuß, einen Bericht über *Das Flüchtlingsproblem in der amerikanischen Besatzungszone* zu entwerfen, dessen erste Fassung im Frühsommer einer Revision unterzogen und Ende Juni dem Regional Government Coordinating Office übersandt wurde.[80] Dieser Bericht akzeptierte die vorgegebene Aufgabe, die *Ausgewiesenen als rechtlich und tatsächlich gleichgestellte Mitglieder in die Bevölkerung der US-Zone einzugliedern,* betonte aber gleichzeitig die Erwartung *aller Deutschen,* daß die durch das Potsdamer Abkommen noch offengehaltene *endgültige Regelung [der Westgrenze Polens] Millionen von Ausgewiesenen aus den umstrittenen Gebieten die Rückkehr in ihre Heimat gestatten wird.*[81] An eine Darstellung der von den deutschen Behörden in den drei Ländern der amerikanischen Besatzungszone getroffenen Maßnahmen, eine statistische Übersicht über verschiedene Problemaspekte der Aufnahme, Versorgung, Unterbringung und Beschäftigung der mittlerweile rund 2,8 Millionen Flüchtlinge und Vertriebenen und an eine Kritik an der bestehenden Situation schlossen sich langfristige *Vorschläge zur Lösung des Flüchtlingsproblems* an. Diese reichten unter anderem von der Angleichung der Wohnverhältnisse, einer stärkeren Berücksichtigung der Vertriebenen bei der Zuteilung von Baustoffen, von Kredithilfen zur Neuerrichtung von Betrieben, speziellen Umschulungskursen, Steuererleichterungen und vereinfachten Entnazifizierungsmaßnahmen bis hin zu einem generellen Lastenausgleich. Die abschließende Perspektive des Berichts stellte schließlich die Forderung nach einer Internationalisierung der Lösung des deutschen Vertriebenenproblems dar: *Mit 12-14 Millionen Ausgewiesenen drängt der bisher grösste Flüchtlingsstrom, den die Welt je gesehen hat, in ein vom Krieg zerstörtes, verkleinertes Deutschland. Eine Lösung des Problems geht über die deutschen Kräfte. Wir müssen auch die Hilfe der Welt dazu erbitten. Gerade von der hohen Warte der Organisation der Vereinten Nationen aus sollte deshalb die Frage der nach Deutschland Ausgewiesenen als besonders beachtenswert für den friedlichen Aufbau der Welt*

---

79 BUNDESARCHIV KOBLENZ & INSTITUT FÜR ZEITGESCHICHTE (Hgg.) (1979) S. 186. In der offiziellen deutschen Übersetzung wurde der einseitig assimilationsorientierte Terminus *absorb* bezeichnenderweise durch *eingliedern* wiedergegeben: *Wir erhalten immer mehr und mehr Berichte über die feindselige Haltung und grobe Behandlung von seiten der deutschen Bevölkerung gegenüber den Flüchtlingen, die aus der Tschechoslowakei und Ungarn hier eingetroffen sind. Diese Leute sind jetzt bei Ihnen. Sie müssen eingegliedert werden, und ihr zukünftiges Verhalten als Neubürger hängt von der Art und Weise ab, wie Sie sich zu dieser Eingliederung stellen. Wenn die jetzige Behandlung weitergeht, so schaffen Sie eine Minderheit, die jahrelang von Hass und Feindseligkeit erfüllt sein wird. Sie selbst kennen die Schwierigkeiten, die Minderheiten in der Vergangenheit hervorgerufen haben. Es scheint mir, daß Sie Ihre Entschlossenheit, dieses Problem zu lösen, jetzt am besten beweisen können. Ich möchte deshalb anregen, daß Sie ein Programm in Erwägung ziehen, welches darauf abgestellt ist, diese Menschen unter günstigeren Bedingungen aufzunehmen* (RG 260 OMGUS 11-39/1-3).

80 Vgl. dazu: BUNDESARCHIV KOBLENZ & INSTITUT FÜR ZEITGESCHICHTE (Hgg.) (1979) S. 186 f., Anm. 4. Die erste, zurückgezogene Druckfassung vom 10. April 1947 unterschied sich von der zweiten nicht unwesentlich. Vgl. zu dieser ersten Fassung: HSTAST, EA I/014 Bü. 528.

81 Das Flüchtlingsproblem in der amerikanischen Besatzungszone. Entwurf vom 22. Mai 1947, S. 1, 3 (GLAK, Bestand 466, Zugang 1981/47, Nr. 19). In der Anfang Januar 1948 publizierten endgültigen Fassung wurde diese Erwartung nur noch den betroffenen *Millionen Ausgewiesenen* zugeschrieben. Vgl. dazu: Das Flüchtlingsproblem in der Amerikanischen Besatzungszone. Ein Bericht des Länderrats an General Clay, Stuttgart 1948, S. 3.

erscheinen. *Deshalb wird die Militärregierung gebeten werden, über die Regierung der Vereinigten Staaten bei der Organisation der Vereinten Nationen anzuregen, daß die Lösung des Flüchtlingsproblems in Deutschland in den Aufgabenbereich der Flüchtlingsorganisation der Vereinten Nationen einbezogen wird. [...] Darüber hinaus sollen von den Finanzministerien konkrete Pläne für eine internationale Flüchtlingsanleihe ausgearbeitet werden, die der Militärregierung zu unterbreiten sind. Nur mit einer solchen Anleihe in Form von langfristigen Rohstoff- und Warenkrediten besteht die Möglichkeit, die vollständige Gleichstellung der Ausgewiesenen zu erreichen. [...] Dieser Appell an fremde Hilfe bedeutet nicht, daß die deutschen Behörden vor der Schwere der Aufgabe resigniert die Arme kreuzen wollen. Ganz im Gegenteil wollen sie durch energische Ausschöpfung aller deutschen Mittel zur Lösung des Flüchtlingsproblems die verständnisvollen Beobachter in der Welt für die nötige zusätzliche Hilfe geneigt machen.*[82]

Die amerikanische Militärregierung reagierte auf diesen Entwurf des Länderratsberichts in ihrer internen Diskussion im Juli 1947 in unterschiedlicher Weise. Die an der Einhaltung von Grundsatzfragen orientierte Civil Affairs Division (CAD) kritisierte Fehler in den vorgelegten Statistiken und lehnte die Genehmigung für eine Veröffentlichung vor allem ab, um nicht den Eindruck eines gesonderten Vertriebenenproblems entstehen zu lassen, denn der Bericht *fails to envisage the expellee problem as a part of the general problems of population and economic rehabilitation in Germany.* Die sehr viel näher mit den konkreten Problemen vertraute Public Welfare Branch hingegen akzeptierte die Grundanlage des Berichts und befürwortete seine Publikation: *In general, the report is excellent and quite clearly presents the factual accomplishments over a period of one and a half years. The report is somewhat inaccurate in some details; but these inaccuracies do not invalidate the conclusions and the over-all summary of the problem.*[83] Hinter dieser gegensätzlichen Einschätzung standen offensichtlich unterschiedliche konzeptionelle Erwägungen und politische Einschätzungen. Die Civil Affairs Division sah das langfristige Ziel einer vollständigen Absorption der Zuwanderer durch spezielle Fördermaßnahmen gefährdet. Denn die damit verbundenen Sondermaßnahmen und Umverteilungen könnten die Unterschiede zwischen Einheimischen und 'Neubürgern', die sich bei einer allgemeinen Verbesserung der Lebensverhältnisse für alle Bevölkerungsteile von selbst nivellieren sollten, perpetuieren. Zudem schienen gerade gezielte, vom Ausland mitgetragene Hilfsmaßnahmen inopportun, um nicht politisch den Eindruck einer Verschiebung der Verantwortung für die Vertriebenen von den Schultern der deutschen Behörden auf die für den Flüchtlingszustrom verantwortlichen Alliierten zu erwecken. Diese Bedenken wurden von der Public Welfare Branch sehr viel weniger geteilt. Denn sie sah die Politik der deutschen Behörden grundsätzlich in Einklang mit dem amerikanischen *guiding principle, that minority groups should be denied an opportunity to perpetuate themselves as minority groups and that expellees must be*

---

82 Das Flüchtlingsproblem in der amerikanischen Besatzungszone. Entwurf vom 22. Mai 1947, S. 40 f. (GLAK, Bestand 466, Zugang 1981/47, Nr. 19); dieser Tenor blieb in der endgültigen, publizierten Fassung erhalten, allerdings wurden hier stärker die bisherigen deutschen Eigenleistungen betont und - entsprechend der weltpolitischen Lage - die Gefahr einer 'anarchistisch-bolschewistischen' Entwicklung angedeutet (Das Flüchtlingsproblem in der Amerikanischen Besatzungszone. Ein Bericht des Länderrats an General Clay, Stuttgart 1948, S. 28).

83 RG 260 OMGUS AG 1947/157-4.

absorbed economically, socially and politically.[84] Da sie die Klagen der deutschen Behörden über die verzögerten Assimilationsfortschritte besser evaluieren konnte und daher weniger als instrumentelle Überdramatisierung wertete, befürchtete diese Abteilung angesichts der aktuellen Lage in umgekehrter Weise offensichtlich die Festschreibung einer materiellen Deklassierung der Zuwanderer, die deren spätere Absorption dauerhaft behindern würde. Dieses Problembewußtsein setzte sich in der zentralen OMGUS-Verwaltung, die die Publikation des Länderratsberichts schließlich genehmigte, erst allmählich durch. Auf den unteren Stufen der regionalen Militärverwaltung, die mit den akuten Problemen sehr viel direkter konfrontiert waren, war es zur gleichen Zeit jedoch weiter entwickelt. So bilanzierte die Stuttgarter Public Welfare Branch des OMG Wuerttemberg-Baden im Spätsommer 1947, zu einem Zeitpunkt also, als die Erstaufnahme und Verteilung der Massentransporte weitgehend abgeschlossen war, die bisherigen Erfahrungen. Zugleich prognostizierte sie die weitere Entwicklung der Assimilation der Zuwanderer, die nun in eine neue Phase treten mußte. In deutlicher Weise wurde dabei auch die bislang mehr oder minder implizite Grundannahme relativiert, daß es sich - vor dem Hintergrund einer gemeinsamen Kultur und der nationalsozialistischen Volksgemeinschaftsvorstellung - bei der Aufnahme der Vertriebenen um einen vergleichsweise unproblematischen inländischen Migrationsprozeß[85] und nicht um eine Einwanderungssituation handele: *One lesson is inescapable. Not all ethnic Germans are alike and readily acceptable back into the fatherland. [...] Swabians from Hungary and Volksdeutsche from Czechoslovakia are culturally different from natives of Wuerttemberg or of Baden and subject to discrimination and aversion as foreigners. The full implications of the situation are becoming more fully realized each passing month. There are real economic, social, political and religious differences. It is not yet certain whether the processes of assimilation or of estrangement and discrimination are making the most headway. Certain it is that these cultural differences have been largely ignored in the urgent efforts to secure a minimum of a single room for each family unit. The effort of settlement has been greater than was anticipated six months ago. In general the difficulty of assimilation increases with the time elapsed.*[86]
Im Verlauf des Jahres 1947 zeichnete sich damit ab, daß der Assimilationsprozeß nun in eine zweite entscheidende Phase treten würde und die amerikanische Politik an einem Scheideweg angekommen war. Nun stellte sich das Problem, ob der rigide Assimilationskurs, dessen negative Folgen immer deutlicher hervortraten, beibehalten oder einer Revision unterzogen werden sollte, in dringlicher Weise. Die Kernfrage lautete dabei, ob den Zuwanderern zur Kompensation ihrer objektiv schlechteren Startposition in der deutschen Nachkriegsgesellschaft spezielle Fördermaßnahmen zukommen und ihnen zum Schutz sowie zur Durchsetzung ihrer Interessen nicht doch ein wie auch immer gearteter Status als spezifische Gruppe innerhalb der deutschen Bevölkerung zugestanden werden sollte: *A definitive dilemma with implication for Military Government policy presents itself. Rapid assimilation within a generation demands ruthless, probably inhumane, scattering of these expellees over Germany and checking out of all cultural traits foreign to Germany. Some cultural and economic loss will be involved. This means*

---

84   Ebd.
85   Die Einschätzung, *that the refugees, who are [...] of German blood [...] therefore should be easily assimilable*, findet sich in den amerikanischen Stellungnahmen zum Vertriebenenproblem immer wieder (hier: SWOPE (1950) S. 5).
86   RG 260 OMGWB 12-27/1-15.

loss of social and economic status for this generation of expellees. On the other hand, any grouping for social satisfaction or political and economic protection from discrimination may perpetuate minority groups and identify classes considered socially and economically inferior, if not centers of trouble. The only alternative, it would seeem, is to encourage these people to immediately enter into social participation and contribution. It will also be necessary to insure that the native population permits them such opportunity. Many of these expellees, cultured people, cannot maintain this level for their children, since they are almost uniformally divested of all economic goods. In either case, the problem arises of preventing these people, in desperation, from identifying themselves with left-wing radical political philosophies. In summary it may be said that the original objective of receiving and resettling the expellees has, for the present, been largely achieved, only to discover a further problem of their assimilation into the political and social economy. This will require greater familarity with the whole German situation, more field inspections, coordinated planning and more than superficial cooperations of German officials. This may be a long task.[87]

Da sich das Flüchtlings- und Vertriebenenproblem damit auch in der amerikanischen Wahrnehmung immer mehr als eine langfristige Belastung der Besatzungspolitik erwies, intensivierte sich Ende 1947 das Interesse der Militärregierung sichtlich, zumal nun Entscheidungen über die Umsetzung der grundsätzlichen Umorientierung der Besatzungspolitik hinsichtlich einer ökonomischen Stabilisierung der Westzonen durch ihre Einbeziehung in den Marshall-Plan anstanden. Trotz der anhaltenden internen Umorganisationen von OMGUS, die phasenweise den Einfluß der Public Welfare Branch zurückgedrängt zu haben scheinen, wuchs offensichtlich das Gewicht ihrer für die deutsche Flüchtlingsfrage zuständigen Unterabteilung. So konstatierte der Political Adviser des State Department, Robert Murphy, im Januar 1949 rückblickend: *the old P[risoner of]W[ar]-D[isplaced]P[ersons] Division was decimated last spring and the remnant absorbed into CAD, with all the emphasis and major interest going to the resettlement of UN DP's. As Head of the German Refugee Branch, Weisz was practically a one-man division and at first received little or no support from his superiors. General Clay has always taken the position that expellees and refugees are purely a German problem, despite urgant appeals for OMGUS assistance [...]. More recently, however, there has been an increasing top-level awareness of the gravity and scope of this problem [...].*[88]

Dies galt schließlich auch für den stellvertretenden und späteren ersten Militärgouverneur der amerikanischen Besatzungszone, für General Clay, den konsequenten Befürworter einer ausschließlich deutschen Zuständigkeit für die Kriegsfolgelast des Flüchtlings- und Vertriebenenzustroms, der zudem der strikten Einhaltung des Potsdamer Abkommens und der sich daraus ergebenden Verpflichtungen lange Zeit höchste Priorität für die amerikanische Besatzungspolitik einräumte.[89] So hatte Clay Anfang 1947 ein Ersuchen des Stuttgarter Länderrats um Reduzierung der Ausgewiesenenzahlen mit dem Hinweis abgelehnt, *daß das Problem nicht entstanden wäre, wenn Deutschland nicht angegriffen und die Ausgewiesenen den Regierungen ihres Wohnsitzes gegenüber sich loyal verhalten hätten.*[90] Und in seinen Empfehlungen für die

---

87   Ebd.
88   RG 84 OMGUS POLAD 456/90 bis 94.
89   Zu Clay vgl.: BACKER (1983); KRIEGER (1987). Auf die Flüchtlings- und Vertriebenenproblematik gehen diese Studien indessen nicht ein.
90   CLAY (1950) S. 119.

Vorbereitung der Londoner Außenministerkonferenz insistierte er im November 1947 noch ausschließlich darauf, verstärkten Druck auf die deutschen Behörden auszuüben, *to [...] provide for the rapid elimination of all references or distinctions which set the migrant population apart from original inhabitants [...] in order to foster assimilation.*[91] Zwar sah er noch 1950 die Hauptverantwortung für das Fehlen langfristig angelegter Konzepte bei den Deutschen,[92] obwohl er selbst angesichts der Komplexität der sich in der Nachkriegszeit gleichzeitig stellenden Probleme wie diese zu einem verständlichen ad-hoc-Pragmatismus tendiert hatte.[93] Doch die Schwere der dauerhaften Belastung der Besatzungspolitik durch die Bevölkerungsverschiebungen waren ihm 1948 durchaus bewußt. Als James K. Pollock im Juni 1948 nach einer Reise durch die drei westlichen Besatzungszonen ihn in einem vertraulichen Report insbesondere darauf hingewiesen hatte, daß *the sociological effect of the overcrowding of expellees gives [...] cause for great concern*, bat Clay den Direktor der Civil Affairs Division, Edward H. Litchfield, unverzüglich um eine Stellungnahme, woraufhin dieser ihm antwortete: *Everyone is aware of this problem of course, though I doubt if we have had it analyzed in any detail. Among the people included in our Exchange Program are three individuals who are working on the general question of assimilation of not only the expellees, but also the other undigested elements in the community. I am particularly anxious to have this analysis because I think there is little question but that in the years to come there will be wide-spread political ramifications which follow from this population problem.*[94] Litchfield bezog sich damit auf die Expertisen, die der Wirtschafts- und Migrationswissenschaftler an der London School of Economics Julius Isaac, der Historiker, Osteuropa-Experte und Berater des Völkerbunds für Minderheitenfragen Carlile A. McCartney sowie der spätere UN-Consultant für Bevölkerungsfragen Pierce Williams im Frühjahr 1948 als *Visiting Experts* aufgrund mehrwöchiger Aufenthalte in der amerikanischen Besatzungszone erarbeitet hatten und der Militärregierung im Juni 1948 vorlegten.[95] Diese Studien wurden noch ergänzt durch einen im Oktober 1948 fertiggestellten Bericht der amerikanischen Professorin für Fragen des Sozialwesens, Jane Carey, und durch eine weitere Untersuchung von Julius Isaac, die dieser anläßlich einer zweiten Reise im Sommer 1949 erstellte.[96] Diese Berichte bilanzierten den aktuellen Stand der Assimilation der Zwangszuwanderer, listeten die bestehenden Probleme auf, unterbreiteten Lösungsvorschläge

---

91 SMITH (Hg.) (1974) Bd. 1, S. 490.
92 Vgl. dazu: CLAY (1950) S. 351: *Sicher haben die deutschen Stellen dieses Problem nicht recht bewältigt und sind zu keinem Programm gekommen, das auf weite Sicht Möglichkeiten zur Lösung geboten hätte.*
93 *So we had innumerable problems and what we were trying to do was to solve each problem as it arose,* erinnerte er sich 1977 gerade in Hinblick auf die Bewältigung des Flüchtlingszustroms (CLAY (1984) S. 108).
94 RG 260 OMGUS AG 1948/145-5.
95 Isaac, Julius: The Expellee Problem in the US Area of Control in Germany; McCartney, Carlile A.: The Expellee Problem in the US Area of Control in Germany (RG 260 OMGUS 15-99/1-5); Williams, Pierce: The Resettlement of Transferred Populations in the U.S. Zone of Germany (RG 260 OMGUS 5-324/2-49). Eine über die OMGUS-Überlieferung hinausgehende, erweiterte Version des Williams-Reports liegt in deutscher Übersetzung unter dem Titel *Assimilierung der eingewanderten Ausgewiesenen und Evakuierten in der US-Zone* vor im Nachlaß Werner Middelmann, Nr. 1.
96 Carey, Jane: Assimilation of Expellees and Refugees in Germany (RG 260 OMGUS 3-160/1-37); Isaac, Julius: German Refugees in the U.S. Zone 1948/1949 (RG 260 OMGUS 3-165/1-15).

und enthielten damit auch nicht wenige Kritikpunkte bezüglich der bisherigen Politik der Militärregierung. Zunächst einmal zeigten sich die Beobachter erstaunt über das Ausmaß des Problems: *Indeed, there is in the whole history of migration no parallel of population transfers of similar size and under similar adverse economic conditions. That they did not lead to complete an irredeamable chaos, but could be carried out in an orderly way, appears almost as a miracle to the student of population movements.*[97] Angesichts der aktuellen und akuten Problemlage - *The first problems of assimilation were to house, to feed and to employ the newcomers*[98] - stellte sich ihnen der ökonomische Aspekt der Assimilationsproblematik als vordringlichstes Moment dar: *the key to assimilation lies to an overwhelming extent in the economic field.*[99] Dabei tendierten sie zu der Einschätzung, daß die ökonomische Eingliederung nicht nur eine notwendige, sondern darüber hinaus bereits eine auch hinreichende Bedingung für die Lösung des Flüchtlings- und Vertriebenenproblems darstelle: *In the assimilation of the over 3 million immigrant expellees and evacuees [...] the initial and most important step is their incorporation as productive members of the labour force. There are no outstanding obstacles to the incorporation of these newcomers into the social life of the U.S. Zone, once they and their native neighbors accept the fact that they are here to stay.*[100] Mit der Dominanz der ökonomischen Assimilationsdimension reduzierte sich die komplexe Gesamtproblematik tendenziell auf ein volkswirtschaftliches Problem, dem in erster Linie mit wirtschafts- und nicht mit sozialpolitischen Maßnahmen begegnet werden sollte, denn *the non-economic aspects of this problem would gradually solve themselves.*[101] Das Ziel der einzuschlagenden Politik, *to bring about equality and equity between indigenes and expellees,*[102] war zwar unumstritten. Und ebenso klar war den Beobachtern, *that the expellee as a whole not only started from conditions even less favourable than those of most indigenes, having even fewer resources behind them, but were also on the whole less favourably situated as regards present employment.*[103] Doch spezifische wirtschaftliche Sondermaßnahmen zu empfehlen, dazu konnten sich gerade die wirtschaftswissenschaftlichen Experten nur ansatzweise durchringen. Ihre generelle Argumentationslinie zielte auf einen allgemeinen ökonomischen Aufschwung ab, der im Rahmen der geplanten Marshall-Plan-Hilfe von selbst die existierenden Benachteiligungen der Zuwanderer beseitigen sollte: *If Allied policy towards Germany cannot give its population as a whole some degree of economic satisfaction, the expellees, as a component of this population, cannot obtain that economic satisfaction which is in fact condition of assimilation.*[104] Auch hier dominierte vor dem Hintergrund eines eher liberal-wirtschaftskapitalistischen als wohlfahrtsstaatlich ausgerichteten Denkens die Annahme, die allgemeine Verbesserung der ökonomischen Rah-

---

97   Isaac (wie Anm. 95), S. 1.
98   Carey (wie Anm. 96), S. 11.
99   McCartney (wie Anm. 95), S. 7.
100 Williams (wie Anm. 95), S. 10; vgl. auch McCartney (wie Anm. 95) S. 4: *the immediate problem of the expellee is obviously and admittedly an economic one [...]. It is my strong view, for what it is worth, that if the problem of economic integration could be solved, the political and psychological factors would loose much of their importance.*
101 Isaac (wie Anm. 96), S. 12.
102 McCartney (wie Anm. 95), S. 9.
103 Ebd., S. 8.
104 Ebd., S. 9.

menbedingungen würde automatisch zu einer Angleichung der beiden Bevölkerungsgruppen führen. Lediglich im Falle einer Rezession oder eines verzögerten Anlaufens des Marshall-Plans befürworteten die Expertisen kurzfristige Interimsprogramme wie etwa besondere Kredithilfen für die kapitalschwachen Flüchtlingsbetriebe oder spezielle Arbeitsbeschaffungsmaßnahmen.[105] Diese Tendenz blieb auch noch erhalten, als sich 1949 die Auswirkungen der Währungsreform zeigten, die die einheimischen Sachwertbesitzer begünstigt, die Lohnkosten erhöht, die Arbeitslosenrate heraufgesetzt und die Kapitalreserven der Zuwanderer drastisch reduziert hatten: *the gap between standards of living between old and new residents has become rather wider.*[106] Selbst vor diesem Hintergrund dominierten kurzfristige betriebswirtschaftliche Rentabilitätserwägungen, die die volkswirtschaftliche Belastung sozialfürsorgerischer Unterstützungskosten außer Acht ließen, in eindeutiger Weise.[107] Diese Position, die vom Primat der ökonomischen Integration bei gleichzeitiger Ablehnung spezifischer wirtschaftlicher Sondermaßnahmen ausging, sollte sich letztlich durchsetzen, obwohl die OMGUS-Public-Welfare-Branch eindringlich vor den Folgen einer derartigen Politik warnte und feststellte, das Vertrauen auf den Marshall-Plan sei *based on generalities which affect the entire German population, and fail to distinguish the special aspects which apply to the refugee segments. The reforms and proposals advanced will certainly help to keep refugees employed, but it will not considerably facilitate their political, economic, sociological and demographic integration into their new environment. [...] For the refugee must be comprehensively accepted as as 'personal' man, before any evaluation of him as an 'economic' man can have more than ephemeral significance in terms of his genuine absorption.*[108]

In Bezug auf die nicht-ökonomischen Assimilationsdimensionen plädierten die *Visiting Experts* ebenfalls für eine völlige Gleichberechtigung der Zuwanderer. Doch implizierte dies angesichts der bisherigen, überwiegend negativen Maßnahmen der amerikanischen Assimilationspolitik die Forderung nach einer weitgehenden Aufgabe bisheriger Positionen. Dies betraf nicht zuletzt die Forderung nach einer Korrektur der bisherigen dispersiven Verteilungspolitik, die durch die Atomisierung der flächendeckend untergebrachten Zuwanderer die Entstehung eigenständiger sozialer Gruppen verhindert hatte. Der Osteuropa-Experte und Historiker McCartney bezweifelte nachdrücklich die Effizienz dieser Maßnahmen: *I find it hard myself to decide whether the authorities were wise in dispersing the expellee so widely and allowing them so little representation. On the whole I think that this policy was right in principle, but carried too far. A*

---

105   So empfahl Isaac etwa *some financial support for refugee industries [...] during a period of economic stagnation* (Isaac (wie Anm. 95), S. 12), und Williams regte Überlegungen zur Einrichtung von Arbeitsnotprogrammen für die *Periode des Wartens* bis zum Anlaufen des Marshall-Planes an, *absolut als vorübergehende Maßnahme, um nützliche Beschäftigung für die heute arbeitslosen zugewanderten Arbeitskräfte [...] zu beschaffen bis zu ihrer Überführung in die Industriezentren* (Williams-Report, in: Nachlaß Middelmann (wie Anm. 95), S. 6, 8).

106   Isaac (wie Anm. 96), S. 2.

107   Vgl. dazu etwa: Ebd., S. 3: *It would be a mistake to give a new lease of live to those refugee industries which [...] cannot be expected to be competitive [...]. Discrimination between viable and non-viable refugee enterprises is necessary. The elimination of the non-competitive enterprises for guaranteed credits or for participation in Marshall Plan aid would probably involve a considerable amount of red tape and hardship in some cases. But it seems indispensable in the interest of a sound German economy.*

108   H. E. Auerbach, Chief of Public Welfare Branch, OMGUS: Internal Commentary on Mr. Williams' Report, 26. Febr. 1948, RG 260 OMGUS 5-324/1-29.

measure of dispersal was imposed at the outset to get the expellees housed at all, but the extreme and deliberate atomisation of them seems to me to carry with it many disadvantages. I do not, moreover, think that [...] assimilation is accelerated by extreme atomisation. [...] In my view [...] communal resettlement should be carried through wherever possible; the conditions of the German economy rule out in advance the possibility that any group could ever be large. The use of the small group as contrasted with individual placing seems to me desirable economically and socially, since groups and their components cannot be exploited as the individual worker can so easily be. I believe it also better calculated to lead to the goal which the authorities have set themselves; for the mutual comfort and protection afforded one another by expellee groups will enable them to settle down the more easily.[109] Analog dazu forderte auch der Wirtschafts- und Bevölkerungswissenschaftler Isaac, die Formation von Selbsthilfeorganisationen der Vertriebenen nicht nur widerwillig zu tolerieren, sondern sie positiv zu unterstützen, da sie einen stabilisierenden Effekt ausübten: *There is [...] little point in discouraging newcomers from forming local associations with a view to maintaining social contacts, giving mutual aid and preserving the traditions of their country of origin. On the contrary, it may be worthwhile to support such associations; they have an important function to fulfill during the period of transition, they give greater self-confidence to the individual who otherwise would feel isolated in an foreign world and they can be the source of invaluable advice for him in his attempts to adjust himself to his new environment. The main reason for the opposition to such organization is the fear that they may develop into political organizations or parties if progress in economic assimilation were lacking. Such failure is likely to lead to a political organization anyway. Too much weight should, therefore, not be attached to this argument.*[110] Damit plädierten diese Expertisen letztendlich auch für die Zulassung politischer Vertriebenenparteien, insofern in diesen die berechtigten Bemühungen um eine baldige Verbesserung der Lebensumstände die eventuellen revisionistischen Tendenzen überlagerten: *The machinery for enabling the expellee, qua expellee, to state his grievances and seek his remedies also seems [...] too weak. More efficient machinery would, it is true, allow more scope to the professional grumblers, but it would also ensure prompter remedy of grievances, whereby the expellee would the sooner settle down and assimilate. Nor am I entirely convinced of the wisdom of forbidding the expellees to form political parties. [...] They are thus left more than ever in a political vacuum, which is too easily filled by extremists from left to right. It should be possible to device in consultation with expellee leaders an expellee party program of Activism which would accelerate rather than delay final assimilation.*[111]
Die Visiting Experts betonten nicht umsonst auch die soziale Assimilationsdimension, die in der bisherigen Politik lediglich durch die rein formalrechtliche Gleichstellung der Zwangszuwanderer sichergestellt werden sollte. Hatten sich die Militärbehörden damit begnügt, im Flüchtlingsgesetz die juristische Gleichberechtigung der Vertriebenen festzuschreiben und die entsprechende Realisierung dieser Bestimmung den - wenngleich kontrollierten - deutschen Behörden zu überlassen, so stellten die Experten auf ihren Inspektionsreisen doch ziemlich

---

109   McCartney (wie Anm. 95), S. 12.
110   Isaac (wie Anm. 95), S. 3 f.
111   McCartney (wie Anm. 95), S. 12 f.

übereinstimmend fest: *practise often did not correspond with theory.*[112] Angesichts der alltäglichen Diskriminierungen gegenüber den 'Neubürgern', die auch durch entsprechende Sanktionen kaum zu verhindern waren, kam dem sozialen Schutz dieser Zuwanderer, der Stabilisierung ihres Selbstwertgefühls und der Förderung ausgeglichener Beziehungen zu ihrer neuen Umwelt durch entsprechende positive Förderungsprogramme eine besondere Bedeutung zu. Diese Aspekte, die eine wesentliche Erweiterung der Assimilationsproblematik um eine (inter-) kulturelle Komponente beeinhalteten, wurden vor allem von der Sozialexpertin Jane Carey hervorgehoben: *The most difficult, but one of the most important aspects of assimilation, is that of cultural integration in German communities. As the refugees and expellees are in such a bitter frame of mind, it is important for all organizations concerned with their problems to impress the need for assimilation on them and on the native German inhabitants. This is the combined task of German offices, churches, private organizations, labor unions, and individuals, who must be educated for assimilation. [...] Much that has been done thus far to help the newcomers has been based on a desire to show their past cultures as assets to Germany. This often has tended to glorify the past and to increase nostalgia for it and for former homes. It is important that the newcomers be taken into cultural organizations in Germany on a basis of equality with the native inhabitants. Centers of inter-cultural goodwill should be established where training in tolerance and mutual appreciation will be developed for both the newcomers and the old residents of Germany. It is of the utmost importance for both natives and newcomers to be educated in the realization that the latter are in Germany to stay and that they must be assimilated.*[113] Zwar hatten die Visiting Experts Ansätze einer gezielten Förderung eines *inter-cultural goodwill* zwischen 'Alt-' und 'Neubürgern' und einer *education for assimilation* beider Bevölkerungsgruppen[114] in den örtlichen Initiativen der amerikanischen Kreis-Resident-Officers beobachten können. In zahlreichen Town-Hall-Meetings, die im Rahmen des amerikanischen Reeducation-Program durchgeführt wurden,[115] konnten die Klagen und Interessen der beiden Bevölkerungsgruppen artikuliert, den lokalen Behörden vorgetragen und - unter den Augen der Besatzungsoffiziere - in einen demokratischen Interessenausgleich überführt werden, der die wechselseitige Rücksichtnahme der Betroffenen mit der Einübung demokratischer und toleranter Verhaltensformen verband.[116] Doch im Gegensatz zu den interkulturellen Programmen, die, wie die Amerika-Häuser, den deutsch-amerikanischen Beziehun-

---

112 Ebd., S. 7; vgl. auch: Carey (wie Anm. 96), S. 20.
113 Carey (wie Anm. 96), S. 20 f.
114 Vgl. dazu Isaac (wie Anm. 95), S. 14: *Education for assimilation is an essential part of the program of education for citizenship. Indeed, good citizenship implies readiness to understand each other and to cooperate for the common weal. Greater efforts should and propably could be made to bring old and new citizens socially together.*
115 Zwischen November 1947 und Juni 1949 fanden allein in Württemberg-Baden über 1.500 dieser Town Hall Meetings statt. Vgl. dazu: Open Forum Seminar - Review of Wuertemberg-Baden Program, in: Military Government Information Bulletin No. 164, June 28, 1949, S. 21 - 24; vgl. auch: Town Hall Meeting, in: ebd., No. 140, July 27, 1948, S. 12 f.
116 Zum konkreten Verlauf dieser Veranstaltungen und ihrer immensen Bedeutung für die Artikulation der Interessen der Vertriebenen vgl. etwa die minutiösen amerikanischen Protokolle der Town Hall Meetings im nordbadischen Landkreis Buchen: RG 260 OMGWB 12-203/2-13.

gen galten,[117] wurden analoge Einrichtungen für die Verbesserung der Beziehungen zwischen den Einheimischen und den Zwangszuwanderern ebensowenig institutionalisiert wie auch die kulturelle Betreuung der Flüchtlinge und Vertriebenen weitestgehend den Kirchen und später den landsmannschaftlichen Vereinigungen überlassen blieb.[118] Insgesamt forderten die Analysen der in amerikanischem Auftrag tätigen Experten schließlich in deutlicher Weise ein verstärktes Engagement der Besatzungsbehörden, das sich nicht nur gegen den von deutscher Seite bereits ins Auge gefaßten Abbau der Flüchtlingssonderverwaltungen richten,[119] eine effizientere Organisation der OMGUS-internen Flüchtlingsabteilungen umfassen[120] und effektivere Überwachungsmaßnahmen ermöglichen[121] sollte. Vielmehr empfahlen die Expertisen der Militärregierung übereinstimmend, von ihrem bisherigen Grundsatz abzugehen, das Flüchtlings- und Vertriebenenproblem als alleinige Angelegenheit der deutschen Behörden anzusehen: *The assimilation of expellees is regarded in the U.S. Zone as an internal German problem and it is therefore, in principle, outside the functions of Military Government to supervise the activities of German authorities in this field. The wisdom of this decision is open to doubt mainly for two reasons: 1. The assimilation of expellees is a precondition of Germany's economic recovery. It is, therefore, both an international problem and the immediate concern of the U.S. taxpayer. 2. German authorities have proved frequently unable or unwilling to protect expellees against discrimination. The consequence is a serious and avoidable delay in the process of assimilation.*[122] Mit Nachdruck wurde nicht nur eine Verstärkung planerischer Überlegungen von seiten der Militärbehörden gefordert,[123] sondern auch, daß diese ihre moralische Verantwortung akzeptieren und umfassendere Hilfeleistungen erbringen sollten: *A generously humane attitude toward the problem of the assimilation of the 3 million people transferred into the US Zone compels recognition of the fact that*

---

117   Vgl. dazu etwa: Office of the U.S. High Commissioner for Germany: 4th Quarterly Report on Germany, July 1 - September 30, 1950, S. 76 f.; ebd., [11th] Report on Germany, September 21, 1949 - July 31, 1952, S. 75 - 77.

118   Bereits die deutschen Flüchtlingsbehörden hatten die Aufgabe der kulturellen Betreuung hauptsächlich den nichtstaatlichen Organisationen zugewiesen: *Die kulturelle und religiöse Betreuung werden auch in Zukunft im wesentlichen die Aufgabe der Kirchen, der Wohlfahrtsverbände, der Gewerkschaften und anderer nicht staatlicher Verbände sein* (Das Flüchtlingsproblem in der amerikanischen Besatzungszone (wie Anm. 81), S. 27). Zur Bedeutung der Kirchen aus amerikanischer Sicht vgl.: MCCLASKEY (1951).

119   Vgl. dazu etwa Isaac (wie Anm. 95), S. 5 f.: *There is also in all three Laender a marked tendency to weaken or abolish the special administrative arrangements set up for expellees, under the pretext that their assimilation has gone so far that they are no more in need of a special organization to promote their welfare and to protect their rights. This is certainly not true at present and Military Government probably does not share this view, but the disinterest shown recently in all expellee matters can easily be interpreted that way. [...] It is, therefore, premature to leave the problems of the expellees entirely to the competences of the Laender.* Vgl. auch: Carey (wie Anm. 96), S. 10 f.

120   Vgl. dazu: McCartney (wie Anm. 95), S. 10 f., Isaac (wie Anm. 95), S. 13.

121   Vgl. dazu Isaac (wie Anm. 95), S. 13: *The writer was told that at present MG has very little knowledge, indeed, how the expellee policy of the Laender is carried out in urban and rural communities. The main reason is shortage of staff. It is no good to give directions if there are no means of ascertaining the facts and of supervision.*

122   Isaac (wie Anm. 95), S. 4 f.

123   Vgl. dazu Carey (wie Anm. 96), S. 24: *The expellee and refugee problem needs more careful thought than has thus far been given it by all occupying powers [...]. Occupying forces need to aid with both equipment and plans.*

this particular international action imposed a burden on the weak and struggling German authorities in the US Zone which was beyond their ability to carry without help from Military Government. [...] Let us put it bluntly: the people brought in from the East were 'dumped' on the German authorities [...]. Any impartial observer will be forced to conclude that the United States MG has a certain share of moral responsibility in seeing that the assimilation of the newcomers is carried through as humanely as possible.[124] Vor diesem Hintergrund traten diese keineswegs unkritischen Bestandsaufnahmen denn auch für eine Internationalisierung des Problems ein: *German refugees and expellees are a matter of international concern.*[125] Von offizieller amerikanischer Seite wurde das deutsche Vertriebenenproblem jedoch erst im März 1950 durch den sog. Walter-Report ansatzweise auf eine internationale Ebene gehoben. Zuvor war auf Initiative der Weltkirchenkongresse und amerikanischer karitativer Organisationen sowie durch zahlreiche Presse- und Buchpublikationen nach und nach die in der ersten Nachkriegszeit bestehende Mauer des Schweigens, die die amerikanische Militärbehörde um das Vertriebenenproblem gezogen hatte, durchbrochen worden.[126] Und durch spezielle Berichte wurden die Erfahrungen, Einschätzungen und Empfehlungen der OMGUS-Visiting-Experts einer interessierten Teilöffentlichkeit zugänglich.[127] Darüber hinaus hatte der stellvertretende Leiter des Amtes für Fragen der Heimatvertriebenen beim Frankfurter Wirtschaftsrat, Werner Middelmann, während eines Amerika-Aufenthaltes im Rahmen des deutsch-amerikanischen Experten-Austauschprogrammes in Washington zahlreiche Kongress-Abgeordnete über die Situation der Zwangszuwanderer in der Trizone informieren können.[128] Vor diesem Hintergrund entsandte der amerikanische Kongress im September 1949 einen vierzehnköpfigen Sonderausschuß, der von Francis E. Walter geleitet wurde, zur Untersuchung der Lage der *Vertriebenen und Flüchtlinge volksdeutschen Ursprungs* in die westlichen Besatzungszonen. Der Walter-Report, der nach dem etwas selbstgerechten Urteil des Bundesvertriebenenministers Lukaschek *sich den deutschen Standpunkt, die deutschen Unterlagen und das deutsche Zahlenmaterial uneingeschränkt zu eigen gemacht* hatte,[129] stellte wie die OMGUS-Experten die ökonomische Assimilationsdimension in den Vordergrund[130] und definierte das Vertriebe-

---

124 Williams (wie Anm. 95), S. 8.
125 Carey (wie Anm. 96), S. 26.
126 Vgl. dazu: MIDDELMANN (1985) S. 208 f., 228 - 230, 276, 279 f., 290 f., 306 - 309, 333.
127 Vgl. dazu: WILLIAMS & HAMBRO (1948); CAREY (1948); DIES. (1949); ISAAC (1949); DERS. (1950).
128 Vgl. dazu das Memorandum Werner Middelmanns vom 7. November 1952, Nachlaß Middelmann, Nr. 3.
129 BUNDESARCHIV KOBLENZ (Hg.) (1984) S. 322.
130 Vgl. dazu: Expellees and Refugees of German Ethnic Origin. Report of a Special Subcommittee of the Committee on the Judiciary House of Representatives, Washington 1950, S. 86: *The major solution of the problem of the German expellees and refugees must lie in their local assimilation in the German economy.* In der offiziellen deutschen Übersetzung, die im Auftrag der Bundesregierung publiziert wurde, ist der Begriff 'Assimilation' wiederum durch 'Eingliederung' wiedergegeben (Vertriebene und Flüchtlinge volksdeutschen Ursprungs. Bericht eines Sonder-Unterkomitees des Rechtsausschusses des Abgeordnetenhauses, 81. Kongreß, 2. Sitzungsperiode, Bericht-Nr. 1841, Washington 1950, S. 94: *Die eigentliche Lösung des Problems der deutschen Ausgewiesenen und Flüchtlinge liegt in der örtlichen Eingliederung in die deutsche Wirtschaft.*) Zum Primat der ökonomischen vor der sozialen Assimilationsdimension vgl. auch die Ausführungen über den *Degree of social assimilation: What usually happens is that when a refugee gets a job he quickly begins to 'settle', and merge in with the rest of the population.* (dt.: *Im allgemeinen beginnt ein Flüchtling*

nenproblem primär als einen volkswirtschaftlichen Störfaktor hinsichtlich der ökonomischen wie politischen Konsolidierungsintentionen des European Recovery Program.[131] Wenngleich der Bericht vehement eine durch die Zustimmung zum Potsdamer Abkommen begründete moralische Verantwortung Amerikas für die Vertreibung dementierte[132] und die rein deutsche Zuständigkeit für das Vertriebenenproblem bestätigte, so anerkannte er doch auch die Notwendigkeit ausländischer Hilfsmaßnahmen: *The problem of the refugees must be met in Germany, primarily by the Germans themselves. But they cannot do it without access to the resources and good will of western Europe and America.*[133] In erster Linie visierte die Walter-Kommission dabei den Einsatz von Investitionsmitteln aus den Counterpart-Funds des Marshall-Plans[134] an, deren zweckgebundene Verwendung jedoch an die Zustimmung der amerikanischen Kreditgeber gebunden war: *Although no successful estimate could be made at this time as to the numerical extent of their assimilation into the German economy and into the German body politic, it may be safely said that with continued foreign voluntary assistance, with an improved system of the use of counterpart funds of the E[conomic]C[ooperation]A[dministration], particularly for housing purposes and for the restoration of credit institutions for small business, about 7,000,000 persons could advantageously remain in western Germany.*[135] Zwar wies der Kommissionsbericht darauf hin, daß zum gegenwärtigen Zeitpunkt keine Gelder speziell und bevorzugt für Flüchtlinge und Vertriebene vergeben würden, *in order to avoid further isolation of the refugees as a category among the German*

---

        schnell ansässig zu werden und mit dem Rest der Bevölkerung zu verschmelzen, sobald er eine Arbeit hat. Ebd., S. 58).

131   Ebd., S. 86: *The economy of western Germany and its social and political rehabilitation are adversely affected by the expellee and refugee problem. A peaceful solution of Europe's difficulties requires the speedy incorporation of a stable and democratic Germany into the European community of nations. Delay and any impediment in the achievement of this paramount aim must be regarded as highly undesirable from the standpoint of both European and American interests. The presence of millions of homeless, uprooted, unemployed, frustrated 'surplus human beings' presents both such impediment and causes such delay.* (dt., ebd., S. 93 f.: *Die westdeutsche Wirtschaft und ihre soziale und politische Wiederaufrichtung werden durch das Ausgewiesenen- und Flüchtlingsproblem ungünstig beeinflußt. Eine friedliche Lösung der Schwierigkeiten Europas erfordert die alsbaldige Wiedereingliederung eines stabilen und demokratischen Deutschlands in die europäische Völkergemeinschaft. Eine Verzögerung und jede Störung der Durchführung dieser Hauptforderung muß vom Standpunkt der europäischen wie der amerikanischen Interessen als höchst unerwünscht angesehen werden. Die Anwesenheit von Millionen heimatloser, entwurzelter, arbeitsloser, allen Vermögens entblößter 'überschüssiger menschlicher Wesen' stellt eine solche Störung dar und verursacht eine solche Verzögerung.*)

132   Vgl. dazu: ebd., S. 4 - 9 (dt.: S. 9 - 14).

133   Ebd., S. 4 (dt.: ebd., S. 9: *Das Flüchtlingsproblem muß in Deutschland gelöst werden und in der Hauptsache von den Deutschen selbst. Sie können es aber nicht lösen, wenn sie nicht Zugang zu den Hilfsquellen und dem guten Willen Westeuropas und Amerikas haben können.*); vgl. auch: ebd., S. 87 (dt.: S. 94 f.).

134   Vgl. zur Funktion dieser Sonderkonten: ABELSHAUSER (1989) S. 102 ff.

135   Walter-Report (wie Anm. 130), S. 87 (dt.: ebd., S. 94: *Wenn auch jetzt noch keine optimistische Schätzung des zahlenmäßigen Ausmaßes ihrer Eingliederung in die deutsche Wirtschaft und Politik möglich ist, so kann sicherlich gesagt werden, daß, wenn die freiwilligen ausländischen Hilfeleistungen fortgesetzt werden, wenn ein verbessertes System der Verwendung von ECA-Gegenwertsmitteln eingeführt wird - insbesondere für Wohnungsbauzwecke und für die Wiederherstellung von Krediteinrichtungen für das Gewerbe - dann ca. 7 Millionen Personen vorteilhafterweise in Deutschland verbleiben können*).

people,[136] doch seine Empfehlung eines 'verbesserten Systems der Verwendung von ECA-Geldern' weckte bei den deutschen Stellen Hoffnung auf eine größere *Bereitwilligkeit, jetzt auch Gelder aus dem Marshallplan zur finanziellen Hilfe bei der Lösung [des Vertriebenenproblems] mit einzusetzen.*[137] Diese Hoffnung basierte nicht zuletzt auf der Erwartung, daß sich mit der Gründung der Bundesrepublik Deutschland auch der Handlungsspielraum der deutschen Behörden und ihre Einflußnahme auf die amerikanische Politik vergrößern würde. Zwar delegierten die westlichen Besatzungsmächte weitreichende Kompetenzen an die neugebildete Bundesregierung, doch unterstand der westdeutsche Staat noch immer ihrer direkten Kontrolle.[138] Angesichts der langfristigen Strukturprobleme, die aus den immensen und noch immer nicht abgeschlossenen demographischen Verschiebungen resultierten, behielten sich die westlichen Alliierten im Besatzungsstatut die Entscheidungskompetenz über die *admission of refugees* ausdrücklich als Reservatrecht vor.[139] Dies bezog sich aber nicht nur auf die Kontrolle des starken Flüchtlingszustroms aus der Sowjetischen Besatzungszone, der als konkurrierendes Problem die Lage der Vertriebenen erschwerte, so daß gerade die Amerikaner immer wieder gegen den Widerstand der Bundesregierung auf seine Eindämmung drängten, um die ohnehin schwierige Assimilation der bereits anwesenden Zwangsmigranten nicht weiter zu verzögern.[140] Wenngleich dem neugegründeten Bundesvertriebenenministerium von amerikanischer Seite signalisiert wurde, *daß Mr. Cloy [sic!] keine besonderen Weisungen auf dem Gebiet des Vertriebenenproblems erhalten haben soll,*[141] so bedeutete dies doch nur, daß sich die amerikanische Politik in diesem Punkt nicht geändert hatte. Denn die als geheim eingestufte Washingtoner Direktive des State Department vom 17. November 1949 an den amerikanischen Hohen Kommissar McCloy lautete: *Under the provision of the Occupation Statute, responsibility for the problem of German refugees (i.e. expellees and other ethnic German refugees not under I[nternational]R[efugee] O[rganization] mandate), except as to their admission to Germany, remains with the German Government. However it is a matter of continuing interest to the United States Government that the German Government takes effective steps to assimilate these persons progressively into the German community as German citizens, and you should in your discretion work closely with the German Government to achieve that purpose. You will discourage the further admission of large numbers of German refugees except for individuals seeking genuine political asylum.*[142] So wie während der gesamten vorangegangenen militärischen Besatzungszeit behielten die amerikanischen Dienststellen die Entwicklung des Flüchtlings- und Vertriebenen-

---

136 Ebd., S. 68 (dt.: ebd., S. 74: um *eine weitere Isolierung der Flüchtlinge als eine Sonderkategorie des deutschen Volkes zu vermeiden*).
137 So Werner Middelmann in einem Interview mit Radio Frankfurt, Sendereihe "Der Leuchtturm", am 18.12.1949. Sendeprotokoll in: Nachlaß Middelmann, Nr. 2.
138 Vgl. dazu: RUPIEPER (1991).
139 Vgl.: UNITED STATES DEPARTMENT OF STATE (Hg.) (1974) S. 180.
140 Vgl. dazu etwa das Schreiben des Generalsekretärs der Alliierten Hohen Kommission an Bundeskanzler Adenauer vom 2. Dezember 1949 (BAK, B 150, Nr. 509, Heft 2), das entsprechende Memorandum der Alliierten Hohen Kommission (ebd., B 141/9487 Bl. 100 und B 106/4426) sowie: BUNDESARCHIV KOBLENZ (Hg.) (1984) S. 242, 245.
141 Aktennotiz über eine Besprechung zwischen Bundesvertriebenenminister Lukaschek, Ministerialrat Middelmann und Georg Weiß, dem stellvertretenden Leiter der Refugee Section US-HICOM (U.S. - High Commission), am 9. Februar 1950, BAK, B 150, Nr. 526, Heft 2.
142 UNITED STATES DEPARTMENT OF STATE (Hg.) (1974) S. 332.

problems genau im Auge,[143] wobei McCloy trotz dringlicher Hinweise seiner politischen Berater auf eine notwendige Forcierung amerikanischer Hilfsmaßnahmen[144] die abwartende, keine weitergehende amerikanische Verantwortlichkeit einräumende Linie seines Vorgängers Clay beibehielt.[145] Und wie zuvor wurde in 'diskreter' Weise den deutschen Behörden noch im Vorfeld anstehender politischer Entscheidungen von höchster Stelle verdeutlicht, wie die amerikanischen Vorstellungen über die *effective steps to assimilate these persons* nicht aussahen, selbst wenn untergeordnete amerikanische Stellen gegenteilige Tendenzen signalisiert hatten. Dies bezog sich vor allem auf die gezielte Verwendung von Mitteln aus dem Marshall-Plan, die von deutscher Seite angestrebt wurde. Hier schien sich bereits im Sommer 1949 innerhalb der zuständigen amerikanischen Verwaltung Verständnis für die deutsche Position abzuzeichnen, wie auf einer Sitzung der Länderflüchtlingsverwaltungen der drei Zonen im Amt für Fragen der Heimatvertriebenen bei der Verwaltung des Vereinigten Wirtschaftsgebietes deutlich wurde: *Ministerialdirektor Dr. Schreiber teilte den Anwesenden das Ergebnis seiner bisherigen Bemühungen mit, Marshallplan-Gelder für Flüchtlinge freizumachen. Bisher stand die Marshallplan-Verwaltung auf dem Standpunkt, daß sie mit der Flüchtlingsfrage nichts zu tun habe, da diese eine rein soziale Angelegenheit sei und zur Zuständigkeit anderer Organisationen gehöre. Marshallplankredite wurden nur zu rein kommerziellen Zwecken gegeben. Diesen Standpunkt haben maßgebende Persönlichkeiten der Marshallplan-Verwaltungen vor einiger Zeit aufgegeben. Sie haben sich davon überzeugen lassen, daß die Unterstützung von Flücht-*

---

143 Vgl. dazu die einschlägigen Berichte des Office of the U.S. High Commissioner for Germany: Refugees, in: 1st Quarterly Report on Germany, September 21 - December 31, 1949, S. 38 - 40; Factors Affecting Unemployment and Employment, in: 2nd Quarterly Report on Germany, January 1 - March 31, 1950, S. 11 - 16 (vgl. auch ebd., S. III und 57); Political Aspects of the Refugee Problem, in: 4th Quarterly Report on Germany, July 1 - September 30, 1950, S. 30 - 34; Assimilation of Displaced Persons, in: 5th Quarterly Report on Germany, October 1 - December 31, 1950, S. 56 - 63; Elections in the Federal Republic, in: 7th Quarterly Report on Germany, April 1 - June 30, 1951, S. 25 - 29; The Radical Right, ebd., S. 30 - 37, insbes. S. 33; West Germany's Stranded People, in: 10th Quarterly Report on Germany, January 1 - March 31, 1952, S. 56 - 62; Displaced Persons and Refugees, in: [11th] Report on Germany, September 21, 1949 - July 31, 1952, S. 163 - 166; SWOPE (1950).
144 Vgl. dazu etwa den ausführlichen Lagebericht, den James K. Pollock, McCloys politischer Berater, aufgrund einer Rundreise durch die ehemalige amerikanische Zone anfertigte: *The refugee problem continues to be one of Germany's acute problems. Since, however, the solution cannot possibly be accomplished by the Germans alone, it is also our problem and an international problem. [...] Every possible effort should be made in the direction of attacking all facets of the refugee problem* (Pollock, James K.: Report to the High Commissioner, September 12, 1950, S. 4, BAK, Nachlaß 14 Pollock, Nr. 112).
145 Dies verdeutlicht der Tenor der einschlägigen Stellungnahmen in den 'Reports on Germany'. Bereits kurz nach seiner Ernennung zum amerikanischen Hohen Kommissar im Juni 1949 hatte sich McCloy in einem Radio-Interview zudem recht resignativ über das westdeutsche Vertriebenenproblem geäußert: *The distribution and assimilation of millions, perhaps as many as eight to ten millions, of people expelled from eastern areas which now have to be taken care of in the Western Zone, is another problem which seems at the moment almost to be insoluble* (Military Government Information Bulletin, No. 168, August 23, 1949, S. 23); vgl. etwa auch McCloys Stellungnahme zur *Refugee Situation* in seinem Bericht an das State Department vom 17. April 1950: *Beyond continued economic support of DP's and expellees and new efforts to achieve better distribution among three zones, there seems little HICOM can do in alleviating this serious and burdensome problem* (UNITED STATES DEPARTMENT OF STATE (Hg.) (1980) S. 629). Zu McCloy vgl.: FISCHER & FISCHER (1985); RUPIEPER (1991) S. 19 ff.

lingsbetrieben eine durchaus echte Angelegenheit des Marshallplans sei, und sie sind gewillt, bei der Vergebung der Kredite die Vertriebenenbetriebe vielleicht sogar zu bevorzugen. Da aber die Gesamtsumme für Westdeutschland feststeht, so vermindern sich die Kredite für den übrigen gewerblichen Sektor um den Betrag, der in Zukunft für Flüchtlinge abgetrennt werden soll. Es wird also recht harter Kämpfe bedürfen, ehe dieser Plan in die Wirklichkeit umgesetzt werden kann [...].[146] Wenngleich damit keineswegs die Bereitstellung zusätzlicher Mittel in Aussicht gestellt wurde und es nur um die interne Verteilung der insgesamt zur Verfügung stehenden Gelder ging, schlug der Ausschuß des European Recovery Program (ERP) beim Verwaltungsrat des Vereinigten Wirtschaftsgebietes im August 1949 vor, von insgesamt 244,5 Million DM der ersten Tranche des Counterpart-Funds die Hälfte gezielt für den *Flüchtlingssektor* einzusetzen und 68 Mio. DM für den Wohnungsbau sowie 54 Mio. DM zur Vergabe von Krediten für Vertriebene im Bereich Handel, Handwerk und Kleingewerbe vorzusehen.[147] In 'diskreter' aber unmißverständlicher Weise machte Washington jedoch auch den neuen deutschen Bundesbehörden klar, was es von derartigen Absichten hielt. So erklärte der Berater für Displaced Persons- und Vertriebenenfragen beim State Department, Lawrence Dawson, bei seinem Antrittsbesuch im Bonner Vertriebenenministerium am 3. Oktober 1949: *Mr. Dawson hält es für fraglich, ob Sonder-Hilfsmaßnahmen ausschließlich für Heimatvertriebene empfehlenswert und durchführbar seien. Er neigte in der Aussprache dazu, keinerlei Sonderbehandlung der ungelösten Fragen des Heimatvertriebenenproblems für wünschenswert zu halten.*[148] So floßen aus der ersten Tranche der Counterpart-Mittel keinerlei Gelder in die Vertriebenenwirtschaft. Zwar stärkte Georg Weiß, mittlerweile stellvertretender Direktor der US-HICOG Refugee Abteilung, daraufhin dem Bundesvertriebenenministerium den Rükken, umfangreichere Ansprüche in Höhe von 400 Mio. DM aus der zweiten Tranche der Counterpart-Gelder für die Eingliederung der Vertriebenen zu erheben.[149] Doch angesichts der harten Linie des State Departments und interner Verteilungskämpfe auf deutscher Seite hielten sich schließlich die dafür verwendeten Mittel von 50 Mio. DM in einem äußerst bescheidenen Rahmen.[150]

Bereits die Walter-Kommission hatte angeregt, daß im Rahmen des technischen Hilfsprogramms der ECA ein konkretes Gutachten über ein zukünftiges Förderungsprogramm zugunsten der deutschen Flüchtlinge und Vertriebenen erarbeitet werden solle.[151] In Zusammenar-

---

146 GLAK, Bestand 466, Zugang 1981/47, Nr. 27.
147 BAK, Z 14, Nr. 9.
148 Aktennotiz Werner Middelmanns vom 3. Oktober 1949, BAK, B 150, Nr. 526, Heft 2.
149 In einer Besprechung mit Vertriebenenminister Lukaschek und Ministerialdirigent Werner Middelmann regte Weiß am 9. Februar 1950 an: *Für die Verteilung der Gegenwertmittel 1950/51 sollte unser Ministerium einen Betrag von ca. 400 Mill. DM beanspruchen. Auch hierfür glaubt er, uns die amerikanische Zustimmung zusagen zu können* (BAK, B 150, Nr. 526, Heft 2).
150 Vgl. dazu: BAIER (1959) Bd. 2, S. 382: *Es ist ein enttäuschender Weg gewesen von dem ersten Versuch, [...] bei der ersten Verteilung der Kredite aus den Gegenwertmitteln der ERP-Hilfe Beiträge für die Eingliederung der Vertriebenenwirtschaft abzuzweigen [...] über die Zusage von 100 Mill. DM aus der II. Tranche der Gegenwertmittel, die dann zu 50 Mill. DM zusammenschmolzen und über die Zusage von 50 Mill. DM beim nächsten Mal, aus denen nur 25 Mill. DM wurden, bis zu der Tatsache, daß heute von einem gesamten Kreditvolumen aus diesen Quellen nach dem Stand vom 31.3.1958 von 6,541 Milliarden DM die Vertriebenenwirtschaft 155,8 Mill. DM (beides ohne Berlin) ausgezahlt erhielt.*
151 Vgl. dazu: Walter-Report (wie Anm. 130), S. 69 (dt.: S. 74).

beit mit deutschen Experten erstellte eine amerikanische Expertengruppe unter der Leitung des dänischen Bankiers Christian Sonne im Rahmen einer "ECA Technical Assistance Commission" ab Sommer 1950 einen Report über *The Integration of Refugees into German Life*, der Bundeskanzler Adenauer am 21. März 1951 übergeben wurde.[152] Bemerkenswert an diesem Gutachten waren vor allem zwei Punkte: zum einen bildete nun vor dem Hintergrund eines wesentlich differenzierteren Problembewußtseins erstmals nicht mehr nur die einseitige *assimilation* sondern die *integration* der Flüchtlinge und Vertriebenen das handlungsleitende Konzept; zum anderen legte die Kommission in ihren Empfehlungen einen auf den Zeitraum von sechs Jahren ausgelegten Investitionsplan vor, der - dem erweiterten Integrationsbegriff entsprechend - nicht nur die Kosten für produktive Investitionen umfaßte, sondern auch Kalkulationen für notwendige Sozialprogramme, die bislang als rein konsumtive Ausgaben angesehen und von amerikanischer Seite abgelehnt worden waren.

Zunächst einmal korrigierte das Sonne-Komitee die bislang dominierende, einseitige Assimilationsperspektive zugunsten eines *Two-way Process of Integration*, der zudem nicht mehr fast ausschließlich auf seine ökonomische Teildimension reduziert wurde: *The problem of integration is not only economic. If it is to last, integration must also be social and cultural. [...] assimilation, in the sense of absorption, is the last thing that should happen at this time in Germany's life, when she has a matchless opportunity to enrich herself through that mutual process of sharing cultures to which many countries owe so much. [...] So the process of integration must be mutual.*[153] Wenngleich der ökonomischen Integration erhebliches Gewicht beigemessen wurde - *there can be no integration without employment*[154] - , so forderte die Sonne-Kommission angesichts der weitreichenden Benachteiligung der Zwangszuwanderer, deren materielle Situation sich trotz der Konsolidierung der wirtschaftlichen Rahmenbedingungen keineswegs verbessert hatte,[155] doch implizit eine Abkehr von der bisherigen Annahme, eine allgemeine, zielgruppenunspezifische Wiederbelebung der Wirtschaft genüge, um die offenkundige Deklassierung der Flüchtlinge und Vertriebenen auszugleichen. Denn auch aus volkswirtschaftlicher Perspektive stand für sie fest: *the sound rehabilitation of Western Germany's economy and the solution of the Refugee problem are closely related. This relationship is one of interdependence.*[156] Insofern würde - in Umkehrung der bisherigen Prioritäten - gerade ein gezieltes Flüchtlingsförderungsprogramm auch zu einem allgemeinen Wirtschaftsaufschwung beitragen.

Im Sinne eines langfristigen Prozeßmodells wurden darüber hinaus verschiedene Dimensionen der Integration unterschieden und als interdependent begriffen, denn angesichts der Tatsache, *that a person may be employed without being integrated into German life*,[157] kam gerade ihrer Vernetzung eine besondere Bedeutung zu, wenn das angestrebte Integrationsziel einer fak-

---

152 The Integration of Refugees into German Life. A Report of The ECA Technical Assistance Commission on the Integration of the Refugees in the German Republic, Washington 1951.
153 Ebd., Appendices, S. 15.
154 Ebd., S. 8.
155 Vgl. dazu: ebd., S. 3: *The position of the Refugees in general is still unquestionably much worse than that of the home population. The Refugees have participated far less in the general economic recovery, particularly during the last few years.*
156 Ebd., S. 6.
157 Ebd., S. 8.

tischen Angleichung der Lebensverhältnisse und Selbstverwirklichungschancen der 'Neubürger' an die Situation der alteingesessenen Bevölkerung angemessen umgesetzt werden sollte. Ein auf die sozialen und kulturellen Bedürfnisse der Zwangszuwanderer zugeschnittenes *social welfare program* sollte - wiederum in Umkehrung der bisherigen Argumente - dabei gerade verhindern, daß sich eine Minorität herausbildet, die durch *a permanent lowering of status*[158] gekennzeichnet wäre: *Successful integration of the Refugees will be achieved when they become an undifferentiated part of the economic and social life of Western Germany. It must begin with the incorporation of the able workers into the productive labour force of the country, and with a distribution of living quarters to be made only on the basis of the most urgent requirements. Moreover, Refugees should have the same opportunities as the home population to obtain jobs or to start new enterprises. [...] The goal is complete social integration. This is a slower process than economic integration. It comes with education, intermarriage, and active participation in the cultural and social life of the whole people. But it is not safe to assume that it will develop unaided. In the absence of an adequate social welfare program, the differences between the Refugees and the native population could easily increase until an almost unsoluble minority problem had developed.*[159] Vor diesem Hintergrund entwickelte der Sonne-Report als Empfehlung einen Investitionsplan, der für einen Zeitraum von sechs Jahren zur gezielten Förderung der Integration der Flüchtlinge und Vertriebenen Gesamtausgaben in Höhe von 12,35 Milliarden DM vorsah. Diese Gelder sollten zu zwei Dritteln von deutscher Seite aus dem Lastenausgleichsfond aufgebracht und zu einem Drittel durch Auslandshilfen in Form von Anleihen vorfinanziert werden. Der Plan empfahl, aus dem gesamten Investitionsvolumen 7,9 Milliarden DM auf den Wohnungsbau entfallen zu lassen, 2,6 Milliarden auf die Förderung der landwirtschaftlichen Neuansiedlung, 870 Millionen DM auf die Unterstützung von Handel, Handwerk und freien Berufen, 550 Millionen DM auf Arbeitsbeschaffungsmaßnahmen in der Industrie, 312 Millionen DM auf sozialpolitische Maßnahmen und 84 Millionen DM auf die Finanzierung von Umsiedlungsmaßnahmen.[160]
Der entscheidende Punkt hinsichtlich der Umsetzung der Empfehlungen der Sonne-Kommission blieb natürlich die Finanzierung der vorgesehenen Maßnahmen, auf die sich dementsprechend die politische Auseinandersetzung ausschließlich konzentrierte. Insofern wurde die sozialpolitische Dimension, die der Sonne-Plan enthielt, erneut auf den ökonomischen Aspekt verengt und zugleich wiederum mit außenpolitischen Intentionen verbunden. Denn als die Bundesregierung sich die Vorgaben des Sonne-Plans zu eigen machte und auf der Grundlage dieser Empfehlung versuchte, für eine spezielle Flüchtlingshilfeanleihe amerikanische Gelder zu erhalten,[161] geriet diese Initiative nun in den aus außen- wie innenpolitischen Gründen langanhaltenden Strudel der kontroversen Auseinandersetzung um die Höhe des deutschen Verteidigungsbeitrages.[162] Dessen verteidigungspolitische Dimension verband sich auf deutscher Seite

---

158 Ebd., S. 30.
159 Ebd., Appendices, S. 67.
160 Ebd., S. 34.
161 Vgl. dazu: BUNDESARCHIV KOBLENZ (Hg.) (1989) S. 612.
162 Dies war bereits absehbar, als der Sonne-Bericht noch nicht vorlag, wie aus einer Pressekonferenz des Kommissionsvorsitzenden am 7. November 1950 in Bonn hervorgeht, auf der er sich auch eindeutig zu sich abzeichnenden Problematik äußerte: *Frage: Wenn man Sie nach Ihrer Rückkehr in Ihre Heimat drüben fragen würde, was Sie für wichtiger halten würden, daß Deutschland jährlich 8*

mit dem Bestreben, ein größeres Ausmaß nationaler Souveränität und zugleich eine Reduzierung der Besatzungskosten zu erringen, wohingegen auf amerikanischer Seite neben der Frage der Sicherheit vor und mit Deutschland die Minimierung und Umschichtung der amerikanischen Auslandshilfen eine wesentliche Rolle spielte. Bundeskanzler Adenauer hatte bereits im November 1950 bei seinen Verhandlungen mit der Alliierten Hohen Kommission über eine Revision des Besatzungsstatuts die damit verbundene Kostenfrage angeschnitten und einen Konnex hergestellt zur finanziellen Belastung der Bundesrepublik durch ihre Aufwendungen für die Eingliederung der Vertriebenen.[163] Dieser Ball wurde von amerikanischer Seite jedoch scharf zurückgespielt. Noch bevor mit der Übergabe eines deutschen Memorandums zum Verteidigungsbeitrag am 15. Juni 1951 der von einer öffentlichkeitswirksamen Studie des Bundesfinanzministeriums über *Flüchtlingslasten und Verteidigungsbeitrag*[164] zahlenmäßig untermauerte deutsche *Grundgedanke* offiziell wurde, *daß die Berücksichtigung des Anspruchs der Heimatvertriebenen und Flüchtlinge auf Eingliederung in Wirtschaft und Gesellschaft mindestens gleichen Rang beanspruchen kann wie die Bereitstellung eines Verteidigungsbeitrages*,[165] ließ McCloy in seiner Eigenschaft als oberster Marshallplan-Repräsentant verdeutlichen, daß die amerikanische Seite die Prioritäten anders zu setzen gewillt war als die Bundesregierung. Nicht die deutschen Kosten für die Eingliederung der Vertriebenen sollten auf die Höhe des Verteidigungsbeitrages angerechnet werden, sondern diejenigen Marshallplangelder, die in keineswegs allzugroßem Umfang gezielt für die Vertriebenenhilfe eingesetzt wurden, sollten so verwendet werden, daß sie nun nach Ausbruch des Koreakrieges in direkter Weise einen Beitrag zur Stärkung der Verteidigungsfähigkeit der Bundesrepublik bildeten.[166] Als Bundesvertriebenenminister Lukaschek im Juli 1951 beim

---

Milliarden etwa für Rüstungsausgaben ausgäbe, oder nur 4 Milliarden für diese Rüstungsausgaben und 4 Milliarden für die Flüchtlinge, [...] was würden Sie darauf antworten? Mr. Sonne: Wenn ich hier sitze, würde ich sagen, ich würde lieber 4 Milliarden auf beiden Seiten machen. Wenn ich in Amerika bin, sage ich es wahrscheinlich auch. (BAK, B 150, Nr. 581, Heft 3). Vgl. zum Hintergrund der folgenden Ausführungen: KÖLLNER & VOLKMANN (1990) Bd. 2, insbes. S. 802 - 817, 842 - 855.

163 Adenauer führte in diesem Zusammenhang aus: *Präsident Truman hat in seiner Rede vom 17. Oktober 1950 in San Francisco auf die Wechselwirkung von äußerer Stärke und innerer Sicherheit hingewiesen. Diese Frage der Wechselwirkung ist wohl bezüglich Deutschlands im Hinblick auf die Millionenzahl von Vertriebenen und auf die doch sehr viel stärkeren Zerstörungen unseres Landes besonders ernst zu nehmen. [...] Wenn [...] die Bundesregierung auf Grund der Kosten, die uns entstehen werden, gezwungen sein würde, die Erfüllung der notwendigsten sozialen Verpflichtungen herabzusetzen, so würde das natürlich die innere Sicherheit hier im Lande, die doch dem starken Druck von Osten her ausgesetzt ist, außerordentlich beeinträchtigen* (Adenauer und die Hohen Kommissare 1949 - 1951 (wie Anm. 67), S. 269; vgl. auch: UNITED STATES DEPARTMENT OF STATE (Hg.) (1980) S. 781).

164 Vgl. zu dieser im Frühjahr 1951 erarbeiteten und im August veröffentlichten Denkschrift: BAK, B 150, Nr. 6836.

165 Schreiben des Bundesfinanzministers Schäffer an Bundesvertriebenenminister Lukaschek vom 5. September 1951, ebd.

166 In diesem Sinne forderte die Displaced Persons Division des US-High Commissioners am 18. Mai 1951 zur Genehmigung von Mitteln aus der III. Tranche der ERP-Counterpart-Funds für die Vertriebenenbank vom Bundesministerium für Vertriebene (BMVt) eine Erläuterung über die bisherige und geplante Kreditvergabepolitik dieser Institution an: *How does the Bank intend to tie in this loan with the defense program?* Die sofortige Antwort des BMVt vom 19. Mai fiel ebenso verlegen wie bemüht aus: *Die Kredite an Vertriebenen-Betriebe stellen einen wesentlichen Beitrag für Verteidigung dar, da die Investitionen aus den bereitgestellten DM 50 Mio (Herbst und Winter 1950) insbesondere der Textil-, Lederwaren-, Eisen und Stahl-, Werkzeugmaschinen-, Elektro, Feinmechanik*

Amerikanischen Hohen Kommissar vorsprach, um über die vom Sonne-Plan empfohlene amerikanische Flüchtlingsanleihe zu verhandeln, erklärte McCloy darüber hinaus, es *sei ihm nicht möglich gewesen, in den Vereinigten Staaten vor dem Kongress den Wunsch nach Hilfe zur Lösung des Vertriebenenproblems vorzutragen, da von der Bundesregierung noch keine Zusage über die Beteiligung am Verteidigungsprogramm des Westens vorliege.*[167] Damit war mehr als klar geworden, daß von amerikanischer Seite *ein absolutes Junktim zwischen der Anerkennung der Besatzungslasten und der Auslandshilfe für das Vertriebenenproblem* bestand.[168] Doch selbst nachdem im Februar 1952 eine vorläufige Einigung über die Höhe des deutschen Verteidigungsbeitrages zustandegekommen war, wobei sich eine *Anrechnung der Aufwendungen zu Gunsten der Vertriebenen und Flüchtlinge auf den deutschen finanziellen Verteidigungsbeitrag [...] nicht erzielen ließ,*[169] verbesserte sich die deutsche Position kaum. Denn es bestanden, wie informelle Sondierungen des Bundesvertriebenenministeriums in den USA ergaben, *in Anbetracht der 1952 stattfindenden amerikanischen Präsidentenwahlen, des für das Haushaltsjahr 1952/53 vorgelegten Budgets von 86 Mia. Dollar mit einem Defizit von 15 Mia. Dollar und der allgemeinen Tendenz, die wirtschaftliche Auslandshilfe zugunsten der militärischen Auslandshilfe herabzusetzen, nur geringe Möglichkeiten [...], aus Haushaltsmitteln eine zusätzliche finanzielle amerikanische Hilfe zu eigenen deutschen Anstrengungen zu erhalten.*[170] So lief auch ein Vorstoß Bundeskanzler Adenauers, während seiner Amerikareise im April 1953 amerikanische Kapitalanleihen für die Eingliederung der Vertriebenen zu mobilisieren, ins Leere. Über die entsprechenden Folgeverhandlungen berichtete die Washingtoner Diplomatische Vertretung der Bundesrepublik: *Ferner ist man auch keineswegs von der Notwendigkeit und Zweckmäßigkeit einer spezifischen Flüchtlingsanleihe überzeugt. Dem State*

---

und Optik und der chem. Industrie zur Verfügung gestellt wurden. [...] Die Bereitstellung weiterer Kredite ist die Voraussetzung für die Entwicklung heute ruhender Initiativen von Industriellen, deren Aktivierung einen wesentlichen Beitrag zum Verteidigungsprogramm bedeuten wird. Ein großer Teil der Vertriebenen-Betriebe beliefert aber auch deutsche einheimische Betriebe, die ihrerseits in das Verteidigungsprogramm eingeschaltet sind. Bei der Gewährung weiterer Kredite wird der Beitrag zur Verteidigung besondere Berücksichtigung finden. Vertriebenen-Kredite werden breit gestreut, insbesondere in die Länder mit hoher Arbeitslosigkeit. Dort tragen sie zur Lösung der sozialen Spannungen bei und bilden dadurch das beste Mittel, die Entwicklung unkontrollierbarer Einflüsse zu verhindern. In diesem Sinne sind sie selbst ein Beitrag zur Verteidigung (BAK, B 106, Nr. 24304). Zur generellen Linie der amerikanischen Kreditvergabepolitik vgl. auch: Office of the U.S. High Commissioner of Germany: [11.] Report on Germany. September 21, 1949 - July 31, 1952, S. 51: *Prior to the outbreak of the Korean conflict, counterpart funds were distributed widely among a large number of economic sectors and individual projects. This policy provided a general and balanced economic recovery by stimulating a wide range of industrial activities. After the outbreak of the Korean war and the initiation of the Western rearmament effort, however, the ECA Mission applied criteria for the allocation of counterpart funds which assured the development of production most useful to the Western defense effort.*

167 Aktennotiz Werner Middelmanns über den Besuch bei McCloy am 31. Juli 1951, BAK, B 150, Nr. 581, Heft 1.

168 Schreiben Lukascheks an den Bundesminister für Angelegenheiten des Marshallplans Blücher vom 3. August 1951, ebd.; vgl. auch das Schreiben des Bundesministers Lukaschek an das Bundeskanzleramt als Kabinettsvorlage vom 9. September 1952, BAK, B 150, Nr. 420, Heft 2.

169 Middelmann, Werner: Memorandum über Auslandshilfe zu Gunsten der Vertriebenen, Flüchtlinge und heimatlosen Ausländer in der Bundesrepublik vom 28. März 1954, S. 6, Nachlaß Middelmann Nr. 4.

170 Middelmann, Werner: Aufzeichnungen über die Reise nach den Vereinigten Staaten vom 27. Januar bis 13. Februar 1952, S. 3, Nachlaß Middelmann, Nr. 3.

Department vorliegende deutsche Bedarfszahlen, die, wie man dort vermutet, auf dem Sonne-Plan fussen und sich um 250 Millionen Dollar bewegen sollen, wurden als indiskutabel abgelehnt. [...] Im State Department hat man die Frage aufgeworfen, ob eine allgemeine Anleihe zur Ausweitung der deutschen Produktionsbasis oder der Gesamtstärkung der deutschen Wirtschaft nicht richtiger sei. [...] In Zusammenhang mit dieser Frage wurde auf folgendes Dilemma hingewiesen, das sich für die amerikanischen Regierungsstellen bei Unterstützung des deutschen Wunsches nach einer Flüchtlingsanleihe ergäbe: Entweder würde es heissen, die deutsche Wirtschaft sei bereits wieder so stark, - eine der gesündesten in Europa -, daß eine Anleihe nicht nötig sei, oder es würde vorgebracht werden, die Deutschen täten nicht genug, um selbst ihr Problem zu meistern. Im State Department wurde in Verbindung hiermit ausgeführt, daß auch die jetzige amerikanische Regierung nach wie vor offiziell auf dem Standpunkt stehe, das Flüchtlingsproblem sei eine deutsche Angelegenheit. Die auf Sparsamkeit bedachte jetzige Regierung werde diesen Standpunkt, der für sie zweifellos am bequemsten sei, sicherlich auch nicht aufgeben.[171] Wenngleich die amerikanische Regierung angesichts der in die Höhe schnellenden finanziellen Belastungen durch den anschwellenden Flüchtlingszustrom aus der DDR der Bundesregierung 1953 eine zweckgebundene Spende von 15 Mio. $ zukommen ließ,[172] so konnte doch die auslandsfinanzierte Komponente des Sonne-Plans endgültig zu den Akten gelegt werden.

Die amerikanische Regierung behielt damit die Grundlinie ihrer Politik bei und gab im Rahmen des ERP-Programms nur relativ bescheidene Mittel zur gezielten Unterstützung der deutschen Vertriebenen frei. Bis zum 31.12.1952 wurden bei einer Gesamtzuteilung von rund 1,4 Milliarden $ Marshallplan-Geldern an die Bundesrepublik[173] insgesamt lediglich 279,3 Mio. DM aus den Counterpart-Funds gezielt für Förderungsmaßnahmen zugunsten der Vertriebenen und Flüchtlinge vergeben. Dagegen verhielt sich die amerikanische Öffentlichkeit weniger zurückhaltend. Im gleichen Zeitraum erreichte die aus freiwilligen Spenden finanzierte karitative Flüchtlings- und Vertriebenenhilfe der amerikanischen Wohlfahrtsverbände, die in die Bundesrepublik floß, die Summe von 288,2 Mio. DM.[174]

Diese Relationen offenbaren nicht nur den Stellenwert der regierungsamtlichen Vertriebenenpolitik der USA im Rahmen ihrer wirtschaftspolitischen Förderungsprogramme. Zugleich wird daran deutlich, daß sie eine abhängige Variable der amerikanischen Außenpolitik und ihrer Prioritäten bildete. Diese Kontinuität reichte vom Potsdamer Abkommen bis zur Wiederaufrüstung. Und sie manifestierte sich konkret in der Forcierung einer Assimilationsstrategie, deren Auswirkungen durchaus ambivalent waren. Mochte der massive amerikanische Druck auf die westdeutsche Aufnahmegesellschaft zwar vor allem in der kritischen ersten Zeit verhindert ha-

---

171   BAK, B 150, Nr. 567.
172   Middelmann, Werner: Memorandum über Auslandshilfe zu Gunsten der Vertriebenen, Flüchtlinge und heimatlosen Ausländer in der Bundesrepublik vom 28. März 1954, S. 7, Nachlaß Middelmann Nr. 4.
173   KNAPP (1990) S. 45. Rechnet man noch die amerikanischen Lieferungen von Nahrungsmitteln und Agrargütern hinzu, die im Rahmen des GARIOA-Programms (Government and Relief in Occupied Areas) bis März 1950 erfolgten und über 1,6 Milliarden $ ausmachten, so belief sich die gesamte amerikanische Nachkriegswirtschaftshilfe bis Ende 1952 sogar auf insgesamt 3,157 Milliarden $.
174   Neundörffer, Ludwig: Der gegenwärtige Stand der Eingliederung der Heimatvertriebenen. Januar 1953. Gutachten des Soziographischen Instituts an der Universität Frankfurt a. M., S. 24 f., BAK, B 150, Nr. 582, Heft 1.

ben, daß diese die Zwangszuwanderer isolierte und diskriminierte, so behinderte die amerikanische Politik einer schnellstmöglichen, geräuschlosen und unumkehrbaren einseitigen Assimilation der Zwangszuwanderer als rein deutscher Aufgabe doch zugleich die frühzeitige Unterstützung umfassender, gezielter Hilfsmaßnahmen, wie sie mit der 1949 angelaufenen Soforthilfe und der 1952 verabschiedeten Lastenausgleichsgesetzgebung dann ausschließlich von deutscher Seite realisiert wurden. Daß das Gesamtergebnis der Vertriebenenintegration dennoch positiv ausfiel, dies lag einmal daran, daß die schwer faßbaren Probleme der sozialen, kulturellen und mentalen Integration und ihrer subjektiven Folgen für die Betroffenen in die rein wirtschaftsstatistischen Grundlagen der retrospektiven Bilanzierungen in keiner Weise eingingen. Zum anderen war es der von den Vertriebenen wesentlich mitgetragene spätere Wirtschaftsaufschwung, dessen Früchte sie indessen erst nach schwierigen Anfangsjahren und als letzte gesellschaftliche Gruppe genießen konnten,[175] der mit der Vergrößerung der volkswirtschaftlichen Verteilungsspielräume auch ihre Situation verbesserte.[176] So sehr dazu auch die allgemeine amerikanische Wirtschaftshilfe beigetragen hatte, eine derartige Auswirkung war von amerikanischer Seite mehr erhofft als geplant und gezielt gesteuert worden, wie bereits im Februar 1948 der Leiter der Public Welfare Branch bei OMGUS festhielt: *the vitalizing effect of the European Recovery Program [...] will only incidentally be of specific value to the refugee population.*[177] So bewertete im Rückblick auch General Lucius D. Clay aus der Perspektive der amerikanischen Besatzungspolitik das spätere Schicksal der Vertriebenen: *Fortunately, they were needed later on.*[178]

---

175 Vgl. dazu: LÜTTINGER (1986) S. 20 - 36; DERS. (1989).
176 Vgl. zur Stabilisierungs- und Integrationsleistung des deutschen 'Wirtschaftswunders': MEGERLE (1992) S. 107 - 128.
177 RG 260 OMGUS 5-324/1-29.
178 CLAY (1984) S. 108.

Literaturverzeichnis

Abelshauser, Werner (1989): Hilfe und Selbsthilfe. Zur Funktion des Marshallplans beim westdeutschen Wiederaufbau, in: Vierteljahresschrift für Zeitgeschichte, 37/1989, S. 85 - 113

Backer, John H. (1983): Winds of History. The German Years of Lucius DuBignon Clay, New York, dt.: Die deutschen Jahre des General Clay. Der Weg zur Bundesrepublik 1945 - 1949, München

Bade, Klaus J. (Hg.) (1992): Deutsche im Ausland - Fremde in Deutschland. Migration in Geschichte und Gegenwart, München

Baier, Hermann (1959): Maßnahmen zur Förderung der gewerblichen Wirtschaft, in: Lemberg & Edding (Hgg.), 1959, Bd. 2, Kiel, S. 375 - 395

Beer, Mathias (1991): Zur Datierung eines 'Wunders'. Anmerkungen zur Eingliederung der Flüchtlinge und Vertriebenen im deutschen Südwesten nach 1945, in: Banatica. Beiträge zur deutschen Kultur, 8/1991, Heft 3, S. 7 - 22

Benz, Wolfgang (Hg.) (1985): Die Vertreibung der Deutschen aus dem Osten, Frankfurt a. M.

Benz, Wolfgang (1986): Potsdam 1945. Besatzungsherrschaft und Neuaufbau im Vier-Zonen-Deutschland, München

Benz, Wolfgang (1992): Fremde in der Heimat. Flucht - Vertreibung - Integration, in: Bade (Hg.), 1992, München, S. 374 - 386

Bundesarchiv Koblenz & Institut für Zeitgeschichte (Hgg.) (1976): Akten zur Vorgeschichte der Bundesrepublik Deutschland 1945 - 1949, Bd. 1, bearb. von Walter Vogel und Christoph Weiß, München/Wien

Bundesarchiv Koblenz & Institut für Zeitgeschichte (Hgg.) (1979): Akten zur Vorgeschichte der Bundesrepublik Deutschland 1945 - 1949, Bd. 2, bearb. von Wolfram Werner, München/Wien

Bundesarchiv Koblenz (Hg.) (1982): Die Kabinettsprotokolle der Bundesregierung, Bd. 1: 1949, bearb. von Ulrich Enders und Konrad Reiser, Boppard am Rhein

Bundesarchiv Koblenz (Hg.) (1984): Die Kabinettsprotokolle der Bundesregierung, Bd. 2: 1950, bearb. von Ulrich Enders und Konrad Reiser, Boppard am Rhein

Bundesarchiv Koblenz (Hg.) (1989): Die Kabinettsprotokolle der Bundesregierung, Bd. 5: 1952, bearb. von Kai von Jena, Boppard am Rhein

Carey, Jane (Perry Clarc) (1948): The role of uprooted people in European recovery. An international committee report (= Planning pamphlets, 64), Washington D. C.: National Planning Association

Carey, Jane (Perry Clarc) (1949): Germany's New People, in: The Survey, March 1949, S. 145 - 148

Claude, Inis (1955): National Minorities. An international Problem, Cambridge, Mass.

Clay, Lucius D. (1950): Decision in Germany, Garden City, New York, (dt.: Entscheidung in Deutschland, Frankfurt a. M., 1950)

Clay, Lucius D.(1984): Proconsul of a People, by Another People, for Both Peoples, in: Wolfe (Hg.), 1984, Carbondale/Edwardsville, S. 103 - 113

Dettmer, Frauke (1983): Konflikte zwischen Flüchtlingen und Einheimischen nach Ende des Zweiten Weltkrieges, in: Jahrbuch für ostdeutsche Volkskunde, 26/1983, S. 311 - 324

Eschenburg, Theodor (1983): Jahre der Besatzung 1945 - 1949, Stuttgart/Wiesbaden

Esser, Hartmut (Hg.) (1983): Die fremden Mitbürger, Düsseldorf

Fischer, Erika J. & Fischer, Heinz D. (1985): John McCloy und die Frühgeschichte der Bundesrepublik Deutschland, Köln

Gimbel, John (1968): Amerikanische Besatzungspolitik in Deutschland 1945 bis 1949, Frankfurt a. M.

Henke, Klaus-Dietmar (1985): Der Weg nach Potsdam. Die Alliierten und die Vertreibung, in: Benz (Hg.), 1985, Frankfurt a. M., S. 49 - 69

Imhof, Michael (1975): Die Vertriebenenverbände in der Bundesrepublik Deutschland. Geschichte, Organisation und gesellschaftliche Bedeutung, masch. Diss. Marburg

Isaac, Julius (1949): Germany's Refugees - Problem of Assimilation, in: Military Government Information Bulletin No. 169 vom 6.9.1949, S. 7 - 8, 26

Isaac, Julius (1950): Problems of cultural assimilation arising from population transfers in Western Germany, London

Kaelble, Hartmut (Hg.) (1992): Der Boom 1948 - 1973. Gesellschaftliche und wirtschaftliche Folgen in der Bundesrepublik Deutschland und in Europa, Opladen

Keil, Harald (1983): Zwischen Schmelztiegel und kulturellem Pluralismus. Akkulturationsprobleme in den USA, in: Esser (Hg.), 1983, Düsseldorf, S. 71 - 81

Knapp, Manfred (1990): Deutschland und der Marshallplan.: Zum Verhältnis zwischen politischer und ökonomischer Stabilisierung in der amerikanischen Deutschlandpolitik nach 1945, in: Schröder (Hg.), 1990, Stuttgart, S. 35 - 59

Köllner, Lutz & Volkmann, Hans-Erich (1990): Finanzwissenschaftliche, finanzwirtschaftliche und finanzpolitische Aspekte eines deutschen Beitrags zur EVG, in: Militärgeschichtliches Forschungsamt (Hg.), 1990, Bd. 2, München, S. 759 - 873

Krieger, Wolfgang (1987): General Lucius D. Clay und die amerikanische Deutschlandpolitik 1945 - 1949, Stuttgart

Landeszentrale für politische Bildung Baden-Württemberg (Hg.) (1991): Der Weg zum Südweststaat, Redaktion und Bearbeitung: Jörg Thierfelder und Uwe Uffelmann, Karlsruhe

Latour, Conrad & Vogelsang, Thilo (1973): Okkupation und Wiederaufbau. Die Tätigkeit der Militärregierung in der amerikanischen Besatzungszone Deutschlands 1944 - 1947, Stuttgart

Lemberg, Eugen & Edding, Friedrich (Hgg.) (1959): Die Vertriebenen in Westdeutschland, 3 Bde., Kiel

Litchfield, Edward H. (Hg.) (1953): Governing Postwar Germany, Ithaca

Lüttinger, Paul (1986): Der Mythos von der schnellen Integration, in: Zeitschrift für Soziologie, 15/1986, S. 20 - 36

Lüttinger, Paul (1989): Integration der Vertriebenen. Eine empirische Analyse, Frankfurt a. M./New York

Matz, Klaus-Jürgen (1989): Reinhold Maier (1889 - 1971). Eine politische Biographie, Düsseldorf

McClaskey, Beryl R. (1951): Church Social Problems, in: Military Government Information Bulletin, July 1951, S. 27 - 29

Megerle, Klaus (1992): Die Radikalisierung blieb aus. Zur Integration gesellschaftlicher Gruppen in der Bundesrepublik Deutschland während des Nachkriegsbooms, in: Kaelble (Hg.), 1992, Opladen, S. 107 - 128

Middelmann, Werner (1985): Weggenossen, Gegenspieler, Menschenmassen, Unveröffentlichtes Manuskript, Bregenz

Militärgeschichtliches Forschungsamt (Hg.) (1990): Anfänge westdeutscher Sicherheitspolitik 1945 - 1956, 2 Bde., Bd. 2: Die EVG-Phase, München

Ruhl, Klaus-Jörg (Hg.) (^{2}1984): Neubeginn und Restauration. Dokumente zur Vorgeschichte der Bundesrepublik Deutschland 1945 - 1940, München

Rupieper, Hermann-Josef (1991): Der besetzte Verbündete. Die amerikanische Deutschlandpolitik 1949 - 1955, Opladen

Sauer, Paul (1978): Demokratischer Neubeginn in Not und Elend. Das Land Württemberg-Baden von 1945 bis 1952, Ulm

Schnabel, Thomas & Schneider, Harald (1991): Die Vertriebenen in Südwestdeutschland, in: Landeszentrale für politische Bildung Baden-Württemberg (Hg.), 1991, Karlsruhe, S. 112 - 131

Schoenberg, Hans W. (1970): Germans from the East. A Study of their Migration, Resettlement, and subsequent Group History since 1945, The Hague

Schröder, Hans-Jürgen (Hg.) (1990): Marshallplan und westdeutscher Wiederaufstieg. Positionen - Kontroversen, Stuttgart

Schwarz, Hans-Peter (1989): Adenauer und die Hohen Kommissare 1949 - 1951, Hg. von Hans-Peter Schwarz in Verb. mit Reiner Pommerin (= Akten zur Auswärtigen Politik der Bundesrepublik Deutschland, Bd. 1), München, S. 51 - 53

Schwarz, Sepp (1975): Der Anteil der Vertriebenen an der politischen Entwicklung des Landes, in: Schwarz (Hg.), 1975, Stuttgart, S. 30 - 38

Schwarz, Sepp (Hg.) (1975): Drei Jahrzehnte. Die Heimatvertriebenen in Baden-Württemberg, Stuttgart

Smith, Jean E. (Hg.) (1974): The Papers of General Lucius D. Clay. Germany 1945 - 1949, Bd. 1, Bloomington/London

Stöss, Richard (^{2}1986a): Deutsche Gemeinschaft, in: Ders. (Hg.), ^{2}1986, Bd. 2, Opladen, S. 877 - 900

Stöss, Richard (^{2}1986b): Deutsche-Soziale Union, in: Ders. (Hg.), ^{2}1986, Bd. 2, Opladen, S. 1243 - 1278

Stöss, Richard (Hg.) (^{2}1986): Parteienhandbuch. Die Parteien der Bundesrepublik Deutschland 1945 - 1980, 4 Bde., Opladen

Swope, Guy (1950): German Refugees and Expellees, in: Military Government Information Bulletin, March 1950, S. 3 - 6

United States Department of State (Hg.) (1947): Occupation of Germany. Policy and Progress 1945 - 46, Washington D.C. (= Department of State Publication 2783, European Series 23)

United States Department of State (Hg.) (1949): United States Department of State: Postwar Foreign Policy Preparations 1939 - 1945, Washington D.C. (= Department of State Publication 3580)

United States Department of State (Hg.) (1950): Germany 1947 - 1949. The Story in Documents, Washington D.C. (= Department of State Publication 3556, European and British Commonwealth Series 9)

United States Department of State (Hg.) (1966): Foreign Relations of the United States. Diplomatic Papers, 1944, Bd. 1, Washington D.C.

United States Department of State (Hg.) (1973): Foreign Relations of the United States. Diplomatic Papers, 1948, Bd. 2, Washington D.C

Wiesemann, Falk (1985): Flüchtlingspolitik und Flüchtlingsintegration in Westdeutschland, in: Aus Politik und Zeitgeschichte, 35/1985, Nr. 23, S. 35 - 44

Wolfe, Robert (Hg.) (1984): Americans as Proconsuls. United States Military Government in Germany and Japan, 1944 - 1952, Carbondale/Edwardsville

Zayas, Alfred M. de (1981): Die Anglo-Amerikaner und die Vertreibung der Deutschen. Vorgeschichte, Verlauf, Folgen, 6. erw. Aufl., München

Zink, Harold (1957): The United States in Germany 1944 - 1955, Westport, Conetticut

Wir brauchten sie nicht zu nehmen, sind aber froh gewesen, daß sie hier gewesen sind. Die Aufnahme der Heimatvertriebenen und SBZ-Flüchtlinge in Mannheim 1945 - 1960[*]

Thomas Grosser

Einleitung

Als am 4. März 1949 der Mannheimer Stadtrat den kommunalen Haushalt beriet, kam die Sprache auch auf die in der Rhein-Neckar-Stadt mittlerweile lebenden Ostflüchtlinge. Dabei wies der stellvertretende Leiter des Wohnungsamts Karl Mayer auf die besondere Not dieser Bevölkerungsgruppe hin: *Wir haben 11.000 Flüchtlinge. [...] Das Los der Flüchtlinge ist besonders deshalb schlimm, weil sie zum Teil sehr arm, abgekämpft und arbeitslos nach Mannheim gekommen sind und zuerst in Bunkern untergebracht wurden.* Daraufhin ergriff der Direktor des Mannheimer Arbeitsamtes, August Kuhn, das Wort: *Herr Kollege Mayer sagt soeben, es gibt 11.000 Flüchtlinge hier. Ich bitte doch diese Frage aufzuklären. Das ist wohl unmöglich. [...] Die Zahl der Ostvertriebenen, die wir in Mannheim haben, beträgt keine 11.000 [...]. [Es] kann [...] sich nur um 100te, nicht aber um 11.000 handeln. Wenn auf Umwegen einige 1000 daraus geworden sind, vielleicht 2.000, die Zahl habe ich gerade nicht zur Hand, habe sie aber in den letzten Tagen zusammenstellen lassen, kann es sich nur um 2 - 3.000 handeln.*[1] Angesichts dieser Unklarheiten erhob sich auch in der lokalen Tagespresse erstmals die Frage: *Wieviele Flüchtlinge gibt es hier?*[2] Daß sie sich überhaupt stellte und erst vier Jahre nach Kriegsende auftauchte, hatte viele Ursachen. Jedenfalls war dem Flüchtlings- und Vertriebenenproblem bei einigen Behörden sowie im öffentlichen Bewußtsein offensichtlich keine besondere Aufmerksamkeit geschenkt worden. Denn im Gegensatz zu den Verhältnissen in den nordbadischen Landkreisen, wo aufgrund der Zwangseinweisungen der Anteil der Ostflüchtlinge an der Gesamtbevölkerung auf bis zu 28,5% gestiegen war,[3] stellte selbst die als überhöht angezweifelte Zahl von 11.000 dieser Zuwanderer, die ca. 4,7% der Mannheimer Bevölkerung entsprochen hätte, keineswegs eine besondere Sorge der Stadtverwaltung dar. Vor dem Hintergrund der zahlreichen Probleme, vor denen die hochgradig zerstörte Industriestadt und ihre Bevölkerung nach der bedingungslosen Kapitulation standen, war diese Folgelast des Zweiten Weltkrieges weitgehend untergegangen.

---

[*] Diese Studie wurde aus Mitteln der Stiftung Volkswagenwerk gefördert.
[1] Niederschrift über die Stadtratssitzung am 4. März 1949, S. 2 Rückseite, Stadtarchiv Mannheim (im folgenden: STAMA), Niederschriften über die Sitzungen des Stadtrats, Bd. 8.
[2] Voranschläge im Kreuzverhör, Mannheimer Morgen, Nr. 37 vom 7. März 1949, S. 5.
[3] So betrug der Anteil der Ostflüchtlinge an der Gesamtbevölkerung am 1. Januar 1948 in den Landkreisen Sinsheim 28,5, Tauberbischofsheim 27,6, Buchen 27,2 und Mosbach 26,9% (KAISER (o.J.) S. 59 f.).

Auch nachträglich wurde dem Schicksal der in Mannheim gestrandeten Ostflüchtlinge bzw. der Heimatvertriebenen und Flüchtlinge aus der Sowjetischen Besatzungszone (SBZ)[4] in der stadtgeschichtlichen Literatur daher kaum ein größeres Interesse zuteil. Dies liegt nicht zuletzt an einer auf den ersten Blick wenig ergiebigen Quellenlage,[5] die auch im Rückblick bereits die zahlenmäßige Erfassung dieser nach Mannheim zugewanderten Bevölkerungsgruppe nicht einfach macht. Denn in den chaotischen Verhältnissen der unmittelbaren Nachkriegszeit war die im Wiederaufbau befindliche kommunale Verwaltung kaum in der Lage, die Zahl der nach Mannheim Zugewanderten genau zu erfassen. Als das Statistische Landesamt Karlsruhe im Januar 1946 im Auftrag der Militärregierung die Gesamtzivilbevölkerung einschließlich der Flüchtlinge ermitteln sollte, mußte man eingestehen: *Die Bemühungen des Statistischen Amtes, eine Stelle in Mannheim ausfindig zu machen, die die deutschen Flüchtlinge aus anderen Zonen und die Anzahl der aus den Ostländern Ausgewiesenen angeben kann, blieben ohne Erfolg. [...] Sowohl das Wohnungsamt als auch das Wirtschaftsamt ist der Ansicht, daß der Kreis der Ostflüchtlinge in Mannheim sich lediglich auf jene Personen beschränkt, die bei Verwandten oder Bekannten eine Unterkunftsmöglichkeit fanden.* Dieser Personenkreis muß

---

[4] Im Unterschied zu weiten Teilen der wissenschaftlichen Literatur, die sich am undifferenzierten zeitgenössischen Sprachgebrauch des Alltags orientiert, wird im folgenden zur korrekten Einordnung und Interpretation der statistischen Daten und Angaben aus zeitgenössischen Quellen terminologisch zwischen *Ostflüchtlingen, Heimatvertriebenen* und *SBZ-Flüchtlingen* differenziert. Nach den Bestimmungen des für die Amerikanische Besatzungszone geltenden Gesetzes Nr. 303 über die Aufnahme und Eingliederung deutscher Flüchtlinge vom 14. Februar 1947 galten als *(Ost-) Flüchtlinge*: *Alle Personen deutscher Staats- und Volkszugehörigkeit, welche am 1.1.1945 ihren dauernden Wohnsitz außerhalb der Grenzen des Deutschen Reiches nach deren Stand vom 1.3.1938 hatten und von dort geflüchtet oder ausgewiesen oder aus der Kriegsgefangenschaft entlassen sind, in ihre Heimat nicht zurückkehren können und ihren ständigen Aufenthalt in Württemberg-Baden genommen haben* sowie alle *Personen deutscher Staatsangehörigkeit, die am 1.1.1945 in den deutschen Ostprovinzen östlich der Oder und Görlitzer Neiße (Gebietsstand 1.9.1939) beheimatet waren.* Mit Erlaß des württemberg-badischen Innenministeriums vom 15. Juli 1948 (Nr. IX/Fl Ia-76; Generallandesarchiv Karlsruhe (im folgenden: GLAK), Bestand 466, Zugang 1981/47, Nr. 1837) wurden die als *illegale Grenzgänger* bezeichneten Personen, die ihren Wohnsitz in der Sowjetischen Besatzungszone gehabt hatten, entgegen den gesetzlichen Bestimmungen jedoch diese Zone verlassen hatten, den Ostflüchtlingen gleichgestellt. Im Zuge der Volkszählung des Jahres 1950 wurden die Personen und ihre Kinder als *Heimatvertriebene* erfaßt, *die am 1. September 1939 ihren Wohnsitz in den zur Zeit unter fremder Verwaltung stehenden deutschen Ostgebieten (Gebietsstand 31. Dezember 1937), im Saargebiet oder im Ausland hatten, letztere jedoch nur, wenn sie 'deutsch' als Muttersprache angegeben hatten.* Als *Zugewanderte* galten alle Personen, *die am 1. September 1939 in der Sowjetischen Besatzungszone oder in Berlin ihren Wohnsitz hatten* (STATISTISCHES LANDESAMT BADEN-WÜRTTEMBERG (Hg.) (1959) S. 11). Der Begriff *Zugewanderte* wird im folgenden jedoch neutral im wanderungssoziologischen Sinn verwendet und analog zum Bundesvertriebenengesetz des Jahres 1953, das angesichts der uneinheitlichen Begriffsbildung auch den Begriff *Heimatvertriebener* normierte, durch *Sowjetzonen-* bzw. *SBZ-Flüchtling* ersetzt.

[5] Ein größerer zentraler Bestand der mehrfach umorganisierten städtischen Flüchtlingsstelle ist offensichtlich nicht überliefert, so daß die Analyse unter Heranziehung der Akten des Badischen Landeskommissars für das Flüchtlingswesen und Quellen aus der Provenienz der amerikanischen Militärbehörde auf eine Vielzahl ebenso disparater wie fragmentierter Parallelüberlieferungen zurückgreifen muß. An dieser Stelle möchte ich den Mitarbeitern des Stadtarchivs Mannheim für ihre hilfreiche Unterstützung danken.

als äußerst minimal bezeichnet werden.[6] Aber selbst als die Dinge wieder in geordneteren Verwaltungsbahnen verliefen, widmete ihm das Statistische Amt der Stadt Mannheim kaum nachhaltiges Interesse. Als sein Leiter, Karl Hook, 1954 das als *Handbuch* titulierte Werk *Mannheim in Wort, Zahl und Bild* veröffentlichte, fehlte im umfangreichen Stichwortverzeichnis jeglicher Hinweis auf Vertriebene oder Flüchtlinge. Und erst als die Stadt in den 1950er Jahren aus finanz- und steuerpolitischen Gründen ihrem 300.000ten Einwohner entgegenfieberte, mehren sich in den Statistischen Jahresberichten die Hinweise auf die Bedeutung der direkt oder aus dem Umland zuwandernden SBZ-Flüchtlinge und Heimatvertriebenen. Noch in der 1970 erschienenen amtlichen Kreisbeschreibung findet sich lediglich ein beiläufiger Hinweis auf diese Bevölkerungsgruppe.[7] So ist es denn nicht erstaunlich, daß sie auch in der wissenschaftlichen Literatur gar nicht oder nur am Rande auftaucht.[8] Allein in den Kreisen der Betroffenen und ihrer Nachfahren zeigen sich in jüngster Zeit Bemühungen, beispielsweise *Den Sudetendeutschen auf der Spur* zu bleiben.[9]

Die zahlenmäßige Entwicklung der Zuwanderung aus den Flucht- und Vertreibungsgebieten

Obwohl diese Spuren mittlerweile weitgehend verwischt sind und nur noch mühsam rekonstruiert werden können, sind der Anteil der vertriebenen und geflüchteten Zuwanderer an der Mannheimer Gesamtbevölkerung und ihre Bedeutung für die Industriestadt an Rhein und Neckar bereits kurz nach Kriegsende dennoch nicht gering gewesen. So wurden anhand der von der Militärregierung angeordneten Einwohnerzählung und Wohnsitzermittlung vom 31. Dezember 1945 für den Stadtkreis Mannheim bereits zu diesem frühen Zeitpunkt 2441 *Reichsdeutsche aus der russischen Zone einschließlich der polnisch besetzten Gebietsteile* und 962 *Volksdeutsche* ermittelt, die am 1.9.1939 ihren Wohnsitz außerhalb des Deutschen Reiches gehabt hatten. Dies waren insgesamt 3.403 Personen, die man dem später bundeseinheitlich definierten Kreis der SBZ-Flüchtlinge und Heimatvertriebenen zurechnen kann und die bei einer Gesamtbevölkerung von 185.496 Einwohnern immerhin einen Anteil von 1,8% darstellten.[10] Die in Mannheim direkt erhobenen Zahlen hinkten diesem Erkenntnisstand weit hinterher, und

---

6   STAMA, Bestand Hauptregistratur, Zugang 21/1969, Nr. 348. Am 15. Oktober 1945 hatte das Mannheimer Wohnungsamt gemeldet: *In Mannheim haben ungefähr 350 - 400 Personen Zuzugsgenehmigung erhalten, die aus den Gebieten Schlesien, Brandenburg, Thüringen (in der Hauptsache aus von russischen Truppen besetzten Gebieten Deutschlands) kommen. Es handelt sich um Flüchtlinge, die sonst in Deutschland keine Angehörigen mehr haben. Obige Personen wurden nicht namentlich festgehalten. Evakuierte Familien sind in Mannheim so gut wie nicht vorhanden* (STAMA, Bestand Hauptregistratur, Zugang 21/1969, Nr. 339).
7   REINHARD & SCHAAB (nach Unterlagen von Karl Hook) (1970) S. 202 - 219, hier: S. 207 (Es wird dabei jedoch nur deren Stärke referiert, wie sie bei der Volkszählung 1961 festgestellt wurde).
8   Vgl. dazu: IREK (1983) Bd. 1, S. 164, 181; STADTARCHIV MANNHEIM (Hg.) (1985). Für die 1950er Jahre liegen keine monographischen Darstellungen zur Stadtgeschichte vor.
9   KLIMPERLE (1991).
10 Ergebnisse der Einwohnerzählung und Wohnsitzermittlung am 31. Dezember 1945 in Nordbaden, in: Mitteilungen des Württembergischen und Badischen Statistischen Landesamts, Nr. 2, August 1946, S. 84 f., 88 f.

dies nicht nur, weil hier die Zuwanderer aus der Sowjetischen Besatzungszone nicht erfaßt wurden. Bei der Flüchtlingsstelle des Mannheimer Wohlfahrtsamtes waren am 1.1.1946 lediglich 146 Ostflüchtlinge gemeldet, am 1.4.1946 waren es immerhin schon 587. Allerdings vermerkte der Mannheimer Flüchtlingsreferent im Juni 1946: *Mannheim hat bis jetzt sicherlich 1000 Flüchtlinge in seinen Mauern, weil sie nicht alle erfasst sind.*[11] Aber auch diese Schätzung entsprach nicht der Realität. Denn das Badische Statistische Landesamt stellte für den 1. Oktober 1946 anhand der Lebensmittelkartenunterlagen für Mannheim alleine 2.571 Ostflüchtlinge fest, das wären 1,25% der Mannheimer Einwohner gewesen.[12] Selbst diese Zahl, die ebenfalls die SBZ-Zuwanderer nicht berücksichtigte, lag zu niedrig. Denn ein großer Teil dieser Ostflüchtlinge arbeitete bei den Dienststellen der amerikanischen Militärbehörden, wurde dort verpflegt und bezog keine deutschen Lebensmittelkarten. Durch die Volkszählung vom 29. Oktober 1946 wurde dieser Personenkreis aber erfaßt. So zählte man nun plötzlich über doppelt so viele, nämlich 5.771 dieser Zuwanderer, die nun schon 2,7% der gesamten Bevölkerung ausmachten, weit mehr, als in Mannheim selbst bekannt waren.[13] Die Mannheimer Flüchtlingsstelle hatte noch Mitte 1947 weniger Ostflüchtlinge in ihrer Kartei als nach der Volkszählung 1946 festgestellt worden waren. Einer ihrer Anordnungen im März 1946, die zur Verhinderung der Verbreitung von Seuchen die Meldung und amtsärztliche Untersuchung der aus der Sowjetischen Besatzungszone Zugewanderten wie der Ostflüchtlinge befohlen und mit weitreichenden Sanktionen verbunden hatte, war seinerzeit offensichtlich kein großer Erfolg beschieden gewesen.[14] In einem Aufruf, der nun im Juli 1947 zu ihrer lückenlosen Erfassung erging, hieß es daher: *Die in Mannheim wohnenden Flüchtlinge sind von dem Referenten für das Flüchtlingswesen nur teilweise erfaßt. Auch die Mehrzahl der im Frühjahr aus der amerikanischen Kriegsgefangenschaft entlassenen ehemaligen Soldaten, die in den oben erwähnten Gebietsteilen beheimatet sind, infolge der Unmöglichkeit zur Rückkehr in ihre frühere Heimat sich aber in Mannheim ansässig gemacht haben und jetzt bei Dienststellen der amerikanischen Militärbehörde beschäftigt sind, sind von dem Flüchtlingsreferenten als Flüchtling bis*

11	Bericht über die Dienstbesprechung der Flüchtlingsreferenten aus den badischen Stadt- und Landkreisen im Landratsamt Heidelberg am 21.6.1946, STAMA, Bestand Hauptregistratur, Zugang 21/1969, Nr. 339.
12	Badisches Statistisches Landesamt (1946) S. 1.
13	KAISER (o.J.), S. 8. Das Statistische Amt der Stadt Mannheim gab im April 1947 anhand von Zahlen unklarer Herkunft, die jedoch aus der Flüchtlingsstelle des Mannheimer Wohlfahrtsamtes gestammt haben dürften, den Anteil der *Flüchtlinge* an der Gesamtbevölkerung zum Volkszählungszeitpunkt mit 1,63% an und beziffert diese Bevölkerungsgruppe für den 1.11.1946 auf 3.353 Personen (Statistische Rundschau der Stadt Mannheim 50/1947, Nr. 4, S. 5).
14	Vgl. dazu: *Flüchtlinge und Rückwanderer, aufpassen! Alle deutschen Staatsangehörigen, Männer, Frauen und Kinder, welche nach dem 1. Januar 1946 in Mannheim zugezogen sind und vorher ihren Wohnsitz in der russischen Zone hatten, haben sich zur ärztlichen Untersuchung zu melden. Dazu gehören auch alle Ostflüchtlinge, die außerhalb eines Sammeltransports auf eigene Faust nach Mannheim eingewandert sind. [...] Wer sich der ärztlichen Untersuchung entzieht, macht sich nicht nur strafbar, er hat außerdem mit polizeilicher Vorführung und zwangsweiser Abschiebung in ein Sammellager zu rechnen. Wer keine Zulassung durch die Leitstelle besitzt, hat in Mannheim kein Wohnrecht und erhält auch keine Lebensmittelkarten* (Military Government Gazette Nr. 10 vom 9. März 1946).

jetzt nicht erfaßt.[15] Als Anreiz für den noch nicht gemeldeten Zuwanderer wurde auf die mit der Registrierung verbundene Ausstellung eines Flüchtlingsausweises hingewiesen, *der ihn zur bevorzugten Berücksichtigung bei den Wirtschafts- und Ernährungsämtern und bei sonstigen Dienststellen berechtigt.* Dieser Hinweis zielte insbesondere auf eben jene bei amerikanischen Dienststellen beschäftigten und versorgten Heimatlosen, die darauf bislang nicht angewiesen waren. Zugleich aber mußten bestehende Ängste gegenüber einer Registrierung abgebaut werden: *Diese Erfassung erfolgt nicht zum Zweck der Ausweisung oder Rückführung in andere Besatzungszonen, sondern hat ausschließlich den Zweck, die angeordneten Maßnahmen in geordneter und einwandfreier Weise zu fördern und zu unterstützen.*[16]
Ungeachtet einer nur schwer abzuschätzenden Dunkelziffer von bislang unkontrolliert eingesickerten Zuwanderern, die sich aus verschiedenen Gründen einer Registrierung entzogen, ließ dieser Aufruf die Meldezahlen hochschnellen. Am 1.4.1947 betrug die Zahl der beim Wohlfahrtsamt registrierten Ostflüchtlinge bereits 5.639 Personen, am 1.4.1948 waren es 8.432, am 1.4.1949 11.871 und am 1.4.1950 13.387.[17] Zu dem Zeitpunkt, an dem sich in der Mannheimer Öffentlichkeit erstmals die Frage nach der Zahl der hier lebenden Heimatvertriebenen erhob, lebten hier also bereits sehr viel mehr Zuwanderer, als mancher Einwohner und manche kommunale Dienststelle angenommen hatte.

Vor allem in den 1950er Jahren sollte sich ihre Zahl weiter rapide erhöhen. Allerdings divergieren die Angaben der amtlichen Statistik für das Jahr 1950. Hatte das Mannheimer Wohlfahrtsamt am 1.April dieses Jahres 13.387 Personen in seiner Kartei, so lagen die Zahlen der Volkszählung vom 13. September 1950 niedriger. Sie erfaßte den Kreis der Heimatvertriebenen über die Hilfskriterien des Wohnsitzes am 1. September 1939 und die Beherrschung der deutschen Muttersprache. Nach diesen Merkmalen lebten zu diesem Zeitpunkt 12.755 Personen in Mannheim, die 1939 ihren Wohnsitz in den Vertreibungsgebieten gehabt hatten. Davon müßten jedoch 891 Personen mit nichtdeutscher Muttersprache abgezogen werden, so daß sich der relevante Personenkreis eigentlich auf 11.864 reduziert, wenngleich in anderem Zusammenhang die Zahl der in Mannheim ansässigen *Vertriebenen* aufgrund der gleichen Zählung mit 12.610 Personen angegeben wird.[18] Mit der Einführung der unbeschränkten Freizügigkeit im Juni

---

15	Aufruf an alle Ostflüchtlinge!, Amtsblatt für den Stadtkreis Mannheim, Nr. 16 vom 6. Juli 1946; vgl. auch: An alle in Mannheim wohnenden Ostflüchtlinge!, ebd., Nr. 26 vom 14. September 1946, wo auf die mit dem Flüchtlingsausweis verbundenen besonderen Berechtigungen detailliert hingewiesen wird, sowie: Der Morgen, Nr. 1 vom 6. Juli 1946.
16	Aufruf an alle Ostflüchtlinge!, Amtsblatt für den Stadtkreis Mannheim, Nr. 16 vom 6. Juli 1946.
17	Städtisches Wohlfahrtsamt Mannheim: Verwaltungsbericht für die Zeit vom 1. April 1947 bis 31. März 1950, S. 40, STAMA, Bestand Dezernatsregistratur, Zugang 3/1981, Nr. 276. Nach der Statistik des Württemberg-Badischen Städteverbandes befanden sich in Mannheim jeweils zum Jahresende 1947 8.346, 1948 11.348 und 1949 12.831 Ostflüchtlinge (STAMA, Bestand Hauptregistratur, Zugang 21/1969, Nr. 359).
18	STATISTISCHES LANDESAMT BADEN-WÜRTTEMBERG (Hg.) (1954) S. 103. Zur höheren Angabe vgl.: ebd., S. 82. Sie dürfte daraus resultieren, daß hier Zuwanderer aus dem Saargebiet miteinbegriffen waren und nur für das Ausland das Kriterium der nichtdeutschen Muttersprache in Abzug gebracht wurde. Dies gilt auch für die auf den Volkszählungsunterlagen basierende Gemeinde- und Kreisstatistik 1950, die für Mannheim 12.552 *Heimatvertriebene* ausweist (STATISTISCHES LANDESAMT BADEN-WÜRTTEMBERG (Hg.) (1952) S. 2 und S. 84). Die Divergenz zu den Zahlen des Mannheimer Wohlfahrtsamtes könnte aus dem Umstand resultieren, daß seit Mitte 1948 auch ein Teil der *illegalen Grenzgänger* als Ostflüchtling registriert wurde und daß dort *die Abgänge nicht berücksichtigt*

1950 und der dadurch notwendigen Aufhebung der Zuzugssperre für Mannheim sowie im Zuge der gelenkten Umsiedlungsaktionen im Rahmen des länderübergreifenden wie innerbadischen Flüchtlingsausgleichs kamen in der Folgezeit jedenfalls weitere Zuwanderer in die Stadt, die durch das Wohlfahrtsamt registriert wurden. Am 1.4.1951 hatte sich ihre Zahl auf 16.705 erhöht, ein Jahr darauf waren es bereits 18.521[19] und am 1.4.1953 wohnten bei einer Gesamtzahl von 265.944 Einwohnern 22.467 Heimatvertriebene in Mannheim, die damit 8,1% der Gesamtbevölkerung stellten.[20] Die seit dem Jahr 1950 angeordnete Registrierung der zu- und abgehenden Heimatvertriebenen, aufgrund derer ihre genauere Erfassung und die Fortschreibung der Volkszählungsdaten möglich wurde, fiel auf Erlaß des Regierungspräsidiums Nordbaden Ende Juni 1953 weg. Zu diesem Zeitpunkt lebten 23.414 Heimatvertriebene in Mannheim.[21] Indessen waren jeweils zum Jahresende nach den Unterlagen des Statistischen Amtes 1952 20.162, 1953 24.258, 1954 27.997 und 1955 31.155 Einwohner dieser Personengruppe in Mannheim gemeldet.[22] Fünf Jahre später schließlich, am 31.12.1960, betrug die Zahl der hier wohnenden Zuwanderer aus den Vertreibungsgebieten 42.321 bei einer Gesamtzahl von mittlerweile 311.399 Einwohnern.[23] Ihr Anteil an der Bevölkerung der Rhein-Neckar-Stadt hatte sich damit auf 13,6% erhöht. Demgegenüber fielen die Ergebnisse der Volkszählung vom 6. Juni 1961 wiederum wesentlich niedriger aus, da hier nur der Besitz der Vertriebenenausweise A und B erfaßt wurde, die nicht alle dieser Zuwanderer bekanntermaßen für sich und ihre Kinder beantragt hatten. So reduzierte sich deren Zahl in der amtlichen Statistik auf 34.498 Einwohner oder 10,9% der Gesamtbevölkerung. Trotz der offiziell unterstützten und individuellen Wanderungsbewegungen der 1950er Jahre hatte Mannheim damit weniger Heimatvertriebene

---

wurden, wie Stadtrat Bartsch 1949 feststellte (Protokoll über die Sitzung des städtischen Flüchtlingsausschusses am 10. März 1949, S. 1, STAMA, Bestand Hauptregistratur, Zugang 21/1969, Nr. 340). Im Zweifelsfall ist jedoch von den höheren Zahlen auszugehen, zumal mit einer gewissen Dunkelziffer nicht erfaßter Personen zu rechnen ist. Denn nicht nur die etwa ihren illegalen Grenzübertritt verschleiernden SBZ-Flüchtlinge dürften kaum vollständig erfaßt worden sein, auch die landsmannschaftlichen Vereinigungen der Vertriebenen stellten fest: *es soll einzelne Landsleute geben, die, meist aus Angst vor beruflichen und gesellschaftlichen Nachteilen, ihre Herkunft verschweigen* (KLIMPERLE (1991), Teil 1, S. 39; vgl. auch zu dieser im großstädtischen Bereich ausgeprägteren Tendenz: LEHMANN (1991) S. 47 f.).

19   Städtisches Wohlfahrtsamt Mannheim: Verwaltungsbericht für die Zeit vom 1. April 1951 bis 31. März 1952, S. 6, STAMA, Bestand Dezernatsregistratur, Zugang 3/1981, Nr. 276. Die aufgrund der fortgeschriebenen Bevölkerungsstatistik für den 1. Juli 1952 ermittelte Zahl wich mit 18.155 Personen davon minimal ab (vgl. dazu: STATISTISCHES BUNDESAMT (Hg.) (1953) S. 132).

20   Statistisches Amt der Stadt Mannheim (Hg.): Vergleichende Städtestatistik süddeutscher Städte. 1. Vierteljahr 1953, Mannheim 1953, Tabelle 1, STAMA, Bestand Dezernatsregistratur, Zugang 13/1977, Nr. 643.

21   Städtisches Wohlfahrtsamt Mannheim: Verwaltungsbericht für die Zeit vom 1. April 1953 bis 31. März 1954, S. 44 Rückseite, STAMA, Bestand Dezernatsregistratur, Zugang 3/1981, Nr. 276.

22   Statistisches Amt der Stadt Mannheim (Hg.): Statistischer Jahresbericht 1955, Tabellenteil S. 4. Ihr Anteil an der Gesamtbevölkerung betrug damit 1952 7,6%, 1953 8,9%, 1954 10% und 1955 10,8%.

23   Statistisches Amt der Stadt Mannheim (Hg.): Statistischer Jahresbericht 1960, Tabellenteil S. 3. Ende 1956 waren es noch 33.092 Heimatvertriebene gewesen, die 11,5% der Mannheimer Bevölkerung ausmachten, 1957 war ihr Anteil mit 35.601 Personen auf 12,1% angewachsen (Statistisches Amt der Stadt Mannheim (Hg.): Statistischer Jahresbericht 1957, Tabellenteil S. 8). 1958 wohnten 38.413 und 1959 40.659 Heimatvertriebene in der Stadt, die damit 12,8 bzw. 13,3% ihrer Bevölkerung aus diesem Personenkreis rekrutierte (Statistisches Amt der Stadt Mannheim (Hg.): Statistischer Jahresbericht 1959, Tabellenteil S. 5).

aufgenommen als der nordbadische Raum, wo ihr Anteil an der Gesamtbevölkerung 15,5% betrug.[24] Hinzu kam aber noch ein weiterer Personenkreis, der nach Kriegsende gen Westen strömte, im Gegensatz zu den in gelenkten Massentransporten eingeschleusten Heimatvertriebenen in den ersten Jahren jedoch weitgehend unkontrolliert und unregistriert einsickerte. Denn die Zuwanderer aus der Sowjetischen Besatzungszone wurden in den ersten Nachkriegsjahren als *illegale Grenzgänger* kaum systematisch erfaßt, galten sie doch aufgrund der gesetzlichen Bestimmungen nicht als *Flüchtling*.[25] Exaktere Zahlen sind daher erst für die frühen 1950er Jahre zu ermitteln.[26] Die Volkszählung 1950 erhob für Mannheim nach dem Kriterium des Vorkriegswohnsitzes 5.556 dieser zunächst als *Zugewanderte* bezeichneten Personen, von denen 3.547 aus der *Sowjetischen Besatzungszone* und 2.009 aus (*Groß-*) Berlin gekommen waren.[27] Addiert man dazu - mangels anderer Angaben - für das Folgejahr den SBZ-Wanderungsgewinn, so erhöht sich diese Zahl Ende 1951 auf 7.508 Personen.[28] Zum Jahresende 1952 lebten jedenfalls bereits 8.562 SBZ-Flüchtlinge in Mannheim, die 3,2% der Bevölkerung ausmachten. Vor dem Hintergrund der mit den Ereignissen des 17. Juni 1953 verbundenen Fluchtwelle verdoppelte sich ihre Zahl innerhalb der nächsten drei Jahre beinahe. Ende 1955 waren es 15.704 oder 5,4% der Bevölkerung.[29] Die Weiterentwicklung dieses Trends läßt sich für die Folgezeit aufgrund fehlender statistischer Erhebungen[30] nur unter Berücksichtigung der Informationen über die Wanderungssaldi abschätzen. So dürften sich 1956 17.667, 1957 19.284, 1958 20.655, 1959 21.322 und 1960 21.812 ehemalige DDR-Bürger im Mannheimer Stadtkreis aufgehalten haben.[31] Die Volkszählung des Jahres 1961 korrigierte schließlich auch diese Zahl leicht nach unten, da nun neben den SBZ-Flüchtlingen als Inhabern des Bundesflüchtlingsausweises C die

---

24 STATISTISCHES LANDESAMT BADEN-WÜRTTEMBERG (Hg.) (1964a) S. 158. Vgl. auch: DASS. (Hg.) (1964b) S. 66.
25 Erst mit einem auf Druck der amerikanischen Militärbehörde erfolgten Erlaß des württemberg-badischen Innenministeriums vom 15. Juli 1948 wurde *mit sofortiger Wirkung angeordnet: Hinsichtlich Aufnahme und Unterkunft sind die illegalen Grenzgänger in sinngemäßer Anwendung der Bestimmungen des Flüchtlingsgesetzes [...] zu behandeln* (GLAK, Bestand 466, Zugang 1981/47, Nr. 1837).
26 Wurden zum Jahresende 1945 in Mannheim 2441 *Reichsdeutsche aus der russischen Zone einschließlich der polnisch besetzten Gebietsteile* registriert (siehe Anm. 10), so fehlen jegliche Angaben für das Folgejahr. Allerdings lassen sich für Mannheim positive Wanderungssaldi der direkten Zu- und Wegzüge von der und in die SBZ feststellen. 1947 belief sich dieser Wanderungsüberschuß auf 890, 1948 auf 843 und 1949 auf 892 Personen (Berechnet nach: Statistisches Amt der Stadt Mannheim (Hg.): Statistischer Jahresbericht 1947, S. 18; 1948, S. 18; 1949, S. 26). Allerdings dürfte die Dunkelziffer bei diesen Daten erheblich sein. Siehe dazu: unten, Anm. 107.
27 STATISTISCHES LANDESAMT BADEN-WÜRTTEMBERG (Hg.) (1954) S. 82, 103.
28 Zum Wanderungsgewinn vgl.: Statistisches Amt der Stadt Mannheim (Hg.): Statistischer Jahresbericht 1951, S. 30.
29 1953 betrug ihre Zahl 10.649 Personen, 1954 waren es bereits 12.736 (Statistisches Amt der Stadt Mannheim (Hg.): Statistischer Jahresbericht 1955, Tabellenteil S. 4).
30 Die letzte erfaßbare Angabe beträgt 17.050 SBZ-Flüchtlinge für den Juni 1956 (Statistisches Amt der Stadt Mannheim (Hg.): Statistischer Jahresbericht 1956, Tabellenteil, S. 4).
31 Ihr Anteil an der Gesamtbevölkerung betrug damit 1956 6,1%, 1957 6,6%, 1958 6,9% und 1959 sowie 1960 7%. Berechnet nach: Statistisches Amt der Stadt Mannheim (Hg.): Statistischer Jahresbericht 1956, Tabellenteil S. 19 u. 21; 1957, Tabellenteil S. 19 u. 21; 1958, Tabellenteil S. 19 u. 21; 1959, Textteil S. 16; 1960, Tabellenteil S. 15.

Deutschen aus der SBZ unter Abzug des West-Berliner Zuwandereranteils erfaßt wurden, sofern sie in den Haushaltslisten angegeben hatten, nach Kriegsende aus der Sowjetischen Besatzungszone oder dem Sowjetischen Sektor von Berlin zugezogen zu sein. Nach dieser Erhebung waren 21.598 Zuwanderer aus der DDR im Stadtkreis Mannheim wohnhaft, und sie stellten 6,9% der Gesamtbevölkerung. Damit lagen sie in Mannheim über ihrem durchschnittlichen Bevölkerungsanteil in Nordbaden von 5,4%.[32] Die Volkszählung des Jahres 1961 läßt es auch zu, das Verhältnis von SBZ-Flüchtlingen und Heimatvertriebenen zu erkennen, wenngleich diese Zahlen aus den genannten Gründen als Mindestzahlen anzusetzen sind. Danach lebten im Juni 1961 im Stadtkreis Mannheim unter der Gesamtbevölkerung von 313.890 Einwohnern insgesamt 56.096 Heimatvertriebene und SBZ-Zuwanderer, die damit 17,9% der Bevölkerung stellten. Davon waren 34.498 Personen, also 61,5%, Heimatvertriebene und 21.598, oder 38,5%, SBZ-Flüchtlinge. Hinzu kam noch, daß jeder fünfte Berufspendler, der in Mannheim arbeitete, zu dieser Bevölkerungsgruppe zählte. 1961 verdienten zusätzlich 12.783 Beschäftigte aus diesem Personenkreis ihren Lebensunterhalt in der Rhein-Neckar-Stadt.[33]

Damit läßt sich der Anteil der SBZ-Flüchtlinge und Heimatvertriebenen an der Mannheimer Bevölkerung für die Nachkriegszeit wie im folgenden Überblick darstellen.

Zwar zog das Gros der Heimatvertriebenen und noch mehr der SBZ-Flüchtlinge erst in den 1950er Jahren nach Mannheim, dessen wanderungsbedingtes Wachstum wesentlich durch den Zuzug dieser Gruppen gespeist wurde.[34] Doch war bereits in den ersten Jahren nach Kriegsende eine beträchtliche Zahl dieser Zuwanderer hierher gekommen. Und dies, obwohl die amerikanische Verteilungspolitik die Zuweisung geschlossener Vertriebenentransporte in der US-

---

32	STATISTISCHES LANDESAMT BADEN-WÜRTTEMBERG (Hg.) (1964a) S. 158. Danach lebten in Mannheim 3.291 *Sowjetzonenflüchtlinge mit Ausweis C* und 15.239 *Deutsche aus der SBZ ohne Ausweis A,B oder C*.
33	STATISTISCHES LANDESAMT BADEN-WÜRTTEMBERG (Hg.) (1965) S. 255.
34	Der Anteil der Heimatvertriebenen und SBZ-Flüchtlinge am Wanderungsgewinn der Stadt Mannheim entwickelte sich erst Ende der 1950er Jahre, als der Zuzug ausländischer Arbeitnehmer einsetzte, rückläufig:

Jahr	Wanderungsgewinn insgesamt	davon Heimatvertriebene	davon SBZ-Flüchtlinge	davon Heimatvertriebene und SBZ-Flüchtlinge zusammen
1953	9.339	4.418	1.765	6.183 (66,2%)
1954	6.848	3.417	2.409	5.826 (85,0%)
1955	8.664	3.158	2.968	6.126 (70,7%)
1956	6.649	2.108	1.963	4.071 (61,2%)
1957	4.144	1.508	1.617	3.125 (75,5%)
1958	5.129	1.324	1.373	2.697 (52,6%)
1959	4.020	971	667	1.638 (40,7%)
1960	4.599	472	490	962 (20,9%)
1961	4.205	332	269	601 (14,3%)

Quelle: Statistisches Amt der Stadt Mannheim (Hg.): Statistischer Jahresbericht 1955, Mannheim 1955, S. 10; ebd., 1961, S. 19.

	SBZ-Flüchtlinge	in % der Gesamtbevölkerung	Heimatvertriebene	in % der Gesamtbevölkerung
1945			3.403*	1,8
1946**			5.771	2,7
1947			8.346	3,8
1948			11.349	5,0
1949			12.831	5,3
1950***	5.556	2,3	12.755	5,2
1951	7.508	2,9	16.705	6,5
1952	8.562	3,2	20.162	7,6
1953	10.649	3,9	24.258	8,9
1954	12.736	4,5	27.997	10,0
1955	15.704	5,4	31.155	10,8
1956	17.667	6,1	33.096	11,5
1957	19.284	6,6	35.601	12,1
1958	20.655	6,9	38.413	12,8
1959	21.322	7,0	40.659	13,3
1960	21.812	7,0	42.321	13,6
1961****	21.598	6,9	34.498	10,9

* Inkl. der *Reichsdeutschen aus der russischen Zone*
** Volkszählung 1946
*** Volkszählung 1950
**** Volkszählung 1961

Zone nicht für Städte über 20.000 Einwohner vorgesehen hatte und in Baden neben Pforzheim das hochgradig kriegszerstörte Mannheim zudem zum *Brennpunkt des Wohnungsbedarfs* erklärt und für Zuzüge völlig gesperrt worden war. Die hier trotzdem ansässig gewordenen Neubürger unterschieden sich in ihrer Struktur nicht nur von der einheimischen Restbevölkerung, sondern auch von ihren übrigen Schicksalsgefährten, die in Nordbaden eine neue Heimat gefunden hatten. Deutlich wird dies anhand der Daten, die bei den Volkszählungen im Oktober 1946 und im September 1950 erhoben wurden. Kamen 1946 im Stadtkreis Mannheim bei den erfaßten Ostflüchtlingen auf 100 Männer nur 47,6 Frauen im Gegensatz zu 119,6 Frauen bei den Einheimischen, so war dieser gravierende Männerüberschuß doch auch untypisch für den gesamten Landesbezirk Baden, wo auf 100 männliche 118,9 weibliche Ostflüchtlinge kamen.[35] Bedingt durch den Nachzug von Familienangehörigen verminderte er sich zwar in Mannheim, wo 1950 bei den Heimatvertriebenen auf 100 Männer nun schon 75,7 und bei den SBZ-Flüchtlingen 82,1 Frauen kamen, während der kriegsverlustbedingte strukturelle Frauenüberschuß der Restbevölkerung mit 116,3 Frauen auf 100 Männer weiterbestand. Doch blieb noch immer

---

35 KAISER (o.J.) S. 21; BADISCHES STATISTISCHES LANDESAMT (Hg.) (1946) S. 3.

ein beträchtlicher Unterschied zu den Landkreisen, da im gesamten Regierungsbezirk Nordbaden bei den Heimatvertriebenen noch immer 111,2 und bei den SBZ-Flüchtlingen 96,2 Frauen auf 100 Männer kamen.[36] Dieser Männerüberschuß unter den Zuwanderern in Mannheim schlug sich auch in einer entsprechenden Quote an Erwerbstätigen nieder. 1946 waren 70,8% aller in Mannheim registrierten Ostflüchtlinge erwerbstätig, während es bei der einheimischen Restbevölkerung nur 44,2% und bei den Ostflüchtlingen im gesamten Landesbezirk Baden sogar nur 43,1% waren.[37] Dies lag nicht zuletzt daran, daß sich im Unterschied zu Nordbaden in Mannheim verhältnismäßig mehr Ostflüchtlinge im arbeitsfähigen Alter und sehr viel weniger Kinder und Rentner aufhielten, wie ein Blick auf die Altersstruktur dieser Bevölkerungsgruppe verdeutlicht,[38] die sich auch dadurch deutlich von den Einheimischen unterschied.[39]
Aber auch hinsichtlich ihrer Herkunftsgebiete wichen die Mannheimer Ostflüchtlinge nachhaltig von den in Nordbaden ansässig gewordenen Zuwanderern ab. Dominierten im badischen Landesteil eindeutig die in geschlossenen Massentransporten auf dem Land eingewiesenen Heimatvertriebenen aus der CSSR, Ungarn und Jugoslawien, so stellten in Mannheim die aus den ehemaligen deutschen Reichsgebieten östlich von Oder und Neiße Ausgewiesenen das Gros der Neubürger, deren Zusammensetzung zudem wesentlich heterogener als in den Landkreisen war. Dies zeigt die nach Herkunftsgebieten aufgeschlüsselte prozentuale Verteilung der Heimatvertriebenen noch 1950, als sich diese Unterschiede durch den Zuzug aus den Landkreisen in die Stadt bereits etwas ausgeglichen hatten.[40]

---

36 STATISTISCHES LANDESAMT BADEN-WÜRTTEMBERG (Hg.) (1954) S. 82.
37 KAISER (o.J.) S. 32.
38 Von je 100 Ostflüchtlingen befanden sich im Alter von

	0-5	6-13	14-19	20-24	25-29	30-39	40-49	50-59	60-64	> 64
SK Mannheim	6,8	4,6	9,8	20,8	13,4	21,8	14,1	5,3	1,4	2,0
LB Nordbaden	9,3	14,0	10,7	9,1	6,6	14,4	14,4	10,3	4,0	7,3

Berechnet nach: KAISER (o.J.) S. 49.

39 Während zum Zeitpunkt der Volkszählung des Jahres 1950 beispielsweise der Anteil der Kinder im Alter von 0 bis 2 Jahren bei den Einheimischen 3,7% betrug, lag er bei den zugewanderten Heimatlosen, die damit eine deutlich höhere Geburtsrate aufwiesen, bei 7,2%. Zugleich waren von 100 Einheimischen nur 26,5 Personen im Alter zwischen 21 und 39 Jahren, wohingegen es bei den Neubürgern 41,9 waren. Dagegen hatten 20,1% aller Einheimischen ein Alter über 55 Jahren, während nur 8,3% aller Heimatvertriebenen dieser Alterskohorte angehörten. Berechnet nach: Statistisches Amt der Stadt Mannheim (Hg.): Statistischer Jahresbericht 1952, S. 82.
40 Berechnet nach: STATISTISCHES LANDESAMT BADEN-WÜRTTEMBERG (Hg.) (1954) S. 101 und 103. Zur Herkunftsstruktur der Mannheimer Ostflüchtlinge im Jahr 1946, als 39,8% der Zuwanderer aus den ehemaligen deutschen Ostgebieten, 23,4% aus der CSSR, 2,8% aus Ungarn und 1,8% aus Jugoslawien stammten, vgl.: KAISER (o.J.) S. 15. Über die Veränderung der landsmannschaftlichen Zusammensetzung der Mannheimer Heimatvertriebenen im Zeitraum zwischen 1949 und 1953, in dem beispielsweise der Anteil der aus der CSSR Ausgewiesenen von 27,8 auf 32,1% anstieg, geben die Verwaltungsberichte des Mannheimer Wohlfahrtsamtes Aufschluß (Städtisches Wohlfahrtsamt Mannheim: Verwaltungsbericht für die Zeit vom 1. April 1947 bis 31. März 1950, S. 43 f.; Verwaltungsbericht über die Zeit vom 1. April 1951 bis 31. März 1952, S. 6; Verwaltungsbericht für die Zeit vom 1. April 1952 bis 31. März 1953, S. 31. STAMA, Bestand Dezernatsregistratur, Zugang 3/1981, Nr. 276).

	Mannheim	RB Nordbaden
Ostpreußen	10,9	3,9
Schlesien östl. Oder/Neiße	24,4	9,0
Ostpommern	6,9	2,5
Ost-Brandenburg	2,1	0,7
Jugoslawien	1,9	8,1
Österreich	3,9	3,0
Polen	2,8	1,6
Rumänien	1,3	1,3
CSSR	27,1	49,1
Ungarn	3,3	16,3
Sonstige	15,4	4,5

Analog dazu nahm auch die Konfessionsstruktur der Mannheimer Ostflüchtlinge eine Sonderstellung ein: gehörten im Landesbezirk Baden 1946 28,6% der Ostflüchtlinge der evangelischen und 68,5% der römisch katholischen Konfession an, so waren es im Stadtkreis Mannheim jeweils 46,4%.[41] 1950 bekannten sich dort 45,7% der Heimatvertriebenen als Angehörige der evangelischen und - bedingt durch den mittlerweile erfolgten Zuzug aus den südöstlichen Vertreibungsgebieten - 51,5% als Angehörige der römisch-katholischen Kirche.[42]

Die Wege der Zuwanderer in die Großstadt

Die Verwunderung der Kommunalpolitiker über die kaum bekannte Höhe des Flüchtlings- und Vertriebenenanteils an der Mannheimer Bevölkerung wie auch die gravierenden Abweichungen dieser Zuwandererpopulation von den Verhältnissen in Nordbaden hatten einen gemeinsamen Grund: Bereits 1945 wurde der Stadtkreis Mannheim offiziell von der Aufnahme geschlossener Vertriebenenkontingente ausgenommen, so daß die trotzdem hier ansässig gewordenen Zuwanderer auf anderen Wegen hierher gekommen waren als ihre übrigen Schicksalsgefährten, die im restlichen Nordbaden eine neue Heimat gefunden hatten. Die trotz der massiven Probleme bei der Aufnahme der Ostflüchtlinge in Württemberg-Baden im Einvernehmen mit der amerikanischen Militärregierung und dem Landeskommissariat für das Flüchtlingswesen getroffene Sperrung des Stadtkreises für die ins Land strömenden Zwangszuwanderer lag in der mangelnden Aufnahmekapazität Mannheims begründet, das im Krieg hochgradig zerstört worden war und kaum noch über halbwegs ausreichend viele intakte Wohnungen für die hier trotz

---

41 Berechnet nach: KAISER (o.J.) S. 29.
42 Für den Regierungsbezirk Nordbaden ergab sich zu diesem Zeitpunkt ein Anteil von 24,1% evangelischen und 75,2% römisch-katholischen Heimatvertriebenen. Berechnet nach: STATISTISCHES BUNDESAMT (Hg.) (1953) S. 132.

umfangreicher Evakuierungen verbliebene Restbevölkerung verfügte. Daher entschloß sich bereits am 22. Mai 1945 der gerade von der amerikanischen Besatzungsmacht eingesetzte Oberbürgermeister Braun aufgrund einer Besprechung mit den Vorständen der städtischen Ämter, angesichts der katastrophalen Wohnungs- und Ernährungslage, des erwartbaren Rückstroms der aus der Stadt evakuierten einheimischen Bevölkerung und der ein Einsickern von Zuwanderern begünstigenden Funktion Mannheims als *Durchschleusungsstadt [...] für viele Ausländer und deutsche Kriegsgefangene* zu der Maßnahme, *über die Militärregierung einen Ukas ergehen zu lassen, daß mit Rücksicht auf die derzeitige Notlage in Mannheim es unmöglich ist, weiterhin große Massen von Menschen hier anzusiedeln.*[43] Diese von amerikanischer Seite unterstützte Anordnung, die mit der Erklärung Mannheims zum *Brennpunkt des Wohnungsbedarfs* aufgrund des Kontrollratsgesetzes Nr. 18 im Mai 1946 langfristig festgeschrieben wurde,[44] wirkte jedoch nur bedingt. Im September 1945 berichtete der Vorstand des Wohnungsamtes: *Der Zuzug vermehrt sich trotz der Sperre in unverantwortlicher Weise, vor allem auch durch Soldaten und andere Personen, die im Osten beheimatet waren.*[45] Und das Mannheimer Wohlfahrtsamt konstatierte im März 1946: *Obwohl Mannheim zu jenen Städten gehört, welche keine sogenannten Ostflüchtlinge aufzunehmen haben, ist dennoch die Zuwanderung sehr groß. Es handelt sich hierbei nicht um planmässige Massentransporte, sondern in der Hauptsache um Einzelgänger oder einzelne Familien, die ausserhalb jeder Planung versuchen, irgendwo festen Fuß zu fassen.*[46] Daß sie in beträchtlicher Zahl nach Mannheim kamen, lag zum einen an der verkehrsgeographischen Zentralität der Stadt, die zudem direkt an der abgeriegelten Grenze zur Französischen Besatzungszone lag. Zahlreiche per Eisenbahn oder auf den Landstraßen westwärts strömende heimatlose Deutsche blieben hier ganz einfach hängen und suchten Unterschlupf. So berichtete das Gemeindesekretariat Mannheim-Friedrichsfeld, daß seine *starke Inanspruchnahme [...] in den ersten sechs Monaten der Besetzung durch den Flüchtlingsstrom verursacht [wurde], welcher Mannheim-Friedrichsfeld als Eisenbahnknotenpunkt durchzog. Mitunter mußten Hunderte von Flüchtlingen, die nicht mehr weiter konnten, notdürftig untergebracht und verpflegt werden. Zu diesem Zweck war eine große Baracke angemietet worden.*[47] Darüber hinaus kam es gerade vor den planmäßig nach Nordbaden eingeschleusten Massentransporten der Ostflüchtlinge aufgrund logistischer und organisatorischer Schwierigkeiten zu einigen Fehlleitungen, deren Erfassung, Lenkung und Unterbringung nicht mehr zu bewerkstelligen war. Ein Ende 1945 irrtümlicherweise nach Mannheim gelangter Transport wurde hier freiwillig *aufgenommen, weil die Flüchtlinge damals kurz vor Weihnachten nicht noch weiter verschoben werden sollten*[48] und dies organisatorisch ange-

---

43 Niederschrift über die Besprechung des Oberbürgermeisters mit den Amtsvorständen am 22. Mai 1945, S. 2, STAMA, Bestand Dezernatsregistratur, Zugang 13/1977, Nr. 304.
44 STAMA, Bestand Hauptregistratur, Zugang 21/1969, Nr. 353.
45 Niederschrift über die Besprechung des Oberbürgermeisters mit den Amtsvorständen am 11. September 1945, S. 2, STAMA, Bestand Dezernatsregistratur, Zugang 13/1977, Nr. 304.
46 Bericht des Städtischen Wohlfahrtsamtes an den Oberbürgermeister vom 28. März 1946, STAMA, Bestand Hauptregistratur, Zugang 21/1969, Nr. 339.
47 Tätigkeitsbericht des Gemeindesekretariats Mannheim-Friedrichsfeld für den Zeitraum April 1945 bis Dezember 1947 vom 19. Januar 1948, STAMA, Bestand Oberbürgermeister, Nr. 25.
48 Die Lage der Flüchtlinge in Mannheim. Eine Unterredung mit Stadtrat Bartsch, in: Die Gemeinde. Evangelisches Kirchenblatt für Mannheim, Nr. 19 vom 28. August 1949, S. 1.

sichts der noch chaotischen Verhältnisse in der im Aufbau befindlichen Flüchtlingsverwaltung auch nur schwer möglich war. Und eine unbekannte Zahl von Ausgewiesenen, deren Züge auf offener Strecke stehengeblieben waren, suchte auf eigene Faust ein Unterkommen in der Rhein-Neckar-Stadt.[49] Dabei entzogen sie sich nur zu oft behördlicher Kontrolle. Erstaunt stellte der für das Wohlfahrtswesen zuständige Mannheimer Bürgermeister Böttger im April 1946 fest: *Wir haben täglich 100, 150, ja bis 200 Leute, die vor der Leitstelle für Flüchtlinge stehen, vor den Ämtern und dem Wohnungsamt. Das Wohnungsamt ist nicht in der Lage zu helfen und kann die Leute nur mit einem Trostwort hinauskomplementieren und sie ihrem Schicksal überlassen. Was sollen wir mit den Leuten machen? Es besteht eine Anordnung des Staatskommissars, [...] [sie] nicht in Mannheim anzusiedeln, weil wir de facto nicht in der Lage sind, sie unterzubringen und keinen verfügbaren Raum haben. Aber die Leute haben sich noch immer zu helfen gewußt. Bei Dunkelheit waren die Straßen leer und auch die Polizei hat Obdachlose nicht aufgegriffen.*[50] Hatten die Zuwanderer erst einmal in irgendeiner Weise Unterschlupf gefunden, dann war es oft nicht einfach, sie aus der Stadt wieder hinauszuverweisen. So berichtete das Wohlfahrtsamt im Februar 1946, *daß der Zustrom nach Mannheim, trotz der bestehenden Zuzugssperre für Mannheim, nach wie vor in unvermindert starkem Maße anhält. [...] Schwierigkeiten bereiten vor allen Dingen die Personen, die schon seit Wochen und Monaten hier wohnen und für sachliche Belehrungen vollkommen unzugänglich sind. Sie können nur sehr schwer bewogen werden, Mannheim wieder zu verlassen, um sich in den für sie zuständigen Landkreis zu begeben.*[51] Denn im Gegensatz zu den zwangsweise Ausgewiesenen und im Rahmen der Massentransporte von den deutschen Behörden in die Landkreise Eingewiesenen suchte sich ein Großteil dieser 'wilden' Einzelwanderer, die sich in den Wirren nach Kriegsende alleine durchgeschlagen oder von den Massentransporten abgesetzt hatten, ihr Ziel selbst. Ihre Motivation, auch entgegen den behördlichen Anordnungen hier zu bleiben, war dementsprechend hoch. Hatten sie auf irgendeine Weise notdürftig Unterkunft gefunden, so wurde ihr Aufenthalt daher zunächst einmal sanktioniert, wie der Mannheimer Flüchtlingsbeauftragte 1948 im Rückblick auf den Zeitraum vor der Errichtung seines Referats feststellte: *Unmittelbar nach Kriegsschluß ließen sich hier Flüchtlinge als Einzelgänger aus dem Osten und Süd-Osten nieder und fanden daselbst Unterkunft bei Verwandten oder Bekannten. Diese Personen erhielten ohne nähere Prüfung durch die örtliche Wohnungsbehörde Zuzugs- oder Aufenthaltsgenehmigung. Nach der Errichtung des Flüchtlingsreferates am 1.4.1946 wurde der Zustrom derartiger Personen völlig abgestoppt. Auf die bezeichnete*

---

49 So berichtete der Staatskommissar für Evakuierung am 17. November 1945, *daß am 12. oder 13.11.1945 von Nordosten kommend ein Transportzug mit 1500 Flüchtlingen in Frankfurt a. M. ankam und dort aufgeteilt wurde. Ein Transportteil mit 500 Flüchtlingen wurde bis Ladenburg (zwischen Mannheim und Heidelberg) weitergeleitet, ohne dass jedoch irgendwelche Benachrichtigung deutscher Behörden erfolgte. Die Flüchtlinge sind infolge dessen ohne jede Betreuung geblieben und haben sich von Ladenburg aus selbständig auf Wohnungssuche begeben. Ihre nachträgliche Erfassung und Aufnahme in ein Auffanglager ist völlig unmöglich* (GLAK, Bestand 466, Zugang 1981/47, Nr. 36).
50 Niederschrift über die Sitzung des Beirats des Oberbürgermeisters vom 10. April 1946, S. 6, STAMA, Bestand Oberbürgermeister, Nr. 148.
51 Städtisches Wohlfahrtsamt, Monatsbericht Februar 1946, STAMA, Bestand Oberbürgermeister, Nr. 124.

Art kamen in den Jahren 1945 - 46 mehrere tausend Personen hierher. *Die aufgenommenen Personen müssen in Mannheim auch weiterhin belassen werden.* Die bisherigen Bestrebungen hinsichtlich einer etwaigen Repatriierung in die zuständigen Zonen sind fehlgeschlagen. Der Kreis hat sich auch in der Folgezeit durch die beabsichtigten Übersiedlungen der Familienangehörigen erweitert. Wir werden noch in dieser Richtung längere Zeit mit Schwierigkeiten zu rechnen haben.[52] Hinzu kam noch, daß aus den Sammeltransporten, die in das für den Landkreis Mannheim zuständige Durchgangslager einliefen, sich mancher Ostflüchtling in die Stadt abzusetzen suchte, wie die Stadtverwaltung der amerikanischen Militärbehörde mitteilte: *das nahegelegene Auffanglager Hockenheim spült die Sorgen doch immer wieder auch nach Mannheim herein.*[53] Waren die auf derartige Weise unkontrolliert eingesickerten Zuwanderer erst einmal aufenthaltsberechtigt, so konnte ein Zuzug von Familienangehörigen nicht mehr verweigert werden, da die amerikanische Besatzungsmacht zum Leidwesen der Stadtverwaltung auf die Familienzusammenführung als grundlegende Voraussetzung einer schnellen und reibungslosen Assimilation besonderen Wert legte.[54] Dies galt nicht nur für den Nachzug von Frauen und Kindern, sondern auch für die Aufenthaltsberechtigung von Kriegsheimkehrern, deren Familie es nach Mannheim verschlagen hatte. [55]

Neben der Gruppe der 'wild' eingesickerten Einzelwanderer rekrutierte sich ein wesentlich bedeutenderes, in seinem Umfang jedoch ebenfalls nicht genau bestimmbares Kontingent der Mannheimer Ostflüchtlinge aus ehemaligen Wehrmachtsangehörigen, die sich in Mannheim in amerikanischer Kriegsgefangenschaft befanden und dort, in Arbeitskompanien zusammengefaßt, für die Militärbehörden arbeiteten. Ein Großteil dieser Soldaten konnte nicht mehr in ihre Heimat zurückkehren und ließ sich daher in die Rhein-Neckar-Stadt entlassen, um hier zu bleiben. 1949 berichtete Bürgermeister Trumpfheller dem Stadtrat, wie es zur Präsenz so zahlreicher Zuwanderer in Mannheim gekommen war: *Es waren vor allen Dingen diejenigen, die in Kriegsgefangenschaft waren und dann nach der Entlassung aus der Kriegsgefangenschaft*

---

52   Schreiben des Mannheimer Flüchtlingsreferenten Schweizer an die Stadtverwaltung, Abteilung II/So. vom 15. Juli 1948, STAMA, Bestand Hauptregistratur, Zugang 21/1969, Nr. 346.

53   Leo Barth: Politische Stimmungsberichte. 2. November 1945 - 31. Oktober 1947, STAMA, Kleine Erwerbungen, Nr. 51, Stimmungsbericht vom 15. April 1946, S. 48.

54   Vgl. dazu: Herstellung der Familiengemeinschaft bei Flüchtlingen, Amtsblatt für Stadt- und Landkreis Mannheim vom 26. Oktober 1946, S. 3. Die sich daraus ergebenden Belastungen führten zu allerdings erfolglosen Protesten der Stadtverwaltung. So erklärte der Erste Bürgermeister Trumpfheller dem Stadtrat im Februar 1948: *Obwohl Mannheim zum Brennpunkt der Wohnungsnot erklärt ist, obwohl der Zuzug von Flüchtlingen ganz gestoppt ist, kommen doch im Monat 800 bis 1000 Personen zu uns, schon aufgrund der Bestimmungen über die Wiederherstellung der Familiengemeinschaft. Ich habe darauf hingewiesen, dass überhaupt nur noch durch Inanspruchnahme von Polizeihilfe eine Zusammendrängung der Bevölkerung möglich ist und es so nicht weiter gehen kann* (Niederschrift über die Stadtratssitzung vom 26. Februar 1948, S. 16, STAMA, Niederschriften über die Sitzungen des Stadtrats, Bd. 6).

55   Vgl. dazu: Neuregelung des Zuzugswesens für Heimkehrer, Mannheimer Morgen, Nr. 1 vom 3. Januar 1949, S. 5. Zum Anteil der heimatvertriebenen Kriegsheimkehrer vgl.: Städtisches Wohlfahrtsamt: Verwaltungsbericht für die Zeit vom 1. April 1947 bis 31. März 1950, S. 13, STAMA, Bestand Dezernatsregistratur, Zugang 3/1981, Nr. 276: *Vom 1.9.1948 bis 31.3.1950 wurden in Mannheim 2731 Heimkehrer aufgenommen, von denen 2415 früher in Mannheim wohnhaft waren, während 316 aus den früheren Ostgebieten bzw. der Ostzone stammten.*

nicht mehr in ihre Heimat zurückgegangen sind. Sie haben bei den Amerikanern das Arbeitsverhältnis aufgenommen. Sie wissen, daß schließlich die amerikanische Militärregierung 24000 Arbeitskräfte in Mannheim beschäftigt hat und das waren zum größten Teil Kriegsgefangene, die in Mannheim geblieben sind, und unter diesen Kriegsgefangenen ist ein großer Teil dabei, der nicht mehr nach Hause zurückkehren will, der also bei den Amerikanern gearbeitet hat, und als sie bei den Amerikanern entlassen wurden, sind sie zum größten Teil in den Dienst der STEG getreten.[56] Stadtrat Bartsch, der selbst bei der *Staatlichen Erfassungsgesellschaft für öffentliches Gut* in Mannheim-Sandhofen beschäftigt gewesen war,[57] wies in diesem Zusammenhang darauf hin, daß gerade dieser Umstand die Herkunftsstruktur der Mannheimer Ostflüchtlinge beeinflußt hatte: *Die Leute, die hier 1945 Kriegsgefangene waren, sind zum sehr großen Teil Leute, deren Heimat östlich der Oder-Neiße-Linie liegt.*[58] Die Bereitschaft der Mannheimer Stadtverwaltung, diese Personengruppe aufzunehmen, war angesichts der akuten Wohnraumprobleme nicht groß. Indessen war auch an ihrer Aufenthaltsberechtigung aufgrund amerikanischer Direktiven[59] nichts zu ändern: *Die Amerikaner halten ihre schützende Hand über die entlassenen Kriegsgefangenen. Die Leute kommen zum allergrößten Teil aus Pommern, Thüringen, Ost- und Westpreußen, Brandenburg usw. Sie wollen nun ihre Frauen und Kinder hierher kommen lassen. Zum Teil sind diese schon auf Umwegen hierher gekommen. Das macht Schwierigkeiten auf der ganzen Linie.*[60] So sah sich die Stadt gezwungen, in Kooperation mit der Besatzungsmacht eine eigene *Betreuungsstelle der Zivilangestellten* zu gründen,[61] der die Verpflegung und Unterbringung der bei den Amerikanern beschäftigten Zivilarbeiter in Gemeinschaftsunterkünften, die überwiegend aus ehemaligen Luftschutzbunkern und Baracken bestanden, oblag. Im Februar 1947 soll *die Anzahl von Flüchtlingen ohne Heimatberechtigung [...], die für die Amerikaner arbeiten, [...] ungefähr 5500 [...] Männer* betragen haben, von denen sich *etwa 2136 in Gemeinschaftsunterkunft in Mannheim befinden.*[62] Die für beide Seiten unfreiwillige Anwesenheit dieser Personengruppe stellte für die Stadt jedoch auch einen Aktivposten dar. Denn die ehemaligen Wehrmachtsangehörigen, die den gravierenden Männerüberschuß, die Altersstruktur und - bedingt durch die landsmannschaftsunspezifische Zusammensetzung der internierten Truppenverbände - die Herkunftsheterogenität der Mannheimer Ostflüchtlinge erklären, wurden hier als Arbeitskräfte dringend benötigt. So betonte der Mannheimer Flüchtlingsreferent nachdrücklich: *Im Februar 1946 entließ*

56	Niederschrift über die Stadtratssitzung vom 4. März 1949, S. 2 Rückseite, STAMA, Niederschriften über die Sitzungen des Stadtrats, Bd. 8.
57	Zur STEG vgl.: STAMA, Kleine Erwerbungen, Nr. 757.
58	Niederschrift über die Stadtratssitzung vom 4. März 1949, S. 3, STAMA, Niederschriften über die Sitzungen des Stadtrats, Bd. 8.
59	Vgl. dazu das Schreiben des Mannheimer Army Headquarters vom 6. Mai 1946 an den Karlsruher Landesbeauftragten für das Flüchtlingswesen, GLAK Bestand 466, Zugang 1981/47, Nr. 1790.
60	Bürgermeister Böttger in der Sitzung des Beirats des Oberbürgermeisters vom 10. April 1946, STAMA, Bestand Dezernatsregistratur, Bestand Oberbürgermeister, Nr. 148.
61	Vgl. dazu: Niederschrift über die Sitzung des Stadtrats vom 4. Juli 1947, S. 13 - 17, STAMA, Niederschriften über die Sitzungen des Stadtrats, Bd. 5, sowie: STAMA, Bestand Hauptregistratur, Zugang 29/1970, Nr. 128.
62	Aktennotiz Oberbürgermeister Braun über eine Besprechung über den Wiederaufbau des Mannheimer Hafengebiets vom 25. Februar 1947, STAMA, Bestand Dezernatsregistratur, Zugang 13/1977, Nr. 2211.

die amerikanische Armee tausende ehemalige deutsche Soldaten aus Kriegsgefangenschaft unter der Bedingung ihrer Verpflichtung zur Weiterarbeit im zivilen Arbeitsverhältnis. Sie wurden unmittelbar der Besatzungsmacht zugewiesen und haben daher zwangsläufig Aufenthaltsgenehmigung. Unter ihnen befinden sich in der Mehrzahl Flüchtlinge, also Personen, die in ihre ehemalige Heimat nicht mehr zurückkehren können. Naturgemäß fanden diese Menschen in Mannheim ihre neue Heimat. Die nach dieser Ziffer aufgenommenen Personen waren überwiegend junge, gesunde, unabhängige, arbeitswillige und brauchbare Menschen, die für die Stadt keine Belastung bedeuten.[63] Wenn sie nicht ohnehin bei amerikanischen Dienststellen weiterbeschäftigt wurden und dadurch automatisch ein Bleiberecht erhielten, weigerten sich die heimatlos gewordenen Kriegsgefangenen offensichtlich am hartnäckigsten, Mannheim wieder zu verlassen, wie das Wohlfahrtsamt feststellte: *Besonders schwierig sind auch die aus der Kriegsgefangenschaft entlassenen Wehrmachtsangehörigen zu behandeln, die sich hier im Stadtkreis in einem Gefangenenlager befanden und früher nie hier gewohnt haben, jetzt aber unter allen Umständen dableiben möchten, weil sie hier irgendwelchen Anschluß gefunden oder sonst eine Ausrede haben.*[64]

Die Mannheimer Stadtverwaltung sah sich aber nicht nur mit diesen beiden Zuwanderergruppen konfrontiert, die ohne ihr Zutun in ihren Zuständigkeitsbereich gekommen waren. Nachdem sich die Verwaltungsstrukturen konsilidiert hatten, ein Flüchtlingsreferat eingerichtet worden war und die unkontrollierte Mobilität wieder einigermaßen kanalisiert werden konnte, holte sie selbst weitere Heimatvertriebene und *illegale Grenzgänger* aus der Sowjetischen Besatzungszone in die Stadt. Denn hier herrschte ein ausgesprochener Mangel an Arbeitskräften, die für den Wiederaufbau dringend benötigt wurden. Im Oktober 1946 meldete das Mannheimer Arbeitsamt einen Bedarf von *mehr als 9000 voll einsatzfähige[n] Männer[n] für vordringlichste Einsätze.*[65] Nicht wenige Zuwanderer, die aus arbeitsmarktpolitischen Gründen erwünscht waren und den Wohnungsmarkt nicht belasteten, also wiederum überwiegend alleinstehende Männer im arbeitsfähigen Alter, kamen so in die Rhein-Neckar-Stadt, wie sich der zuständige Flüchtlingsreferent erinnerte: *Durch unsere Dienststelle wurden ab 1.4.1946 Zuzugs- und Aufenthaltsgenehmigungen im Rahmen der hierfür geltenden Richtlinien erteilt. Der Entscheidung ging in allen Fällen eine individuelle Prüfung voraus. Flüchtlinge wurden nur dann aufgenommen, wenn es sich um Schlüsselkräfte handelte, die hier arbeitseinsatzmäßig dringend notwendig waren, und die Stadt selbst an dem Zuzug interessiert gewesen ist.*[66] Für Projekte mit besonderer Priorität, wie etwa für den Wiederaufbau des Mannheimer Hafens, für den im Frühjahr 1947 ungefähr 1.600 Arbeiter benötigt wurden, suchte man nicht nur die Heimatvertriebenen unter den bei der amerikanischen Besatzungsmacht Beschäftigten langfristig an die Stadt zu binden. Vielmehr machte der Mannheimer Oberbürgermeister darüber hinaus einen weitreichenden Vorschlag: *Ich habe ferner die Anregung gegeben, durch Plakatan-*

---

63 Schreiben des Mannheimer Flüchtlingsreferenten Schweizer an die Stadtverwaltung, Abteilung II/So., vom 15. Juli 1948, STAMA, Bestand Hauptregistratur, Zugang 21/1969, Nr. 346.
64 Städtisches Wohlfahrtsamt, Monatsbericht Februar 1946, STAMA, Bestand Oberbürgermeister, Nr. 124.
65 STAMA, Bestand Hauptregistratur, Zugang 1955/64, Nr. 913.
66 Schreiben des Mannheimer Flüchtlingsreferenten Schweizer an die Stadtverwaltung, Abteilung II/So. vom 15. Juli 1948, STAMA, Bestand Hauptregistratur, Zugang 21/1969, Nr. 346.

schlag in Nordbaden die Heimatlosen auf die Niederlassungsmöglichkeit in Mannheim hinzuweisen, falls sie sich für die Arbeiten im Mannheimer Hafen zur Verfügung stellen. Ich bin von dem Gedanken ausgegangen, daß es mir möglich und erreichbar scheine, diesen Menschen zu sagen, daß wenn sie sich verpflichten, mindestens auf die Dauer von 2 Jahren beim Wiederaufbau im Mannheimer Hafen arbeiten zu wollen, sie den Zuzug nach Mannheim für sich und ihre Familienangehörigen erreichen können. Ich kann mir denken, daß dieser Aufruf, angeschlagen an sämtlichen Rathäusern Nordbadens, ebenfalls zum gewünschten Erfolg beitragen könnte.[67] So startete man mit Unterstützung der amerikanischen Militärbehörde und in Zusammenarbeit mit dem Landesarbeitsamt sowie mit dem Landesbeauftragten für das Flüchtlingswesen 1947 regelrechte Anwerbungskampagnen in den mittlerweile nur noch spärlich besetzten Durchgangslagern für die Massentransporte der Heimatvertriebenen,[68] in Heimkehrer- und Internierungslagern[69] sowie in den Landkreisen unter dem Motto: *Heimatlose Bauarbeiter, helft uns, und wir schaffen Euch eine neue Heimat.*[70] Darüber hinaus bemühten sich die städtischen Dienststellen mit Erfolg um die behördliche Zuweisung von Arbeitskräften aus dem zentralen Durchgangslager für *Schwarzgänger* in Karlsruhe, um auch noch Zugriff auf die illegal aus der Sowjetischen Besatzungszone ins Land eingesickerten Zuwanderer zu haben.[71] Diese Aktionen zogen zusätzliche Neubürger in die Stadt. Die am Wiederaufbau des für die US-Zone bedeutendsten Binnenhafens äußerst interessierte amerikanische Militärbehörde stellte im Oktober 1947 fest, *that in the period of 1 1/2 to 2 months ago 2,000 DPs and refugees were brought to Mannheim to work on harbor installations.*[72] Allein der Wiederaufbau des Hafens brachte damit mehr als die dafür ursprünglich kalkulierte Zahl an Zuwanderern in den Stadtkreis, da diese aufgrund der Arbeits- und Unterbringungsbedingungen in der Mehrzahl trotz entsprechender Gegenmaßnahmen sich hier bald einen neuen Arbeitsplatz suchten.[73] Darüber hinaus wurden die so angeworbenen Arbeitskräfte aber auch für die Wiederinstandset-

---

67 Aktennotiz Oberbürgermeister Braun über eine Besprechung über den Wiederaufbau des Mannheimer Hafengebiets vom 25. Februar 1947, STAMA, Bestand Dezernatsregistratur, Zugang 13/1977, Nr. 2211.
68 Vgl. dazu: Landeskommissar für das Flüchtlingswesen, Erlaß Nr. 190 vom 3. März 1947, STAMA, Bestand Dezernatsregistratur, Zugang 13/1977, Nr. 2211.
69 Vgl. dazu die entsprechenden Schreiben Bürgermeister Trumpfhellers vom 1. März 1948 an die Mannheimer Betreuungsstelle sowie an das Stuttgarter Landesarbeitsamt: STAMA, Bestand Dezernatsregistratur, Zugang 13/1977, Nr. 2211.
70 Aufruf der Stadtverwaltung vom 1. März 1947, STAMA, Bestand Dezernatsregistratur, Zugang 13/1977, Nr. 2211.
71 Vgl. dazu generell: GLAK, Bestand 466, Zugang 1981/47, Nr. 1933.
72 Military Government Liaison and Security Office Mannheim, 8 October 1947, RG 260 OMGWB 12-22/1-19 (Die Akten des Berliner Office of the Military Government in Germany of the United States liegen - wie auch die in OMGUS aufgegangenen Bestände des United States Forces European Theater (im folgenden: USFET) und die Akten des Regional Government Coordinating Office in Stuttgart (im folgenden: OMGRGCO) - auf Microfiches verfilmt im Bundesarchiv Koblenz (im folgenden: BAK) vor. Die als OMGWB zitierten Akten des Office of Military Government Wuerttemberg-Baden sind in gleicher Weise verfilmt und können im Hauptstaatsarchiv Stuttgart (im folgenden: HSTAST) sowie im Generallandesarchiv Karlsruhe eingesehen werden.). Angesichts des oft unsicheren Sprachgebrauchs gerade der unteren amerikanischen Dienststellen dürfte in dem zitierten Zusammenhang unter 'D[isplaced] P[erson]s' 'expellees' zu verstehen sein.
73 Siehe dazu: unten Anm. 159 f.

zung des Großkraftwerks sowie zur Aufstellung einer von der Militärbehörde angeforderten Sonderpolizei zur Bewachung amerikanischer Objekte eingesetzt.[74] Nach diesen Anwerbungen, die mit der Währungsreform 1948 ein Ende fanden, so daß in der Folge nur noch spezielle Fachkräfte in Einzelfällen auf Antrag interessierter Firmen aufgenommen wurden, kamen seit Anfang der 1950er Jahre größere geschlossene Kontingente von Heimatvertriebenen in die Stadt. Im Rahmen der aus Marshallplan-Geldern und staatlichen Mitteln finanzierten gelenkten Umsiedlungsprogramme, die angesichts der gravierenden Fehlverteilung der Zwangszuwanderer deren Umsetzung aus den stark übersetzten Bundesländern Schleswig-Holstein, Niedersachsen und Bayern förderten, aber auch im Zuge der Binnenumsiedlung innerhalb des Landes Württemberg-Baden bzw. Baden-Württemberg, die im Landes- bzw. Regierungsbezirk (Nord-) Baden vor allem aus den strukturschwachen und stark zuwandererbelasteten Förderbezirken Tauberbischofsheim, Buchen, Mosbach und Sinsheim erfolgte, wurden weitere Heimatvertriebene in der Industriestadt Mannheim ansässig, wo für sie aus Mitteln des Bundes, des Landes und des Marshallplans arbeitsplatznahe Wohnsiedlungen erstellt wurden. Der Umfang der innerbadischen Umsiedlung, die in ihrer Hochphase zu fast 30% nach Mannheim gelenkt wurde,[75] belief sich 1950 auf 140 und 1951 auf 250 Familien.[76] Unter den 1.812 Heimatvertriebenen, die zwischen dem 1.4.1951 und dem 31.3.1952 in Mannheim neu aufgenommen wurden, befand sich dadurch *ein großer Teil von Pendlern, die im Rahmen der Marshallplan-Wohnungsaktion aus dem Odenwald und Bauland nach Mannheim eingewiesen wurden.*[77] Ihnen folgten 1953 1.308 und 1954 807 Personen. Danach sank ihre Zahl jedoch deutlich ab.[78] Die Außenumsiedlung setzte in größerem Umfang 1952 ein. Waren zuvor nur einzelne Familien nach Mannheim umgesetzt worden, so wurden im Rechnungsjahr 1952 in Sammeltransporten 1.524 Personen überwiegend aus Schleswig-Holstein in Mannheim angesiedelt.[79] Im Rechnungsjahr 1953 belief sich ihre Zahl auf 953 Personen.[80] Der Umfang dieser in Mannheim eintreffenden Sammeltransporte nahm zwar in der Folgezeit ab, doch kamen bis Ende der 1950er Jahre auf diese Weise immerhin durchschnittlich pro Jahr 300 Personen in die Rhein-Neckar-Stadt.[81] Mochten diese Zahlen im Kontext der gravierenden Probleme, die aus

---

74   Vgl. dazu: Aktennotiz des Landeskommissars für das Flüchtlingswesen über eine Besprechung über den Arbeitseinsatz von illegalen Grenzgängern vom 12. August 1947, STAMA, Bestand Hauptregistratur, Zugang 12/1980, Nr. 121.
75   Von insgesamt 7.805 Heimatvertriebenen, die im Rahmen des nordbadischen Binnenumsiedlungsprogramms in den Jahren 1953 bis 1955 umgesetzt wurden, nahm der Stadtkreis Mannheim 2.122 Personen auf. Bericht der Fürsorgestelle für Vertriebene und Heimkehrer vom 15. April 1955, STAMA, Bestand Hauptregistratur, Zugang 18/1976, Nr. 213.
76   Schreiben des Leiters des Städtischen Wohnungsamts Mayer an Bürgermeister Trumpfheller vom 14. April 1951, STAMA, Bestand Hauptregistratur, Zugang 18/1976, Nr. 267.
77   Städtisches Wohlfahrtsamt: Verwaltungsbericht für die Zeit vom 1.4.1951 bis 31.3.1952, ebd.
78   1955 waren es nur 7 Personen, 1956 belief sich die Zahl der Binnenumsiedler auf 187, 1957 fielen die Transporte aus. Bericht der Fürsorgestelle für Vertriebene und Heimkehrer vom 15. April 1955, STAMA, Bestand Hauptregistratur, Zugang 18/1976, Nr. 213; Städtisches Wohlfahrtsamt, Verwaltungsbericht für die Zeit vom 1.4.1956 - 31.3.1958, S. 39, STAMA, Bestand Dezernatsregistratur, Zugang 3/1981, Nr. 276.
79   Städtisches Wohlfahrtsamt: Verwaltungsbericht für die Zeit vom 1.4.1952 - 31.3.1953, S. 33, ebd.
80   Städtisches Wohlfahrtsamt: Verwaltungsbericht für die Zeit vom 1.4.1953 - 31.3.1954, S. 46, ebd.
81   1955 belief sich ihre Zahl auf 102, 1956 auf 332, 1957 auf 471, 1958 auf 305 und 1959 auf 308 Personen. Städtisches Wohlfahrtsamt: Verwaltungsbericht für die Zeit vom 1.4.1955 - 31.3.1956, S. 44;

der arbeitsmarktpolitischen Fehlleitung Zehntausender Heimatvertriebener resultierten, auch nicht allzusehr ins Gewicht fallen, so waren sie aus Mannheimer Perspektive doch nicht unerheblich, zumal die Aufnahme geschlossener Umsiedlungstransporte von jeweils mehreren Hundert Personen nun mehr ins Auge fiel. Während diese gelenkte Umsiedlung mit dem Neubau von Wohnungen mehr oder minder unmittelbar koordiniert werden konnte, war dies im Falle der seit 1953 verstärkt in die Bundesrepublik überwechselnden SBZ-Flüchtlinge, die auch nach Mannheim eingewiesen wurden, weniger direkt möglich. Der Industriestadt an Rhein und Neckar, die aufgrund der bundesgesetzlichen Regelungen und Übereinkünfte der Länder über die Verteilung dieser Zuwanderer zunächst 15 und - trotz entsprechender Proteste - bald 20% der dem Regierungsbezirk Nordbaden zugewiesenen SBZ-Flüchtlinge aufzunehmen hatte,[82] wurden zwischen 1953 und 1958 9.312 dieser Zuwanderer zugewiesen.[83] Trotz einer kontinuierlichen Erstellung staatlich geförderter Neubauten,[84] die damit verbunden war, sah sich die Stadt angesichts eines permanenten Überhangs von bis zu 1.400 wohnungsmäßig unterzubringenden SBZ-Flüchtlingen gezwungen, für sie in Gaststätten, Turnhallen und Kasernen bis zu neun provisorische Sammellager einzurichten,[85] in denen teilweise katastrophale Zustände herrschten.[86] Diese Lager bestanden bis Ende der 1950er Jahre und wurden dann durch Übergangswohnheime abgelöst, in denen die Zuwanderer eine - zumindest in der Perspektive der Einheimischen - *würdige Unterkunft* fanden.[87] Erst im Oktober 1959 konnte die Lokalpresse melden: *Mannheim hat keine*

Verwaltungsbericht für die Zeit vom 1.4.1956 - 31.3.1958, S. 39; Verwaltungsbericht für die Zeit vom 1.4.1958 - 31.3.1960, S. 43, ebd.

[82] Vgl. zu den Aufnahmequoten, gegen deren Erhöhung die Stadt aufgrund der damit verbundenen *sozialen Gefährdungen* erfolglos protestierte, das Schreiben der Stadtverwaltung Mannheim, Referat III, an das Regierungspräsidium Nordbaden vom 16. März 1953, STAMA, Bestand Hauptregistratur, Zugang 40/1972, Nr. 186; Auszug aus der Niederschrift über die Sitzung des Stadtrats am 28. und 29. April 1953, S. 6, STAMA, Bestand Hauptregistratur, Zugang 18/1976, Nr. 270; vgl. auch: Notunterkunft der ersten Ostzonenflüchtlinge, Amtsblatt für den Stadtkreis Mannheim, Nr. 12 vom 27. März 1953, Noch 13000 Mannheimer warten auf Rückkehr, Mannheimer Morgen, Nr. 99 vom 29. April 1953, S. 5.

[83] Regierungspräsidium Nordbaden: Verteilung und Unterbringung von SBZ-Flüchtlingen und Zuwanderern aus dem Ausland. Abrechnung für die Zeit vom 1.2.1953 bis 31.12.1958, GLAK Bestand 466, Zugang 1981/47, Nr. 1906.

[84] In diesem Zeitraum wurden 2.201 aus öffentlichen Mitteln geförderte, für diesen Personenkreis zweckgebundene Wohnungen für 8.804 Personen erstellt. Ebd.

[85] Vgl. dazu: GLAK Bestand 466, Zugang 1981/47, Nr. 1918 - 1926; Städtisches Wohlfahrtsamt: Verwaltungsbericht für die Zeit vom 1. April 1953 bis 31. März 1954, S. 48 f., STAMA, Bestand Dezernatsregistratur, Zugang 3/1981, Nr. 276.

[86] Vgl. dazu GLAK Bestand 466, Zugang 1981/47, Nr. 1919 f.; sowie: Mannheimer Not tritt hinter Not aus dem Osten zurück, Mannheimer Morgen, Nr. 96 vom 25. April 1953, S. 6; So kann man doch mit Menschen nicht umspringen, Mannheimer Morgen, Nr. 217 vom 18. September 1953, S. 4; Deutsche, die von Deutschland nach Deutschland 'auswanderten', Mannheimer Morgen, Nr. 301 vom 29. Dezember 1953, S. 4; Weit abseits vom 'Wirtschaftswunder'..., Mannheimer Morgen, Nr. 47 vom 25. Februar 1956; Rundreise durch Flüchtlingslager Anno 1957, Mannheimer Morgen vom 6. März 1957, S. 4; *... und ihr habt mich nicht besucht*, in: Die Mannheimer Gemeinde. Sonntagsblatt für die Evangelische Kirchengemeinde Mannheim, Nr. 10 vom 18. Mai 1958.

[87] So berichtete die Lokalpresse über das Richtfest zu einem fünf Wohnblocks umfassenden Übergangswohnheim im Stadtteil Rheinau: *110 Wohnungen sollen als Uebergangs-Wohnheim bezogen werden; die Wohnungen enthalten zwei und drei Zimmer mit je einer Küche. Da man in jedes Zimmer eine Familie einquartieren und die Küche mit getrennten Kochstellen zur Gemeinschaftsbenut-*

Flüchtlingslager mehr. Damit ist für rund 10.000 Zonenflüchtlinge, die seit 1953 in die Industriestadt an Rhein und Neckar eingewiesen wurden, eine Aera vorüber, an die sie nicht gerne zurückdenken.[88]

Das Problem der Wohnraumversorgung

Möglich und durchführbar wurde die Ansiedlung dieser Zuwanderer, weil die Umsiedlungsaktionen der Heimatvertriebenen wie auch die bundesgesetzlichen Regelungen über die Verteilung und Aufnahme der SBZ-Flüchtlinge mit speziellen, staatlich finanzierten Wohnungsbauprogrammen verbunden waren, so daß sie - wie im Falle der umgesiedelten Heimatvertriebenen - den angespannten Mannheimer Wohnungsmarkt nicht zusätzlich oder - wie bei den SBZ-Flüchtlingen - nur vorübergehend belasteten. Denn der gravierende Wohnraummangel in der hochgradig kriegszerstörten Stadt bildete das eigentliche Nadelöhr für den Zuzug jeglicher Zuwanderer. Insgesamt 151 Luftangriffe hatten seit 1940 die Stadt weitgehend zerstört. 51% des Wohnraumes war vernichtet worden, nur 17% aller Wohnungen waren unbeschädigt geblieben. Die Innenstadt glich bei Kriegsende einer Mondlandschaft. Von den über 280.000 Einwohnern, die 1939 hier gelebt hatten, erlebten nur 50.000 bis 100.000 den Einmarsch der Amerikaner in Mannheim. Der Rest war während des Krieges nach den schweren Bombenangriffen des Jahres 1943 evakuiert worden oder gegen Kriegsende im Zuge einer Massenflucht ins Umland ausgewichen und flutete nun bald wieder zurück in die Ruinen.[89] Die daraufhin erfolgte Erklärung Mannheims zum *Brennpunkt des Wohnungsbedarfs* sperrte den Stadtkreis im Prinzip für jeglichen Zuzug, mußten sich hier doch nach den Ergebnissen der Volkszählung 1946 im Schnitt 1,92 Personen einen Wohnraum teilen - eine Wohndichte, die weit über der der nordbadischen Stadtkreise lag und selbst noch die Verhältnisse in den Landkreisen übertraf, die mittlerweile mit den Massentransporten der Ausgewiesenen belegt worden waren.[90] Aufgrund der Beschlagnahmungen der Besatzungsmacht[91] und des dennoch einsetzenden Zuzugs von außen durch heimkehrende Kriegsgefangene, Mannheimer Evakuierte und Ostflüchtlinge, die im Zuge der Familienzusammenführung bzw. als *Schlüsselkräfte* aufgenommen wurden, verschärfte sich die Wohnraumsituation sogar noch weiter, da die Wiederinstandsetzung be-

---

zung freigeben will, werden in diesem Komplex nahezu 1200 Menschen ein [...] Unterkommen finden (Würdige Unterkunft für Zonenflüchtlinge, Mannheimer Morgen vom 7. Juli 1958, S. 2).
88 Vom Massenlager zum Übergangswohnheim, Mannheimer Morgen vom 15. Oktober 1959, S. 4. Vgl. auch: Die letzten Massenlager werden liquidiert, Rhein-Neckar-Zeitung vom 29. Juli 1959; Die letzten zwölf Flüchtlinge ..., Rhein- Neckar-Zeitung vom 14. Oktober 1959.
89 Vgl. dazu: IREK (1983) Bd. 1, S. 199 ff., STADTARCHIV MANNHEIM (Hg.) (1985) S. 104 - 107.
90 Die Wohndichte im Landesbezirk Baden lag zu diesem Zeitpunkt bei 1,73 Personen je Wohnraum, in den Stadtkreisen kamen 1,64, in den Landkreisen 1,80 Personen auf einen Wohnraum. Statistische Rundschau der Stadt Mannheim 50/1947, Nr. 5, S. 6. Zu den Wohndichten in den einzelnen Mannheimer Stadtteilen, die je nach Kriegszerstörungsgrad zwischen 1,6 Personen in Seckenheim und 2,6 Personen pro Wohnraum auf dem Lindenhof schwankten, vgl.: ebd., Nr. 6, S. 7.
91 Die Beschlagnahmung von Wohnraum, die im Januar 1946 1.034 Häuser mit 9.347 Räumen umfaßte, konzentrierte sich auf die Stadtteile Seckenheim (2.129 Räume), Neckarstadt-Ost (1.381 Räume), Feudenheim (1.331 Räume) und Rheinau (907 Räume). Statistische Rundschau der Stadt Mannheim, 49/1946, Nr. 1, Tabelle 10.

schädigten und die Erstellung neuen Wohnraums damit nicht Schritt halten konnte. Ende 1949 mußten sich in Mannheim 2,04 Personen einen Wohnraum teilen und die Zahl der Bunkerbewohner hatte sich auf 1.595 erhöht.[92]
Auf diesem engen Raum waren die Zuwanderer noch schlechter gestellt als die Einheimischen. Waren 1950 66,4% aller einheimischen Wohnparteien als Inhaber einer Normalwohnung und 31,2% als Untermieter registriert worden, so lagen die entsprechenden Anteile bei den heimatvertriebenen Wohnparteien bei 29,4 und 55,8%. Und während von 100 ausgewiesenen Wohnparteien 6,6 mit Notwohnungen vorliebnehmen mußten und sogar 9,5 als *wohnungslos in Unterkünften außerhalb von Wohnungen Eingewiesene* erfaßt wurden, traf dieses Schicksal nur 3,2 bzw. 1,1% der einheimischen Wohnparteien.[93] Dennoch war die Wohnsituation der heimatlos gewordenen Zuwanderer in Mannheim besser als im Landesdurchschnitt. Wenngleich es bei der Besetzung der im Zuge der Wohnraumbewirtschaftung eingerichteten Wohnungsausschüsse mit Flüchtlingsvertretern in einigen Stadtteilen zu Konflikten kam,[94] so waren diese zum Teil ja durchaus aus wirtschaftlichen Gründen gesuchten Zuwanderer insgesamt bei der Verteilung von Wohnraum *nicht zu kurz gekommen*, wie ein Lagebericht der Mannheimer Flüchtlingsvereinigung im April 1950 ergab: *Die Flüchtlings-Delegierten in den einzelnen Wohnungsausschüssen gaben [...] Bericht über ihre Tätigkeit. Erfreulicherweise konnten fast alle von einer guten Zusammenarbeit mit den übrigen Ausschußmitgliedern und dem Wohnungsamt berichten. Man bekam den Eindruck, daß die Heimatvertriebenen in Hinblick auf die allgemeine Wohnungsnot in Mannheim nicht schlecht abgeschnitten haben bei der Wohnraumvergebung.*[95] Dies lag offensichtlich vor allem daran, daß der relativ leicht unterzubringende Anteil von Alleinstehenden bei den Heimatvertriebenen besonders hoch war.[96] Aller-

---

92 Statistisches Amt der Stadt Mannheim (Hg.): Statistischer Jahresbericht 1949, S. 9.
93 Berechnet nach: Statistisches Amt der Stadt Mannheim (Hg.): Statistischer Jahresbericht 1952, S. 91.
94 So war es Ende 1949 im Flüchtlingsausschuss zu massiven *Klagen über die Nichtberücksichtigung der Vorschläge der Flüchtlingsvereinigung bei der Wohnraumverteilung* gekommen (Protokoll über die Sitzung des städtischen Flüchtlingsausschusses am 14. Dezember 1949, S. 3, STAMA, Bestand Hauptregistratur, Zugang 21/1969, Nr. 340). Und als die Flüchtlingsvereinigung im Sommer 1950 bat, auch einen Flüchtlingsvertreter in die Wohnungsausschüsse für Mannheim Innenstadt und Schwetzingerstadt zu berufen, wurde dies mit dem Hinweis abgelehnt, daß in diesen *Stadtteilen die Zahl der Flüchtlinge derart gering ist, daß die Berufung je eines Vertreters in die Wohnungsausschüsse dieser Bezirke nicht gerechtfertigt ist* (STAMA, Bestand Hauptregistratur, Zugang 1955/64, Nr. 1258), zumal *alle im Ausschuss vertretenen Parteien die Interessen der Flüchtlinge wahrnehmen* (STAMA, Bestand Hauptregistratur, Zugang 1955/64, Nr. 1259). Zudem bedurfte es erst einer nachdrücklichen Intervention der Flüchtlingsvereinigung, bevor eines ihrer Mitglieder in den Hauptwohnungsausschuss der Stadt aufgenommen wurde (STAMA, Bestand Hauptregistratur, Zugang 18/1976, Nr. 189). Als nach dessen Reorganisation 1953 wiederum kein Vertreter der Heimatvertriebenen berücksichtigt worden war, behalf man sich nach einer Eingabe der Flüchtlingsvereinigung damit, ein SPD-Ausschussmitglied gegen *den Stellvertreter Willi Kirsch [...] auszutauschen, wodurch dann ein Vertriebener Mitglied des Ausschusses sein würde* (Referat II, Aktennotiz vom 5. September 1953, STAMA, Bestand Hauptregistratur, Zugang 18/1976, Nr. 189).
95 Bei den Wohnungen nicht zu kurz gekommen, Allgemeine Zeitung vom 15./16. April 1950; vgl. ebenso: Großzügiges Verständnis für die Not der Vertriebenen, Mannheimer Morgen, Nr. 90 vom 18. April 1950, S. 4.
96 Betrug die durchschnittliche Personenzahl je einheimischer Wohnpartei 2,66 Personen, so lag sie bei den Heimatvertriebenen nur bei 2,36 Personen. Und mit 1.265 Ein-Personen-Haushalten waren 27% aller heimatvertriebenen Wohnparteien als Untermieter in Normalwohnungen untergebracht, wäh-

dings gestaltete sich ihre vergleichsweise günstige Wohnsituation - der arbeitsmarktbedingten Qualifikation als gesuchte Fachkraft oder als mobiles Hilfsarbeiterkontingent entsprechend - zugleich wesentlich polarisierter als im restlichen nordbadischen Raum. Einerseits lag die Quote der heimatvertriebenen Wohnparteien, die 1950 als Inhaber einer Normalwohnung registriert wurden, mit 29,4% ebenso über dem nordbadischen Landesdurchschnitt von 26,5%, wie ihr Anteil an Untermietverhältnissen von 55,8% unter der nordbadischen Rate von 66,6% lag. Andererseits mußten ja in Mannheim 9,5 von 100 heimatvertriebenen 'Wohnungs'-inhabern in Gemeinschaftsunterkünften und Lagern leben, während es in Nordbaden durchschnittlich nur 1,2 waren.[97] Dies lag nicht nur daran, daß die in Massenunterkünften untergebrachten heimatlosen Zivilangestellten der amerikanischen Militärbehörde,[98] die in die Stadt geholten und in Luftschutzbunker eingewiesenen Hafenbauarbeiter[99] sowie die in firmeneigenen Baracken untergebrachten Pendler noch nicht mit regulärem Wohnraum versorgt werden konnten.[100] Auch die im Zuge der Familienzusammenführung nach Mannheim eingewiesenen Zuwanderer füllten oftmals mangels anderer Unterbringungsmöglichkeiten die Keller, Ruinen, Notunterkünfte und Bunker, die im Sommer 1946 auf strikte Anweisung der Militärregierung erst durch eine Evakuierung von 11.000 Menschen in den Landkreis Mannheim geräumt worden waren,[101] trotz entsprechender Verbote der Militärregierung und der Flüchtlingsverwaltung immer wieder.[102]

---

rend dieser Anteil bei der einheimischen Bevölkerung nur 13,7% betrug (Berechnet nach: Statistisches Amt der Stadt Mannheim (Hg.): Statistischer Jahresbericht 1952, S. 91).
97   STATISTISCHES BUNDESAMT (Hg.) (1953) S. 133.
98   Vgl. dazu etwa eine Eingabe der im Lager der Lüttich-Kaserne untergebrachten Ostflüchtlinge vom 11. Februar 1949 an die Mannheimer Flüchtlingsvereinigung: STAMA, Bestand Hauptregistratur, Zugang 1955/64, Nr. 913.
99   Vgl. zur Wohn- und Lebenssituation dieser zum Großteil in Bunkern untergebrachten Arbeitskräfte, unter denen sich ein hoher Zuwandereranteil befand: Die Unterirdischen. Aus dem Leben der Mannheimer Hafenarbeiter, in: Die Gemeinde. Evangelisches Kirchenblatt für Mannheim, Nr. 5 vom 13. Februar 1949, S. 1. In der Presse war deren Situation zur Unterstützung der Anwerbung wesentlich rosiger geschildert worden: Sie helfen beim Aufbau des Hafens, Mannheimer Morgen, Nr. 66 vom 12. Juni 1948.
100 1950 waren 26,4% aller Personen, die in Unterkünften außerhalb von regulären Wohnungen als wohnungslos Eingewiesene leben mußten, Heimatvertriebene (Berechnet nach: Statistisches Amt der Stadt Mannheim (Hg.): Statistischer Jahresbericht 1952, S. 91).
101 Vgl. zu dieser Räumungsaktion: Niederschrift über die Sitzung des Stadtrats vom 1. August 1946, S. 13 f., STAMA Niederschriften über die Sitzungen des Stadtrats, Bd. 1; vgl. auch: Bericht des Mannheimer Referenten für Flüchtlingswesen vom 14. Oktober 1946, STAMA, Bestand Dezernatsregistratur, Zugang 13/1977, Nr. 1932; GLAK, Bestand 466, Zugang 1981/47, Nr. 310.
102 Vgl. zu den entsprechenden Anweisungen etwa das Schreiben des Badischen Landeskommissars für das Flüchtlingswesen vom 18. Oktober 1946, STAMA, Bestand Hauptregistratur, Zugang 21/1969, Nr. 349. Angesichts dieser Rechtslage, die mit den Sachzwängen des Alltags kaum zu vereinbaren war, stellte der Mannheimer Oberbürgermeister Ende 1947 anläßlich erneuter Bunkereinweisungen fest: *Wir haben von der Regierung und Militärregierung erreicht, daß unsere Stadt als Notstandsgebiet erklärt worden ist, soweit Wohnungen in Frage stehen. Wir stellen in dieser Woche 8000 Flüchtlinge, darunter 971 Familien, in unserer Stadt fest. Das sind Probleme, die nicht hier gelöst werden können. Die Leute kommen herein und stehen dann da, die Frau will zu ihrem Mann, die Kinder wollen zu ihrem Vater. Das sind Probleme, die von der Regierung gelöst werden müssen. In der letzten Woche sind auf Anweisung des Flüchtlingskommissars Karlsruhe 39 Frauen und Kinder einfach hierher gekommen. Sie brauchen Wohnrecht und Wohnungen. Wo sollen wir sie hernehmen in dieser Stadt, in der diese Schäden vorliegen. Das sind Probleme, die nicht hier gelöst werden können, die dort gelöst werden müssen, wo man heute Geld für Investitionen verwenden will, die vielleicht in 25 oder 50*

So mußte die Mannheimer Stadtverwaltung, die sich vor allem bemühte, Familien mit Kindern aus den Bunkern herauszubringen, im Oktober 1949 feststellen, daß von 36 Familien, die zur bevorzugten Einweisung in andere Wohnquartiere in vier Mannheimer Bunkern erfaßt wurden, 22 ein Flucht- oder Vertreibungsschicksal hinter sich hatten.[103]
Vor allem gelang es der Stadtverwaltung nicht, das Problem der unkontrolliert einsickernden Zuwanderer in den Griff zu bekommen. Deren Zahl erhöhte sich aufgrund der günstigen wirtschaftlichen Entwicklung in der Industriestadt nach der Währungsreform massiv, so daß das mit der Verabschiedung des Grundgesetzes verbriefte Recht auf Freizügigkeit in der Wahl des Wohnortes in der Mannheimer Lokalpresse Katastrophenstimmung auslöste[104] und in der Stadtverwaltung auf wenig Gegenliebe stieß, wie deren Stellungnahme auf eine Anfrage des Oberbürgermeisters hinsichtlich seiner Auswirkungen im November 1949 deutlich macht: *Ein Bestreben, die Zuzugssperre überhaupt aufzuheben oder wesentlich zu mildern, kann vom Mannheimer Standpunkt nicht befürwortet werden, da Mannheim einen außerordentlich großen Zustrom hat. Es hat sich offenbar in der amerikanischen Zone herumgesprochen, daß die wirtschaftlichen Verhältnisse in Mannheim günstiger sind als in den meisten anderen Städten des Bundesgebiets. Es ist aber offenbar nicht in gleicher Weise bekannt, daß hier eine solche Wohnungsnot herrscht, wie sie an anderen Stellen nicht anzutreffen ist. Aus diesem Grunde besteht in weiten Kreisen geradezu die Sucht, nach Mannheim zu kommen. Wenn, wie es bisher der Fall war, jeder einzelne Antrag geprüft wird und zwar im wesentlichen daraufhin, ob es sich um benötigte Facharbeiter handelt oder ob ein besonderes wirtschaftliches Interesse vorhanden ist, oder schließlich ob es sich um Menschen handelt, die lediglich aus Gründen der Evakuierung von Mannheim fern sind, dann kann der Zustrom in den Bahnen gehalten werden, die entsprechend wohnungsmäßig diktiert sind.*[105] Gerade diese Kontrolle war aber faktisch aufgrund der nicht intendierten praktischen Auswirkungen der in Kraft getretenen württembergisch-badischen Gemeindeordnung und ihrer melderechtlichen Bestimmungen längst nicht mehr möglich. Daher entwarf die Mannheimer Stadtverwaltung im Dezember 1949 eine *Gemeindeverordnung zur Bekämpfung des illegalen Zuzugs und Aufenthaltes von Personen.*[106] Denn de facto umging ein Großteil der Zuziehenden die Zuzugsbestimmungen. Darauf verwies vor allem der Mannheimer Flüchtlingsreferent, der aufgrund des gewaltigen Zustroms *als Dienststellenleiter den derzeitigen Geschäftsgang bei der Flüchtlingsstelle nicht mehr mit Verantwortung vertreten* konnte, zumal sich gerade die *illegalen Grenzgänger* aus der Sowjetischen Besatzungszone seiner Kontrolle entzogen, wie er in einem detaillierten Bericht ausführte: *Die neue Meldeordnung bestimmt, daß sich jeder Zuziehende sofort polizeilich melden muß, gleichgültig ob er Zuzugsgenehmigung besitzt oder nicht. Durch ein Merkblatt der Flüchtlingsstelle werden die Zuziehenden zwar auf die Beantragung der Zuzugsgenehmigung*

	Jahren spruchreif werden (Niederschrift über die Sitzung des Stadtrats vom 29. Oktober 1947, S. 12, STAMA, Niederschriften über die Sitzungen des Stadtrats, Bd. 6).
103	Vgl. dazu die entsprechenden Angaben in den Besichtigungsprotokollen: STAMA, Bestand Dezernatsregistratur, Zugang 13/1977, Nr. 1932.
104	Vgl. dazu: Fallen der Zuzugssperre - Katastrophe für Mannheim?, Mannheimer Morgen, Nr. 147 vom 28. Juni 1950.
105	STAMA, Bestand Dezernatsregistratur, Zugang 3/1981, Nr. 331.
106	GLAK, Bestand 466, Zugang 1981/47, Nr. 1799.

hingewiesen, da sonst kein Lebensmittelbezug möglich ist. Die Aufklärung der Zuziehenden veranlaßt nach unseren Feststellung nur einen Teil, bei der Flüchtlingsstelle um Zuzugsgenehmigung nachzusuchen. So sind in der Zeit vom 20.10. - 20.11.1949 bei der Polizei 870 Anmeldungen erfolgt, dem stehen im gleichen Zeitraum 460 Zuzugsanträge gegenüber, von denen wieder ein Teil wegen Undurchführbarkeit abgelehnt werden muß, so daß sich letztlich nur etwa 40% der tatsächlich Zuziehenden ordnungsgemäß in Mannheim aufhalten. Der andere Teil (60%) kommt hier unter, bezieht Elendsquartiere, Bunker, Keller, überbelegt zum Teil bewußt Wohnungen, um nach kurzer Zeit den Personenkreis darzustellen, der sich beim Wohnungsamt um eine Verbesserung der Wohnverhältnisse bemüht. Dem Wohnungsamt bleibt in Anbetracht der sehr oft menschenunwürdigen Behausungen im Hinblick auf die Bestrebungen unserer sozial eingestellten Stadtverwaltung nichts anderes übrig, als für diese Menschen Wohnraum zu schaffen. Diese Unterbringungsmaßnahmen aber gehen zu Lasten derer, die schon jahrelang als Mannheimer in der Evakuierung auf ihre Rückkehr warten, aber zu anständig sind, die Stadt vor die vollendete Tatsache ihres Hierseins zu stellen. Die große Verwirrung, die durch die neue Meldeordnung heraufbeschworen wurde, spiegelt sich deutlich in dem Verhalten der Polizei und des Arbeitsamtes wider, da beide Stellen bald nicht mehr ein noch aus wissen, wie sie dem gewaltigen Zustrom Herr werden sollen, der natürlich auch einen großen Teil dunkler Elemente in unsere Stadt mit hereinspült. Unter Ausnutzung dieser prekären Lage verstehen es die sich hier illegal Aufhaltenden ausgezeichnet, die arbeitsmäßige Vermittlung und lebensmittelmäßige Versorgung zu erreichen, da sie ihr Hiersein mit der erfolgreichen polizeilichen Anmeldung als gerechtfertigt betrachten. Auch bei den illegalen Grenzgängern sind diese Tatsachen bekannt. Wie bereits in mehreren Fällen festgestellt werden konnte, wurde eine Legalität im Westen, die nur durch das Zonengrenzlager Giessen bei politischer Verfolgung in der Ostzone erreicht werden kann, erworben, indem sich die Grenzgänger in einem Ort im Westen anmeldeten, nach kurzer Zeit wieder ihre Abmeldung verlangten, die nicht mehr die Tatsache des illegalen Grenzübertritts nachweisen konnte. Bei der nächsten Anmeldung aufgrund dieser Abmeldung war somit der ganze illegale Grenzübertritt verwischt und nicht mehr feststellbar. Durch diese vielen Menschen, die zu einem großen Teil nur ihr 'Glück' im 'goldenen Westen' suchen, ohne irgendwie einen Grund zur Auswanderung zu besitzen, wird dieser Notstand noch laufend vergrößert.[107] Da der entsprechende Mannheimer Vorstoß zu einer effektiven Durchsetzung der noch bestehenden Zuzugsrestriktionen aufgrund rechtlicher Bedenken durch das württemberg-badische Innenministerium jedoch abgelehnt wurde[108] und am 15. Juni 1950 die Hohe Alliierte Kommission mit sofortiger Wirkung alle Beschränkungen der Freizügigkeit auch für die als *Brennpunkt des Wohnungsbedarfs* erklärten Städte aufhob, um dadurch nicht zuletzt die Eingliederung der Vertriebenen zu erleichtern, schwoll der Zustrom nach Mannheim sogar noch an.[109] Dadurch

---

107 Stadtverwaltung Mannheim - Flüchtlingsstelle, Die augenblickliche Situation des Zuzugswesens betr., Mannheim, den 5. Dezember 1949, GLAK, Bestand 466, Zugang 1981/47, Nr. 1799.

108 Vgl. dazu das entsprechende Schreiben der Abt. Innere Verwaltung des Landesbezirks Baden vom 20. März 1950 an das Amt für öffentliche Ordnung der Stadt Mannheim, GLAK, Bestand 466, Zugang 1981/47, Nr. 1799.

109 Nach Aufhebung der Zuzugsbeschränkungen zogen nach einer Aufstellung des Wohnungsamtes allein bis einschließlich Oktober 1950 insgesamt 7.942 Personen zu. STAMA 1955/64, Nr. 1249.

verschlimmerte sich die Wohnungssituation im allgemeinen und die 'wilde' Belegung von eigentlich unbewohnbaren Unterbringungen im besonderen noch weiter.[110] Allein die Zahl der Bunkerbewohner stieg von 1.200 Personen im Jahr 1949 auf 1.800 im Jahr 1954.[111] Anfang 1951 war die Belegungsdichte der Mannheimer Wohnungen, die Ende 1949 2,04 Personen betragen hatte, zwar wieder auf den bereits 1946 bestehenden Wert von 1,9 Personen je Wohnraum gesunken, der Vorkriegsstand von 1,2 Personen war damit aber noch lange nicht wieder erreicht.[112] Das daraus resultierende soziale Konfliktpotential war derartig hoch, daß im April 1951 der stellvertretende Wohnamtsleiter dem Stadtrat berichtete: *Wir können jetzt ohne Schutzpolizei auf dem Wohnungsamt die Verhältnisse nicht mehr meistern. Die Wohnungsverhältnisse sind sittlich haarsträubend.*[113] Allerdings war dies nicht primär ein Problem, das nur zwischen Alt- und Neubürgern bestand, betraf es doch in erster Linie alle sozialen Problemgruppen; aber zu diesen zählten eben unter anderem auch die mittellosen Heimatvertriebenen und SBZ-Flüchtlinge. Denn gleichzeitig wurde im Stadtrat festgestellt: *Heute ist es bereits in Mannheim so weit, [...] daß für die Schicht der Bevölkerung, die über die notwendigen finanziellen Mittel verfügt, das Wohnungsproblem bereits gelöst ist. [...] Zurückgeblieben ist die Masse der Minderbemittelten, die eben mit Baukostenzuschüssen nicht helfen können.*[114] Dies zeigt auch ein Blick auf die stadtteilspezifische Entwicklung der Wohnraumsituation. Zwar sank im Stadtkreis Mannheim die Belegungsdichte der Wohnungen, die 1950 noch 1,9 Personen pro Wohnraum betragen hatte, 1953 auf durchschnittlich 1,65 Personen.[115] Doch vollzog sich diese Entwicklung sehr unterschiedlich. Während in der wohlsituierten Mannheimer Oststadt die Belegungsdichte von 1,75 Personen je Wohnraum Ende 1950 auf weit unterdurchschnittliche 1,36 Personen Ende 1953 zurückging, so daß hier bezogen auf die Vor-

---

110 So stellte der für das Wohnungswesen zuständige Beigeordnete Ritter im Frühjahr 1951 fest: *Wir haben in Mannheim 237 Familien mit Kindern, die in ungesunden feuchten Kellern wohnen müssen. Hinzu kommen auch noch andere Elendsquartiere in einsturzgefährdeten Häusern oder Bunkern mit 1400 Personen [...]. Wir hatten vor Aufhebung der Zuzugsbestimmungen in Mannheim solche katastrophalen Fälle in der Anzahl wie heute nicht. Erst nach Aufhebung der Zuzugsbestimmungen, also vom Juni verflossenen Jahres, als monatlich 800 - 1000 Personen neu nach Mannheim einströmten, haben sich die Leute eingenistet bei Bekannten und Verwandten, und wo das nicht möglich war, einfach in irgendwelchen Räumen, freien Kellerräumen oder sonst wo.* (Niederschrift über die Sitzung des Stadtrats vom 3. April.1951, S. 16 f., STAMA, Niederschriften über die Sitzungen des Stadtrats, Bd. 10).
111 Vorlage der Stadtverwaltung für die Sitzung des Stadtrats am 18. Februar 1954, S. 2, STAMA, Niederschriften über die Sitzungen des Stadtrats, Bd. 13.
112 Statistisches Amt der Stadt Mannheim (Hg.): Statistischer Vierteljahresbericht Januar - März 1951, S. 4. Die mit der Volkszählung verbundene Wohnungszählung vom 13. September 1950 hatte im Gegensatz dazu für Mannheim nur einen Durchschnittswert von 1,84 Personen je Wohnraum ergeben. Die Differenz resultierte daraus, daß in den Erhebungen des Mannheimer Wohnungsamtes Zimmer mit einer Größe zwischen 6 und 10 m² nur als halbe Wohnräume gezählt wurden. Vgl. dazu: Statistisches Amt der Stadt Mannheim (Hg.): Statistischer Jahresbericht 1951, S. 12.
113 Niederschrift über die Sitzung des Stadtrats am 3. April 1951, S. 19, STAMA, Niederschriften über die Sitzungen des Stadtrates, Bd. 10.
114 Ebd., S. 16 Rückseite f.
115 Statistisches Amt der Stadt Mannheim (Hg.): Mannheim 1955. Ein städtestatistischer Vergleich. Bearb. von Karl Hook (= Beiträge zur Statistik der Stadt Mannheim, Heft 50), Mannheim 1956, S. 21. 1955 verringerte sich dieser Wert auf 1,53, 1956 betrug er noch 1,47 und 1958 1,42. (Statistischer Jahresbericht 1958, S. 29). 1961 war er schließlich auf 1,33 gesunken (Statistischer Jahresbericht 1961, S. 33).

kriegswohnverhältnisse nur noch ein rechnerischer Wohnungsfehlbestand von 4,5% des aktuell verfügbaren Wohnungsvolumens bestand, lagen die Verhältnisse in den von Arbeitersiedlungen geprägten Mannheimer Außenbezirken, wie etwa im Stadtteil Schönau, ganz anders. Hier, wo besonders viele Heimatvertriebene und SBZ-Flüchtlinge angesiedelt wurden, verringerte sich aufgrund der relativ geringen Zimmerzahl pro neuerstellter Wohnung[116] trotz der mit den Umsiedlungsprogrammen verbundenen umfangreichen Neubauten die Belegungsdichte lediglich von 2,6 Personen je Wohnraum Ende 1950 auf immer noch weit über dem Mannheimer Durchschnitt liegende 2,35 Personen Ende 1953. Damit lag hier ein Wohnungsfehlbestand vor, der sich, bezogen auf die durchschnittliche Mannheimer Vorkriegswohndichte von 1,2 Personen, rein rechnerisch auf 47% belief.[117]

Dennoch befanden sich die Heimatvertriebenen und die SBZ-Flüchtlinge, die in den mit öffentlichen Mitteln überwiegend von der städtischen Gemeinnützigen Wohnbaugesellschaft erstellten dichtbelegten Einfachwohnungen unterkommen konnten, in einer vergleichsweise privilegierten Lage - nicht nur gegenüber den noch immer in Notunterkünften hausenden Einheimischen und den auf eine Rückkehrmöglichkeit wartenden Mannheimer Evakuierten, sondern auch gegenüber den ehemaligen Ostflüchtlingen, die vor Anlaufen der Bauprogramme zugewandert waren, wie die Mannheimer Flüchtlingsvereinigung klarstellte: *Viele von diesen [...] hausen, wie auch viele Heimatverbliebene, in menschenunwürdigen Wohnungen und Bunkern. Von den Neubauwohnungen Mannheims entfallen nur 10 bis 15 Prozent auf die Heimatvertriebenen, die schon jahrelang in Mannheim sind.*[118] Dies stiftete zwischen den Zuwanderern, deren Startchancen in ein neues Leben in der Tat je nach Zuwanderungszeitpunkt starkt variierten,[119] *böses Blut: Die 'alten' Flüchtlinge beschweren sich, daß die 'neuen' sofort Woh-*

---

116   Auf eine neuerstellte oder wiederaufgebaute Wohnung kamen in Mannheim 1950 und 1951 2,3, 1952 und 1953 2,2 Wohnräume (Berechnet nach: Statistisches Amt der Stadt Mannheim (Hg.): Statistischer Halbjahresbericht Januar - Juni 1954, Tabellenteil, S. 2.) Noch 1955 verfügten jeweils 100 neuerbaute Wohnungen lediglich über 234 Wohnräume, wodurch Mannheim hinsichtlich der Größe der neuerstellten Wohnungen unter den südwestdeutschen Großstädten am ungünstigsten abschnitt (Statistisches Amt der Stadt Mannheim (Hg.): Statistischer Jahresbericht 1955, S. 22). Die im Rahmen der Umsiedlungsprogramme für die Zuwanderer zweckgebunden erstellten Neubauten wurden fast ausschließlich von gemeinnützigen Wohnbauunternehmungen erstellt. Deren durchschnittliche Wohnungsgröße betrug im Zeitraum zwischen 1951 und 1955 2,0 Wohnräume je Wohnung, während sie sich bei den privaten Bauträgern auf 2,4 belief (ebd., S. 21).
117   Statistisches Amt der Stadt Mannheim (Hg.): Statistischer Jahresbericht 1953, S. 8.
118   *Zur Entgiftung der Atmosphäre*, Mannheimer Morgen vom 18. Juni 1953, S. 4.
119   Dies stellte auch die regionale Presse in ihrer Berichterstattung über die im Vergleich zur Aufnahmesituation der Ostflüchtlinge mittlerweile entschieden verbesserten Rahmenbedingungen mit Nachdruck fest: *Das erste, was sich einem bei der Besichtigung eines Lagers aufdrängt, ist ein Vergleich zwischen den Heimatvertriebenen der Jahre 1945/46 und den aus den Notaufnahmelagern Berlins ausgeflogenen Sowjetzonenflüchtlingen. Die Heimatvertriebenen sind in ein verarmtes, hungerndes und zerstörtes Land gekommen; der Sowjetzonenflüchtling kommt per Flugzeug in wiederaufgebaute, arbeitsame Städte, in Länder, deren Ruf der 'goldene Westen' zu sein, alle Verlockungen enthält. Bestehende und inzwischen ausgebaute Gesetze garantieren eine baldmögliche Eingliederung in den Arbeitsprozeß und die Beschaffung einer Wohnung. Für den Sowjetzonenflüchtling arbeitet ein Heer von Beamten, das seine Renten-, Versorgungs- und Lastenausgleichsprobleme bearbeitet. Und so fällt auf, daß der Flüchtling aus dem Osten, von Ausnahmen abgesehen, nichts gemein hat mit dem Heimatvertriebenen. Es ist ein völlig neuer Typ, wie ihn nur die Besonderheit der politischen Umstände prägen konnte* (Von Menschen und Lagern. Sowjetzonenflüchtlinge im Regierungsbezirk Nordbaden, Badische Neueste Nachrichten Nr. 133 vom 9. Juni 1956, S. 4).

nungen bekämen und daß ihnen durch eine falsche Propaganda Mannheim als das 'gelobte Land' dargestellt werde.[120] Die Außenumsiedler, die in der Regel einen jahrelangen Lageraufenthalt hinter sich hatten, waren von ihrer Unterbringung begreiflicherweise nachhaltig beeindruckt und äußerten *allseits nur die vollste Zufriedenheit mit den Maßnahmen der Stadt Mannheim*, ein Urteil, dem sich auch der Badische Landesbeauftragte für das Flüchtlingswesen voll und ganz anschloß.[121] Dies galt gleichermaßen für die wohnraummäßige Unterbringung der SBZ-Flüchtlinge in den ebenfalls überwiegend von der Gemeinnützigen Baugesellschaft erstellten Neubauten.[122]

Die Aufnahmefähigkeit des lokalen Arbeitsmarktes

Die gravierende Wohnraumknappheit bildete damit aber nur bis zum Jahr 1950 das hauptsächliche Beschränkungsmoment für den Zuzug der heimatlos gewordenen Zuwanderer. Wie in den meisten westdeutschen Großstädten, auf die sich insgesamt ein Drittel des gesamten sozialen Wohnungsbaus für die Heimatvertriebenen und SBZ-Flüchtlinge konzentrierte,[123] kamen zahlreiche Zuwanderer auch nach Mannheim vor allem durch die öffentlich geförderten Wohnbausonderprogramme. Diese wurden hier besonders intensiv und zuweilen in erbitterter Konkurrenz zu anderen Städten mobilisiert, um nicht nur die Wohnraumsituation wenigstens langfristig zu entspannen, da die erstellten Bauten nach Ablauf ihrer Belegungsbindung dem allgemeinen Wohnungsmarkt zugeführt werden konnten. Vielmehr waren dafür auch wirtschaftspolitische Überlegungen ausschlaggebend.[124] Denn der expandierende Industrie- und Handels-

---

120 Noch 13000 Mannheimer warten auf Rückkehr, Mannheimer Morgen, Nr. 99 vom 29. April 1953, S. 5.
121 Vgl. dazu sein entsprechendes Schreiben an die Mannheimer Stadtverwaltung vom 30. Juli 1952, STAMA, Bestand Hauptregistratur, Zugang 18/1976, Nr. 213 sowie den Pressebericht über den im April 1952 in Mannheim eintreffenden ersten Sammeltransport: *80 heimatlose Familien, bisher in Baracken, in Schweineställen oder sonstwie auf beengtem Raum untergebracht, haben eine neue Heimat gefunden. Es ging wie ein großes Aufatmen durch den Treck der vom Schicksal Getroffenen, als sie vor ihren neuen Behausungen standen. Es war als ob selbst die erst wenige Tage alten Säuglinge auf den Armen ihrer Mütter sich der Bedeutung des Augenblicks bewußt seien, so still verhielten sie sich* (Für 309 Umsiedler beginnt in Mannheim ein neues Leben, Mannheimer Morgen, Nr. 91 vom 19. April 1952, S. 4).
122 Vgl. dazu etwa: 'So schön haben wir es uns hier nicht vorgestellt', Mannheimer Morgen, Nr. 66 vom 17. März 1953, S. 4. Und 1962 berichtete der ehemalige Erste Bürgermeister Trumpfheller als Geschäftsführer der städtischen Baugesellschaft, daß nach einer umfangreichen Besichtigungsfahrt mit den zuständigen Referenten des Regierungspräsidiums durch die Mannheimer Flüchtlingssiedlungen *die Herren erklärten, daß sie keinerlei Beanstandungen vorzutragen hätten, daß sie auch hätten feststellen können, daß die Untergebrachten sich befriedigt über ihr Wohnverhältnis äußerten und sie erklärten uns, daß man in der Berichterstattung an das Bundeswohnungsbauministerium und das Bundesvertriebenenministerium die Leistungen der Stadt Mannheim bezüglich der Unterbringung der Flüchtlinge lobend hervorheben werde* (STAMA, Bestand Hauptregistratur, Zugang 18/1976, Nr. 272).
123 Vgl. dazu: PFEIL (1959) S. 447 - 454.
124 So drang etwa die Mannheimer Stadtverwaltung 1951 bei der Landeskreditanstalt gegen den Widerstand Pforzheims mit Erfolg darauf, im Rahmen des Bauprogramms für die Binnenumsiedlung, *mehr Wohnungen nach Mannheim zu legen, da in Kürze mit der Errichtung der Sulfatfabrik in Mannheim Rheinau zu rechnen sei* (Protokoll einer Besprechung wegen Umsiedlerwohnungen in

standort Mannheim benötigte zahlreiche zusätzliche Arbeitskräfte. Dies war aber nicht erst eine Folge des Wirtschaftswunders und des konjunkturellen Aufschwungs der 1950er Jahre. Bereits unmittelbar nach Kriegsende stellte die Arbeitsmarktsituation in der zerstörten und wieder aufzubauenden Rhein-Neckar-Stadt den entscheidenden Faktor dar, der die Aufnahme der Ostflüchtlinge trotz der desolaten Wohnraumlage begünstigte. War die Zuwanderung von heimatlosen Zwangsmigranten einerseits wohnungspolitisch höchst unerwünscht, so war sie andererseits arbeitsmarktpolitisch für den Wiederaufbau aber geradezu erforderlich. Vor diesem Hintergrund kam es immer wieder zu Auseinandersetzungen zwischen dem städtischen Wohnungsamt und der Flüchtlingsstelle auf der einen und dem Arbeitsamt auf der anderen Seite. Bereits in der ersten Sitzung des städtischen Flüchtlingsausschusses am 5. Februar 1946 machte der Leiter des Mannheimer Arbeitsamtes *darauf aufmerksam, daß das Arbeitsamt Interesse daran habe, Facharbeiter ohne größeren Familienanhang zum Arbeitseinsatz hierbehalten zu können.*[125]

Da der Zuständigkeitsbereich des Mannheimer Arbeitsamtes neben dem Stadtkreis auch den Landkreis Mannheim umfaßte, in den bis Oktober 1946 mit 15 geschlossene Massentransporten 14.436 Personen aus der Tschechoslowakei und Ungarn über das Durchgangslager Hockenheim eingewiesen wurden,[126] verfügte der Arbeitsamtsbezirk Mannheim über ein beträchtliches zusätzliches Arbeitskräftepotential. So konnte 1946 zwar der außerhalb der Rhein-Neckar-Stadt bestehende *empfindliche[.] Mangel an landwirtschaftlichen Arbeitskräften aller Art* ausgeglichen werden.[127] Zugleich war die Situation im Stadtkreis durch eine schwerer behebbare, gravierende Nachfrage nach Arbeitskräften gekennzeichnet, die *einerseits durch den erhöhten Bedarf an Arbeitskräften für den Wiederaufbau der durch den Krieg zerstörten Betriebe, Wohnungen usw. begründet und andererseits durch den Mangel an ausreichender Ernährung der arbeitenden Bevölkerung verursacht [wurde], da die körperliche Leistungsfähigkeit teilweise auf bis zu 1/3 der Vorkriegszeit sank.*[128] Vor diesem Hintergrund intensivierten sich die Konflikte zwischen dem Mannheimer Arbeitsamt und der für Zuzugsgenehmigungen zuständigen Städtischen Flüchtlingsstelle. Verwies diese immer wieder auf die desolate Wohnraumlage als Grund für ihre restriktive Zuzugspolitik, so argumentierte das Arbeitsamt, diese Situation könne nur durch umfassende Wiederaufbauleistungen verbessert werden, wozu aber zunächst der Arbeitskräftemangel ausgeglichen werden müsse. Dies sei aber solange unmöglich, solange *bei der Bearbeitung von Anträgen auf Zuzugsgenehmigungen zu wenig auf die Belange des Mannheimer Arbeitsmarktes Rücksicht genommen werde.*[129] Die Bemühungen des Arbeitsamtes, angesichts der bestehenden Zuzugssperre für die Stadt einen Ausgleich

---

	Karlsruhe bei der Landeskreditanstalt am 8. Oktober 1951, STAMA, Bestand Hauptregistratur, Zugang 18/1976, Nr. 270).
125	Protokoll über die Sitzung des Ausschusses für das Flüchtlingswesen der Stadt Mannheim vom 5. Februar 1946, S. 4, STAMA, Bestand Hauptregistratur, Zugang 21/1969, Nr. 339.
126	Vgl. dazu: KAISER (o.J.) S. 6 f.. Am 31. Juli 1948 wurden hier 15.086 Ostflüchtlinge registriert (ebd., S. 11).
127	Arbeitsamt Mannheim: Textbericht zur Arbeitsmarktlage, Dezember 1946, S. 5, STAMA, Bestand Hauptregistratur, Zugang 1955/64, Nr. 889.
128	Ebd., S. 3.
129	Protokoll einer Dienstbesprechung beim Referat für das Flüchtlingswesen am 29. Juli 1946, STAMA, Bestand Dezernatsregistratur, Zugang 3/1981, Nr. 331.

durch den Einsatz von Tagespendlern zu schaffen, scheiterten vor allem an den völlig unzureichenden infrastrukturellen Voraussetzungen, die dies in größerem Umfang unmöglich machten.[130] Trotz der damit verbundenen versorgungstechnischen Schwierigkeiten[131] drängten aber die zunächst in der Landwirtschaft berufsfremd beschäftigten Ostflüchtlinge bald auf eigene Faust in die nahe Großstadt, um dort *wieder in ihrem Beruf unterzukommen.*[132] Bereits Ende 1946 machte - in Mannheim wie generell in Nordbaden - *sich die Tendenz bemerkbar, daß Ostflüchtlinge infolge der geringen Lohnhöhe in der Landwirtschaft in die Industrie abzuwandern versuchen.*[133] Dennoch wurde im Laufe des Jahres 1947 das Problem des Arbeitskräftemangels in Mannheim *täglich akuter und schwieriger.*[134] Waren 1946 im Stadtkreis Mannheim 5.038 Personen arbeitslos gemeldet gewesen, so sank ihre Zahl 1947 auf 1.621, während sich das Angebot an offenen Stellen von 8.095 auf 11.624 erhöhte.[135] Daher richtete der Mannheimer Arbeitsamtsdirektor an den Landeskommissar für das Flüchtlingswesen die dringende Bitte, *alle verfügbaren männlichen arbeitseinsatzfähigen Einzelarbeitskräfte dem Kreisbeauftragten für das Flüchtlingswesen in Mannheim zuzuweisen, da bereits seit Monaten keine Möglichkeit besteht, für wichtigste Wiederaufbaumaßnahmen die benötigten 10-12000 Arbeitskräfte* zu erhalten.[136] Angesichts der desolaten städtischen Wohnungssituation konnte dieser Fehlbestand durch die Beschäftigung der Zwangszuwanderer jedoch nur abgemildert werden, wie das Mannheimer Arbeitsamt bedauernd feststellte: *Der Zuzug von auswärtigen Kräften, der bisher etwas Entlastung brachte, hat [...] nachgelassen. Mit ausschlaggebend ist hierbei die Haltung des Landeskommissars für das Flüchtlingswesen, der fast ausnahmslos die Erteilung von Aufenthaltsgenehmigungen versagte.*[137] Dennoch wurde der Mannheimer Arbeitsmarkt durch Zuwanderer weiter entlastet. Denn was zunächst überwiegend für die Ostflüchtlinge galt, wiederholte sich mit geringem Zeitverzug auch für die aus der Sowjetischen Besatzungszone überwechselnden Migranten. Konstatierte das Arbeitsamt Ende 1949, *daß der [Ost-] Flüchtlingsstrom nach Mannheim langsam verebbt,* so hielt es gleichzeitig doch fest, *daß der Zustrom aus der russischen Zone [...] in letzter Zeit überhand genommen* hatte.[138] Gerade diese *illegalen Grenzgänger aus der Ostzone,* die zunächst die von den Ostflüchtlingen

---

130 Arbeitsamt Mannheim: Textbericht zur Arbeitsmarktlage, Juni 1946, S. 3, STAMA, Bestand Hauptregistratur, Zugang 1955/64, Nr. 889: *Zur Deckung des ausserordentlichen Kräftebedarfs in der Stadt Mannheim wird laufend vom Arbeitsamt versucht, Arbeitskräfte aus dem Landbezirk der Stadt Mannheim einzusetzen. Jedoch scheitert dieser Einsatz meist an den hohen Fahrtkosten sowie an der ungenügenden Verpflegung, bei der ein stundenlanges Fahren auf der Reichsbahn von und zum Arbeitsplatz nicht möglich ist.*
131 Arbeitsamt Mannheim: Textbericht zur Arbeitsmarktlage, September 1946, S. 3, ebd.: *Der Einsatz der Ostflüchtlinge scheitert sehr oft an der mangelhaften Bekleidung und am Schuhwerk. Wie es heißt, stellen die Gemeinden für Ostflüchtlinge, die in Mannheim arbeiten, keine Bezugsscheine aus.*
132 Arbeitsamt Mannheim: Textbericht zur Arbeitsmarktlage, Oktober 1946, S. 4, ebd.
133 Arbeitsamt Mannheim: Textbericht zur Arbeitsmarktlage, Dezember 1946, S. 5, ebd.
134 Arbeitsamt Mannheim: Textbericht zur Arbeitsmarktlage, August 1947, S. 8, ebd.
135 Statistisches Amt der Stadt Mannheim (Hg.): Statistischer Jahresbericht 1949, S. 19.
136 Arbeitsamtsdirektor Kuhn an den Landeskommissar für Flüchtlingswesen vom 29. Juli 1947, GLAK, Bestand 466, Zugang 1981/47, Nr. 1822.
137 Arbeitsamt Mannheim: Textbericht zur Arbeitsmarktlage, August 1947, S. 8, STAMA, Bestand Hauptregistratur, Zugang 1955/64, Nr. 889.
138 Arbeitsamt Mannheim: Textbericht zur Arbeitsmarktlage, Oktober 1947, S. 7 f. und November 1947, S. 9, ebd.

in der Landwirtschaft hinterlassenen freien Arbeitsplätze ausfüllen sollten, wanderten noch zügiger von dort ab.[139] Dies war um so leichter möglich, als die Mannheimer Wirtschaft weiterhin händeringend nach Arbeitskräften suchte. So hatte die Mannheimer Industrie- und Handelskammer im August 1947 einen Hilferuf an den württemberg-badischen Wirtschaftsminister Veit gerichtet: *Der Personalbestand an Fach- und Hilfskräften der Wirtschaft Mannheims nimmt ständig ab. [...] Der Mannheimer Wirtschaft fehlen sowohl Facharbeiter als auch Hilfsarbeiter, Ingenieure und Stenotypistinnen. Die Betriebe sind infolgedessen schon dazu übergegangen, in Frankfurt a.M., an der Ruhr, in Hamburg und in München zu annoncieren. Es werden sogar schon Erwägungen angestellt, auf Arbeitskräfte in der russischen Zone zurückzugreifen, wo im allgemeinen die Bereitschaft zum Umzuge nach dem Westen vorhanden ist.* Der sich daran anschließenden Bitte, dazu der Städtischen Flüchtlingsstelle *im Rahmen der Selbstverwaltung in bezug auf die Flüchtlings- und Wohnraumlenkung erweiterte Befugnisse* einzuräumen, wollte der daraufhin eingeschaltete Badische Landesbeauftragte für das Flüchtlingswesen mit dem Hinweis auf die besondere *Notlage auf dem Wohnungssektor der Stadt Mannheim* zwar nicht entsprechen. Doch verwies er auf die bisherige Praxis, bei der Bereitstellung von Notunterkünften durch die antragstellenden Firmen, die schon zuvor *durch Aufnahme der früheren Luftschutzbunker, durch Erstellung von Wohnbaracken oder durch Ausbauten zerstörter Gebäude werkseigene Unterkünfte geschaffen* hatten, großzügig Zuzugsgenehmigungen für *Schlüsselkräfte* zu erteilen. Und bei einer darauf folgenden Besprechung zwischen ihm, dem Direktor des Mannheimer Arbeitsamtes und dem dortigen Flüchtlingsreferenten wurde am 27. April 1948 bezüglich der in Karlsruhe für ganz Nordbaden zentral erfaßten *illegalen Grenzgänger* die Regelung getroffen: *Was als Arbeitskraft für Mannheim brauchbar erscheint, erhält eine Zuweisung dorthin.*[140]

Diese Sondervereinbarung währte indessen nicht lange. Denn nur bis Mitte 1948 blieb die Situation eines strukturellen Arbeitskräftemangels in Mannheim bestehen. Zwar konzentrierte sich noch im Mai 1948 das dortige Arbeitsamt darauf, jede nur erdenkliche Arbeitskraft zu rekrutieren: *Angesichts dieses überaus großen Bedarfs steht die Erschließung von Kräftereserven im Vordergrund der Bemühungen. Der Gewinnung zusätzlicher Arbeitskräfte sind z. Zt. jedoch Grenzen gesetzt [...]. So stellen neben den wenigen noch zuziehenden Neubürgern und illegalen Grenzgängern lediglich die entlassenen Kriegsgefangenen eine echte Kräftereserve dar, die jedoch nicht in der Lage sind, die vorhandenen Lücken auch nur annähernd zu schließen.*[141] Dies änderte sich allerdings mit der Währungsreform buchstäblich über Nacht. Nun verkehrten sich die Verhältnisse zu Lasten der gerade noch heiß begehrten Zuwanderer in ihr Gegenteil: *Die am 20. Juni vollzogene Währungsreform hat sich bereits schon in den ersten Tagen auch auf dem Arbeitsmarkt des Arbeitsamtsbezirks Mannheim ausgewirkt.* Wäh-

---

139 Arbeitsamt Mannheim: Textbericht zur Arbeitsmarktlage, März 1948, S. 3, ebd.: *Im übrigen sind auch die Bauern sehr zurückhaltend und vorsichtig geworden und stellen nur noch selten illegale Grenzgänger aus der Ostzone ein, da bisher mit diesen Flüchtlingen schlechte Erfahrungen gemacht wurden. Es hat sich gezeigt, daß die überwiegende Mehrheit nur zum Schein eine Arbeit annimmt, um Aufenthaltsgenehmigung und Lebensmittelkarten zu erhalten. Im Anschluß daran wird dann zumeist der Arbeitsplatz aufgegeben... .*
140 GLAK, Bestand 466, Zugang 1981/47, Nr. 1933.
141 Arbeitsamt Mannheim: Textbericht zur Arbeitsmarktlage, Mai 1948, S. 1, STAMA, Bestand Hauptregistratur, Zugang 1955/64, Nr. 889.

rend seit dem Zusammenbruch bis in die jüngste Vergangenheit das Kräfteangebot immer geringer und die Nachfrage nach Arbeitskräften immer größer wurde, ist nunmehr schlagartig ein Umschwung eingetreten, der die Arbeitsmarktlage völlig verändert hat. [...] Wie erwartet, ist die Zahl der offenen Stellen schon in den ersten Tagen nach der Geldsanierung beträchtlich abgesunken. [...] Erwartungsgemäß hat die Währungsreform wesentlich zur Hebung der Arbeitsmoral und Freude an der Arbeit beigetragen, da nunmehr für echte Arbeit auch echter Lohn gewährt wird. Schon am ersten Tage nach der Geldsanierung meldeten sich zahlreiche Personen beiderlei Geschlechts, die sich um Arbeit bemühten, ohne dabei extravagante Wünsche zu äußern. Während es z.B. bisher nur unter den größten Schwierigkeiten möglich war, Arbeitskräfte für den Wiederaufbau des Mannheimer Hafens zu gewinnen, konnte nunmehr in wenigen Tagen der Bedarf an Hilfsarbeitern restlos abgedeckt werden. Selbst die Versorgung der Gießereibetriebe mit Arbeitskräften bereitet keine unüberwindlichen Hindernisse mehr. Die seit Jahren von notorischen Bummelanten immer wieder vorgebrachten Beteuerungen, weder Arbeitskleidung noch Schuhwerk zu besitzen, sind verstummt, wie überhaupt alle Mangelprobleme keine Rolle mehr zu spielen scheinen. Weite Anmarschwege werden ohne weiteres in Kauf genommen, und selbst beschränkt Einsatzfähige, die sich bisher zu keiner Arbeit bequemen konnten, ja sogar arbeitsunfähige Männer, wie Schwerstbeschädigte mit einer Erwerbsminderung von 100 % finden sich ein und erheben Anspruch auf eine Stellenvermittlung. [...] In Unterhaltungen mit zahlreichen Arbeitgebern wird immer wieder mit Genugtuung darauf hingewiesen, daß Fehlschichten nunmehr nur noch selten zu verzeichnen seien und vor allem die in fast jedem Betrieb vorhandenen Bummelanten heute regelmäßig ihr Arbeitspensum absolvieren, um nicht Gefahr zu laufen, entlassen zu werden. Auch eine vorerst allerdings nur bescheidene individuelle Leistungssteigerung konnte bereits festgestellt werden. Die für viele überraschend gekommene Währungsreform hat nicht nur bei breiten Schichten der Bevölkerung, sondern auch bei vielen Betriebsinhabern einen Schock ausgelöst. Da die finanziellen Mittel sehr knapp bemessen sind und oft nicht einmal zur Zahlung der Löhne ausreichen, andererseits aber zahlreiche Aufträge zurückgezogen wurden, sehen sich viele Firmen veranlaßt, Kündigungsanträge einzureichen. Vor allem sind viele Bauunternehmer heute nicht mehr in der Lage, die Fahrtkosten für ihre von auswärts kommenden Arbeiter zu tragen, da die Bauvorhaben sich dadurch übermäßig verteuern würden. Obwohl diese Lösungsanträge wie alle anderen bisher abgelehnt wurden, haben verschiedene Baufirmen entgegen den gesetzlichen Bestimmungen ihre auswärts wohnhaften Arbeiter entlassen.[142] *Und plötzlich waren auch die zum Wiederaufbau des Mannheimer Hafens notdürftig in der Stadt untergebrachten Ostflüchtlinge kaum noch gewünscht, wie Stadtrat Bartsch feststellte: Die Bauunternehmer haben vor der Währungsreform nach Arbeitskräften gerufen, sie haben Verpflichtungen übernommen und sie leicht übernommen, weil damals Geld da war. Jetzt nach der Währungsreform ist man vorsichtiger geworden und findet diese Menschen recht unbequem.*[143]

---

142 Arbeitsamt Mannheim: Textbericht zur Arbeitsmarktlage, Juni 1948, S. 1, ebd.
143 Niederschrift über die Sitzung des Stadtrats vom 4. März 1949, S. 1 Rückseite, STAMA, Niederschriften über die Sitzungen des Stadtrates, Bd. 8.

Auf diese veränderte Situation, die vor allem die zu einem Großteil im Baugewerbe beschäftigten Zuwanderer betraf, reagierte die Mannheimer Stadtverwaltung sofort. Bereits am 26. Juni 1948 richtete der für das Wohlfahrtswesen zuständige Bürgermeister Böttger eine Anfrage an den Oberbürgermeister: *Mannheim gehört zu jenen Städten, welche keine Flüchtlinge aufzunehmen brauchen. Dessenungeachtet befinden sich in unseren Ruinen ca. 9.000 Personen, die teilweise als sog. illegale Grenzgänger zugezogen sind. Alle haben Flüchtlingspässe und müssen gegebenenfalls von uns aus öffentlichen Mitteln betreut werden. Ausschlaggebend für die Erteilung der Zuzugsgenehmigung war die Arbeitsmarktlage. [...] An Arbeitssuchenden ist jetzt weniger Mangel, nachdem das Gesetz von Angebot und Nachfrage auf dem Arbeitsmarkt auch in Mannheim sich gewandelt hat. Es fragt sich, ob wir mit der Erteilung von Zuzugsgenehmigungen an Personen aus den Ostgebieten, die noch immer zahlreich bei der jetzt städtischen Flüchtlingsstelle vorsprechen, nicht bremsen sollten. Je mehr Flüchtlinge ihren Wohnsitz in Mannheim nehmen, desto mehr wird bei Eintritt einer Wirtschaftskrise die öffentliche Fürsorge belastet.* Der handschriftliche Vermerk des Oberbürgermeisters signalisierte uneingeschränkte Zustimmung: *Ich bin sehr für starkes Bremsen.*[144] Und das Mannheimer Arbeitsamt teilte dem Karlsruher Landesbeauftragten für das Flüchtlingswesen entsprechend mit, daß *die bevorzugte Einweisung von illegalen Grenzgängern nach Mannheim ab sofort keine Anwendung mehr finden könne.*[145]

Die Befürchtung der städtischen Dienststellen, *daß die Umstellung der Währung zu einer Massenarbeitslosigkeit führen werde,*[146] trat zwar nicht ein, doch sank die Zahl offener Stellen rapide, und die durch die Bevölkerung zum Ausgleich der Währungsreformfolgen angestrebte Erhöhung der Erwerbsquote ließ die Zahl der arbeitslos Gemeldeten ansteigen,[147] da nun auch viele Frauen wieder auf den Arbeitsmarkt drängten. Indessen entwickelte sich die Wirtschaftslage in Mannheim, wo Ende 1948 bereits wieder 80% der Industrieproduktion von 1938 erreicht wurden, nicht zuletzt durch den geringen Umfang an Demontagen und die anlaufende Marshallplan-Hilfe durchaus günstig.[148] Nichtsdestoweniger wurden die Ostflüchtlinge von der veränderten Arbeitsmarktsituation schärfer getroffen als die einheimische Bevölkerung. Im April 1949 waren im Stadtkreis Mannheim 3.805 Arbeitslose registriert. Darunter befanden sich 258 oder 6,8% Neubürger.[149] Kamen damit auf 1.000 Einheimische 15,9 Arbeitslose, so waren es bei den Ostflüchtlingen 21,7.[150] Dabei ist allerdings die höhere Erwerbsquote dieser

---

144 STAMA, Bestand Hauptregistratur, Zugang 21/1969, Nr. 346.
145 GLAK, Bestand 466, Zugang 1981/47, Nr. 1933.
146 Schreiben der Stadtverwaltung Abt. II an das Tiefbauamt vom 24. Mai 1948, STAMA, Tiefbauamt, Zugang 54/1969, Nr. 79.
147 Ende 1949 standen in Mannheim 3.868 Arbeitslosen nur 511 offene Stellen gegenüber, 1950 betrug das Verhältnis 4.297 zu 435. Statistisches Amt der Stadt Mannheim (Hg.): Statistischer Jahresbericht 1949, S. 10 u. 19; 1950, S. 11.
148 Vgl. dazu: STADTARCHIV MANNHEIM (Hg.) (1985) S. 92; Statistisches Amt der Stadt Mannheim (Hg.): Statistischer Vierteljahresbericht April - Juni 1949, S. 5.
149 Württembergisches Statistisches Landesamt Stuttgart: Zahlen für die Verteilung der Flüchtlinge auf die Kreise von Württemberg-Baden, o.J., Blatt 4, GLAK, Bestand 466, Zugang 1981/47, Nr. 2045.
150 Dem zeitgenössischen Standard entsprechend bezieht sich die Berechnung nicht auf die Basis der Erwerbstätigen, sondern auf den Anteil an der Gesamtbevölkerung. Berechnet nach: Städtisches Wohlfahrtsamt Mannheim: Verwaltungsbericht für die Zeit vom 1. April 1947 bis 31. März 1950, S.

Zuwanderer zu berücksichtigen, doch sank diese - bedingt durch den Familiennachzug - von 70,8% im Oktober 1946 auf 55,9% im September 1950, während sie bei der Restbevölkerung von 44,2 auf 46,8% leicht anstieg.[151] Zwar hatte sich die Arbeitsmarktsituation für die Neubürger nach der Währungsreform damit verschlechtert.[152] Doch im Vergleich zu den Verhältnissen außerhalb der Rhein-Neckar-Stadt befanden sie sich auf jeden Fall noch immer in einer ausgesprochen positiven Situation. So berichtete denn auch die Mannheimer Flüchtlingsvereinigung im März 1950: *Glücklicherweise hat sich in Mannheim die Befürchtung einer großen Arbeitslosigkeit nicht erfüllt. Z. Zt. sind nur 2% der Flüchtlinge arbeitslos (anderwärts ist die Not bedeutend größer: so beträgt z.b. im Kreis Sinsheim die Zahl der Arbeitslosen 80%).*[153] Die Eingliederung der Zuwanderer in den lokalen Arbeitsmarkt war jedoch in der Regel verbunden mit einer weitgehenden Dequalifikation. Nicht wenige Zuwanderer fanden zunächst nur eine Beschäftigung als Hilfsarbeiter, die gerade im Baugewerbe so stark gesucht waren, daß auch sie zunächst als *Schlüsselkräfte* galten.[154] Im Oktober 1946 waren im Stadtkreis Mannheim 61,4% aller erwerbstätigen Ostflüchtlinge als Arbeiter beschäftigt, während es bei der Restbevölkerung nur 46,5% waren,[155] eine strukturelle Differenz, die auch 1950 noch bestehen blieb.[156] So stellte denn auch die Mannheimer Flüchtlingsvereinigung fest: *Der übergroße Teil der hiesigen Flüchtlinge verdient sich sein Brot als Arbeiter, da Beamten- und kaufmännische Berufe hier stark übersetzt sind.*[157] Bezeichnend für ihre Lage auf dem Arbeitsmarkt, auf dem sie als mobile Arbeitskraftreserve zunächst nur dessen Lücken füllen konnten, war eine hohe Fluktuation der Zuwanderer. So stellte der Mannheimer Ortsausschuß des Württemberg-Badischen Gewerkschaftsbundes im März 1949 fest: *Eine sehr große Zahl von Flüchtlingen ist während der letzten Jahre als Facharbeiter nach Mannheim gekommen [...]. Die von diesen eingegangenen Arbeitsverhältnisse haben sich nach späterem Vergleich mit anderen Arbeitsplätzen nicht immer als gut erwiesen. Es kommt daher sehr oft vor, daß Anträge auf Arbeitsplatzwechsel gestellt und vom Arbeitsamt auch genehmigt werden.*[158] Insbesondere die als Hilfsarbeiter beim Wiederaufbau des Hafens eingesetzten Arbeitskräfte, deren Arbeitsbe-

---

	40, STAMA, Bestand Dezernatsregistratur, Zugang 3/1981, Nr. 276; Statistisches Amt der Stadt Mannheim (Hg.): Statistischer Jahresbericht 1949, S. 18.
151	KAISER (o.J.) S. 32 und eigene Berechnungen nach: STATISTISCHES LANDESAMT BADEN-WÜRTTEMBERG (Hg.) (1954) S. 72, 82, 101 - 103, 282, 288.
152	Ende Mai 1947 waren im gesamten Arbeitsamtsbezirk Mannheim, der auch den Landkreis umfaßte, von 9.190 erwerbsfähigen Neubürgern nur 246 arbeitslos gemeldet gewesen. Landesarbeitsamt Württemberg-Baden: Sondererhebung über die bei den Arbeitsämtern registrierten und erwerbsfähigen Neubürger nach dem Stand vom 31. Mai 1947, GLAK, Bestand 466, Zugang 1981/47, Nr. 1383.
153	Flüchtlinge wollen Kontakt mit Einheimischen, Amtsblatt für den Stadt- und Landkreis Mannheim, Nr. 9 vom 3. März 1950.
154	Vgl. dazu das entsprechende Gesuch des Mannheimer Arbeitsamtes an den Oberbürgermeister vom 18. Oktober 1946 und dessen positiven Bescheid vom 25. Oktober 1946: STAMA, Bestand Hauptregistratur, Zugang 1955/64, Nr. 913.
155	KAISER (o.J.) S. 37.
156	Zu diesem Zeitpunkt gaben 58,7% der erwerbstätigen Heimatvertriebenen ihre Stellung im Beruf als Arbeiter an, während dies nur bei 40,8% der Einheimischen der Fall war (Berechnet nach: STATISTISCHES LANDESAMT BADEN-WÜRTTEMBERG (Hg.) (1954) S. 72, 82, 101 - 103, 282, 288).
157	Die Flüchtlingsvereinigung - der Anwalt der Vertriebenen, Mannheimer Morgen vom 15. Oktober 1949, S. 4.
158	STAMA, Bestand Hauptregistratur, Zugang 21/1969, Nr. 353.

dingungen besonders hart und deren Wohnsituation in den als Notunterkünften dienenden Luftschutzbunkern desolat war, suchten zum Leidwesen von Arbeitgebern und Arbeitsamt in Scharen bessere Arbeits- und Lebensbedingungen.[159] Zeitweise verblieben nur ca. 10% der Zuwanderer an dem ihnen zugewiesenen Arbeitsplatz.[160] Zugleich aber war diese immense Fluktuation ein Zeichen für die Möglichkeit, durch Eigeninitiative diese Situation durch einen Wechsel der Arbeitsstätte verbessern zu können. So sank im Arbeitsamtsbezirk Mannheim der Anteil der berufsfremd beschäftigten *Neubürger* von 31,5% im Mai 1947 auf 24,2% im März 1948.[161]

Doch auch für die Möglichkeit, den Arbeitsplatz zu wechseln, bedeutete die Währungsreform einen nicht unerheblichen Einschnitt. So beobachtete die lokale amerikanische Militärbehörde Anfang 1949: *There is still need for skilled building trades workers, but unskilled help is no longer sought, and difficult to place. The open jobs for domestics continue to be large in number. Persons having crossed into the Western Zones illegally, and assigned to this area after processing in the expellee camp of KARLSRUHE, were placed immediatly.*[162] Bei den zu diesem Zeitpunkt relativ problemlos auf dem Mannheimer Arbeitsmarkt plazierbaren Zu-

---

159   Aus den Überweisungen von *illegalen Grenzgängern* aus der Karlsruher Artilleriekaserne wurden alleine im April 1947 an 204 Männer durch den Mannheimer Flüchtlingsreferenten Aufenthaltsgenehmigungen ausgestellt, allerdings nur für die Dauer der Beschäftigung für zunächst 3 Lebensmittelkartenperioden unter Verlängerung bei Vorlage entsprechender Arbeitsnachweise und ohne Anspruch auf Wohnraum und Nachzug der Familie. Im Mai belief sich ihre Zahl auf 246 Personen, im Juli auf 161, im Spetember auf 100, im Oktober auf 82 und im November auf 64. Dennoch war damit die Nachfrage nicht zu stillen, da diese Arbeitskräfte wieder abwanderten, so daß von Mannheimer Seite bald die Aufenthaltsbewilligung *zunächst auf e i n e Kartenperiode befristet* wurde, *weil erfahrungsgemäß ein erheblicher Teil der Leute nach kurzer Zeit die Arbeit niedergelegt*, wie der Mannheimer Flüchtlingsreferent im August 1947 nach Karlsruhe meldete. Das mochte nicht nur an der Arbeitsunwilligkeit sondern in erster Linie an den Arbeitsbedingungen liegen, wie der Karlsruher Flüchtlingsreferent bereits am 17. April 1947 in einem Schreiben an das Landeskommissariat für Flüchtlingswesen vermutete: *Zufolge der mir erteilten Weisung habe ich in der zurückliegenden Zeit bereits ca. 60 Personen dem Arbeitsamt Mannheim zwecks entsprechenden Einsatzes überwiesen. Wie mir aber mitgeteilt wurde, soll der weitaus grösste Teil dieser Personen die zugewiesene Arbeit wieder aufgegeben haben. Die Arbeitsbedingungen sind anscheinend doch nicht so [...]. Nach Auskunft des Arbeitsamtes Mannheim sollen die zugewiesenen Arbeitskräfte in Baracken gemeinschaftlich untergebracht werden und an einer Gemeinschaftsverpflegung teilnehmen können. Bis jetzt sind aber die Unterkunftsbaracken noch nicht erstellt; auch sind die Arbeiter noch auf Selbstverpflegung angewiesen. Die Ausgabe der Zulagekarten soll sehr verzögert erfolgen. Die gesamte Organisation läßt sehr zu wünschen übrig* (GLAK, Bestand 466, Zugang 1981/47, Nr. 1933).

160   Vgl. dazu: Military Government Liaison and Security Office Mannheim, 8 October 1947: *An idea of the difficulties encountered by the police is gained from a report from the Meldeamt (Registration Office) that in the period of 1 1/2 to 2 months ago 2,000 DPs and refugees were brought to Mannheim to work on harbor installations. They were quartered in bunkers and given ration cards for three (3) weeks. Only 250 men registered with the Police. Dislike of work and bunkers and the endless red tape with the Fluechtlingskommissar, Arbeitsamt, Meldeamt and the Ration Office are presumed to be the reasons why only 250 members of this group remained on the job.* (RG 260 OMGWB 12-22/1-19).

161   Landesarbeitsamt Württemberg-Baden: Sondererhebung über die bei den Arbeitsämtern registrierten und erwerbsfähigen Neubürger nach dem Stand vom 31. Mai 1947; Dass.: Vierteljahresmeldung über die als Arbeiter, Angestellte und Beamte beschäftigten Neubürger nach Berufsgruppen, Stichtag 16. März 1948, GLAK, Bestand 466, Zugang 1981/47, Nr. 1383 und 1401.

162   Military Government Liaison and Security Office Mannheim: Intelligence Report 24 Feb 1949 (RG 260 OMGWB 12-13/1-5).

wanderern handelte es sich allerdings nun wirklich um spezielle Fachkräfte, wie Stadtrat Bartsch im August 1949 betonte: *Soweit es sich bei den Vertriebenen um Fachkräfte und arbeitsfähige junge Leute handelte, machte ihre Eingliederung in den Arbeitsprozeß keine Schwierigkeiten.*[163] Das galt insbesondere für den sekundären und tertiären Wirtschaftssektor, so daß im Mannheimer Stadtkreis 1950 mit 22,2% aller erwerbstätigen Heimatvertriebenen genausoviel Zuwanderer im Angestelltenverhältnis beschäftigt waren wie Einheimische, während dies im gesamten Regierungsbezirk Nordbaden keineswegs der Fall war.[164] Doch verschärfte sich auch für diese Personengruppe die Lage auf dem Arbeitsmarkt: *Im Konkurrenzkampf um den Arbeitsplatz, der jetzt eingesetzt hat, sind die Flüchtlinge gegenüber den Eingesessenen, auch wenn diese ausgebombt [sind] und alles verloren haben, insofern benachteiligt, als sie meist keinen ordentlichen Nachweis über ihre Ausbildung und ihre früheren Tätigkeiten erbringen können. Es hängt also vom Verständnis des Unternehmers ab, ob er mehr Wert auf den Menschen als auf das Papier legt. Dazu kommt, daß die Flüchtlinge keine persönlichen Beziehungen haben.*[165] Symptomatisch für die Situation der heimatlos gewordenen Zuwanderer war die Einrichtung eines Vermittlungsdienstes für Zeit- und Hilfsarbeiten aller Art durch die Mannheimer Flüchtlingsvereinigung, für den sie in der Lokalpresse warb: *Seit der Geldneuordnung umfaßt die Tätigkeit der Vereinigung in noch verstärktem Maße das weite Feld der Arbeitsvermittlung, womit zugleich ein Beitrag zur Entlastung des Arbeitsamtes geleistet wird. Ein großzügiger Eil-, Kurier- und Hilfsdienst, der von der Geschäftsstelle der Vereinigung in J 1, 13 (Tel. 51952) gesteuert wird, ist nicht nur den Flüchtlingen behilflich, sondern steht allen Mannheimern zur Verfügung. Seine 'gelben Radler' sind ständig zu Botengängen aller Art und besonders zu Gepäckbeförderung bereit und bieten sich an zu Gelegenheitsarbeiten im Garten, Holzschlagen und Schreinerarbeiten. Sie übernehmen selbst Stopf-, Näh- und Strickarbeiten, wie man sich auch eine Krankenpflege, ja auch eine zeitweise Haushaltsführung vermitteln lassen kann. Und neben Schreibmaschinenarbeiten besorgt der Hilfsdienst auch Uebersetzungen in englisch, französisch, russisch und tschechisch und vermag auch Dolmetscher nachzuweisen.*[166]

Wenngleich der Mannheimer Arbeitsmarkt wesentlich aufnahmefähiger war und nur halbsoviel Arbeitslose aufwies wie der nordbadische Landesdurchschnitt, so war die Lage für die Heimatvertriebenen doch Anfang der 1950er Jahre angespannter als für die Einheimischen. Das Mannheimer Arbeitsamt meldete im Dezember 1950: *Schwierig gestaltet sich noch immer die Eingliederung der Heimatvertriebenen in den Arbeitsprozeß. Während allgemein der Vomhundertsatz der Arbeitslosen gemessen an der Zahl der Arbeitnehmer im Arbeitsamtsbezirk Ende Dezember 4,9 betrug, bezifferte er sich für die entsprechende Zahl von 824 arbeitslosen Heimatvertriebenen auf 10,3%. Es muß hierbei berücksichtigt werden, daß die Heimatvertriebenen kaum im Stadtkreis Mannheim angesiedelt werden konnten, im Landkreis der Vomhundertsatz der Arbeitslosen aber teilweise bis zu 7,3% beträgt. Ende September 1950 hatte*

---

163   Die Lage der Flüchtlinge in Mannheim (wie Anm. 48), S. 1.
164   Hier hatten nur 10,5% aller erwerbstätigen Heimatvertriebenen diese Stellung im Beruf inne, während der Prozentsatz bei der einheimischen Restbevölkerung bei 17,7 lag. Berechnet nach: STATISTISCHES LANDESAMT BADEN-WÜRTTEMBERG (Hg.) (1954) S. 72, 82, 101 - 103, 282, 288.
165   Die Lage der Flüchtlinge in Mannheim (wie Anm. 48), S. 1.
166   Sie verloren mehr als ihre Heimat, Mannheimer Morgen, Nr. 105 vom 1. September 1948.

allerdings die Arbeitslosigkeit bei den Vertriebenen einen Tiefstand von 5,6% = 418 Arbeitslose erreicht. *Die Heimatvertriebenen wurden von der jahreszeitlich bedingten Verschlechterung des Arbeitsmarktes stärker betroffen, da sie im allgemeinen mehr in den Außenberufen tätig sind.*[167] Daher war es kein Zufall, daß sich unter den 400 Bewerbern, die sich 1951 auf ein Stellenangebot einer australischen Baufirma in der Mannheimer Lokalpresse meldeten, ein Drittel Flüchtlinge befanden.[168] Wenn trotzdem von den Heimatvertriebenen, die 1952 aus Schleswig-Holstein, Niedersachsen und Bayern im Rahmen der Außenumsiedlung nach Mannheim umgesetzt wurden, fast alle in den Arbeitsmarkt integriert werden konnten, so lag dies vor allem daran, daß *sich unter den Umsiedlern viele Facharbeiter befanden und weil die Betriebe großes Verständnis zeigten.*[169] Denn in der Folge verschlechterte sich bei einer gleichbleibenden Arbeitsmarktsituation die Vermittlungsquote nicht nur aufgrund des im Jahr 1953 sprunghaft ansteigenden Zustroms von SBZ-Flüchtlingen, sondern auch dadurch, daß *entweder in den Abgabebezirken [der Außenumsiedlung von Heimatvertriebenen] gut verwendbare Arbeitslose nicht mehr zur Verfügung stehen oder daß vor allem bei Zuwanderern aus der Sowjetischen Besatzungszone eine derartige Auslese gar nicht möglich ist.*[170] Die entsprechenden Vermittlungsschwierigkeiten bei den SBZ- Flüchtlingen resultierten vor allem daraus, daß sie *zum Teil wegen Alters, körperlicher Gebrechen oder ungünstigen Berufsbildes kaum in Arbeit zu bringen* waren, was insbesondere für die Angestelltenberufe galt.[171] Doch der konjunkturelle Aufschwung, der im Mannheimer Arbeitsamtsbezirk Mitte 1955 zur Vollbeschäftigung führte, gestaltete die Voraussetzungen für eine vollständige Absorption der Zuwanderer auf dem Arbeitsmarkt äußerst günstig. Im Mai 1955 meldete das Mannheimer Arbeitsamt: *Die seit langem von der gesamten Eisen- und Metallwirtschaft im Bezirk verzeichnete günstige Wirtschaftsentwicklung setzte sich [...] fort. Es wird dadurch immer schwieriger, trotz guter Löhne selbst die Großbetriebe mit den erforderlichen Fachkräften und einer ausreichenden Zahl von guten Hilfsarbeitern zu versorgen. [...] In Ermangelung qualifizierter Bewerber sind die Arbeitgeber mehr denn je bereit, auch langfristig unterstützte und oft berufsentwöhnte Arbeitslose wieder in den Arbeitsprozeß einzugliedern, wodurch die Zahl der Arbeitslosen erneut zurückging. Die rege Vermittlungstätigkeit war vor allem eine Folge unablässigen Be-*

---

167 Arbeitsamt Mannheim: Der Arbeitsmarkt im Bezirk des Arbeitsamts Mannheim im Dezember 1950, S. 9, STAMA, Bestand Hauptregistratur, Zugang 1955/64, Nr. 889.
168 Arbeitsamt Mannheim: Der Arbeitsmarkt im Bezirk des Arbeitsamts Mannheim im März 1951, S. 3, ebd.
169 Arbeitsamt Mannheim: Der Arbeitsmarkt im Bezirk des Arbeitsamts Mannheim im Mai 1952, S. 4, ebd.; vgl. auch die entsprechenden Berichte vom Juli und Oktober 1952, S. 3 bzw. S. 2 f. Danach konnte an 94% der Aussenumsiedler eine Arbeitsstelle vermittelt werden. Dies war allerdings eine Ausnahmesituation für Nordbaden. Denn der Landesbeauftragte für das Flüchtlingswesen betonte in einem Schreiben vom 30. Juli 1952 an die Stadtverwaltung Mannheim bezüglich der ersten Umsiedlungsaktion von Heimatvertriebenen aus Schleswig-Holstein, Niedersachsen und Bayern: *Als besonders erfreuliche Tatsache ist festzustellen, daß auch die Vermittlung der Umsiedler in Arbeitsplätze in einem Umfang ermöglicht wurde, der bei der Wirtschaftslage im Landesbezirk Baden alle Erwartungen übertraf* (GLAK, Bestand 466, Zugang 1981/47, Nr. 2058).
170 Arbeitsamt Mannheim: Der Arbeitsmarkt im Bezirk des Arbeitsamts Mannheim im März 1953, S. 2, STAMA, Bestand Hauptregistratur, Zugang 1955/64, Nr. 889.
171 Arbeitsamt Mannheim: Der Arbeitsmarkt im Bezirk des Arbeitsamts Mannheim im Juni 1953, S. 2, ebd.

mühens, jede nur einigermaßen brauchbare Arbeitskraft zu vermitteln.[172] Dies galt auch für die gerade erst in Mannheim ankommenden SBZ-Flüchtlinge, die in den Lagern auf die Zuweisung von Wohnraum warteten. So konnte im August 1955 der für diese Zuwanderer zuständige Sozialbetreuer melden: *Arbeitsmäßig gesehen, ist der größte Teil der arbeitsfähigen Männer und Frauen im Arbeitsprozeß eingereiht [...]. Der Verdienst ist im Durchschnitt gut.*[173] Angesichts dessen vergrößerte sich der Optionsspielraum der Zuwanderer hinsichtlich der Wahl ihres Arbeitsplatzes beträchtlich, denn *die günstige wirtschafts- und arbeitsmarktpolitische Lage kommt gerade den Flüchtlingen zugute.*[174]. Dies war auch für die bislang schwerer zu vermittelnden und bei den SBZ-Flüchtlingen überrepräsentierten Angestelltenberufe der Fall, wie das Arbeitsamt im September 1955 beklagte: *Es ist nicht immer möglich, den weitaus größeren Bedarf des Handels, der in Mannheim neben der Industrie von großer Bedeutung ist und unter starken Abwanderungstendenzen zur Industrie leidet, in erwünschtem Maße zu erfüllen, da [...] die Stellenwechsler wegen der schlechteren tariflichen Entlohnung nur selten für solche Posten interessiert werden können. Die Vermittlungsbemühungen für Sowjetzonenflüchtlinge führen teilweise auch nicht immer zu dem gewünschten Erfolg, da die gehaltliche Erwartung der Sowjetzonenflüchtlinge die von der Wirtschaft gebotene Bezahlung weit übersteigt.*[175] Im Zuge der internen Umschichtung der Arbeitskräfte auf dem Arbeitsmarkt mußten daher in der Folge die sich im Bereich minder qualifizierter Arbeitsplätze öffnenden Lücken mehr und mehr durch die Anwerbung ausländischer Arbeitskräfte geschlossen werden. Und deren massiver Zuzug bildete zugleich durch den damit verbundenen Prozeß der Unterschichtung eine nicht unwesentliche Rahmenbedingung für die soziale Integration der deutschen Zuwanderer, der Ostflüchtlinge, Heimatvertriebenen und SBZ-Flüchtlinge, die ihnen vorausgegangen waren, standen sie doch als kollektiv identifizierbare Gruppen nun nicht mehr auf der letzten Position der Sozialhierarchie.

Die verwaltungsmäßige Betreuung und die Selbstorganisation der Heimatvertriebenen

Im Gegensatz zu den späteren umfangreichen Bemühungen der Stadt im Bereich des Wohnungswesens und des Wiederaufbaus, die zu einem guten Teil den heimatlos gewordenen Zuwanderern zugute kamen, erwies sich deren verwaltungsmäßige Betreuung unmittelbar nach Kriegsende als weniger effizient für die Belange der Betroffenen. Am 29. Dezember 1945 wurde aufgrund einer Verfügung des Badischen Landesbeauftragten für das Flüchtlingswesen in Mannheim unter dem Vorsitz des Oberbürgermeisters ein Ausschuß für Flüchtlingswesen

---

172 Arbeitsamt Mannheim: Der Arbeitsmarkt im Bezirk des Arbeitsamts Mannheim im Mai 1955, S. 5, ebd.
173 Monatsbericht des für die Betreuung der Flüchtlingslager zuständigen Sozialbetreuers für August 1955, S. 2, STAMA, Bestand Hauptregistratur, Zugang 40/1972, Nr. 187.
174 Erst Sozialreform kann wirklich Abhilfe schaffen, Amtsblatt für den Stadtkreis Mannheim, Nr. 13 vom 6. April 1956, S. 2.
175 Arbeitsamt Mannheim: Der Arbeitsmarkt im Bezirk des Arbeitsamts Mannheim im September 1955, S. 9 f., STAMA, Bestand Hauptregistratur, Zugang 1955/64, Nr. 889.

gebildet, dem allerdings noch im Mai 1946 selbst kein Flüchtling angehörte.[176] Da der Stadtkreis von der Aufnahme geschlossener Massentransporte ausgenommen war, mußte hier kein Auffanglager sondern lediglich eine Flüchtlingsleitstelle errichtet werden, die im Bahnhofsbunker am 26. Februar 1946 ihre Tätigkeit aufnahm. Sie war dem Städtischen Wohlfahrtsamt zugeordnet, wurde unter Federführung des Roten Kreuzes von der Mannheimer Notgemeinschaft, dem Zusammenschluß der karitativen Verbände, organisiert und diente der kurzfristigen Betreuung, Verpflegung, Beratung und Weiterleitung der auf eigene Faust die Stadt durchziehenden Heimatlosen. Alleine bis Juni 1946 wurden hier 10.046 Ostflüchtlinge und 4.496 aus der Kriegsgefangenschaft entlassene Wehrmachtsangehörige mit 16.046 Mittag- oder Abendessen versorgt und 5.498 Heimatlose sowie 4.496 ehemalige Soldaten beraten und betreut.[177] Doch war diese Betreuung nur temporär und die wenigsten der mehr oder minder ziellos ein Unterkommen Suchenden erhielten auch Zuzug für die Stadt, so daß ihre Aufnahme mit den Problemen in den - allerdings unzerstörten - Landkreisen, wo zu gleicher Zeit Sammeltransporte mit durchschnittlich 2.000 Personen untergebracht werden mußten, kaum zu vergleichen war.[178] Im April 1946 wurde die Mannheimer Flüchtlingsleitstelle zur selbständigen Dienststelle erhoben und dem Staatskommissar für das Flüchtlingswesen in Baden unmittelbar unterstellt.[179] Zugleich wurde sie im Zuge der einheitlichen Organisierung des Flüchtlingswesens im Landesbezirk Baden dem nächstgelegenen Auffang- und Durchgangslager des Landkreises Mannheim in Hockenheim angegliedert und in Mannheim eine dem Landeskommissar als fachliche Dienstaufsichtsbehörde unterstellte städtische Flüchtlingsstelle eingerichtet, die nun die bislang vom Wohlfahrtsamt erledigten Aufgaben übernahm.[180] Zu ihrem Leiter und Referenten für das Flüchtlingswesen wurde auf Vorschlag des Mannheimer Oberbürgermeisters am 12. April 1946 der bereits sechsundsechzigjährige städtische Ortsbeauftragte für den Stadtteil Sandhofen, Karl Schweizer, ernannt, der zwischen 1910 und 1933 Stadtverordneter gewesen war und bis zum 21. Dezember 1949 als Referent für das Flüchtlingswesen tätig sein sollte.[181] Die spezifische Situation des Stadtkreises Mannheim, in dem ja keine Massentransporte aufzunehmen, zu betreuen und anzusiedeln waren, wohingegen hier das Problem der einheimischen

---

176	Schreiben des Oberbürgermeisters Braun an den Landeskommissar für Flüchtlingswesen vom 8. Mai 1946, STAMA, Bestand Dezernatsregistratur, Zugang 3/1981, Nr. 331.
177	Tätigkeitsbericht der Flüchtlingsleitstelle, undatiert, STAMA, Bestand Dezernatsregistratur, Zugang 3/1981, Nr. 331. Vgl. dazu auch: GLAK, Bestand 466, Zugang 1981/47, Nr. 95. Vgl. auch: 'Stoßbetrieb' am Bahnhof, Rhein-Neckar-Zeitung Nr. 23 vom 20. März 1946.
178	Nach den erhaltenen statistischen Wochenberichten der Flüchtlingsleitstelle erhielten zwischen dem 16. Februar 1946 und dem 24. April dieses Jahres insgesamt 80 Ostflüchtlinge und 99 aus der sowjetischen Besatzungszone stammende Personen Zuzug für Mannheim (STAMA, Bestand Hauptregistratur, Zugang 21/1969, Nr. 343). Zwischen Februar und April 1946 trafen beispielsweise im Landkreis Tauberbischofsheim 5 Sammeltransporte mit 7.301 Ostflüchtlingen ein, und in den Landkreis Mosbach strömten mit 3 Transporten 9.014 Ostflüchtlinge (KAISER (o.J.) S. 6).
179	Städtisches Wohlfahrtsamt: Verwaltungsbericht für die Zeit vom 1. April 1945 bis 31. März 1947, S. 14, STAMA, Bestand Dezernatsregistratur, Zugang 3/1981, Nr. 276.
180	Vgl. dazu: GLAK, Bestand 466, Zugang 1981/47, Nr. 62.
181	Vgl. dazu das entsprechende Schreiben des Oberbürgermeisters Braun vom 8. April 1946, STAMA, Bestand Dezernatsregistratur, Zugang 3/1981, Nr. 331. Schweizer blieb bis zur Umwandlung der Flüchtlingsstelle am 31. Dezember 1949 in dieser Funktion tätig. Mündliche Auskunft des Stadtarchivs Mannheim aus der Personalakte Karl Schweizer. Zu Schweizer vgl. auch: Allgemeine Zeitung vom 2. Januar 1950; Allgemeine Zeitung vom 24. Oktober 1960.

Evakuierten eine besondere Rolle spielte, aber auch die Interessenlage der Stadt brachten es mit sich, daß die städtische Flüchtlingsstelle, in der entgegen den Forderungen des Landeskommissars und der Betroffenen selbst keine Ostflüchtlinge beschäftigt wurden,[182] in der Hauptsache mit der Erteilung von Aufenthaltsgenehmigungen und in Zusammenarbeit mit dem Wohnungsamt mit der Bearbeitung der Zuzugsangelegenheiten beschäftigt war.[183] Aufgrund der Fülle der Anträge lastete sie dies zusammen mit der Erfassung und Registrierung der Ostflüchtlinge auch hinreichend aus.[184] Dadurch verlagerte sich aber deren Beratung und Betreuung hauptsächlich auf die Mitte 1947 als Selbsthilfeorganisation der Betroffenen gegründete Mannheimer Flüchtlingsvereinigung e. V.[185] Nachdem es mit der Zeit zu mehr und mehr Klagen aus Flüchtlingskreisen über ihre unzureichende Behandlung bei der Städtischen Flüchtlingsstelle gekommen war,[186] stellte der Vorsitzende der Mannheimer Flüchtlingsvereinigung

---

182   Vgl. dazu die Beantwortung einer entsprechenden Anfrage des Landeskommissars durch Schweizer am 21. Mai 1947, GLAK, Bestand 466, Zugang 1981/47, Nr. 63. Wie aus einem Schreiben Bürgermeister Trumpfhellers hervorgeht, war im April 1949 jedoch ein Angestellter der Dienststelle Ostflüchtling (STAMA, Bestand Dezernatsregistratur, Zugang 3/1981, Nr. 331).

183   Entsprechend knapp fielen - im Vergleich zu den Arbeitsberichten anderer Kreisreferenten - denn auch die wenigen erhaltenen Monatsberichte Schweizers an den Landeskommissar aus. Vgl. dazu: GLAK, Bestand 466, Zugang 1981/47, Nr. 2021.

184   Vgl. dazu etwa die fast endlosen Verhandlungen über die Besetzungsstärke der ja aus Landesmitteln finanzierten städtischen Flüchtlingsstelle zwischen Schweizer und dem Landeskommissar für das Flüchtlingswesen, der die Mannheimer Dienststelle, die zeitweilig bis zu 29 Angestellte und 6 Arbeiter beschäftigte, angesichts der geringen Zahl der zu betreuenden Ostflüchtlinge für weit übersetzt hielt: GLAK, Bestand 466, Zugang 1981/47, Nr. 63.

185   So führte deren Vorsitzender Kurt Viebig in einem Schreiben an den Mannheimer Oberbürgermeister vom 15. Februar 1949 u. a. aus: *Obwohl in Mannheim bereits am 27. April 1948 der Flüchtlingsausschuss seitens des Herrn Oberbürgermeisters konstituiert wurde, ist derselbe bis zum heutigen Tage noch nicht ein einziges Mal einberufen worden. Die Flüchtlingsvereinigung Mannheim hat sich aus diesem Grunde zur Aufgabe gemacht, im Wege der Selbsthilfe den Heimatlosen und Vertriebenen hier in Mannheim ohne unnötige Inanspruchnahme von städt. Dienststellen Rat und Hilfe zu erteilen. Es kann wohl mit Recht behauptet werden, daß durch unsere Vereinigung die Stadtverwaltung von sehr vielen ihr obliegenden diesbezüglichen Aufgaben entbunden wurde* (STAMA, Bestand Dezernatsregistratur, Zugang 3/1981, Nr. 331).

186   Vgl. dazu das detaillierte Beschwerdeschreiben des CDU-Stadtrats Bartsch an den Mannheimer Oberbürgermeister vom 22. Februar 1949: *In meiner Eigenschaft als Stadtrat und Mitglied des Flüchtlingsausschusses erlaube ich mir, folgende Beschwerde vorzubringen: Fortgesetzt werden bei mir Flüchtlinge vorstellig, die über die Art der Behandlung seitens der Flüchtlingsstelle Klage führen. Es ist mir vollkommen klar, daß man nicht allen Wünschen der Flüchtlinge nachkommen kann; aber auch der innerlich Gebrochene wird das nötige Verständnis aufbringen, sofern er die Überzeugung hat, daß man seitens einer städtischen Dienststelle gewillt ist, ihm in seiner großen Not zu helfen oder ihn zu beraten. Von diesem guten Willen scheint das Flüchtlingsreferat jedoch weit entfernt zu sein. Im Gegenteil habe ich in der letzten Zeit wiederholt Klage darüber gehört, wie das Flüchtlingsreferat bemüht ist, die hiesige Interessensvertretung der Flüchtlinge, die Flüchtlingsvereinigung Mannheim, die bislang der einzige Rettungsanker der Entwurzelten ist, lahmzulegen. Es ist mir unverständlich, daß das Flüchtlingsreferat über die bestehenden gesetzlichen Bestimmungen des Flüchtlingsgesetzes und dessen Ausführungsbestimmungen hinweggesetzte und den Flüchtlingsausschuß einfach ignorierte. Es läge wohl in der Natur der Sache, das Referat mit Flüchtlingen, die bereits in der Stadtverwaltung beschäftigt sind, zu durchsetzen und die Herren [...], gegen die am meisten Klagen laut wurden, auszutauschen. Die Erfüllung der Bitte dürfte wohl kaum auf Schwierigkeiten stoßen, und dem allgemeinen und berechtigten Wunsche der Flüchtlinge wäre Rechnung getragen. Ich schlage vor, den Flüchtlingsausschuß, der bisher noch nie getagt hat, ein-*

im Dezember 1949 im städtischen Flüchtlingsausschuss den *Antrag auf Errichtung einer speziellen Flüchtlingsbetreuungsstelle [...]. Er berief sich hierbei auf die Bestimmungen des Flüchtlingsgesetzes Nr. 303, die neben einer Einschaltung der Flüchtlinge auch eine ständige amtliche Betreuung vorsehen würden. In verschiedenen Städten sei bereits eine solche Einrichtung geschaffen, während in Mannheim die Flüchtlingsstelle eine rein behördliche Organisation habe, die sich hauptsächlich mit Zuzugsangelegenheiten und dabei auf die Ausführung der vorgeschriebenen Bestimmungen beschränke, während es dringend notwendig sei, daß die Flüchtlinge auch ständig beraten und betreut würden. Für diese spezielle Aufgabe seien deshalb auch vom Landesbeauftragten 4 Arbeitskräfte vorgesehen, deren Bezüge vom Staat der Stadt zurückerstattet würden. Er forderte deshalb, daß diese Leute auch tatsächlich für die Betreuung der Flüchtlinge zur Verfügung stehen müßten.* Auch Stadtrat Bartsch stellte fest, *daß bei der Vielfalt dessen, was an die Sachbearbeiter der Flüchtlingsstelle herangetragen wird, nicht die notwendige Betreuung erfolge* und es sich nicht habe *vermeiden lassen, daß die Sachbearbeiter, ohne dadurch parteiisch zu sein, engere Verbindung mit ihren Evakuierten als mit den Flüchtlingen hätten.* Trotz hinhaltenden Widerstandes von Seiten des Leiters der Flüchtlingsstelle wurde dieser Antrag daraufhin letztlich angenommen, nachdem die Kostenneutralität dieser Maßnahme sichergestellt war, wobei die Stadtverwaltung nicht ohne Eigenlob betonte, dadurch werde *die bereits geäußerte Tatsache, daß Mannheim am besten für die Flüchtlinge sorge, erneut bewiesen.*[187] So wurde die Städtische Flüchtlingsstelle am 26. Januar 1950 aufgelöst. Die bisherigen Zuzugsaufgaben wurden nun vom Wohnungsamt, die reinen Betreuungsmaßnahmen von der neueingerichteten Abteilung für Flüchtlings- und Heimkehrerbetreuung des Wohlfahrtsamtes übernommen.[188] Dessen Erfahrung mit der Betreuung sozialer Randgruppen und die individuellere Beratung der Betroffenen führte zu einer wesentlichen Entspannung des Verhältnisses zwischen Stadtverwaltung und Flüchtlingsvereinigung, die zufrieden konstatierte: *Der Erfolg dieser neuen Einrichtung beweist sich u.a. darin, daß Klagen der Flüchtlinge, daß sie von den zuständigen Stellen abgewiesen worden seien, jetzt verstummt sind.*[189]

Zögernd und mit den gesetzlichen Bestimmungen kaum in Einklang stehend gestaltete sich auch die Vertretung der Ostflüchtlinge in den für ihre Belange einzurichtenden kommunalen Gremien. Nach den Bestimmungen des Flüchtlingsgesetzes vom 14. Februar 1947 mußte in den Stadt- und Landkreisen zur *Unterstützung der Tätigkeit der unteren Dienststellen für das Flüchtlingswesen der Stadt- und Landkreise sowie zur Beratung der Flüchtlinge* ein paritätisch aus Flüchtlingen und Einheimischen besetzter Ausschuß unter dem Vorsitz des Oberbürgermeisters bzw. Landrates gebildet werden, deren Mitglieder von den bestehenden politischen

---

zuberufen und alle strittigen Fragen zu klären (STAMA, Bestand Dezernatsregistratur, Zugang 3/1981, Nr. 331).
187 Protokoll über die Sitzung des städtischen Flüchtlingsausschusses am 14. Dezember 1949, S. 1, STAMA, Bestand Hauptregistratur, Zugang 21/1969, Nr. 340.
188 STAMA, Bestand Dezernatsregistratur, Zugang 3/1981, Nr. 266.
189 Flüchtlinge wollen Kontakt mit Einheimischen, Amtsblatt für den Stadtkreis Mannheim Nr. 9 vom 3. März 1950; vgl. auch: 1950 Einrichtung einer Flüchtlingsbetreuungsstelle, Mannheimer Morgen vom 8. Dezember 1949, S. 4.

Parteien vorgeschlagen werden sollten.[190] Trotz mehrmaliger Aufforderungen sahen sich die Mannheimer Parteien nicht in der Lage, dem Referenten für das Flüchtlingswesen entsprechende personelle Vorschläge zu unterbreiten. Erst am 9. Januar 1948 bestimmte der Stadtrat fünf einheimische Stadträte als Mitglieder des Flüchtlingsausschusses, der durch fünf weitere, nun von der Mannheimer Flüchtlingsvereinigung benannte Betroffene komplettiert wurde. Die Berufung der Ausschußmitglieder erfolgte am 27. April 1948. Die erste Sitzung fand indessen erst auf Drängen der Mannheimer Flüchtlingsvereinigung, die sich über mangelnde Unterstützung von Seiten der Stadtverwaltung beklagte, im März 1949 statt, also über zwei Jahre nach Erlaß der gesetzlichen Bestimmungen und 11 Monate nach der Berufung der Mannheimer Ausschußmitglieder.[191] Insgesamt brachte es der Ausschuß, dessen Sitzungsfrequenz auch anderenorts kaum höher lag, bis Juli 1951 auf nur 3 Sitzungen, was von Seiten der Stadtverwaltung *als ein sehr günstiges Zeichen für die Eingliederung der Flüchtlinge in die einheimische Bevölkerung* bewertet wurde,[192] obwohl die wenigen Zusammenkünfte, die ausschließlich auf Drängen der Betroffenen zustandegekommen waren, keineswegs so eindeutig auf eine konfliktfreie Aufnahme der Zuwanderer schließen lassen. Nachdem der Ausschuß in der Folgezeit drei Jahre nicht mehr zusammengetreten war, wurde er, zumal im 1953 verabschiedeten Bundesvertriebenengesetz nicht mehr vorgesehen, am 19. November 1954 ohne eine weitere Sitzung durch Beschluß des Stadtrats aufgelöst.[193]

Daneben nahm die Mannheimer Stadtverwaltung von der Durchführung der in der ersten Ausführungsverordnung des Innenministeriums zum Flüchtlingsgesetz Nr. 337 vorgesehenen direkten Wahl von Flüchtlingsvertrauensleuten durch die ortsansässigen Flüchtlinge Abstand, indem sie die ernannten Flüchtlingsmitglieder des Flüchtlingsausschusses im Einvernehmen mit der Mannheimer Flüchtlingsvereinigung kurzerhand zu Vertrauensleuten erklärte. Gegen dieses undemokratische Verfahren erhob der Landesbeauftragte für das Flüchtlingswesen am 11. August 1948 Einspruch und ordnete den gesetzlichen Bestimmungen entsprechend eine geheime und gleiche Wahl der Flüchtlingsvertrauensleute an, was der Mannheimer Oberbürgermeister am 4. Oktober 1948 mit dem Hinweis darauf ablehnte, daß *die Zahl der Flüchtlinge in Mannheim, gemessen an der Gesamtzahl der Einwohner, unerheblich ist und die Durchführung von Wahlen nur Kosten verursachen würde*. Während nicht nur in allen Landkreisen, sondern auch in den nordbadischen Stadtkreisen Karlsruhe und Heidelberg, nicht jedoch in Pforzheim, die entsprechende Wahl durchgeführt wurde, verschleppte die Mannheimer Stadtverwaltung sie so lange, bis im Juni 1949 auch der Landesbeauftragte angesichts der zu erwartenden Neuregelung der Flüchtlingsverwaltung von seinen wiederholten erfolglosen Protesten absah und schließlich nach der Wahl zum ersten Bundestag, mit der *die politische Eingliederung der*

---

190   Gesetz Nr. 303 über die Aufnahme und Eingliederung deutscher Flüchtlinge (Flüchtlingsgesetz) vom 17. Februar 1947, § 13, Amtsblatt des Landesbezirks Baden 2/1947, Nr. 6/7, S. 60; Erste Verordnung Nr. 337 des Innenministeriums zur Ausführung des Flüchtlingsgesetzes vom 3. Dezember 1947, Stuttgart 1948, S. 2.

191   STAMA, Bestand Dezernatsregistratur, Zugang 3/1981, Nr. 331; vgl. auch: Die Wahlheimat soll zur Heimat werden, Mannheimer Morgen, Nr. 39 vom 11. März 1949.

192   Protokoll über die Sitzung des städtischen Flüchtlingsausschusses am 11. Juli 1951, S. 1, STAMA, Bestand Hauptregistratur, Zugang 21/1969, Nr. 340.

193   STAMA, Bestand Dezernatsregistratur, Zugang 3/1981, Nr. 331.

Heimatvertriebenen als vollzogen betrachtet werden könne, am 31. August 1949 den Wahlerlaß generell aufhob.[194] Kompensiert wurden diese strukturellen Defizite zumindest teilweise durch das Engagement einzelner Persönlichkeiten. So setzte sich etwa der CDU-Stadtrat Wilhelm Bartsch,[195] der, aus Danzig stammend, zwar dem Landesbeauftragten im Zuge einer Anfrage über das Ausmaß der Vertretung von Ostflüchtlingen in den Gemeinderäten als einziger heimatvertriebener Stadtrat gemeldet wurde, indessen als Einheimischer im Mannheimer Flüchtlingsausschuß saß,[196] vor Ort und auf Parteiebene auch überregional in intensiver Weise für die Belange der Ostflüchtlinge ein.[197] Und die umfassende Tätigkeit der Mannheimer Flüchtlingsvereinigung artikulierte nicht nur immer wieder gegenüber der Stadtverwaltung die Interessen ihrer Mitglieder, sondern suchte deren Situation auch durch konkrete Selbsthilfemaßnahmen, die bis zur Erstellung von in Eigenleistung erbauten Wohnhäusern reichten, zu verbessern.[198]

Die besondere Situation der Ostflüchtlinge, die nach Kriegsende in die Rhein-Neckar-Stadt gekommen waren, schlug sich auch in der Struktur ihrer lokalen Organisation nieder. Die Gründung der Mannheimer Flüchtlingsvereinigung e.V. erfolgte am 23. Juli 1947, als sie durch das Amt für öffentliche Ordnung der Stadt Mannheim als unpolitischer Verein offiziell zugelassen wurde.[199] Im Gegensatz zu den Selbsthilfeorganisationen in den anderen nordbadischen Kreisen, in denen sich die sachpolitisch ausgerichtete 'Interessensgemeinschaft der ausgewiesenen Deutschen' (IDAD) unter der Leitung von Karl Bartunek als führende Organisation etablierte,[200] war die Mannheimer Flüchtlingsvereinigung, die Versuche der IDAD, in Mannheim Fuß zu fassen, noch Anfang der 1950er Jahre erfolgreich abzuwehren wußte,[201] unter ihrem Vor-

---

194	STAMA, Bestand Dezernatsregistratur, Zugang 3/1981, Nr. 331, GLAK Bestand 466, Zugang 1981/47, Nr. 1349; zu den Ausführungsbestimmungen des Landesbeauftragten, die die Wahl von einem Flüchtlingsvertrauensmann je 1.000 Flüchtlinge vorsahen, vgl.: ebd.
195	Zu Bartsch vgl.: Mannheimer Morgen, Nr. 259 vom 10. November 1971, Nr. 168 vom 24. Juli 1974 und Nr. 125 vom 6. Juni 1978.
196	Vgl. dazu die Protokolle der Sitzungen des Mannheimer Flüchtlingsausschusses: STAMA, Bestand Hauptregistratur, Zugang 21/1969, Nr. 340.
197	Vgl. dazu: Stadtrat Wilhelm Bartsch, Badische Volkszeitung Nr. 163 vom 19. Juli 1967: *Wilhelm Bartsch war damals der erste Heimatvertriebene im kommunalen Parlament. Und die Flüchtlinge und Vertriebenen haben diesen Wahlakt nie bereut. Sofort nach seiner Wahl zum Stadtrat engagiert sich Bartsch im Sozialpolitischen Ausschuß. Sofort kurbelte er mit aller Kraft eine wirksame Unterstützungsaktion für die in Mannheim lebenden Vertriebenen und Flüchtlinge an.* Darüber hinaus war Bartsch, der von 1948 bis 1953 als Parteisekretär der Mannheimer CDU fungierte und dann als Fürsorger beim Evangelischen Gemeindedienst tätig war, seit 1946 Mitglied im Landesflüchtlingsausschuß der CDU Nordbaden (STADTARCHIV MANNHEIM (Hg.) (1984) S. 22 f.).
198	Vgl. dazu: Flüchtlinge werden endgültig in Mannheim seßhaft, Mannheimer Morgen vom 27. September 1949, S. 4.
199	STAMA Hauptregistratur, Bestand Kriegsschäden, Zugang 12/1980, Nr. 72; die Akten der Flüchtlingsvereinigung e.V. sind nach Auskunft des Mannheimer Kreisverbandes des Bundes der Vertriebenen verschollen.
200	Vgl. dazu: BARTUNEK (Hg.) (1954). Zur Frage der Organisationsstruktur hatte der Vorsitzende der IDAD auf einer Tagung der Kreisvorsitzenden seiner nordbadischen Organisation programmatisch erklärt, man solle *keine landsmannschaftlichen Vereine ins Leben rufen; wir sind in erster Linie Vertriebene!"* (Protokoll über die Tagung der IDAD-Kreisvorsitzenden Nordbadens am 2. Mai 1948 in Heidelberg, GLAK, Nachlaß Bartunek, Nr. 10).
201	Vgl. dazu: KLIMPERLE (1991) S. 43 f.

sitzenden Kurt Viebig[202] von Anfang an landsmannschaftlich orientiert und organisiert. Ihre dominante Stellung resultierte nicht zuletzt daraus, daß sie von der Stadtverwaltung als einzige autorisierte Flüchtlingsvertretung anerkannt wurde. So stellte das Städtische Wohlfahrtsamt, dem mittlerweile die Betreuung der Heimatvertriebenen oblag, Mitte 1950 quasi amtlich fest: *Die Heimatvertriebenen in Mannheim werden durch die Flüchtlingsvereinigung Mannheim e.V. vertreten; diese stellt auf Grund des Flüchtlingsgesetzes Nr. 303 auch den Flüchtlingsausschuß. Die Organisation umfaßt über 2000 Mitglieder; Mitglied ist jeweils nur der Haushaltungsvorstand. Die Vertriebenen haben sich innerhalb der Flüchtlingsvereinigung nach den Herkunftsländern zusammengeschlossen und bilden die Landsmannschaften Schlesien, Sudetenland, Pommern, Ostpreußen, Wartheland/Brandenburg, Danzig/Westpreußen und Baltenland.*[203] Die Zielsetzung dieser Vereinigung bestand darin, *die wirtschaftlichen Belange der Heimatvertriebenen gegenüber der Stadtverwaltung, dem Sozialreferat und der städtischen Flüchtlingsstelle sowie gegenüber dem Landesbeauftragten für das Flüchtlingswesen zu vertreten. Ihre vornehmste Aufgabe aber sieht sie in der Wahrung der kulturellen Eigenständigkeit innerhalb der einzelnen Landsmannschaften. Die Gründung eines Siedlungs- und Sozialausschusses, des Sänger-Chors Ostland, eines Flüchtlingsorchesters und ähnlicher Institutionen sind Ausdrucksformen der bis jetzt geleisteten Arbeit. Auch bei der Arbeitsvermittlung steht die Flüchtlingsvereinigung im Einvernehmen mit dem Arbeitsamt den Vertriebenen helfend zur Seite.*[204]
Diese Organisationsstruktur der Mannheimer Flüchtlingsvereinigung, die über die Mitgliedschaft von ca. 2.500 Haushaltsvorständen nach eigenen Angaben im Herbst 1949 zwischen 40 und 50% der ortsansässigen Heimatvertriebenen erfassen konnte,[205] lag nicht nur in der Ausrichtung ihres Vorsitzenden begründet, der als Vorstand des Landesflüchtlingsverbandes auch im überregionalen Rahmen dem landsmannschaftlichen Prinzip und rückkehrorientierten Interesse *an der verlorengegangenen Heimat* größte Priorität einräumte,[206] so daß die Mannheimer

---

202 Viebig, der 1902 in Straßburg geboren und in Breslau aufgewachsen war, hatte - nach seiner Entlassung aus amerikanischer Kriegsgefangenschaft heimatlos geworden - als ehemaliger Polizeioffizier in Mannheim seit dem 1. Juni 1945 im Auftrag der Besatzungsmacht die Schutzpolizei aufgebaut, war aber aufgrund von Protesten der kommunistischen Gemeinderatsfraktion am 1. März 1947 in die innere Verwaltung versetzt worden und leitete dann das städtische Beschaffungsamt. Vgl. dazu seinen 1950 datierten Lebenslauf (GLAK, Nachlaß Bartunek, Nr. 15) sowie: Mannheimer Morgen, Nr. 14 vom 18. Januar 1962 und Nr. 212 vom 14. Dezember 1964.
203 Städtisches Wohlfahrtsamt: Organisationen der Heimatvertriebenen betr., Mannheim, den 13. Juni 1950, STAMA, Bestand Dezernatsregistratur, Zugang 3/1981, Nr. 334.
204 Die Flüchtlingsvereinigung - der Anwalt der Vertriebenen, Mannheimer Morgen, Nr. 215 vom 15. Oktober 1949.
205 Vgl. dazu: Die Flüchtlingsvereinigung - der Anwalt der Vertriebenen, Mannheimer Morgen vom 15. Oktober 1949: *Ohne die schwarz über die grüne Grenze gekommenen sogenannten illegalen Grenzgänger wohnen in der Stadt Mannheim rund 13000 Heimatvertriebene. Etwa 2500 davon sind als Mitglieder in der Flüchtlingsvereinigung registriert. Diese Zahl erhöht sich jedoch beträchtlich, wenn bedacht wird, daß im allgemeinen nur der jeweilige Haushaltungsvorstand sich als Mitglied eintragen läßt. Addiert man die Familienmitglieder hinzu, so zählt die Flüchtlingsvereinigung ungefähr 6000 Mitglieder.*
206 Vgl. dazu etwa die Ausführungen Viebigs nach dem Protokoll des außerordentlichen Landesverbandstags der IDAD am 13. November 1949, S. 4, GLAK, Nachlaß Bartunek, Nr. 11. Vgl. auch: 'Das Recht auf Heimat ist stärker als politische Gewalten', Mannheimer Morgen vom 5. November 1951, S. 7.

Interessenvertretung der Heimatvertriebenen in Nordbaden auch verbandspolitisch eine Sonderstellung einnahm.[207] Vielmehr stellte diese Ausrichtung auch einen Reflex dar auf das Problem, im großstädtischen Raum die potentiellen Mitglieder, die schon früh zahlen- und verteilungsmäßig in der Restbevölkerung zu verschwinden drohten, überhaupt rekrutieren zu können. Denn die Flüchtlingsvereinigung hatte, so ihr Vorsitzender im April 1948, *mit großen Schwierigkeiten zu kämpfen, um überhaupt eine Zusammenfassung der Flüchtlinge durchzuführen.*[208] Bereits deren Erfassung, die ab Herbst 1947 anhand der Kartei des städtischen Flüchtlingsreferenten Schweizer erfolgte,[209] war nicht einfach, wurden die schwer überschaubaren Verhältnisse in der Großstadt durch den weitgehenden Ausfall der auf dem Land eventuell weiterbestehenden rudimentären Verbindungen zwischen den Ausgewiesenen doch noch kompliziert: *Während in kleineren Städten und auf dem Lande eine gruppenweise Festsetzung der Flüchtlinge erfolgte, setzen sich in Mannheim diese aus allen Teilen der abgetretenen Gebiete zusammen.*[210] Denn im Vergleich zu den Verhältnissen in den Landkreisen, wo die Massierung der dort verteilten geschlossenen Massentransporte ungleich größer war, zeichneten sich die in Mannheim lebenden Zuwanderer nicht nur durch eine extreme herkunftsmäßige Heterogenität aus und zerfielen in sehr viel mehr landsmannschaftliche Gruppen. Darüber hinaus waren sie nicht über ein solidaritätsstiftendes Gemeinschaftsschicksal mit geschlossenen Massentransporten aus bestimmten Herkunftsregionen in die Rhein-Neckar-Stadt gekommen, sondern aufgrund eigener Initiative als Einzelwanderer, die entweder bei Verwandten, Freunden und Bekannten Aufnahme fanden, oder als Fachkräfte, die im Zuge einer Arbeitsplatzzuweisung mit notdürftigem Wohnraum und zugleich mit einem neuen sozialen Umfeld versehen worden waren. Dies galt auch für die zufällig hierher gelangten Kriegsgefangenen, die im sozialen Kontext ihres herkunftsunspezifisch zusammengesetzten Truppenverbandes in die Großstadt entlassen wurden und zunächst in den Notunterkünften unterkamen, die ihre Arbeitgeber bereitstellten. Zugleich besaßen damit sachpolitische Fragen wie Arbeits- und Wohnraumbeschaffung für diese vergleichsweise kleine Bevölkerungsgruppe vorerst eine geringere Bedeutung als auf dem Land. Trotz der existenziell gleichgerichteten Interessen dieser Zuwanderer, die natürlich auf eine Verbesserung ihrer materiellen Situation abzielten, war deren sachpolitische Mobilisierung im großstädtischen Raum, der sehr viel mehr Möglichkeiten zur selbstgesteuerten Veränderung der eigenen Lebensverhältnisse bot, offensichtlich schwerer

---

207 Auf verbandspolitischer Ebene spielte die Mannheimer Flüchtlingsvereinigung insofern eine Sonderrolle, als sie erst ab November 1949 mit der bereits im Mai 1947 gegründeten IDAD lose zusammenarbeitete, also auch ab dem Zeitpunkt, als diese ausschließlich interessenspolitisch ausgerichtete Vertriebenenorganisation als "Landesverband der vertriebenen Deutschen - IDAD Landesflüchtlingsverband - Landsmannschaften" (im folgenden: LvD) nach dem landsmannschaftlichen Prinzip umstrukturiert wurde (Vgl. dazu: BARTUNEK (Hg.) (1954)). Die Flüchtlingsvereinigung behielt aber ihre Rechtsform als eigenständiger eingetragener Verein und trat dem LvD erst im Mai 1951 als juristische Person mit vollem Stimmrecht bei (Protokoll der 29. Vorstandssitzung des LvD am 27. Mai 1951, GLAK, Nachlaß Bartunek, Nr. 15).
208 Schreiben der Mannheimer Flüchtlingsvereinigung an den Referenten für das Flüchtlingswesen Schweizer vom 30. April 1948, GLAK Bestand 466, Zugang 1981/47, Nr. 1613.
209 Vgl. dazu: Tätigkeitsbericht des Mannheimer Flüchtlingsreferenten Karl Schweizer vom 27. Januar 1948, GLAK, Bestand 466, Zugang 1981/47, Nr. 2021.
210 Schreiben der Mannheimer Flüchtlingsvereinigung an den Referenten für das Flüchtlingswesen Schweizer vom 30. April 1948, GLAK Bestand 466, Zugang 1981/47, Nr. 1613.

möglich. So konnte etwa bei den Ende 1947 erfolgenden Versammlungen, die in der Etablierungsphase der Mannheimer Flüchtlingsvereinigung stattfanden und der *allg.[emeinen] Diskussion über Flüchtlingsfragen* galten, nur ein *mittelmäßiger Besuch* festgestellt werden.[211] Hier versprach offenbar der Weg über die Reorganisation ihrer kulturellen Identität und über die Kontaktaufnahme mit ihren Landsmännern und -frauen einen größeren Erfolg als in den Landkreisen, wo sich angesichts der sehr viel drängenderen ungelösten sozialpolitischen Forderungen die IDAD als rein sachpolitisch ausgerichtete Organisation etablierte. Entsprechend stellte denn auch die Flüchtlingsvereinigung 1950 fest: *Ausschlaggebend für diese landsmannschaftliche Aufgliederung war die Überlegung, daß dadurch der innere Zusammenhang besser bewahrt werden könne, die gegenseitige Unterstützung in sozialer und materieller Hinsicht leichter erscheint und innerhalb dieser Gruppen das heimatliche Kulturgut weitergepflegt werden kann.*[212] Deutlicher und früher als bei den Orts- und Kreisgruppen der IDAD auf dem Lande, für die die Herstellung landsmannschaftlicher Verbindungen aufgrund ihrer in weniger zahlreiche Herkunftsgruppen zerfallenden Mitgliederstruktur nicht so dringlich war, teilten sich die Funktionen der Mannheimer Flüchtlingsvereinigung in zwei Teilgebiete auf. Während die im Haus des Roten Kreuzes untergebrachte zentrale Beratungsstelle Hilfeleistungen bei den antrags- und verwaltungstechnischen Alltagsproblemen und auch einen Vermittlungsdienst für Hilfsarbeiten anbot, fand die eigentliche soziale Reorganisation in den über die Stadtteile verteilten landsmannschaftlichen Vereinigungen statt, deren Größe von *100 bis 600 Mitgliedern* reichte, wobei *Sudetenländer sowie Schlesier [...] am stärksten vertreten* waren.[213] Die entsprechenden Veranstaltungen der Landsmannschaften fanden indessen eine unterschiedliche Resonanz. Denn zunächst stand die Bewältigung der Alltagsprobleme für die Zuwanderer im Vordergrund ihres Interesses, wie Viebig feststellte: *Die Landsmannschaften vermitteln im eigenen Rahmen traditionelle und kulturelle Darbietungen. Wir machen hierbei aber die Erfahrung, daß selbst diesen nicht das erforderliche Verständnis entgegengebracht wird, weil eben die auf uns lastenden Sorgen und Nöte alles andere in den Hintergrund drängen.*[214] Demnach verlagerte sich die Hauptfunktion des landsmannschaftlichen Organisationsprinzips erst im Laufe der Zeit auf die sozio-kulturelle Restabilisierung der Zuwanderer und wurde zunächst durch deren Alltagsnöte, die ihr Leben in der fremden Großstadt und dabei vor allem *die Hebung des Lebensniveaus und vorwiegend die Wohnungsfrage* betrafen,[215] überlagert.

211	Tätigkeitsbericht des Mannheimer Flüchtlingsreferenten Karl Schweizer vom 27. Januar 1948, GLAK Bestand 466, Zugang 1981/47, Nr. 2021.
212	Flüchtlinge wollen Kontakt mit Einheimischen, in: Amtsblatt für den Stadtkreis Mannheim Nr. 9 vom 3. März 1950.
213	Die Flüchtlingsvereinigung - der Anwalt der Vertriebenen, Mannheimer Morgen, Nr. 215 vom 15. Oktober 1949.
214	Schreiben der Mannheimer Flüchtlingsvereinigung an den Referenten für das Flüchtlingswesen Schweizer vom 30. April 1948, GLAK Bestand 466, Zugang 1981/47, Nr. 1613.
215	Ebd.

Das Wahlverhalten der Zuwanderer

Trotz eines relativ hohen Mitgliederbestandes und Organisationsgrades ihrer Selbsthilfeorganisation,[216] der aus den Beratungs- und Betreuungsleistungen der Flüchtlingsvereinigung resultierte, führte offenbar die sich nicht zuletzt aus der positiven Entwicklung des Arbeitsmarktes ergebende Verbesserung der Lebensumstände dazu, daß die Heimatvertriebenen in der Folge als Wähler keinen eigenständigen kommunalpolitisch relevanten Faktor darstellten. Allerdings behinderten das alliierte Koalitionsverbot, das die Bildung politischer Parteien der Flüchtlinge und Vertriebenen zunächst ebenso untersagte wie die Kenntlichmachung von Ostflüchtlingen auf den Listen der lizensierten Parteien, aber auch die relativ geringe Zahl von Zuwanderern im Mannheimer Stadtkreis in den ersten Nachkriegsjahren deren politische Organisation. Bei den Stadtratswahlen vom 26. Mai 1946 waren sie, da noch nicht mindestens ein Jahr ansässig, nicht wahlberechtigt. Und bei der Kommunalwahl vom 7. Dezember 1947 sowie bei der Wahl zur Verfassunggebenden Landesversammlung für Württemberg-Baden vom 30. Juni 1946 und in der Landtagswahl vom 24. November 1946 konnten keine eigenen Vertreter dieser Bevölkerungsgruppe kandidieren. Darüber hinaus bemühten sich die etablierten Parteien auch kaum, die Neubürger als Wählerpotential zu erschließen. Allein die CDU ging in ihrer Grundsatzerklärung zur Kommunalwahl 1947 auf den Vorgang von Flucht und Vertreibung ein, der auch in der Rhein-Neckar-Stadt seine Spuren hinterlassen hatte. Allerdings erfolgte dies nicht im Sinne einer wie auch immer gearteten Vertretung der Interessen der davon betroffenen Zuwanderer, sondern eindeutig im Kontext einer Abgrenzung von der Mannheimer KPD, wurden doch die Ostflüchtlinge als Zeugen für die Folgen der marxistischen Politik aufgerufen, die nicht zuletzt durch die Vertreibung die hiesige Versorgungslage verschlechtert habe.[217] Insofern richtete sich diese Argumentation vor allem an die Belange der einheimischen Bevölkerung. Allerdings verhalf die Mannheimer CDU mit ihrem späteren Parteisekretär Wilhelm Bartsch einem Ostflüchtling zu einem Stadtratssitz. Obwohl der heimatlos gewordene Danziger auf dem aussichtslosen 19. Rang des Listenwahlvorschlags plaziert war und er aufgrund der Bestimmungen der Militärregierung nicht als Heimatvertriebener firmieren konnte, erhielt er am 7. Dezember 1947 24.314 Einzelvoten und wurde damit durch Stimmenkumulierung und

---

216 Der parallel zur Etablierung der Mannheimer Flüchtlingsvereinigung erfolgende Aufbau der Kreisorganisationen der am 3. Mai 1947 gegründeten IDAD war erst in der ersten Hälfte des Jahres 1948 abgeschlossen. Zu diesem Zeitpunkt zählte deren Organisation im mitgliederstärksten Landkreis Karlsruhe, wo Mitte 1948 27.798 Ostflüchtlinge ansässig geworden waren (KAISER (o.J.) S. 44) 3.600 Haushaltsvorstände, gefolgt vom Kreisverband Buchen, der bei einem Potential von insgesamt 18.876 Ostflüchtlingen 2.400 IDAD-Angehörige zählte. Im Stadtkreis Heidelberg, in dem 18.441 Ostflüchtlinge registriert waren, konnte die IDAD nur 1.600 Mitglieder rekrutieren. (Karl Bartunek: Denkschrift über Aufgaben und Ziele der IDAD, Anhang, Karlsruhe, den 17. Juli 1948, GLAK, Nachlaß Bartunek, Nr. 3).

217 Vgl. dazu: Kuhn, August: Der Tag der Entscheidung. Zum 7. Dezember 1947, Mannheimer Morgen, Nr. 138 vom 5. Dezember 1947, S. 3: *Von dem Wirken und den Bestrebungen der Kommunistischen Partei können die aus Rußland zurückkehrenden deutschen Kriegsgefangenen und die Ostvertriebenen erzählen. 90 Prozent der Heimkehrer aus dem Land des restlos verwirklichten Marxismus sind arbeitsunfähig. Der Osten, der früher uns Brot und Rohstoffe lieferte, hat rund zehn Millionen Deutsche all ihrer Habe beraubt und sie zu uns nach dem Westen und Süden vertrieben.*

-panaschierung auf den 12. Rang 'hochgewählt'.[218] Angesichts der Tatsache, daß er noch nicht lange in der Stadt ansässig geworden war, dürfte dieses Ergebnis hauptsächlich auf seine Eigenschaft als Vertreter der Ostflüchtlinge zurückgehen.[219] Nach Bartsch, der bis 1971 im Stadtrat saß, gelang es nur noch dem CDU-Mitglied Erhard Bruche (1956 - 1964) und dem SPD-Mitglied Willi Kirsch (1951 - 1962), über den Wahlvorschlag einer etablierten Partei in dieses Gremium zu gelangen, dem damit bis 1960 nur drei heimatlos gewordene Zuwanderer angehören sollten.[220]

Kurzfristig aufgerüttelt wurden die Parteien, als im Vorfeld der Bundestagswahl 1949 die Konkurrenz einer eigenständigen Partei der Ostflüchtlinge drohte. So registrierten die lokalen Beobachter der amerikanischen Militärbehörde: *According to DENA [Deutsche Nachrichtenagentur] report, Military Government has withdrawn its objection to an expellee party. This report has caused a sensation in Mannheim. Politicians of all shades and leanings criticize this report - if it is true. Expellees, on the other hand, judging from the first report received from expellee circles in this area, have everywhere welcomed the report and are greatly in favor of being permitted to establish their own political party. The expellees point out that the political parties licensed so far have failed to take expellee interests into consideration.*[221] Da sie bislang die Zuwanderer kaum in ihre Mitgliederstruktur und Organisation eingebunden hatten, fürchteten die etablierten Parteien trotz des in Mannheim geringen Wählerpotentials eine Veränderung der politischen Landschaft: *The efforts to establish a party of war victims, as well as attempts to establish an expellee party [...] have begun to irritate the licensed political parties with the exception of the KPD. The communists find it of advantage that the non-communist parties are splitting their own ranks. The other licensed parties, however, the FDP, the CDU, and the SPD, are sharpely opposed to all these attempts at new parties. Sensible politicians of all political camps emphasize, however, that these new parties are the result of the inability of established parties to help special pressure groups, who now seek to help themselves. It is doubtful if these special groups will ever become numerically strong enough to gain their ends.*[222] Angesichts der relativ geringen Zahl von Zuwanderern im Stadtkreis Mannheim hielten sich jedoch die Bemühungen der Parteien um deren Stimmen in deutlichen Grenzen: *For the Bundestag election, no party in the election district of SK Mannheim [...] has nominated an expellee candidate. They save themselves, however, by reference to the fact that on the Land list, put up by their managing committees in Stuttgart, expellee candidates have been taken into consideration. [...] The political parties in SK Mannheim, in view of the minor number of expellees residing there, have not cared especially about them politically, although a few expellee members are present in all parties. [...] in SK Mannheim, the four political parties make no special election promises in view of the small number of expel-*

---

218 Statistisches Amt der Stadt Mannheim (Hg.): Verfahren und Ergebnis zweier Wahlen in Mannheim. Bearb. von Karl Hook (= Beiträge zur Statistik der Stadt Mannheim, Heft 40), Mannheim 1948, S. 13 und Anhang.
219 Siehe dazu: oben, Anm. 197.
220 Vgl. dazu: STADTARCHIV MANNHEIM (Hg.) (1984) S. 22 f., 29 f., 68 f.
221 Military Government Liaison and Security Office Mannheim: Intelligence Report 23 Dec 1948, RG 260 OMGWB 12-76/2-29.
222 Military Government Liaison and Security Office Mannheim: Intelligence Report 5 May 1949, RG 260 OMGWB 12-13/1-6.

lees [...] The general attitude of Altbuerger toward the establishment of an expellee party is also oppositional. The reason therefore is that it is feared the expellees, which would have proselytes from all possible other dissatisfied circles, might become the strongest party, because the Altbuerger would split themselves in four licensed parties.[223] Derartige Befürchtungen waren natürlich übertrieben, so daß CDU und SPD es sich erlauben konnten, auf die Teilnahme an einer von der Mannheimer Flüchtlingsvereinigung veranstalteten Podiumsdiskussion zu verzichten, zumal sie darauf rechnen konnten, daß aufgrund der in Flüchtlings- und Vertriebenenkreisen weit verbreiteten antikommunistischen Einstellung die in Mannheim relativ starke KPD kaum Kapital aus deren Präsenz und Wahlverhalten würde schlagen können.[224] Indessen fühlten sich die Zuwanderer, wie die Lokalpresse dokumentiert, durch diese Nichtbeachtung als *Staatsbürger zweiter Klasse* empfindlich zurückgesetzt.[225]

Nachdem sich am 4. Juni 1949 in Württemberg-Baden der "Zentralverband der Fliegergeschädigten, Vertriebenen und Währungsgeschädigten" (ZVF) mit den im "Zentralverband der vertriebenen Deutschen" organisierten Vertriebenen um Dr. Karl Bartunek und Dr. Karl Mocker zur "Notgemeinschaft Württemberg-Baden" zusammengeschlossen hatte, stellte sich in Mannheim mit dem in Lichtenfels am Main geborenen Elektroingenieur Heinrich Gräbner, der schon seit 1941 in der Rhein-Neckar-Stadt ansässig war, ein Kandidat zur Wahl in den Bundestag, der in der hochgradig kriegszerstörten Industriestadt mit seiner Person bezeichnenderweise in erster Linie die kriegsgeschädigten Einheimischen repräsentierte.[226] Mit ihm erreichte die "Notgemeinschaft" im Stadtkreis Mannheim 5.411, also 5,5% der abgegebenen gültigen Stimmen.[227] Zu diesem Zeitpunkt waren in Mannheim über 12.000 Ostflüchtlinge registriert. Dieses Potential konnte Gräbner keineswegs ausschöpfen, selbst wenn man bedenkt, daß es aus

---

223   Military Government Liaison and Security Office Mannheim: Intelligence Report 20 July 1949, ebd.
224   So berichtete das Mannheimer Military Government Liaison and Security Office in seinem Intelligence Report vom 27. Juli 1949: *On Friday, 22 July 1949, the local expellee association held a meeting during which the representatives of the various political parties were asked to speak to the expellee concerning their political standpoint with regard to expellee problems. Only two parties availed themselves of the opportunity, the KPD and the DVP. The CDU had refused to participate in a political rally together with the KPD. The SPD had emphasized that its party program included everything that the expellee had demanded, so that it was superfluous to speak with the expellee about it. This evoked strong protests from the audience. The Land Commissioner for Expellees, Dr. Bettinger, the representative of the KPD, was greeted with boos. Hecklers yelled at him: "We got to know Communism in the East, and we'll have none of it." This did not give him an opportunity to speak.* (ebd.); vgl. auch: Wer gewinnt die Flüchtlingsstimmen, Rhein-Neckar-Zeitung vom 25. Juli 1949, S. 5).
225   Nur KPD und DVP kamen zu den Flüchtlingen, Mannheimer Morgen, Nr. 143 vom 23. Juli 1949: *Amtmann Kurt Viebig, Vorsitzender der Flüchtlingsvereinigung Mannheim e.V., nannte das Fernbleiben der beiden großen Parteien symptomatisch. Es decke sich mit der bisher gezeigten Einstellung dieser Parteien. Jawohl, die Vertriebenen seien bereit, am Aufbau Westdeutschlands tatkräftig mitzuarbeiten, aber sie verlangten, nicht länger als Staatsbürger zweiter Klasse behandelt zu werden.*
226   Zu Gräbner vgl.: Mannheimer Morgen, Nr. 154 vom 5. August 1949; Rhein-Neckar-Zeitung Nr. 158 vom 9. August 1949.
227   STATISTISCHES LANDESAMT BADEN-WÜRTTEMBERG (Hg.) (1953) S. 1.

Gründen des Alters[228] und des Wahlrechts nicht in seiner Gesamtheit wahlberechtigt, andererseits aber auch nicht vollständig statistisch erfaßt war. Überdurchschnittliche Ergebnisse errang die "Notgemeinschaft" in den Stadtteilen Lindenhof (11,2%), Schwetzinger-Oststadt (9,2%), Almenhof (8,5%), Scharhof-Kirschgartshausen (8,3%), Innenstadt (7,3%), Neuostheim (6,8%), Feudenheim (5,8%), Blumenau (5,8%) und Jungbusch-Mühlau (5,7%).[229] Dabei ist zu berücksichtigen, daß in einem Großteil dieser Stimmbezirke nicht nur die mit zahlreichen Zuwanderern belegten Bunker standen, sondern daß in vielen dieser besonders zerstörten Stadtteilen vor allem der Anteil der kriegsgeschädigten oder - wie im Falle Feudenheims - der besatzungsgeschädigten Einheimischen relativ groß war. Es ist daher zu vermuten, daß insbesondere auch deren Wahlverhalten zu diesen Ergebnissen geführt hat.

Das Ergebnis der Bundestagswahl 1949 hatte die Mannheimer Parteienlandschaft nicht wesentlich erschüttert, zumal die "Notgemeinschaft" auf Landesebene nicht lizensiert worden war.[230] Im Frühjahr 1950 schloß sie sich nach Aufhebung des Lizenzzwangs der zunächst in Bayern gegründeten "Deutschen Gemeinschaft" (DG) August Haußleitners an.[231] Dessen nationalistisch-oppositionelle Richtung suchte sie mit der sozialreformerisch-pragmatischen Akzentsetzung des von Waldemar Kraft im Januar 1950 gegründeten "Blocks der Heimatvertriebenen und Entrechteten" (BHE) zu vereinbaren. Nach der Landtagswahl 1950 kam es jedoch zur Spaltung beider Flügel,[232] so daß in der Folge mehrere Interessensparteien um die Stimmen der Heimatvertriebenen konkurrierten und sich deren Stimmen zersplitterten. Obwohl 1950 ein erheblicher Zustrom von Heimatvertriebenen nach Mannheim einsetzte und sich dadurch das Wählerpotential für entsprechende Parteigruppierungen, deren Strukturen sich nun auf Landesebene konsolidierten, ständig vergrößerte, spielten sie auch in den nächsten Jahren in der Mannheimer Kommunalpolitik keine eigenständige Rolle. Dies verdeutlicht bereits die Kommunalwahl vom 28. Januar 1951, bei der, wie alle drei Jahre, 24 von 48 Stadtratssitzen neu zu besetzen waren. Jeder Wähler besaß 24 Stimmen, die er durch Kumulieren und Panaschieren auf mehrere Listen verteilen konnte. Bei einer Wahlbeteiligung von 44,1% wurden 73.567 gültige Wahlscheine abgegeben. Von den 1.765.608 darauf zu vergebenden Stimmen entfielen 91.339 oder 5,2% auf Kandidaten der DG-BHE Liste. Für diese wurden 3.813 Listenwahlvorschläge abgegeben, von denen wiederum 1.686 (also 43,8%) vom Wähler verändert worden waren.[233] Dadurch erhielt der erst auf Platz 3 stehende gebürtige Mannheimer Oberpostdirektor Wilhelm Helmle die meisten Voten auf dem DG-BHE-Listenwahlvorschlag - ein deutliches Zeichen dafür, daß zahlreiche kriegsgeschädigte Einheimische zu diesem Resul-

---

228 Zum Zeitpunkt der Volkszählung im September 1950 waren von den 12.552 erfaßten heimatlosen Zuwanderern 8.950, also 71,3%, über 21 Jahre. Statistisches Amt der Stadt Mannheim (Hg.): Statistischer Jahresbericht 1952, S. 82.
229 Statistisches Amt der Stadt Mannheim (Hg.): Oberbürgermeisterwahl am 31. Juli 1949 und Bundestagswahl am 14. August 1949 in Mannheim. Wahlergebnis und Versuch einer Analyse der Nichtwähler. Bearb. von Karl Hook (= Beiträge zur Statistik der Stadt Mannheim, Heft 42), Mannheim 1949, S. 12 f.; vgl. auch: Mannheimer Morgen, Nr. 162 vom 15. August 1949, S. 5.
230 STÖSS ([2]1986a) S. 1424 - 1459, hier: S. 1427.
231 STÖSS ([2]1986b) S. 877 - 900, hier: S. 881.
232 Vgl. auch: STAATLICHE ARCHIVVERWALTUNG BADEN-WÜRTTEMBERG (Hg.) (1974) Bd. 1, S. 292 - 294.
233 Statistisches Amt der Stadt Mannheim (Hg.): Fünf Wahlen in 1 1/2 Jahren. Bearb. von Karl Hook (= Beiträge zur Statistik der Stadt Mannheim, Heft 44), Mannheim 1952, S. 42 - 56.

tat beigetragen hatten. Mit 5.644 Stimmen, das entsprach in etwa dem Ergebnis der "Notgemeinschaft" im Jahr 1949, konnte Helmle als einziger Vertreter einer Kriegsgeschädigten-Partei in der Mannheimer Kommunalpolitik der Nachkriegszeit für 6 Jahre in den Stadtrat einziehen.[234] Nach der Spaltung von DG und BHE verblieb Helmle zunächst in der "Deutschen Gemeinschaft", die die 'Einheimischen'-Fraktion der Kriegsgeschädigten repräsentierte, verließ sie aber im November 1953 und agierte danach als parteiloser Stadtrat, offensichtlich ohne allzu große Wirkung.[235] Bei den nächsten Kommunalwahlen am 15. November 1953 errang der "Gesamtdeutsche Block/BHE" (GB/BHE) nur noch 2.904 Listenwahlscheine, so daß 3,3% der gültigen Stimmzettel auf seinen Wahlvorschlag entfielen. Damit erreichte er keinen Stadtratssitz mehr, obwohl der renommierte Mannheimer Konditormeister Rudolf Kettemann, also wiederum ein Einheimischer, zahlreiche gebürtige Mannheimer mobilisieren und auf der BHE-Liste 7.133 Einzelstimmen auf sich vereinigen konnte.[236] Neben dem BHE suchte bei dieser Wahl allerdings auch die "Deutsche Partei" (DP), Stimmen der Vertriebenen und Flüchtlinge zu erhalten. Ihr Baden-Württembergischer Landesverband, der sich vorwiegend aus rechtsextremen Mitgliedern anderer Parteien rekrutierte, war im April 1953 gegründet worden.[237] Für die DP wurden immerhin 2.222 Wahllisten abgegeben, auf die 2,5% der gültigen Stimmzettel entfielen, wobei auf ihren Spitzenkandidat 4.173 Einzelstimmen kamen.[238] Bei der nächsten Stadtratswahl setzte sich der generelle Abwärtstrend fort. Bei nurmehr 2.670 für den GB/BHE votierenden Stimmzetteln, die lediglich 2,2% der für die Wahlvorschläge der Parteien abgegebenen Stimmzetteln ausmachten, erreichte dessen heimatvertriebener Spitzenkandidat Erich Wietstock 1956 zwar noch 5.195 Einzelstimmen, konnte damit aber ebenfalls nicht in den Stadtrat einziehen.[239] Bei der Gemeinderatswahl 1959 kandidierte keine Interessenspartei der Flüchtlinge und Vertriebenen. Doch schlossen sich im Vorfeld der Kommunalwahl vom November 1962 ein Teil der Mannheimer Landsmannschaften und der Gesamtverband der Sowjetzonenflüchtlinge zu einer Arbeitsgemeinschaft zusammen, um sich aus der *freiwilligen Isolation des organisierten Flüchtlings herauszubegeben* und die Zersplitterung der Flüchtlings- und Vertriebenenverbände, die diese politisch schwächte, zu überwinden.[240] Angesichts der Tatsache, daß sie mittlerweile mindestens ein Fünftel der Bewohner Mannheims zu ihrem Wählerpotential zählen konnten, rechneten die Funktionäre, die noch einmal als *Testfall* zur Gemeinderatswahl antraten und einen Wahlvorschlag der "Wahlvereinigung der Heimatvertrie-

---

234   Vgl. dazu: Mannheimer Morgen, Nr. 24 vom 29. Januar 1951, S. 2 und Nr. 28 vom 2. Februar, S. 4.
235   Vgl. dazu: STAMA, Bestand Hauptregistratur Zugang 1955/64, Nr. 328; sowie: STADTARCHIV MANNHEIM (Hg.) (1984) S. 55.
236   Statistisches Amt der Stadt Mannheim (Hg.): Bundestagswahl am 6. September 1953 und Stadtratswahl am 15. November 1953 in Mannheim. Bearb. von Karl Hook (= Beiträge zur Statistik der Stadt Mannheim, Heft 47), Mannheim 1954, S. 21 und 34; vgl. auch: Mannheimer Morgen, Nr. 270 vom 20. November 1953, S. 4.
237   SCHMOLLINGER ([2]1986) S. 1025 - 1111, hier: S. 1071.
238   Statistisches Amt der Stadt Mannheim (Hg.): Bundestagswahl am 6. September 1953 und Stadtratswahl am 15. November 1953 in Mannheim. Bearb. von Karl Hook (= Beiträge zur Statistik der Stadt Mannheim, Heft 47), Mannheim 1954, S. 21 und 34.
239   Statistisches Amt der Stadt Mannheim (Hg.): Mannheimer Wahlen 1955 und 1956. Bearb. von Karl Hook (= Beiträge zur Statistik der Stadt Mannheim, Heft 51), Mannheim 1957, S. 38 und 47; vgl. auch: Mannheimer Morgen, Nr. 267 vom 16. November 1956, S. 5.
240   Flüchtlingsverbände an einem Tisch, Mannheimer Morgen, Nr. 216 vom 18. September 1962.

benen und der Sowjetzonenflüchtlinge" einreichten, *zuversichtlich mit zwei Sitzen.*[241] Doch die "Wahlvereinigung" erhielt lediglich 4.059 gültige Stimmzettel und 99.115 Einzelstimmen, die nur 3,6% der insgesamt abgegebenen Einzelvoten ausmachten.[242] Damit konnte noch nicht einmal ihr Spitzenkandidat, der Vorsitzende der pommerschen Landsmannschaft Emil Reddemann, in den Gemeinderat gelangen, und es war *klar, daß nicht einmal alle organisierten Heimatvertriebenen und Flüchtlinge für die Wahlgemeinschaft gestimmt hatten.*[243] Diese kontinuierliche Abwärtsentwicklung, die in deutlichem Gegensatz zum stetig steigenden Anteil der Zuwanderer an der Mannheimer Bevölkerung stand, war jedoch keine Besonderheit des kommunalpolitischen Wahlverhaltens. Parallel dazu stagnierten auch die Ergebnisse der Interessens- und Protestparteien der Heimatvertriebenen und SBZ-Flüchtlinge bei den Landtags- und Bundestagswahlen.[244] Das Wahlverhalten der Heimatvertriebenen und SBZ-Flüchtlinge

---

241 Flüchtlinge planen Arbeitsgemeinschaft, Mannheimer Morgen, Nr. 263 vom 13. November 1962.
242 Statistisches Amt der Stadt Mannheim (Hg.): Gemeinderatswahl vom 4. November 1962 in Mannheim. Bearb. von Karl Hook (= Beiträge zur Statistik der Stadt Mannheim, Heft 57), Mannheim 1963, S. 45 und 52.
243 Flüchtlinge planen Arbeitsgemeinschaft, Mannheimer Morgen, Nr. 263 vom 13. November 1962.
244 Bei der Landtagswahl 1950 hatte sich in Mannheim mit der Liste 5 die aus der "Notgemeinschaft" hervorgegangene "Deutsche Gemeinschaft - Block der Heimatvertriebenen und Entrechteten" (DG/BHE) an die *Vertriebenen und Geschädigten* gewandt, um - wie es in einem entsprechenden Wahlaufruf hieß - *eine wirkliche Vertretung für die berechtigten Forderungen unseres Volkes zu schaffen: In der DG-BHE steht der Heimatvertriebene neben dem Fliegergeschädigten, der Spätheimkehrer neben dem Rentner und Arbeitslosen und den Diffamierten und Geschädigten der anderen Gruppen.* Wenngleich die DG-BHE in ihrer Programmatik stärker die Heimatvertriebenen als die kriegsgeschädigten Einheimischen ansprach, so stellte sich - im Gegensatz zum Wahlkreis Mannheim Land - im Stadtkreis Mannheim wiederum kein zugewanderter *Neubürger*, sondern mit dem gebürtigen Mannheimer Johann Anton Heß ein durch die Beschlagnahmung seines Einfamilienhauses *Besatzungsgeschädigter* als Spitzenkandidat der Liste zur Wahl (Mannheimer Morgen, Nr. 270 vom 18. November 1950, S. 8). Trotzdem und obwohl mittlerweile noch weitere Heimatvertriebene nach Mannheim zugezogen waren, fand die DG-BHE am 19. November 1950 hier nur 5.173 Wähler, das waren 238 Voten oder 4,4% weniger als bei der Bundestagswahl 1949. Nur aufgrund der geringen Wahlbeteiligung erreichte sie damit 7% der abgegebenen gültigen Stimmen (Statistisches Amt der Stadt Mannheim (Hg.): Fünf Wahlen in 1 1/2 Jahren. Bearb. von Karl Hook (= Beiträge zur Statistik der Stadt Mannheim, Heft 44), Mannheim 1952, S. 57 - 61). Bei der Wahl zur Verfassungsgebenden Landesversammlung traten am 9. März 1952 die DG/BHE und BHE/Richtung Kraft getrennt an und erreichten 1.917 [1,8%] bzw. 2.197 [2,1%], zusammen also 4.114 [3,9%] der Wählerstimmen. Dabei hatte der BHE/Richtung Kraft in allen drei Mannheimer Wahlkreisen Heimatvertriebene als Kandidaten aufgestellt, während die DG/BHE den Mannheimern nur im Wahlkreis Mannheim-Stadt II einen Bewerber präsentierte, der während der Kriegsgefangenschaft seine ostdeutsche Heimat verloren hatte (vgl. dazu: Mannheimer Morgen, Nr. 55 vom 6. März 1952, S. 3). Aufgrund ihres schlechten Abschneidens trat die DG/BHE zur Bundestagswahl 1953 im Rahmen der rechtsextremen "Deutschen Nationalen Sammlung" an, die in Mannheim 2.017 oder 1,4% aller gültigen Stimmen errang, während die GB/BHE seine 2,1% mit 2.999 Stimmen hielt. Zusammengenommen betrug der Anteil beider Gruppierungen 3,5%. 5.016 Wähler hatten sie bevorzugt. Hinzu kam allerdings noch, daß mit 3.412 Stimmen 2,3% der Wähler für die DP votiert hatten (Statistisches Amt der Stadt Mannheim (Hg.): Bundestagswahl am 6. September 1953 und Stadtratswahl am 15. November 1953 in Mannheim. Bearb. von Karl Hook (= Beiträge zur Statistik der Stadt Mannheim, Heft 46), Mannheim 1954, S. 9). Dabei ist nun allerdings bemerkenswert, daß der GB/BHE nun in anderen Stadtteilen überdurchschnittliche Ergebnisse erzielte, als 1949 die "Notgemeinschaft", deren Erfolge sich bei dieser Bundestagswahl auf die stark kriegszerstörten Gebiete konzentriert hatte. Deutlich über dem Gesamtschnitt von 2,1% lag der GB/BHE beispielsweise auf der Schönau mit 7,6%, im Wahllokal Hauptbahnhof mit 5,3%, auf der Rheinau mit 5,1% und in

zeigt somit gerade auch in Mannheim das Phänomen einer *ausgebliebenen Radikalisierung* dieser Zuwanderergruppen,[245] die hier noch sehr viel schneller erfolgte und augenfälliger ausfiel als in den ländlichen Aufnahmeregionen.

Die Reaktionen der Einheimischen auf die Neubürger

Insofern bestätigte sich, was zeitgenössische Beobachter schon früh konstatierten und prognostizierten: *Im allgemeinen wird sich die Assimilierung der Flüchtlinge in Mannheim schneller und reibungsloser vollziehen als auf dem Dorfe.*[246] Dies lag nicht zuletzt daran, daß in der ersten Nachkriegszeit *gerade die Mannheimer Bevölkerung aus ihrer Not heraus gegenüber den Flüchtlingen ein Verständnis aufgebracht hat, wie es an anderen Orten nicht zu finden ist. Das wird von allen Flüchtlingen dankbar anerkannt.*[247] Zwar gestaltete die kriegszerstörungsbedingte Verknappung aller Ressourcen, von den Lebensmitteln über Einrichtungsgegenstände bis hin zum extrem knappen Wohnraum, die materiellen Voraussetzungen für die Aufnahme der Zuwanderer ungünstiger als im ländlichen Raum, der von den Bombenangriffen verschont geblieben war und sich mit seinen landwirtschaftlichen Erzeugnissen selbst versorgen konnte, so daß - wie die an Rhein und Neckar gekommenen Ostflüchtlinge feststellen mußten - *uns in einer derart zerstörten Stadt wie Mannheim nicht so geholfen werden kann, wie*

---

der Siedlung Sonnenschein mit 4,1%. Bis auf den Hauptbahnhof handelte es sich dabei um expandierende Außenbezirke mit einem höheren Zuwandereranteil unter der Gesamtbevölkerung. Diese Verteilung zeigte sich auch in den Ergebnissen der Landtagswahl im März 1956, bei der GB/BHE mit 2.575 Stimmen wiederum 2,1% aller gültigen Voten errang (Statistisches Amt der Stadt Mannheim (Hg.): Mannheimer Wahlen 1955 und 1956. Bearb. von Karl Hook (= Beiträge zur Statistik der Stadt Mannheim, Heft 51), Mannheim 1957, S. 22 f.). Offensichtlich handelte es sich bei den insgesamt ungefähr 2.600 Stimmen um den festen Wählerstamm, denn auch die Zahl der im November 1956 bei der Stadtratswahl für den GB/BHE abgegebenen Listenstimmzettel betrug 2.688, so daß sich im Wahlverhalten auf Landes- und auf Kommunalebene keine Unterschiede feststellen lassen. Lediglich bei der Bundestagswahl 1957 erhöhte sich die absolute Stimmenzahl für den GB/BHE leicht auf 3.111, doch führte die höhere Wahlbeteiligung zu einem relativen Rückgang auf 2,0%. Und die sich ebenfalls für die zahlreichen Zuwanderer als Protestparteien anbietende DP sowie die DG erzielten lediglich 1,6 bzw. 0,2% der Mannheimer Stimmen (STATISTISCHES LANDESAMT BADEN-WÜRTTEMBERG (Hg.) (1958) S. 41 f.). Dagegen brachte die niedrigere Wahlbeteiligung bei der Landtagswahl 1960, die nur 53,8% der Wahlberechtigten an die Urnen zog, die 3.035 für den GB/BHE abgegebenen Stimmen auf 2,6%, und die DP sowie DG erhielten zusammen 1,4% der Voten. Die Ablösung des GB/BHE durch die "Gesamtdeutsche Partei" (GDP) bei der Bundestagswahl 1961 halbierte dessen Stimmenanteil auf 1.634 (0,9%), und die DG erzielte nur noch 0,3% der Stimmen (Statistisches Amt der Stadt Mannheim (Hg.): Landtagswahl 1960 und Bundestagswahl 1961. Bearb. von Karl Hook (= Beiträge zur Statistik der Stadt Mannheim, Heft 55), Mannheim 1962, S. 22 - 28 und 50 - 65). Die Landtagswahl 1964 schließlich verurteilte die GDP, die nur noch 926 Voten (= 0,7%) erringen konnte, endgültig zur Bedeutungslosigkeit. Die darin zum Ausdruck kommende Assimilation der Zuwanderer zeigte sich auch in einer wesentlichen Varianznivellierung der Stadtteilergebnisse (vgl. zu den Stadtteilergebnissen: Mannheimer Morgen, Nr. 97 vom 27. April 1964, S. 4).

245 Vgl. dazu: GRIESER (1980).
246 Die Lage der Flüchtlinge in Mannheim (wie Anm. 48), S. 1.
247 Niederschrift über die Stadtratssitzung vom 4. März 1949, S. 1, STAMA, Niederschriften über die Sitzungen des Stadtrats, Bd. 8.

eigentlich geholfen werden müßte.[248] Doch war die Not allgemein und einigte damit gleichermaßen Stadtbewohner und Zuwanderer. Und die Einheimischen waren - anders als die vergleichsweise saturierte Landbevölkerung - hier weit eher sensibilisiert für die Lage der Ostflüchtlinge, die es hierher verschlagen hatte: *Es ist wohl immer so, daß derjenige, der selbst schwer gelitten hat, für die Not eines Mitmenschen mehr Verständnis aufbringt als der, der von ihr verschont geblieben ist. Wir müssen dankbar anerkennen, daß die Bevölkerung Mannheims sehr viel mehr für unsere besondere Lage aufbringt als zum Beispiel die Landbevölkerung. Gerade weil diese nichts verloren hat, hängt sie mit Zähigkeit an ihrem Besitz und sieht in den Flüchtlingen lästige Eindringlinge.*[249] Zudem fielen die Zuwanderer hier rein zahlenmäßig weit weniger ins Gewicht, so daß zunächst für die Bevölkerung *in Mannheim [...] von dem großen menschlichen Erdrutsch, der sich besonders in den naheliegenden Landkreisen vollzog, nicht allzuviel zu spüren* war.[250] Und in ihrem äußeren Erscheinungsbild fügten sich die Ostflüchtlinge in das Bild der zerstörten Großstadt offensichtlich so unauffällig ein, daß sie oft nur an ihrem Dialekt erkennbar waren, da sie hier *ein kleines Babylon der Mundarten* auslösten.[251] Dies stellte aber in einer Industrie- und Handelsstadt, die schon vor dem Krieg zahlreiche Fremde angezogen hatte, im Gegensatz zu den immobilen Verhältnissen auf dem Land kein ungewöhnliches Novum dar, so daß hier die badischen Einheimischen, die - wie nicht ohne Ironie festgestellt wurde - sich sogar an die zahlreichen schwäbischen 'Zugereisten' gewöhnt hatten, aufnahmebereiter gegenüber den ausgewiesenen und vertriebenen Fremden waren als die abgekapselte Landbevölkerung.[252] So beantwortete denn auch die Mannheimer Dienststelle der amerikanischen Militärbehörde am 15. Juli 1946 eine entsprechende Anfrage ihrer Stuttgarter Zentrale über *the general sentiment of the native population toward these 'New Germans'* mit der lapidaren Feststellung: *No particular feeling against.*[253]
Mochte für die Neubürger die spezielle Mentalität in der ehemaligen Kurpfalz und *die leichtere Lebensart der Landesbewohner entlang dem Rhein [...] zu ihrer Akklimatisierung einen weiteren Beitrag leisten,*[254] so war es doch auch ein genereller Zug der Großstädter, eher die Verantwortung für die heimatlosen Vertriebenen übernehmen zu wollen, als die ländliche oder klein- und mittelstädtische Bevölkerung dazu bereit war, wie repräsentative Umfragen der Militärbehörden über die Haltung der Einheimischen gegenüber den Ostflüchtlingen in der amerikanischen Besatzungszone ergaben.[255] Doch angesichts der katastrophalen Lebensverhältnisse

---

248 Ebd.
249 Die Lage der Flüchtlinge in Mannheim (wie Anm. 48), S. 1 f.
250 Das Flüchtlingsproblem: Neuralgischer Punkt kommunaler Planung, Amtsblatt für den Stadtkreis Mannheim Nr. 15 vom 18. April 1952, S. 1.
251 Sie verloren mehr als ihren Hausrat, Mannheimer Morgen, Nr. 165 vom 1. September 1948.
252 *Mannheim hatte ja schon immer einer großen Zahl 'Zugereister' Unterkunft und Auskommen geboten, mit seinen 40000 Württembergern war es sogar, wie man scherzhaft sagte, nächst Stuttgart die größte schwäbische Stadt. Und heute hört man in seinen Straßen neben dem vertrauten pfälzischen Idiom eine fast verwirrende Zahl 'fremder' Mundarten* (Flüchtlinge helfen sich und der Bevölkerung, Rhein-Neckar-Zeitung vom 18. August 1948, S. 4).
253 RG 260 OMGUS 3-156/2-48.
254 Dem Neubürger gefällt es in Mannheim, Mannheimer Morgen vom 7. Dezember 1954, S. 5; vgl. auch: 'In Mannheim wird man schnell Mannheimer', Mannheimer Morgen vom 3. Juni 1952, S. 3.
255 So sahen nur 34% der in Gemeinden mit einer Größe von 2.000 bis 10.000 Einwohnern lebenden Befragten die Verantwortlichkeit für die Ostflüchtlinge bei den Deutschen. Dieser Wert, der in der

nach Kriegsende wurden die Flüchtlinge und Vertriebenen gerade auch in den kriegszerstörten Städten von der einheimischen Bevölkerung zunächst einmal unter der Perspektive wahrgenommen, daß ihre Ankunft die ohnehin engen Verteilungsspielräume der wichtigsten Ressourcen weiter reduzieren, die allgemeine Not verschärfen und zu weitreichenden Konflikten führen würde. Insofern war die Einschätzung, ob die Ostflüchtlinge mit der einheimischen Bevölkerung auskommen würden, hier pessimistischer als auf dem Land.[256] Die von amerikanischer Seite sofort akzeptierte Forderung der Stadtverwaltung, eine Zuweisung von geschlossenen Ostflüchtlingskontingenten nach Mannheim abzuwenden, stießen daher auf eine einhellige und erleichterte Zustimmung. So berichtet der Leiter der städtischen Pressestelle Leo Barth, der im Auftrag des Oberbürgermeisters Braun die Stimmungslage der Bevölkerung erhob, in einem Bericht vom 2. November 1945: *Bezüglich der Evakuierung der Ost- und Südostdeutschen nach dem Westen Deutschlands hat es wohl Befriedigung erweckt, daß der schon so überfüllte Mannheimer Raum von der Aufnahme solcher Flüchtlinge ausgenommen bleiben soll.*[257] Insbesondere vor dem Hintergrund der sich 1946 rapide verschlechternden Ernährungslage wurde die generelle und vehemente Kritik der Mannheimer Bevölkerung an der inhumanen Vertreibungspraxis, die, wie man durchaus sah, *in der Hauptsache unschuldige Frauen und Kinder* betraf, mit grundlegenden Befürchtungen über eine weitere Verschlechterung der eigenen Versorgungslage durchsetzt. So erschien nicht zuletzt in dieser Hinsicht *die Ausweisung nicht nur ungerecht und unmenschlich, sondern auch vom rein wirtschaftlichen Standpunkt aus absolut unverständlich.*[258] Hinzu kam, daß die Aufnahme der Ostflüchtlinge ein konkurrierendes Pro-

---

Gemeindegrößenklasse von 10.000 bis 100.000 Einwohnern auf 38% und in den Städten mit einer Größe von bis zu 250.000 Einwohnern auf 40% anstieg, erreichte in Stuttgart, München und Frankfurt a. M. sogar 45%. Lag er zum Zeitpunkt dieser Umfrage, im Juli 1946, als die Ostflüchtlinge in den Städten noch kaum präsent und noch längst nicht in vollem Umfang in die ländlichen Gemeinden mit unter 2.000 Bewohnern gelangt waren, dort auch noch bei 41%, so sank die mit dem verstärkten Zuwandererzustrom angesichts des steigenden Problemdrucks und Problembewußtseins generell sinkende Bereitschaft, für diese Zwangszuwanderer zu sorgen, in dadurch freilich noch immer sehr viel weniger belasteten großstädtischen Bereich nur auf 36%, während er sonst auf 25% absackte (Information Control Division (ICD) OMGUS, Surveys Branch: German Attitudes toward the Expulsion of German Nationals from Neighboring Countries, Report No. 14A, 8 July 1946; S. 12; Opinions on the Expellee Problem, Report No. 47, 20 February 1947, S. 7; diese Reports sind zugänglich über das Zentralarchiv für empirische Sozialforschung der Universität Köln, Zentrum für historische Sozialforschung).

256 So beantworteten in der Amerikanischen Besatzungszone die Frage *Do you believe that the expellees from Czechoslovakia, Hungary and other Eastern countries will get along with the native population* nur 42% der in Städten mit 100.000 bis 250.000 Einwohnern lebenden Befragten mit 'Ja' und 47% mit 'Nein', während in den Gemeinden unter 1.000 Einwohnern 55% positive und nur 40% negative Antworten registriert wurden (ICD OMGUS, Surveys Branch: Opinions on the Expellee Problem, Report No. 47, 20 February 1947, S. 4.).

257 Leo Barth: Politische Stimmungsberichte. 2. November 1945 - 31. Oktober 1947, STAMA, Kleine Erwerbungen, Nr. 51, Stimmungsbericht vom 2. November 1945, S. 4.

258 Ders., ebd., Stimmungsbericht vom 18. März 1946, S. 40: *Die Ernährungslage tritt nach den Einschränkungsankündigungen auch wieder mehr in den Vordergrund der öffentlichen Meinung. Unter besonderer, dankbarer Anerkennung der Tatsache, daß für die amerikanische Zone offenbar umsichtiger und weitsichtiger vorgesorgt worden sei als in den andern Zonen, wird aber der schweren Befürchtung Ausdruck gegeben, daß auch diese Bemühungen schließlich sich als umsonst erweisen könnten, wenn einmal die aus den abgetrennten Ostgebieten Deutschlands ausgewiesenen Menschenmassen in die westlichen Zonen hereingeströmt sind. Die Westgebiete werden dann nicht ent-*

blem zur Unterbringung der zahlreichen einheimischen Evakuierten darstellte, die in die Stadt zurückstrebten. Zwar gingen die allgemeinen Klagen, daß *die aus ihrem Evakuierungsort ausgewiesenen Mannheimer bestenfalls in Bunkerräumen untergebracht werden können*, obwohl sie *vielleicht seit Jahrzehnten in der Stadt Heimatrecht haben*,[259] zunächst und zuerst zu Lasten der in Mannheim noch immer zahlreich vorhandenen Displaced Persons. Denn diese in die deutsche Kriegswirtschaft verschleppten Zwangsarbeiter, deren sofortige Ausweisung in ihre überwiegend polnischen, russischen und ukrainischen Herkunftsgebiete angesichts der über Mannheim verhängten Zuzugssperre gefordert wurde, standen eindeutig am untersten Ende der Sozialhierarchie.[260] Doch rangierten hinsichtlich der Frage, wer in der zerstörten Stadt noch aufzunehmen sei, die Mannheimer Evakuierten eindeutig vor den Ostflüchtlingen. Deren Not wurde von den städtischen Dienststellen, die mit ihnen in Kontakt kamen, durchaus anerkannt: *Die Ostflüchtlinge sind meist arme, vom Schicksal heimgesuchte Menschen, die in ihrer ehemaligen Heimat Hab und Gut verloren haben.*[261] Dennoch sahen sie sich gezwungen festzustellen, bei der Entscheidung über ihre Aufnahme müsse *zu 90% der Verstand und zu 10% das*

---

fernt mehr in der Lage sein, ihre Einwohner zu ernähren. Nachdem ein volles Viertel des bisherigen landwirtschaftlichen Produktionsgebietes Deutschlands jetzt in polnische Hände übergegangen ist, ein Gebiet, das von den Polen augenscheinlich weder bearbeitet noch auch nur besiedelt werden kann, erscheint die Ausweisung nicht nur ungerecht und unmenschlich, sondern auch vom rein wirtschaftlichen Standpunkt aus absolut unverständlich. Und diese Ausweisungen werden - so wird jetzt schon mit starker Erregung festgestellt - auch nicht dadurch verständlicher, daß sie, wie man jetzt zuverlässig weiß, auf eine Weise durchgeführt werden, die von den barbarischen Nazimethoden kaum noch zu unterscheiden ist, umsoweniger aber, als sie auch wieder in der Hauptsache unschuldige Frauen und Kinder treffen oder jedenfalls solche, die ein so furchtbares Schicksal nicht verdient haben.

259 Ders., ebd., Stimmungsbericht vom 15. April 1946, S. 48.
260 Vgl. etwa: Ders., ebd., Stimmungsbericht vom 17. Juni 1946, S. 68: *Man ist auch auf den Einwand gefaßt, daß ja, wie immer wieder betont worden sei, in Mannheim nicht genügend Raum sei für die Aufnahme weiterer Zuziehender. Aber dem wird auch schon im voraus entgegnet, daß mit der verschärften [Zuzugs-] Sperre das Übel ja nicht an der Wurzel gefaßt, sondern auf eine Weise zu beheben versucht wird, die nicht hilft, sondern schadet. Wenn schon zu wenig Raum da ist, so wäre er auch noch auf andere Weise als durch Wiederaufbau zu schaffen, vor allem einmal dadurch, daß Ausländer, deren Anwesenheit nicht erforderlich und nicht im Interesse der Stadt liege, endlich in ihre Heimat zurückgeschickt würden. Mit dem Abtransport dieser Ausländer, die durch ihr hartnäckiges Bleiben beweisen, daß es ihnen um Heimkehr gar nicht zu tun ist, wäre schon manches erreicht. Viele von ihnen nehmen jetzt als einzelne so viel Raum in Anspruch wie eine ganze deutsche Familie. Produktive und nützliche Arbeit leisten die wenigsten von ihnen, wohl aber sind sie auf dem schwarzen Markt tätig und beziehen außerdem immer noch fast das Doppelte der Lebensmittelrationen der deutschen Bevölkerung.* Dabei wurde geflissentlich nicht wahrgenommen, daß viele dieser aus dem Osten Zwangsverschleppten sich angesichts der politischen Veränderungen in ihrer Heimat durchaus auch in einer ähnlichen Situation befanden, wie die deutschen Heimatvertriebenen und bei einer Rückkehr in ihre Heimat mit weitreichenden Sanktionen rechnen mußten. Im Mannheimer DP-Camp 18 waren im April 1945 5.790 Displaced Persons gemeldet, und zum Jahresende waren 90% der anwesenden DP's im sowjetischen Einflußbereich beheimatet. Zum Teil wehrten sie sich nachhaltig aus Furcht vor Sanktionen gegen ihre Zwangsrepatriierung: *Als es in einem Mannheimer Ukrainer-Lager Anfang September 1945 zu Zwangsrepatriierungen kam, küßten die Betroffenen [...] den UNRA-Offizieren lediglich dafür die Stiefel, daß sie noch einige Tage länger bleiben durften* (STEPIEN (1989) S. 87 f. und 85).
261 Bericht der Stadtverwaltung Mannheim, Referent für Flüchtlingswesen, Die Lage der Flüchtlinge und Evakuierten betr., an Oberbürgermeister Braun vom 17. Mai 1946, STAMA, Bestand Hauptregistratur, Zugang 21/1969, Nr. 339.

Herz entscheiden.[262] Wenngleich angesichts der desolaten Wohnraum- und Versorgungslage für die Stadt der *Grundsatz* bestehen sollte, *niemanden hereinzulassen,*[263] so galt dies in dieser Ausschließlichkeit im Zweifelsfall eher für die Ausgewiesenen. Denn neben der harten Logik des Sachzwangs spielten hier auch politische Erwägungen eine untergründige Rolle. So stellte Oberbürgermeister Braun, der von der amerikanischen Besatzungsmacht eingesetzt und noch nicht demokratisch legitimiert war, sich aber in absehbarer Zeit einer Wahl würde stellen müssen, hinsichtlich des Ostflüchtlingsproblems klar: *Wir ständen vor der Frage, ob wir Menschen, die sich mit Energie bis hierher durchgebracht hätten, auch ein Wohnrecht einräumen. Er sei der Meinung, daß wir zuerst für unsere Leute hier sorgen müßten. Es seien noch 100.000 Mannheimer, die draußen seien und die alle den Wunsch hätten, wieder herein zu kommen. Es handele sich hier nicht um soziale Einstellung oder um Nichtverstehenwollen des Elends oder der Not dieser Menschen, sondern um den Umstand, daß wir unserer eigenen Bevölkerung gegenüber Verpflichtungen haben. Das zwinge uns, vorsichtig zu sein [...]. Er führe das aus, um dem Beirat den Standpunkt der Stadtverwaltung wissen zu lassen, daß man sich zuerst jener erinnere, die zu* unserer *Gemeinschaft gehörten.*[264]

Innerhalb der verschiedenen Gruppen der aufzunehmenden Zuwanderer wurden die Ostflüchtlinge, ohne daß zunächst zwischen den Heimatvertriebenen und den Flüchtlingen aus der SBZ differenziert wurde, daher nach den Mannheimer Evakuierten, aber noch vor den Displaced Persons in der Sozialhierarchie des Alltags eingeordnet. Und wenngleich von Seiten der Zuwanderer in öffentlichen Stellungnahmen immer wieder auf die prinzipielle *Gastlichkeit* der Stadt, auf die gute Kooperation mit den städtischen Dienststellen und auf die begrenzten Hilfsmöglichkeiten angesichts der Belastungen der Kommune und ihrer Bevölkerung durch die Kriegszerstörungen hingewiesen wurde, so machten sie doch auch deutlich, daß sie erst *allmählich in eine ihnen zunächst fremde, manchmal sogar 'feindselig' gesinnte Gemeinschaft hinein[wachsen] mußten.*[265] Deren Abwehrhaltung gegenüber den Ostflüchtlingen mochte noch dadurch verstärkt werden, daß diese - im Gegensatz zu den in die Landkreise mit immensem behördlichen Druck Zwangseingewiesenen - in erster Linie als freiwillig Zugewanderte betrachtet wurden, die man nicht aufnehmen mußte, sondern tolerierte, weil sie partiell als Arbeitskräfte von Nutzen waren. So erklärte Stadtrat Mayer, ohne auf Widerspruch zu stoßen: *Wir brauchten sie nicht zu nehmen, sind aber froh gewesen, daß sie hier gewesen sind.*[266] Zwar richtete sich die immer wieder betonte Behauptung, daß Mannheim zur Aufnahme von Ostflüchtlingen nicht verpflichtet gewesen sei,[267] was nur zum Teil zutraf und lediglich für die Ansiedlung geschlossener Massentransporte galt, in erster Linie an die Landesregierung, um

---

262   Protokoll über die Sitzung des Ausschusses für das Flüchtlingswesen der Stadt Mannheim vom 5. Februar 1946, S. 2, STAMA, Bestand Hauptregistratur, Zugang 21/1969, Nr. 339.
263   Niederschrift über die Sitzung des Beirats des Oberbürgermeisters vom 14. Februar 1946, S. 5, STAMA, Bestand Oberbürgermeister, Nr. 147.
264   Ebd. S. 6 f. (Hervorhebung im Protokoll).
265   Sie verloren mehr als ihren Hausrat, Mannheimer Morgen, Nr. 105 vom 1. September 1948.
266   Niederschrift über die Stadtratssitzung am 4. März 1949, S. 2, STAMA, Niederschriften über die Sitzungen des Stadtrats, Bd. 8.
267   Vgl. dazu etwa den Bericht des Referenten für Flüchtlingswesen, die Lage der Flüchtlinge und Evakuierten betr. vom 17. Mai 1946, S. 2, STAMA, Bestand Hauptregistratur, Zugang 21/1969, Nr. 339, sowie: Der Flüchtlingsstrom in Mannheim, Rhein-Neckar-Zeitung, Nr. 91 vom 18. April 1952.

dort die besondere Belastung der Stadt in Erinnerung zu bringen, wie die Stadtverwaltung auf entsprechende Proteste aus den Kreisen der Heimatlosen versicherte. Gleichwohl hinterließ dies bei den Betroffenen und wohl auch in der Wahrnehmung der einheimischen Bevölkerung den Eindruck einer Gnadenaktion ohne Rechtsanspruch, so daß die Lokalpresse ausdrücklich betonen mußte: *Flüchtlinge sind Bürger.*[268]
Die zunächst zwar nur sporadische, insgesamt jedoch wohlwollende Berichterstattung der Mannheimer Lokalpresse zum Problem der Ostflüchtlinge suchte durchaus die Aufnahmebereitschaft der einheimischen Bevölkerung positiv zu beeinflussen. So betonte der Mitherausgeber des 'Mannheimer Morgen' Karl von Schilling bereits im Juli 1946 in einem Kommentar, daß die von der Gesamtbevölkerung zu tragende Kriegsfolgelast von Flucht und Vertreibung keine Fremden nach Westen verschlagen habe: *Ein hartes und in vielen Einzelfällen unverdientes Schicksal, dessen Wurzel in der brutalen Verachtung der menschlichen Lebensgrundlagen anderer Völker durch die nationalsozialistische deutsche Regierung liegt, zwingt sie nun, ihre Wahlheimat zu verlassen. Im deutschen Sprachgebrauch sind diese Deutschen bisher nach der Himmelsrichtung, aus der sie kamen, als Ostflüchtlinge bezeichnet worden. Das richtige Gefühl für die Geringschätzung, die unbeabsichtigt in dieser Bezeichnung enthalten ist, hat zur Entstehung des Ausdrucks 'Neubürger' geführt. In Wirklichkeit handelt es sich zwar um neue Bürger der Gemeinden, von denen sie aufgenommen werden, aber im Gesamtbild des deutschen Schicksals um Heimkehrer. Nicht in die Fremde wandern sie aus, [...] sondern sie kehren zurück in die deutsche Heimat.*[269] Doch artikulierte sich andererseits bereits im Vorfeld der ersten Gemeinderatswahlen auch ein politisches Mißtrauen gegenüber den Zwangszuwanderern, das in erster Linie aus der Unkenntnis ihrer Verhältnisse und aus der Unsicherheit über ihr künftiges Verhalten resultierte: *Hat man so viel Vertrauen zu dem Wähler, der noch 1945 mit 'Sieg Heil' gestimmt hat, daß man ihm heute schon die Urwahl anvertrauen kann? Wie steht es übrigens mit den Flüchtlingen und Eingewanderten? Wir bezweifeln, daß sie schon frei sind von Haß und Vorurteil. Auch haben wir sie kaum erst kennengelernt und wissen nicht, ob sie schwarz, weiß oder braun sind.*[270]
Für eine eigenständige Interessenvertretung der benachteiligten Zuwanderer hatte die einheimische Bevölkerung daher wenig Verständnis. Deutlich wird dies anhand der Leserbriefreaktionen, die ein im 'Mannheimer Morgen' veröffentlichter Artikel Karl Bartuneks über die *Assimilation der Neubürger* auslöste. In ihm hatte der Vorsitzende der 'Interessengemeinschaft der ausgesiedelten Deutschen' *die vollkommene G l e i c h s t e l l u n g der Vertriebenen mit den Einheimischen und eine gleiche Wettbewerbsbasis für alle* gefordert. Zugleich hatte er ange-

---

268   *Oberverwaltungsrat Schell erklärte bei der gestrigen Sitzung des Flüchtlingsausschusses, daß die Lage der Flüchtlinge in Mannheim besser sei, als an vielen anderen Orten. Es seien nicht nur Flüchtlinge untergebracht worden, die man geholt habe, weil man sie brauche, sondern man habe auch alles versucht, den Flüchtlingen Arbeit zu geben, die schon hier waren [...]. Die Beschwerde verschiedener Flüchtlingsvertreter, die Beamten sollten den Flüchtlingen nicht ständig 'unter die Nase reiben', daß Mannheim als ausgebombte Stadt keine Flüchtlinge aufzunehmen brauche, wurde von Schell pariert: Dieser Hinweis richte sich in keinem Falle an die Adresse der Flüchtlinge, sondern an die der Landesregierung* (Flüchtlinge sind Bürger, Mannheimer Morgen vom 3. Juni 1949).
269   von Schilling, Karl: Heimat, nicht Fremde, Mannheimer Morgen vom 13. Juli 1946, S. 2.
270   Ackermann, Karl: Im Schlepptau der Mitläufer, Mannheimer Morgen vom 23. September 1947, S. 2.

sichts der realen Benachteiligungen die Umsetzung dieses Prinzips zur Aufgabe durchsetzungskräftiger Selbsthilfeorganisationen erklärt.[271] Gerade diese Forderung, die letztlich eine reale Umverteilung der vorhandenen Ressourcen beinhaltete, stieß bei der Altbürgerschaft auf Ablehnung. So zeigte das *lebhafte Echo*, das Bartuneks Artikel bei den Zeitungslesern auslöste, nur im Prinzipiellen *die positive Einstellung der Bevölkerung zur Beseitigung des Flüchtlingselendes*, die die Redaktion in ihrem zusammenfassenden Bericht über die bei ihr eingegangenen Zuschriften freilich hervorhob: *In den meisten Zuschriften wurde betont, daß die Flüchtlingsfrage von den Alt- und Neubürgern g e m e i n s a m gelöst werden müsse. [...] Diesen Äußerungen liegt eine sehr wichtige Erkenntnis zu Grunde. Die Neubürger müssen sich in die in ihrer neuen Heimat bestehenden politischen, wirtschaftlichen und gesellschaftlichen Lebensformen einfügen. Daraus würde sich zwangsläufig ihre vollkommene Gleichstellung mit den Altbürgern ergeben. In diesem Zusammenhang ist die Frage von Interesse, ob die von Dr. Bartunek erhobene Forderung nach Selbsthilfeorganisationen der Vertriebenen berechtigt sei. Darüber waren die Ansichten verschieden. Die Altbürger sprachen sich [...] gegen solche Vereinigungen aus, die Neubürger setzten sich dagegen leidenschaftlich für einen Zusammenschluß dieser Art ein. Vereinzelte Zuschriften enthielten sogar den Wunsch nach einer eigenen Flüchtlingspartei.*[272]
Die in diesen Reaktionen deutlich zum Ausdruck kommende Vorstellung der Einheimischen über die Integration der Zuwanderer zielte somit auf einen einseitigen Assimilationsprozeß ab. Durch ihre Unterordnung unter die bestehenden Verhältnisse, ihre Anpassung an die an sie herangetragenen Erwartungen und eine entsprechende Übernahme der hier geltenden Standards sollte sich bei entsprechender Eigeninitiative der Neuankömmlinge deren benachteiligte Situation von selbst bessern, ohne daß dazu besondere Maßnahmen notwendig seien. Vor diesem Hintergrund vertraten auch die politischen Vertreter der Altbürger ein Integrationskonzept, das eine völlige Assimilation der Zuwanderer beinhaltete und für deren zu forcierende Unterordnung unter die einheimischen Standards insbesondere die Anpassungsbereitschaft der Neubürger einforderte. So erklärte der Oberbürgermeister in der Stadtratssitzung vom 4. März 1949 in programmatischer Weise unter allgemeinem Beifall: *Den Flüchtlingen kann nur geholfen werden, wenn wir dafür sorgen, daß die Flüchtlinge im Volksganzen aufgehen und wenn die Flüchtlinge Willens sind, sich ein eigenes Leben zu gründen!*[273] Dieses *eigene Leben* sollte dem der Einheimischen letztlich völlig gleichen, also auch die weitgehende Aufgabe der ursprünglichen kulturellen Identität der Zuwanderer beinhalten, die sich gewissermaßen 'unsichtbar' machen sollten. Da sie in der anonymen und schwer voll übersehbaren Großstadt aufgrund ihrer relativ geringen Zahl und der sie als Problemgruppe kaum wahrnehmenden segmentierten und selegierenden Perzeption ohnehin wenig auffielen, war man allzuschnell bereit, sie als vollkommen eingegliedert zu betrachten und ihre Probleme damit für nicht mehr

---

271   Bartunek, Karl: Assimilation der Neubürger, Mannheimer Morgen, Nr. 4 vom 10. Januar 1948, S. 3.
272   Stimmen zum Flüchtlingsproblem, Mannheimer Morgen vom 24. Januar 1948. Analog dazu bezeichneten auch die amerikanischen Dienststellen die *general attitude of Altburger toward the establishment of an expellee party* als *oppositional* (Military Government Liaison and Security Office Mannheim: Intelligence Report 20 July 1949, RG 260 OMGWB 12-13/1-6).
273   Niederschrift über die Stadtratssitzung vom 4. März 1949, S. 2, STAMA, Niederschriften über die Sitzungen des Stadtrats, Bd. 8.

existent zu erklären. Diese Bereitschaft ging sogar so weit, daß Stadtrat Mayer auf einer der wenigen Sitzungen des städtischen Flüchtlingsausschusses bereits im Juni des Jahres 1949 mit Nachdruck darauf hinwies, *daß er ausdrücklich den Namen Flüchtling ablehnt. Das Gesetz schreibt vor, dass die Leute solange als Flüchtlinge behandelt werden, bis sie restlos in die Bevölkerung eingegliedert sind. Mannheim hat keine Flüchtlinge.*[274] Dieser Rückzug auf die zurückhaltenden Bestimmungen des weitgehend von den Interessen der Altbürger geprägten Flüchtlingsgesetzes, das die Eingliederung der Flüchtlinge als *ihr organisches Aufgehen in der Bevölkerung* verstand,[275] bedeutete, sich mit der rein formellen rechtlichen Gleichstellung der heimatlos gewordenen Zuwanderer und der einheimischen Bevölkerung zu begnügen. Mochte diese zu diesem Zeitpunkt auch in weiten Bereichen nicht nur theoretisch sondern - dank der zuweilen massiven Bemühungen der Flüchtlingsorganisationen - ebenso in der Alltagspraxis zumindest der Behörden bereits bestehen, eine materielle Gleichstellung der Zwangszuwanderer war damit längst noch nicht erreicht - ganz zu schweigen von einer Bewältigung ihrer schwierigen psychologischen Situation, zu der es nach dem Verlust sämtlicher materieller Grundlagen, sozialer Beziehungen und kultureller Normen besonderer Hilfe bedurfte, worauf die Flüchtlingsvereinigung zur Begründung ihrer Existenzberechtigung als *Stütze entwurzelter Menschen* in der Öffentlichkeit immer wieder hinweisen mußte.[276] Den Ausgewiesenen ihren rechtlichen Status als Flüchtling abzusprechen hätte letztlich bedeutet, die in der Folge durch die bundesgesetzlichen Regelungen erfolgten bescheidenen Kompensationen ihrer zweifelsohne benachteiligten Situation beim Beginn eines neuen Lebens in der Bundesrepublik Deutschland als Integrationsperspektive auszuschließen.

Daß diese Perspektive gerade in Mannheim mit Erfolg realisiert wurde, lag nicht nur an der Gunst des Arbeitsmarktes, der in der Tat den Neubürgern die von ihnen mit voller Initiative ergriffene Chance bot, sich wieder eine gesicherte Existenz aufzubauen, sondern vor allem auch an den nachhaltigen Bemühungen der Stadt, Mittel aus dem sozialen Wohnungsbau zu mobilisieren, um hier - verglichen mit den bereits ansässigen Ostflüchtlingen - eine relativ beträchtliche Zahl von binnenumgesiedelten Heimatvertriebenen und SBZ-Flüchtlingen ansässig zu machen. Doch verstärkten sich damit zugleich die Vorbehalte der einheimischen Bevölkerung gegenüber den Zuwanderern. Sie kamen offensichtlich erst zu einem Zeitpunkt zum Tragen, als die Verteilungsspielräume für die knappen Ressourcen sich vergrößerten, die Einheimischen nun also zugunsten der Neubürger etwas zu verlieren glaubten, und diese zugleich in ihrer Präsenz sehr viel sichtbarer wurden, so daß sie - gerade auch in der sich intensivierenden Presseberichterstattung - mehr Aufmerksamkeit erregten, als dies zuvor mit den weitgehend unbemerkt gebliebenen Ostflüchtlingen der Fall gewesen war. Zwar war schon unmittelbar nach Kriegsende gerade auf die bei den amerikanischen Dienststellen beschäftigten Zuwanderer mancher neidvolle Blick gefallen, da dort *besser gefuttert wurde,*[277] während die restliche

---

274 Protokoll über die Sitzung des städtischen Flüchtlingsausschusses am 3. Juni 1949, S. 2, STAMA, Bestand Hauptregistratur, Zugang 21/1969, Nr. 340.
275 Regierungsblatt der Regierung Württemberg-Baden, Stuttgart 1947, S. 15.
276 Die Flüchtlingsorganisationen als Mittler und Helfer, Allgemeine Zeitung vom 3. Januar 1950.
277 Niederschrift über die Stadtratssitzung am 4. März 1949, S. 3, STAMA, Niederschriften über die Sitzungen des Stadtrats, Bd. 8.

Stadtbevölkerung 1946/47 unter einer regelrechten Hungerkrise zu leiden hatte.[278] Und angesichts der beengten Wohnraumsituation war es immer wieder auch zu *Reibereien, die durch die unzulänglichen Wohnverhältnisse bedingt sind,* gekommen.[279] Indessen regte sich größerer Unmut erst, als mit Beginn der 1950er Jahre im Zuge der Außen- und Binnenumsiedlung sowie durch die Einweisung der Flüchtlinge aus der SBZ größere geschlossene Zuwandererkontingente massiert in den für sie aus den Sonderbauprogrammen des sozialen Wohnungsbaus erstellten Siedlungen eine neue Heimat fanden. Hatte schon zuvor die Flüchtlingsvereinigung befürchtet, daß die Ostflüchtlinge bei ihrer bevorzugten Unterbringung als Sündenböcke für die allgemein desolate Wohnraumsituation verantwortlich gemacht werden könnten,[280] so erregte spätestens jetzt die Ansiedlung der nach jahrelangen Lageraufenthalten in Schleswig-Holstein, Niedersachsen und Bayern endlich Umgesiedelten den Unwillen der Einheimischen. Bereits kurz nach der Ankunft des ersten Umsiedlertransportes mußte das Mannheimer Wohnungsamt feststellen: *Leider hat doch die gutgemeinte Aufnahme der Umsiedler in Mannheim auch ein anderes betrübliches Stimmungsbild ergeben. [...] In letzter Zeit häufen sich die Fälle, wonach Mannheimer mit Recht bei uns sagen, warum wird z.Zt. nur für Flüchtlinge und nicht für uns gebaut.*[281] Daher mußte sich die Mannheimer Flüchtlingsvereinigung angesichts des Gefühls der Benachteiligung der wohnungsmäßig unterversorgten Altbürger nachdrücklich um eine *Entgiftung der Atmosphäre* bemühen und darauf hinweisen, daß es sich hier um zusätzlich aus Sondermitteln erstellte Wohnungen handele: *Pressenotizen mit den schönsten Fotografien versehen, erwecken den Anschein, daß den Heimatvertriebenen Mannheims die besten Wohnungen zugewiesen werden und nur für diese gesorgt wird. [...] Diese sogenannten Außenumsiedler beziehen Neubauwohnungen, die aus Mitteln, die die Länder Niedersachsen, Schleswig-Holstein und Bayern dem Land Baden-Württemberg und somit auch der Stadt Mannheim zur Verfügung stellen, gebaut werden. Würden also die Umsiedler, ob Binnen- oder Außenumsiedler, nicht nach Mannheim kommen, so würden auch diese oben zitierten*

---

278 Vgl. dazu: IREK (1983) Bd. 1, S. 212 f., STADTARCHIV MANNHEIM (Hg.) (1985) S. 110 ff.
279 Flüchtlinge wollen Kontakt mit Einheimischen, Amtsblatt für den Stadtkreis Mannheim Nr. 9 vom 3. März 1950.
280 Als im November 1949 im Stadtrat über die einstweilige Unterbringung von Familien aus menschenunwürdigen Bunkerunterkünften und einsturzgefährdeten Wohnungen in gerade wiederhergestellte städtische Schulräume debattiert wurde, meldete sich daher Stadtrat Bartsch zu Wort: *Von den Familien, die aus den Bunkern herauskommen, sind ein großer Teil Flüchtlingsfamilien. [...] Sie werden in die Schule einziehen [...]. Wir haben immer dankbar anerkannt, daß die Stadtverwaltung in Mannheim den Flüchtlingen, die die Freuden und die Nöte mit der eingesessenen Bevölkerung teilen, genau so ihre Fürsorge schenkt, soweit das überhaupt möglich ist. Es haben sich aber doch gewisse Bedenken eingeschlichen. Es ist mir heute morgen von Seiten der Flüchtlingsvereinigung gesagt worden: Werden die Mannheimer jetzt nicht ihren ganzen Ärger über diese überaus harte Maßnahme auf die Flüchtlinge abschieben? Gerade dadurch, daß wir diese Menschen haben, müssen wir unseren Schulunterricht einengen. [...] Es soll in der Öffentlichkeit nicht heißen, nur um ihretwillen allein würden diese Opfer verlangt. Es ist Tatsache, daß alle Familien betroffen sind, auch Mannheimer. Ich bin aber gebeten worden, hier noch einmal darauf hinzuweisen, damit nicht in der Öffentlichkeit ein falsches Bild entsteht* (Niederschrift über die Stadtratssitzung vom 15. November 1949, S. 11 f., STAMA, Niederschriften über die Sitzungen des Stadtrats, Bd. 8).
281 Schreiben des Wohnungsamts Mannheim an den Präsidenten des Landesbezirks Baden vom 18. Juni 1952, STAMA, Bestand Hauptregistratur, Zugang 18/1976, Nr. 213.

Neubaublöcke nicht gebaut werden.[282] Hinzu kam jedoch, daß parallel zu diesen Ansiedlungsaktionen nun auch mehr und mehr zugewiesene SBZ-Flüchtlinge mit Wohnraum versorgt werden mußten, was ebenfalls über staatlich subventionierte Bauprogramme abgewickelt wurde. Auch diesbezüglich mußte die Stadtverwaltung registrieren: *Die Einheimischen fühlen sich benachteiligt, wenn Flüchtlinge sofort eine Wohnung bekommen, während in Mannheim noch sehr viele Familien behelfsmäßig, teils sogar noch sehr primitiv untergebracht sind.*[283] Angesichts dessen bemühte sich die Lokalpresse, die Wogen der Erregung zu glätten: *Man sollte [...] Neid und Mißgunst keinen Raum geben, angesichts der Schicksale, die diese Vertriebenen und Geflohenen in kargen Worten enthüllen. Gewiß, manche von uns haben alles und die meisten vieles verloren. Auch wir mußten viel ertragen in Bombennächten und menschenunwürdiger Gefangenschaft. Vielleicht ist es auch richtig, daß man uns weniger hilfreich die Hand bot, als dies heute bei den Flüchtlingen der Fall zu sein scheint. Noch aber ist uns die engere und weitere Heimat geblieben und die Freiheit, unsere Meinung äußern zu dürfen, ohne fürchten zu müssen, in Zwangsarbeitslager hinter dem Ural verschickt zu werden. [...] Wer solche und ähnliche Dinge erfährt - man braucht sich ja nur bei den Flüchtlingen zu befragen - gibt Neid und Mißgunst gern auf.*[284] Zwar sollte sich dieser Unmut nicht gegen die Zuwanderer, sondern gegen die Mannheim und seine einheimische Bevölkerung benachteiligende Förderpolitik des Landes richten, wie die Presse immer wieder betonte. Doch der als Tatsache empfundene Umstand, daß *der weitverbreitete Trost, den man in Mannheim einem Mannheimer Wohnungssuchenden zu geben pflegt, nämlich: 'Fahre in die Ostzone und komme als Flüchtling zurück, dann bekommst Du sofort eine Wohnung!' sein peinliches Körnchen Wahrheit* habe, war nicht dazu geeignet, in der Bevölkerung besonders differenzierte Erwägungen über die Gründe dafür zu wecken, worauf warnend hingewiesen wurde: *Es tut not, dies einmal in aller Öffentlichkeit zu registrieren, denn die Möglichkeit besteht, daß sich diese miserable Stimmung eines Tages gegen die Flüchtlinge richtet.*[285] Zudem war die allgemeine Wahrnehmung der Situation der Zuwanderer hochgradig selektiv. Wurde ihrer Ansiedlung in den neuerstellten Wohnblocks besondere Aufmerksamkeit zuteil, so fand - trotz einer ebenso intensiven Berichterstattung - deren Lagerleben kaum Beachtung. Bereits 1951 stellte der Mannheimer Oberbürgermeister hinsichtlich des Bunkerelends, das vor allem Flüchtlingsfamilien betraf, fest: *Weite Teile der Bevölkerung wissen überhaupt nichts davon und gehen daran vorbei.*[286] Und noch 1958 stellte der Berichterstatter des evangelischen Kirchenblatts die Frage: *Wer unter uns weiß, daß im Stadtgebiet Mannheim zehn Flüchtlingslager sind? Ich muß leider annehmen, daß diese Tatsache [...] nicht allzuviel Mannheimern bekannt ist. Und wer da weiß, daß da*

---

282 Zur Entgiftung der Atmosphäre, Allgemeine Zeitung, Nr. 138 vom 17. Juni 1953.
283 Niederschrift über die Sitzung des Sozialausschusses vom 6. Mai 1953, S. 7, STAMA, Bestand Hauptregistratur, Zugang 40/1972, Nr. 186. Gegen die *zeitliche Vorrangstellung, die man den Flüchtlingen vor allen anderen Wohnungssuchenden* einräumte, hatte sich schon zuvor in der Presse Kritik erhoben; vgl. dazu: Nächste Woche kommen 428 Flüchtlinge aus dem Osten, Mannheimer Morgen vom 14. März 1953, S. 4.
284 Flüchtlinge finden eine neue Heimat, Allgemeine Zeitung, Nr. 65 vom 18. März 1952.
285 674 Binnenumsiedler erhalten in Rheinau Wohnung, Rhein-Neckar-Zeitung, Nr. 87 vom 14. April 1953.
286 Niederschrift über die Sitzung des Stadtrats am 3. April 1951, S. 17 Rückseite, STAMA, Niederschriften über die Sitzungen des Stadtrats, Bd. 10.

und dort Flüchtlinge, Vertriebene, Spätaussiedler wohnen, der hat sich noch lange nicht eine Vorstellung davon gemacht, unter welchen Bedingungen und Gegebenheiten hier Menschen 'hausen' müssen.[287] Ihre Unterbringung in den Anfangs zum Teil doppelt belegten Einfachwohnungen der von der Gemeinnützigen Baugesellschaft erstellten Neubausiedlungen erregte dagegen allgemeine Aufmerksamkeit. Nicht nur die Bevölkerung, auch das Mannheimer Wohnungsamt war der Meinung, es sei *aus sozialen Gründen nur schwer vertretbar, daß nahezu sämtliche neu zugezogene Flüchtlinge in Neubauwohnungen eingewiesen werden, während die seit Jahren wohnungssuchend gemeldeten Heimatvertriebenen und Geschädigten der Stadt Mannheim nicht in der Lage sind, ihre Wohnlage zu verbessern.* Doch war auch dies eine Folge einer anderen, gleichfalls ablehnenden Reaktion der Einheimischen auf die Zuwandererströme. Denn diese mußten in die mit öffentlichen Mitteln erstellten Neubauten eingewiesen werden, obwohl zum Teil trotz der Belegungsbindung die Möglichkeit eines Wohnungstauschs bestand. Denn dieser konnte *mit Rücksicht auf den Widerstand privater Vermieter gegen die Zuweisung neu zugezogener Sowjetzonenflüchtlinge* nicht durchgeführt werden.[288] Und bezeichnenderweise fand sich kaum ein einheimischer privater Bauherr, der die staatlichen Subventionen für die Erstellung zweckgebundenen Wohnraums als Baukostenzuschuß in Anspruch nehmen wollte, da er dann mit einer Flüchtlingsfamilie aufgrund der Belegungsbindung mindestens fünf Jahre unter einem Dach hätte leben müssen.[289]

Daher konnten die Zuwanderer auch kaum dezentral untergebracht werden, sondern mußten in den zum Teil noch ländlich strukturierten Vororten am Stadtrand in geschlossenen Siedlungen

---

287 ... *und ihr habt mich nicht besucht*, in: Die Mannheimer Gemeinde. Sonntagsblatt für die evangelische Kirchengemeinde Mannheim, Nr. 10 vom 18. Mai 1958.

288 Aktennotiz des Wohnungsamtes vom 26. Juli 1954, STAMA, Bestand Hauptregistratur, Zugang 18/1976, Nr. 272; hinzu kam noch, daß aufgrund der höheren Neubaumieten kaum Tauschanträge von Altbauwohnungsinhabern an das Wohnungsamt gestellt wurden (Schreiben des Wohnungsamtes an die Abt. IV des Regierungspräsidiums Nordbaden vom 2. Dezember 1954, ebd.). War dies aber im Laufe der Zeit doch der Fall, so kam ein Austausch oft nicht zustande, da *die angebotenen Austauschwohnungen, soweit sie Althausbesitz sind, oft kein Bad haben und daher, sowie wegen Herrichtung der Wohnung, häufig von dem begünstigten Personenkreis abgelehnt werden.* Stadtverwaltung Mannheim, Referat II, Schreiben an das Regierungspräsidium Nordbaden vom 19. November 1959, ebd.).

289 So teilte das städtische Wohnungsamt im März 1953 dem Mannheimer Bürgermeister Trumpfheller mit: *Auf Grund der Anregung der La[ndes]kr[edit]a[nstalt] mit diesen Mitteln u.U. nicht zum Zuge gekommene [private] Bauvorhaben dadurch zu fördern, daß eine entsprechende Bindung der neu zu erstellenden Wohnungen für Sowjetzonenflüchtlinge erfolgt, wurde der Versuch unternommen, dieses Ziel zu erreichen. Es ist jedoch in keinem Falle bisher gelungen, diese Bindung zu erreichen. Von allen Bauherren wurde gleich zu Beginn die Frage gestellt: 'Wer zahlt mir die Miete, wer kommt für den Mietausfall auf?' usw. Außerdem wurde von verschiedenen Seiten darauf hingewiesen, daß diese Flüchtlinge völlig mittellos hier eintreffen und daß wegen eines früher oder später bestimmt zu erwartenden Mietausfalles keinesfalls eine Sicherung durch das mehr oder weniger dürftige, eingebrachte Mobiliar und die darauf für längere Zeit ruhenden Schulden gegeben ist. Es wird also nichts anderes übrig bleiben, als auch diese Bauten durch die Gemein.[nützige] Baugesellschaft erstellen zu lassen* (STAMA, Bestand Hauptregistratur, Zugang 18/1976, Nr. 272). Diese Einstellung erwies sich als ziemlich änderungsresistent. Noch 1959 stellten Wohnungsamt und die Fürsorgestelle für Flüchtlinge und Vertriebene übereinstimmend in einem Bericht an das Karlsruher Regierungspräsidium fest, *daß von Seiten des privaten Hausbesitzes eine Abneigung gegen die Aufnahme von Zuwanderern aus der sowj. Besatzungszone, Aussiedlern und gleichgestellten Personen besteht* (ebd.).

massiert unterkommen. Das erhöhte ihre Sichtbarkeit, führte zu einer nicht nur räumlichen Segmentierung und ließ entsprechende Spannungen zwischen ihnen und den Einheimischen entstehen, fand hier doch in kürzester Frist ein rapider sozio-demographischer Wandel statt, der das vertraute soziale Umfeld der Altbürger ebenso rapide veränderte, wie er einer Ghettoisierung der Zuwanderer Vorschub zu leisten drohte. Mochten die daraus resultierenden Konflikte mit der Zeit zwar abnehmen und für die zweite Zuwanderergeneration kaum noch eine Rolle spielen, anfänglich waren sie nicht unerheblich, wie auf einem Bürgerforum, das 1953 im Stadtteil Schönau abgehalten wurde, zumindest anklang: *In diese bis dahin organisch gewordene Schönau-Siedlung hat der Krieg und die Nachkriegszeit mit ihren Folgen manche Unruhe und Veränderung gebracht. Auf die von Bomben verschont gebliebene Schönau zogen nicht nur viele Mannheimer aus der Innenstadt, sondern es wurden hier auch in den von der Gemeinnützigen Baugesellschaft errichteten Blocks rund 2500 Flüchtlinge in 800 Wohnungen untergebracht, ein Zuwachs, der die Einwohnerzahl von 4700 im Jahre 1939 auf heute 10500 Menschen emporschnellen ließ. Man muß sich diese sprunghafte Entwicklung, durch die auch der Charakter der alten Siedlung verändert wurde, vor Augen halten, um zu verstehen, daß zwischen den bodenständigen Siedlern und den neu Hinzugekommenen, die ja keine Siedler, sondern jetzt Mieter geworden sind, gewisse Gegensätze auftraten, die sich jedoch mit der Zeit verwischen werden. [...] Im Verlaufe des Gesprächs betonte ein Flüchtlingsvertreter, die Mehrzahl fühle sich sehr wohl auf der Schönau, wolle aber nicht länger eine besondere Stellung beanspruchen. In der Schule und in den vier Kindergärten macht der Verschmelzungsprozeß mit den Einheimischen bereits gute Fortschritte. Von 1400 Schülern stammen allein 500 aus heimatvertriebenen Familien.*[290]

Die Eingliederungsvoraussetzungen der Zuwanderer und die selektive Aufnahmepolitik der Stadt

Doch nicht erst für diese Kinder, bereits für ihre Eltern gestalteten sich die Integrationsvoraussetzungen in der Rhein-Neckar-Stadt besonders günstig. Dies lag aber nicht nur an den vor allem in wirtschafts- und arbeitsmarktpolitischer Hinsicht vorteilhaften Rahmenbedingungen der Aufnahmeregion, sondern ebenso an der Struktur der ersten Zuwanderergeneration, die sich bis hierher durchgeschlagen hatte. Nicht nur den nach Mannheim entlassenen heimatlosen Kriegsgefangenen wurde attestiert, es seien *überwiegend junge, gesunde, unabhängige, arbeitswillige und brauchbare Menschen, die für die Stadt keine Belastung bedeuten.*[291] Auch hinsichtlich der 'wilden' Zuwanderer betonte Oberbürgermeister Braun, was *nach Mannheim vorstoße, das sei im wesentlichen nicht etwa der Flüchtlingsstrom, der geleitet werde von den deutschen Behörden, sondern die Leute kämen aus eigener Energie und aus freien Stücken*

---

290 Schönauer Bürger vor dem Mikrophon, Amtsblatt für den Stadtkreis Mannheim, Nr. 37 vom 2. Oktober 1953, S. 1.
291 Schreiben des Mannheimer Flüchtlingsreferenten Schweizer an die Stadtverwaltung, Abteilung II/So., vom 15. Juli 1948, STAMA, Bestand Hauptregistratur, Zugang 21/1969, Nr. 346.

und wollten sich hier aus irgend einem Grunde festsetzen.[292] Im Gegensatz zu den in die Landkreise zwangsweise eingewiesenen Ostflüchtlingen hatten sich diese Einzelwanderer ihr Ziel selbst gesetzt. Ob sie nun im Zuge einer Kettenwanderung in Etappen nach Mannheim strebten, weil ihnen hier die Existenzmöglichkeiten besonders günstig erschienen, oder ob sie direkt an Rhein und Neckar kamen, weil sie hier bei Verwandten, Freunden oder Bekannten Aufnahme finden konnten, ihre Ausgangssituation für ein Leben in ihrer neuen Heimat und ihre Motivation, hier zu bleiben, unterschied sich grundlegend von der derjenigen Ausgewiesenen, die irgendwo auf dem Land bei der einheimischen Bevölkerung eingewiesen worden waren, ohne daß sie dies irgendwie hatten beeinflussen können. Schnell konnten - und, wenn sie bleiben wollten: mußten - sie hier einen Arbeitsplatz finden, und so ließen sie sich auch nicht - wie mancher Kommunalpolitiker dachte - davon abschrecken, *vom Arbeitsamt eine Schaufel in die Hand gedrückt zu bekommen, um in Mannheim mitzuhelfen, den Schutt zu beseitigen.*[293] Und diejenigen Ostflüchtlinge, die zunächst auf dem Land Arbeit zugewiesen bekommen hatten, bald aber mit oder ohne behördliche Erlaubnis in die Industriestadt abwanderten, zählten zum Großteil zu jenen durchsetzungsfähigen Migranten, die durch die Kunst des 'Organisierens' ihr Überleben sicherten.[294] Während auf dem Land die überwiegend aus Frauen, Kindern und alten Menschen bestehenden geschlossenen Massentransporte ankamen, die dort Angesiedelten oft nur gegen Naturalien in der Landwirtschaft aushalfen und nicht selten der öffentlichen Fürsorge anheimfielen, fanden die im Zuge der Familienzusammenführung in die Großstadt kommenden Angehörigen dort einen Ernährer vor, der ihnen aus eigener Kraft eine wenn auch vorerst nur bescheidene Existenz zu sichern vermochte, so daß die Zahl der Fürsorgeempfänger hier minimal blieb und in keinem Verhältnis zu den Zuständen in den Landkreisen stand.[295]

---

292   Niederschrift über die Sitzung des Beirats des Oberbürgermeisters vom 14. Februar 1946, S. 6, STAMA, Bestand Oberbürgermeister, Nr. 147.
293   Protokoll über die Sitzung des Ausschusses für das Flüchtlingswesen der Stadt Mannheim vom 5. Februar 1946, S. 3, STAMA, Bestand Hauptregistratur, Zugang 21/1969, Nr. 339.
294   Vgl. dazu etwa die Klagen des Arbeitsamtes Mosbach über die ungeregelte Abwanderung der Ostflüchtlinge in einem an den Landeskommissar für Flüchtlingswesen in Karlsruhe gerichteten Schreiben vom 24. April 1947: *Die bessere Verdienstmöglichkeit und wohl auch die weniger gewährleistete Arbeitsüberwachung auf den Großbaustellen in Mannheim sowie die sich für manche dadurch ergebende Möglichkeit des Schiebens und Schwarzhandels usw. lösten einen sturmartigen Drang nach den Städten Mannheim und Heilbronn aus, ohne Rücksicht darauf, daß sie mehr oder weniger im hiesigen Amtsbezirk in Arbeitsverhältnis standen. Mit den derzeitig verfügbaren Rechtsmitteln (Arbeitsverpflichtung, Lebensmittelkartensperre usw.) waren durchwegs wenig Erfolge zu erzielen. Die Naivität der Neubürger: von den hiesigen Verordnungen der Arbeitslenkung usw. nichts zu wissen, bei ihnen sei dies ganz anders gewesen usw., die oft glaubhaft scheinen konnten, meistens jedoch Ausrede waren, mußte ein schärferes Zugreifen ausschalten* (GLAK, Bestand 466, Zugang 1981/47, Nr. 1388).
295   So konnte der Vorsitzende der Mannheimer Flüchtlingsvereinigung im Sommer 1950 feststellen: *Wir finden Flüchtlinge in allen Berufen in Mannheim. Aber es sind nur einige Wenige, die Wohlfahrtsunterstützung in Anspruch nehmen müssen* (Flüchtlinge fanden eine neue Existenz in Mannheim, Rhein-Neckar-Zeitung, Nr. 135 vom 15. Juni 1950, S. 3). Zählten im Januar 1949 im Landesbezirk Baden 43,9% aller Fürsorgeempfänger zum Kreis der Ostflüchtlinge, auf die 45% der gesamten Fürsorgeleistungen entfielen, so waren es im Stadtkreis Mannheim nur 2,3% aller heimatlosen Zuwanderer, die 2,7% der insgesamt für Fürsorgemaßnahmen verausgabten Mittel in Anspruch nehmen mußten (GLAK, Bestand 466, Zugang 1981/47, Nr. 1547). Im Rechnungsjahr 1951/52 entfielen im Landesbezirk Nordbaden noch 35,3% des Gesamtaufwandes für offene und geschlossene Fürsorge auf die Unterstützung von Flüchtlingen und Evakuierten, im Stadtkreis Mannheim war die

Hinzu kam, daß ein guter Teil der Ostflüchtlinge als gesuchte Fachkräfte in die Rhein-Neckar-Stadt gekommen waren. Überwogen, migrationssoziologisch gesehen, aufgrund der Rahmenbedingungen der Aufnahme und Ansiedlung der Ostflüchtlinge auf dem Land die Zwangsmomente und damit die 'push'-Faktoren dieses Wanderungsvorgangs, so dominierten bei dem direkten oder im Zuge einer Kettenwanderung vom ersten Aufenthaltsort erfolgten Zuzug in die Großstadt dessen 'pull'-Momente, so daß hier im wesentlichen die Nachfrage und Attraktivität der Aufnahmeregion zum bestimmenden Moment der nun sehr viel selbstbestimmteren Wanderungsbewegung wurden. Dies galt zu einem großen Teil auch für die Korrektur der ursprünglichen Fehlverteilung der Ostflüchtlinge im Rahmen der späteren Umsiedlungsprogramme, die deren freiwillige Weiterwanderung an von ihnen erwünschte Zielorte unterstützte.[296] Alle diese Faktoren führten dazu, daß im Gegensatz zur unspezifischen Einweisungspraxis der Ostflüchtlingsströme in die Landkreise nur ganz bestimmte Zuwanderergruppen in die Großstadt strebten, die, wie schon früh festgestellt wurde, aufgrund ihrer höheren Mobilität, Flexibilität und Qualifikation günstige Integrationsvoraussetzungen mitbrachten: *Es handelt sich vorwiegend um bewegliche und in ihrem einstmals 'städtischen' Beruf bewanderte Männer und Frauen.*[297] Eine urbane Sozialisation, die nur wenige Gegensätze zur einheimischen Bevölkerung aufwies, kennzeichnete so auch die Struktur der zunächst im direkten Umland angesiedelten Tagespendler, die im Laufe der Zeit an ihrem Mannheimer Arbeitsplatz seßhaft wurden.[298] Und gerade weil sich unter den *illegalen Grenzgängern* und späteren SBZ-Flüchtlingen ein extrem hoher Anteil von Zuwanderern befand, der aus rein wirtschaftlichen Überlegungen in den Westen gekommen war und der in der Großstadt noch größer sein mochte als auf dem Land,[299] war auch diese Bevölkerungsgruppe, die sich durch eine besondere *Ungeduld des*

Quote trotz des mittlerweile erfolgten Zuwandererzustroms lediglich auf 3,6% angestiegen (A. Schwan: Weshalb Förderbezirke?, GLAK, Bestand 481, Nr. 208).

296 So hatten beispielsweise 45% aller zwischen Januar und Mai 1953 nach Mannheim umgesiedelten Familien ausdrücklich diesen Zielort gewünscht (Übersicht über die Verhältnisse der seit 1. Januar 1953 nach Mannheim umgesiedelten Ostzonenflüchtlinge, Heimatvertriebenen und DP's, STAMA, Bestand Hauptregistratur, Zugang 21/1969, Nr. 375).

297 Flüchtlinge fanden eine neue Existenz in Mannheim, Rhein-Neckar-Zeitung, Nr. 135 vom 15. Juni 1950.

298 So waren nach dem Ergebnis einer Umfrage unter den täglich nach Mannheim einpendelnden Arbeitskräften im Jahr 1953 unter den heimatvertriebenen Pendlern *zwei Gruppen zu unterscheiden, und zwar solche, die aus städtischen Gemeinden stammten, und solche, die vom flachen Lande, besonders aus Ungarn und Jugoslawien hierher ausgesiedelt wurden. Während erstere ausnahmslos jede sich bietende Gelegenheit, in die Stadt zu ziehen, ausnutzen, wollen von den letzteren nur ganz wenige an einen städtischen Arbeitsort ziehen; denn meist stammen sie aus einer festgefügten Dorfgemeinschaft [...]. Obwohl sie oft in schlechten Wohnungen untergebracht sind, fühlen sie sich doch in den ländlichen Verhältnissen ihrer neuen Wohngemeinden heimisch. Hinzu kommt, daß meist am gleichen Ort noch mehrere Familien aus ihrer alten Heimat wohnen.* ('Warum sind Sie Berufspendler?', in: Amtsblatt für den Stadtkreis Mannheim, Nr. 32 vom 28. August 1953).

299 Während *nach einer Statistik des nordbadischen Regierungspräsidiums nur 53% der Flüchtlinge, trotz großzügigster Auslegung der Bestimmungen, den C-Ausweis erhalten, in welchem bescheinigt wird, daß sie aus politischen Gründen die Sowjetzone verlassen mußten* (Stuttgarter Zeitung, Nr. 129 vom 7. Juni 1956, S. 10), berichtete die Mannheimer Gemeinnützige Baugesellschaft, in deren Wohnungen der Großteil der SBZ-Flüchtlinge untergebracht war, in einem Bericht an das Regierungspräsidium Nordbaden vom 2. Dezember 1954 sogar, daß ihre Mieter aus der SBZ in zwei noch extremer auseinanderfallende Gruppen zerfielen: *ein sehr kleiner Kreis von solchen Mietern, die sich selbst als echte politische Flüchtlinge aus der Sowjetzone kennen und anerkennen und dann der*

Vorwärtskommens auszeichnete,[300] in hohem Maße integrationsbereit: *Die Arbeitswilligkeit und Arbeitsfreudigkeit dieser Menschen wird überall hervorgehoben. [...] So ist auch zu beobachten, daß das Bedürfnis, sich selbst zu helfen, sehr groß ist.*[301] Vor allem diese besonders ausgeprägte Eigeninitiative, die sich auch in einer entsprechenden Baubereitschaft manifestierte[302] und offensichtlich die der einheimischen kriegsgeschädigten Evakuierten übertraf,[303] erwies sich als wesentlicher Faktor, der die Integration der Heimatvertriebenen begünstigte und mit ihrem Erfolg auch manchen neidvollen Blick der Einheimischen erregte: *Das Wissen, 'nichts mehr zu verlieren zu haben', verleiht oft Kräfte, die man selbst vorher bewußt nicht fühlt und die dem Außenstehenden oft geradezu unbegreiflich erscheinen. So gesehen braucht sich der Einheimische nicht zu wundern, daß gerade viele Vertriebene es verstanden haben, hier so gut Wurzel zu fassen - besser Wurzel zu fassen, als es manchem 'Eingeborenen' vielleicht jemals gelingen wird. Leider wird bei der Beurteilung des Fortkommens dieser Menschen nur allzu oft die Unmenge von Fleiß, Ausdauer, Wagemut und Energie vergessen, mit denen sie ihr Schicksal im wahrsten Sinne des Wortes häufig in die eigenen Hände genommen haben.*[304]

Die günstigen, auf der Struktur dieser Zuwandererpopulationen beruhenden Integrationsvoraussetzungen waren jedoch nicht nur das Ergebnis einer sich sozusagen natürlich ergebenden Selektivität des Wanderungsprozesses, der sie nach Flucht und Vertreibung in die Großstadt geführt hatte. Vielmehr suchte die Mannheimer Stadtverwaltung, wo sie es konnte, diese Wan-

---

mehrfach größere Kreis derjenigen, deren Intellekt und sonstige Einstellung von vornherein erkennen läßt, daß diese Personen niemals aus politischen Überlegungen die Sowjetzone verlassen haben. Hier handelt es sich unserer Meinung nach um Menschen, die nur, weil sie glaubten, im Westen wirtschaftlich günstigere Bedingungen vorzufinden, von dort fortgegangen sind; das Verhältnis dürfte etwa 9:1 sein (STAMA, Bestand Hauptregistratur, Zugang 18/1976, Nr. 272). In der amtlichen Statistik fielen diese Unterschiede indessen weniger deutlich aus. 1961 besaßen 41,7% der Mannheimer SBZ-Flüchtlinge den Ausweis C, während ihr Anteil im Regierungsbezirk Nordbaden bei 45,9% lag (Berechnet nach: STATISTISCHES LANDESAMT BADEN-WÜRTTEMBERG (Hg.) (1964a) S. 158).

300 Der Weg in ein neues Leben ist nicht leicht..., Mannheimer Morgen vom 20. April 1955, S. 4.
301 Ein Ende ist nicht abzusehen, Rhein-Neckar-Zeitung, Nr. 111 vom 14. Mai 1955.
302 Bereits im Aufruf zur Gründungsversammlung der Mannheimer Flüchtlingsvereinigung hieß es: *Die ins Auge gefaßte Selbsthilfe soll sich auf alle sozialen Fragen erstrecken, insbesondere auf Wohnungs- und Siedlungswesen, Berufsberatung, Arbeitsvermittlung u. dgl.* (Selbsthilfe der Flüchtlinge, Mannheimer Morgen, Nr. 136 vom 29. November 1947, S. 3). Vgl. zu den entsprechenden Initiativen etwa: Neubürger wollen bauen, Mannheimer Morgen, Nr. 141 vom 13. Dezember 1947, S. 3; Flüchtlinge werden endgültig in Mannheim seßhaft, Mannheimer Morgen vom 27. September 1949, S. 4; Schlesier nehmen Wohnungsbau in eigene Hände, Mannheimer Morgen vom 10. Juli 1950, S. 5; In Sandhofen haben sich Flüchtlinge selbst geholfen, Mannheimer Morgen, Nr. 266 vom 14. November 1953.
303 Als es für alle Kriegsgeschädigten 1951 möglich war, aus Soforthilfemitteln Finanzierungsbeihilfen für die Erstellung von Eigenheimen, Kleinsiedlungen und Mietwohnungen in der Höhe von höchstens 2.000 DM zu erhalten, stellte das Mannheimer Amt für Soforthilfe fest: *Bemerkenswert dabei ist, daß die Mehrzahl der Antragsteller Flüchtlinge sind. Von den leitenden Beamten wird betont, wie aktiv und hoffnungsvoll diese Personengruppe an den Bau eines Eigenheims oder einer Kleinsiedlung herangeht* (Endlich wieder vier eigene Wände haben, Mannheimer Morgen, Nr. 52 vom 2. März 1951).
304 In Sandhofen haben sich Flüchtlinge selbst geholfen, Mannheimer Morgen, Nr. 266 vom 14. November 1953.

derungsbewegung und damit auch die Zusammensetzung der Migranten im Sinne ihrer Interessen nachhaltig zu beeinflussen. Bei den in die Industriestadt entlassenen ehemaligen Kriegsgefangenen war dies aufgrund der amerikanischen Direktiven nicht möglich, aber angesichts ihrer Zusammensetzung und Funktion als leistungsfähiges Arbeitskräftepotential auch nicht notwendig gewesen, wenngleich ihre nach und nach zuziehenden Familienangehörigen, die ebenfalls aufgenommen werden mußten, den Behörden aufgrund der ungünstigen Versorgungslage nicht gerade willkommen waren.[305] Um so mehr suchte man sicherzustellen, daß aus den Reihen der *illegalen Grenzgänger* ausschließlich geeignete Zuwanderer ohne 'unproduktiven' Familienanhang in die Stadt kommen konnten. Dementsprechend forderte die Stadt aus dem zentralen Durchgangslager nur *alleinstehende männliche Schwarzgänger, vorzugsweise im Alter von 20 - 45 Jahren*, an, die in Karlsruhe *einmal wöchentlich durch einen Vertreter des Arbeitsamts Mannheim nach arbeitsmäßigen Gesichtspunkten ausgesondert* wurden.[306] Zugleich suchte man, diese so selegierten Zuwanderer disponibel zu halten und ihre Aufenthaltsberechtigung an die Aufrechterhaltung des zugewiesenen Arbeitsverhältnisses zu koppeln, um sie bei einem Verlust des Arbeitsplatzes gegebenenfalls sofort wieder aus Mannheim ausweisen zu können. Dies stieß jedoch auf den Widerstand des Landeskommissariats für das Flüchtlingswesen, das die Rechtsgrundlage einer derartigen Praxis in Frage stellte.[307] Bei den Ostflüchtlingen, die bereits in einen Landkreis eingewiesen und von dort zum Wiederaufbau der Stadt abgeworben worden waren, war es jedoch möglich, die Zuwanderer je nach ihrer Qualifikation und Funktion für den Arbeitsmarkt unterschiedlich zu behandeln. Gesuchte Spezialisten suchte man langfristig an die Stadt zu binden, aktuell zwar benötigte aber aufgrund ihres niedrigen Ausbildungsstandes prinzipiell ersetzbare Arbeitskräfte sollten hingegen lediglich als eine je nach konjunktureller Lage auch wieder 'freisetzbare' Arbeitskraftreserve in die Stadt kommen können: *Personen, die nicht als Schlüssel-, jedoch als Fachkräfte benötigt wurden, konnten eine sogenannte Aufenthaltsbewilligung bekommen. Diese Art der Aufenthaltserlaubnis stellt eine gewisse Sicherungsmaßnahme gegenüber den unbeschränkten Zuzugsge-*

---

305 So verwahrte sich beispielsweise Oberbürgermeister Braun im Oktober 1947 bei den Dienststellen der Badischen Flüchtlingsverwaltung *auf das Schwerste dagegen [...], daß immer wieder auf Umwegen Flüchtlinge zu uns kommen und Wohnräume beanspruchen*, mußte aber zur Kenntnis nehmen, daß die Behörden *vom OMGUS Berlin die Anweisung erhalten hätten, daß die Familienangehörigen an jene Plätze eingewiesen werden müssen, an denen ihre Ernährer sich befinden* (Aktennotiz Oberbürgermeister Braun vom 28. Oktober 1947, STAMA, Bestand Hauptregistratur, Zugang 21/1969, Nr. 349).

306 Aktennotiz des Landeskommissars für das Flüchtlingswesen über eine Besprechung über den Arbeitseinsatz von illegalen Grenzgängern vom 12. August 1947, STAMA, Bestand Hauptregistratur, Zugang 12/1980, Nr. 121.

307 *Es wird darauf hingewiesen, daß nach den Zuzugsbestimmungen die vom Arbeitsamt Mannheim vorgeschlagene Erteilung einer Aufenthaltsgenehmigung für die Dauer der Beschäftigung solange rechtsunwirksam ist, solange nicht ein ständiger Wohnsitz nachgewiesen ist, an dem die Rückkehr nach Erlöschen des Arbeitsverhältnisses gewährleistet ist. Da das in den Fällen der 'Schwarzgänger' nicht der Fall ist, wird darauf hingewiesen, daß eine Zuweisung von Arbeitskräften aus den Reihen der nach Überprüfung aufnahmeberechtigten 'Schwarzgänger' nach Mannheim für die Stadt Mannheim die Verpflichtung mit sich bringe, den betreffenden Personen auch weiterhin Aufnahmerecht zu gewähren. Ein Abschieben in andere Kreise und Gemeinden ist, sofern dorthin nicht die Zuzugsgenehmigung erteilt wurde, nicht möglich. Auf Mannheimer Seite nahm man davon in kühler Weise Kenntnis* (GLAK, Bestand 466, Zugang 1981/47, Nr. 1933).

nehmigungen dar, da bei derartigen Bewilligungen kein Wohnungsanspruch gegeben war und ebenso der Nachzug von Familienangehörigen ausgeschlossen wurde.[308] Das war jedoch nicht der einzige Unterschied zu einer Zuzugsbewilligung, denn diese war zudem nicht mit der Aufrechterhaltung des eingegangenen Arbeitsverhältnisses verbunden. Der Personenkreis der angeworbenen und lediglich aufenthaltsberechtigten Heimatlosen reagierte begreiflicherweise empfindlich auf diese Situation und glaubte, daß man ihm die Anerkennung seines Status als Ostflüchtling erschwerte. So protestierte der Vorsitzende der Mannheimer Flüchtlingsvereinigung vehement gegen die Praxis der städtischen Flüchtlingsstelle, *nur solchen Personen [Flüchtlings-] Pässe auszustellen, die im Besitze einer Zuzugsgenehmigung sind. Die Flüchtlinge werden auch hier als 'Kuli' behandelt.*[309] Doch hielt sich dieses Vorgehen ganz im Rahmen der gesetzlichen Bestimmungen, da Flüchtlingsausweise grundsätzlich von der Zuzugsgemeinde ausgestellt werden mußten. Jedenfalls war für die nur mit einer Aufenthaltsgenehmigung versehenen Zuwanderer lange Zeit ungewiß, *ob das Damoklesschwert des Wieder-aus-der-Stadt-ausgewiesen-werdens nicht doch eines Tages auf sie niederfalle, wenn, durch Arbeitslosigkeit oder sonstige Umstände bedingt, die vorübergehende Aufenthaltsgenehmigung abläuft.*[310] Ihre psychologische Belastung, die aus solch unsicherer Situation resultierte, war beträchtlich,[311] zumal sich die Erteilung von Zuzugsgenehmigungen an die angeworbenen Zuwanderer entgegen den ursprünglichen Versprechungen, die diese nach Ablauf zweier Jahre zugesagt hatten, verzögerte. So mußte die Flüchtlingsvereinigung im März 1949 mit Nachdruck darauf drängen, *daß den Flüchtlingen, die nunmehr 3 Jahre hier arbeiten, endlich einmal der Zuzug erteilt wird.*[312] Als daraufhin die Stadtverwaltung die zugesagte Umwandlung der Aufenthaltsbewilligungen für die Ostflüchtlinge in Zuzugsbewilligungen regelte, fiel die entsprechende Verordnung angesichts des nach der Währungsreform gesunkenen Bedarfs an Arbeitskräften und der gravierenden Wohnraumknappheit entsprechend restriktiv aus. Von einer automatischen Erteilung von Zuzugsbewilligungen wurde abgesehen, und diese wurden davon abhängig gemacht, daß der betreffende Antragsteller *in einem Umkreis von mehr als 50 km ausserhalb Mannheims wohnhaft ist, seit 96 Wochen in Mannheim ununterbrochen arbeitet und sich Wohnraum - möglichst durch Selbstausbau - erstellt.* Dabei behielt sich die Verwaltung vor, bei wiederholtem Arbeitsplatzwechsel nicht alle Arbeitsverhältnisse für die Erfüllung der geforderten Frist anzuerkennen. Auch Zeiten unverschuldeter Arbeitslosigkeit wurden nicht angerechnet. Und *weibliche Neubürger - insbesondere [...] Hauspersonal oder sonstige*

---

308   Städtisches Wohlfahrtsamt: Verwaltungsbericht für die Zeit vom 1. April 1947 bis 31. März 1950, S. 42, STAMA, Bestand Dezernatsregistratur, Zugang 3/1981, Nr. 276.

309   Protokoll über die Sitzung des städtischen Flüchtlingsausschusses am 10. März 1949, STAMA, Bestand Hauptregistratur, Zugang 21/1969, Nr. 340.

310   Die Wahlheimat soll zur Heimat werden, Mannheimer Morgen, Nr. 39 vom 11. März 1949.

311   So führte Stadtrat Bartsch 1949 aus: *Die Aufenthaltsgenehmigung wird nur erteilt, wenn ein Arbeitsplatz nachgewiesen werden kann und für die Unterkunft kein zusätzlicher Wohnraum in Anspruch genommen wird. Trifft eine dieser beiden Bedingungen nicht mehr zu, dann wird die Aufenthaltsgenehmigung entzogen, und der Betroffene erhält keine Lebensmittelkarten und keine Wohlfahrtsunterstützung. Für alle, die mit dieser Möglichkeit rechnen müssen, bedeutet das eine ständige seelische Belastung, zumal sie keinerlei Aussicht haben, sich irgendwo anders eine Existenz gründen zu können* (Die Lage der Flüchtlinge in Mannheim (wie Anm. 48), S. 1).

312   Protokoll über die Sitzung des städtischen Flüchtlingsausschusses am 10. März 1949, STAMA, Bestand Hauptregistratur, Zugang 21/1969, Nr. 340.

Beschäftigte, deren Beschäftigung von vornherein als vorübergehend gedacht war - erhielten grundsätzlich *vorerst keinen Zuzug*,[313] selbst wenn sie die geforderten Voraussetzungen erfüllten - und dies, obwohl das Mannheimer Arbeitsamt den Landeskommissar für das Flüchtlingswesen zwei Jahre zuvor nachdrücklich darauf hingewiesen hatte, daß in Mannheim *Hausgehilfinnen dringend benötigt werden*.[314] Für die mit einer automatischen Aufenthaltsbewilligung versehenen ehemaligen Zivilarbeiter bei der amerikanischen Besatzungsmacht schließlich wurde hinsichtlich der Zuzugsbewilligung *die Einschränkung gemacht, daß ein Nachzug ihrer Familienangehörigen nur möglich ist, wenn Wohnraum vorhanden und auch nachgewiesen werden kann und das städt. Wohnungsamt den beabsichtigten Zuzug für wohnungsmäßig durchführbar hält*.[315]

Besonderes Augenmerk widmete die Mannheimer Stadtverwaltung auch der ersten größeren Binnenumsiedlungsaktion im Jahr 1950, die die Umsetzung von Heimatvertriebenen aus den strukturschwachen Landkreisen Nordbadens in die industriellen Ballungsräume realisieren sollte. Nachdem die entsprechenden Vorschlagslisten der Landkreise in Mannheim eingegangen waren, wurden sie minutiös geprüft. Der dafür zuständige stellvertretende Vorstand des Mannheimer Wohnungsamts, Stadtrat Mayer, berichtete im April 1950 dem Oberbürgermeister: *Bekanntlich muß die Stadt Mannheim im Rahmen der Umsiedler-Aktion 140 Flüchtlingsfamilien in den Eisenlohrblock aufnehmen. Der Familienvorstand arbeitet in Mannheim, während die Familien auf dem Land untergebracht sind. Wir haben nun von den vier Landkreisen Sinsheim, Buchen, Mosbach und Tauberbischofsheim die Umsiedler namentlich benannt bekommen. Bei der Durchsicht haben wir festgestellt, daß die Landräte versuchen, uns Flüchtlingspendler zuzuweisen, deren Familiengröße, wie Sie aus der beiliegenden Aufstellung entnehmen können, ziemlich groß ist. [...] Würde nun die Stadt Mannheim die genannten Flüchtlingspendler in der vorgeschriebenen Form aufnehmen, so müßte die Stadt Mannheim eine ungleich größere Zahl von größeren Wohnungen bauen, als wie im Bauprogramm vorgesehen. Abgesehen davon ersehen Sie aus der Aufstellung, daß der größte Prozentsatz der Flüchtlingspendler Bauarbeiter sind, jedoch kaum gelernte Bauarbeiter, sondern meistens Bauhilfsarbeiter. Gerade die Hilfsarbeiter haben die größte Familienzahl und habe ich daher Befürchtungen, daß bei der Übernahme dieser Familien der Sozialetat der Stadt Mannheim bei Arbeitslosigkeit in Zukunft stark belastet wird. [...] Der Unterzeichnete wird nun anhand der von den Landräten übermittelten Liste die einzelnen Firmen aufsuchen und feststellen, was die vorgesehenen Flüchtlingspendler verdienen und um welche Familien es sich handelt. Wir haben nämlich den Eindruck, daß die Landräte bei der Umsiedlungsaktion auch von diesem Gesichtspunkt aus ihre Auswahl getroffen haben. Gleichzeitig bitte ich Sie, mir die Erlaubnis zu geben, in die Landkreise hinaus zu fahren und persönlich an Ort und Stelle Er-*

---

313 Richtlinien der Städtischen Flüchtlingsstelle zur Umwandlung von Aufenthaltsbewilligungen in Zuzug vom 29. März 1949, STAMA, Bestand Dezernatsregistratur, Zugang 3/1981, Nr. 331
314 Arbeitsamtsdirektor Kuhn an den Landeskommissar für Flüchtlingswesen vom 29. Juli 1947, GLAK, Bestand 466, Zugang 1981/47, Nr. 1822.
315 Richtlinien der Städtischen Flüchtlingsstelle zur Umwandlung von Aufenthaltsbewilligungen in Zuzug vom 29. März 1949, STAMA, Bestand Dezernatsregistratur, Zugang 3/1981, Nr. 331.

kundigungen über die Familien einzuholen.[316] Parallel zu einer durch die Industrie- und Handelskammer unterstützten Bedarfserhebung bei den Mannheimer Firmen[317] erfolgte eine ausgedehnte Inspektionstour Mayers in die Landkreise, nach der er feststellte, *daß die Befürchtungen [...] bei weitem noch übertroffen wurden.* Denn nach seinen detaillierten Recherchen *- O. verdient 65 DM pro Woche. Die Familie ist sehr arm und sehr schmutzig. Sie kommt aus der CSR. -* kamen allein im Landkreis Sinsheim von *[...] 18 Familien höchstens 8 oder 9 Familien in Frage [...], die in Mannheim arbeitseinsatzmäßig gebraucht werden und bei denen die sonstigen Voraussetzungen erfüllt sind. Wir konnten uns bei der Besichtigung des Eindrucks nicht erwehren, daß die älteren Bürgermeister der Ortschaften bei der Auswahl von dem Gesichtspunkt ausgegangen sind, möglichst diejenigen Familien nach Mannheim zu senden, die ihnen die größte Last bereiten.*[318]

Gegenüber dem Präsidium des Landesbezirks Baden konnte die Mannheimer Stadtverwaltung zur Durchsetzung ihrer Interessen auf die besondere Zweckbindung der für das Umsiedlungsprogramm erstellten Wohnungen hinweisen, die aus Marshallplan-Geldern finanziert wurden.[319] So sah sich die für das Umsiedlungsprogramm zuständige Aufsichtsbehörde gezwungen, gegenüber den Abgabe-Landkreisen festzuhalten: *Die ECA-Mission legt besonderen Wert darauf, daß vor allem Facharbeiter für wichtige Produktionsbetriebe mit Wohnraum versorgt werden; wir müssen dringend ersuchen, diesem Verlangen bei der Auswahl der umzusetzenden Pendler Rechnung zu tragen. Dies schließt aus, daß - wie es bei einzelnen Landkreisen geschehen ist - vorwiegend Bauhilfsarbeiter oder ähnliche Kräfte zur Umsetzung in die Städte vorgeschlagen werden.*[320] Dieser Vorrang der rein ökonomischen Funktionalität, der nicht nur die Interessenlage der Städte sondern auch die Integrationsvorstellungen der amerikanischen Besatzungsmacht kennzeichnete,[321] stand in einem kaum zu vereinbarenden Widerspruch zu den *rein sozialen Gesichtspunkten*, die - wie sie jedenfalls beteuerten - die Landratsämter ihren Vorschlägen zugrundegelegt hatten.[322] Hier war man denn auch, wie etwa im

---

316 Stadtrat Mayer an den Oberbürgermeister Braun am 22. April 1952, STAMA, Bestand Dezernatsregistratur, Zugang 18/1976, Nr. 267.

317 In einem entsprechenden Rundschreiben an die Mannheimer Firmen vom 11. Mai 1950 hieß es u.a.: *Weder die Stadtverwaltung noch aber die Wirtschaft Mannheims kann daran interessiert sein, 140 für den Arbeitseinsatz nur sehr bedingt in Betracht kommende Personen mit einem erheblichen unproduktiven Anhang nach Mannheim zu bekommen* (Ebd.).

318 Bericht des stellvertretenden Vorstands des Mannheimer Wohnungsamts Mayer an Bürgermeister Trumpfheller, Umsiedlungsaktion betr., Mannheim, den 12. Mai 1950, STAMA, Bestand Dezernatsregistratur, Zugang 18/1976, Nr. 267.

319 Vgl. dazu: GLAK, Bestand 466, Zugang 1981/47, Nr. 1342. In einer Besprechung des Leiters der Housing Section der ECA-Sondermission (Economic Cooperation Administration - Sondermission) in Frankfurt a. M. mit dem Bundesbauministerium war auf amerikanische Initiative am 31. März 1951 hinsichtlich der Richtlinien für die mit Mitteln des European Recovery Program zu errichtenden Wohnungsbauten festgelegt worden: *Für die Zuteilung von Wohnungen kommen ausschließlich Personen in Betracht, die im Bereich der auszuwählenden Standorte einen Arbeitsplatz in der Industrie, insbesondere der Exportindustrie, dem Handel und der Landwirtschaft innehaben oder erhalten.*

320 Der Präsident des Landesbezirks Baden, Abt. Innere Verwaltung, Erlaß Nr. 2573 l/IV vom 19. Mai 1950, GLAK, Bestand 345, Zugang 1986/12, Nr. 306.

321 Vgl. dazu meinen entsprechenden Beitrag in diesem Band.

322 So führte z.B. der Landrat des Landkreises Buchen aus: *Wir haben uns bei der Auswahl der Pendler von rein sozialen Gesichtspunkten leiten lassen und vor allem Pendler ausgewählt, die in von der*

Falle des Landkreises Buchen, von dessen 50 Vorschlägen die Mannheimer Stadtverwaltung 20 abgelehnt hatte, der Auffassung, *daß man in Mannheim bei der Auswahl der umzusiedelnden Familien allzu kleinlich vorgegangen ist*.[323] Aus der Perspektive der Industriestadt stellte sich dies umgekehrt als Chance dar, *gute Kräfte an die Mannheimer Industrie zu binden. Die Lebenshaltungskosten im Großstadtbereich werden auf die Dauer doch nur von Facharbeitern mit entsprechendem Einkommen aufgebracht werden können, und an solchen neuen Ansiedlern ist die Stadt begreiflicherweise interessiert*.[324] In den ohnehin strukturschwachen nordbadischen Landkreisen, die nach dem Krieg einen sehr viel höheren Anteil an Heimatvertriebenen hatten aufnehmen müssen, stieß diese Haltung auf wenig Verständnis: *Es spricht keineswegs für die soziale Einstellung der Stadt Mannheim, daß sie ihrerseits bei der Auswahl der Pendler nur Nützlichkeitserwägungen zum eigenen Vorteil und ohne Rücksicht auf die Verhältnisse der Pendler gelten lassen will*.[325] In seinem Abschlußbericht über die Umsiedlungsaktion des Jahres 1950 betonte der stellvertretende Mannheimer Wohnungsamtsleiter Mayer jedenfalls, daß die städtische Initiative, *die einzelnen Familien in den Landkreisen aufzusuchen, sich gelohnt hat. Es wurden immerhin anstelle der sehr vielen Hilfsarbeiter Fachkräfte der verschiedensten Industrien der Mannheimer Wirtschaft zugeführt d.h. namhaft gemacht. Darüber hinaus wurde auch die Auswahl der Familien so getroffen, daß großköpfige Familien mit übernommen wurden, wenn in diesen Familien zusätzlich Arbeitskräfte vorhanden waren. Wenn mehrere Arbeitskräfte in einer Familie vorhanden sind, so wird bei einer evtl. Arbeitslosigkeit die gesamte Familie nicht sofort der Fürsorge zur Last fallen*.[326] Damit hatte die Stadtverwaltung nicht nur die Struktur der Zuwanderer nachhaltig beeinflussen können. Zugleich wurde so ein Präzedenzfall geschaffen, der die Verfahrensmodalitäten der Binnenumsiedlung in den Folgejahren festlegte, der *Stadt Mannheim [...] das primäre Vorschlagsrecht für die umzusetzenden Familien unter besonderer Rücksichtnahme auf die Bedürfnisse der Industrie* endgültig einräumte[327] und damit sicherstellte, daß nur diejenigen Bewerber umgesiedelt wurden, *welche aus betrieblichen Gründen dringend in Mannheim wohnen sollten*.[328]

Bahn weit entfernten Orten wohnen, mehrere Kinder haben und wo in einzelnen Fällen Kinder auch in Mannheim arbeiten oder in der Lehre stehen. Diese Pendler haben am Wochenende noch einen Fußmarsch von 1 bis 3 Stunden zu ihrem Wohnort zurückzulegen, sie müssen am Sonntagnachmittag wieder die Rückfahrt nach Mannheim antreten. (Der Landrat des Landkreises Buchen an den Präsidenten des Landesbezirks Baden, Abt. Innere Verwaltung, am 23. Mai 1950, GLAK, Bestand 345, Zugang 1986/12, Nr. 306).

323 80 Pendlerfamilien nach Mannheim, Rhein-Neckar-Zeitung, Nr. 176 vom 2. August 1950.
324 Pendelarbeiter werden seßhaft, Rhein-Neckar-Zeitung vom 10./11. Februar 1951.
325 Die Stadt Mannheim und die Pendler, Fränkische Nachrichten vom 18. September 1951.
326 Abschlußbericht des stellvertretenden Vorstands des Mannheimer Wohnungsamts Mayer an Bürgermeister Trumpfheller, Umsiedlungsaktion betr., Mannheim, den 28. Dezember 1950, STAMA, Bestand Dezernatsregistratur, Zugang 18/1976, Nr. 267.
327 Aktennotiz über die Besprechung der Landkreise Buchen, Mosbach, Sinsheim und Tauberbischofsheim mit der Inneren Verwaltung am 20. Februar 1951 in Heidelberg in Angelegenheit der Umsiedlung von 250 Pendlerfamilien nach Mannheim, GLAK, Bestand 345, Zugang 1986/12, Nr. 306.
328 Erlaß des Präsidenten des Landesbezirks Baden, Abt. Innere Verwaltung Nr. 14741/IV vom 12. März 1951, STAMA, Bestand Dezernatsregistratur, Zugang 18/1976, Nr. 267; vgl. auch: GLAK, Bestand 466, Zugang 1981/47, Nr. 2069.

Die gleiche Auswahlpolitik betrieb die Stadt hinsichtlich der ihr zugewiesenen SBZ-Flüchtlinge. Denn auch hier waren aus der Perspektive der Industriestadt *die Erfahrungen mit den Ostzonenflüchtlingen [...] nicht besser: Alte Leute und Rentner kommen nach Mannheim, während die arbeitsfähigen Flüchtlinge auf das Land kommen. Diese fahren dann als Pendler in die Stadt, so daß sie hier wieder den Arbeitsmarkt belasten.*[329] Doch erreichte die Mannheimer Stadtverwaltung mit dringlichen Appellen an das für die Zuweisung der aufzunehmenden SBZ-Flüchtlinge zuständige Regierungspräsidium - *Bitte schicken Sie keine Pensionäre, Mannheim ist kein Pflaster für den Lebensabend* - , daß schließlich wiederum *keine Rentner und arbeitsunfähigen Flüchtlinge eingewiesen werden, sondern nur solche, die in Industrie und Handel in Lohn und Brot kommen.*[330] So überwies die Verteilerkommission in den Landesauffanglagern nach der Fluchtwelle des Jahres 1953 und danach überwiegend *nur Jugendliche [...] bis zu einem Alter von 25 Jahren, für die Arbeit in Fülle* vorhanden war.[331]

Abgesehen von ihrer individuellen Leistungsbereitschaft und Eigeninitiative beruhten so die günstigen Eingliederungsvoraussetzungen, welche die SBZ-Flüchtlinge und Heimatvertriebenen in Mannheim als soziale Gruppe aufwiesen, nicht zuletzt auch auf einer selektiven Aufnahmepolitik. Und zugleich waren die Startchancen zum Aufbau einer neuen Existenz für diejenigen Zuwanderer, die in die Großstadt gelangen konnten, besser als die ihrer Schicksalsgefährten, die auf dem Land eingewiesen worden waren und dort ausharren mußten. Da die nach Mannheim gekommenen Neubürger diese Chance voller Initiative ergriffen, waren sie schon bald für den Wiederaufbau der zerstörten Industriestadt unersetzlich geworden. An ihre Adresse gewandt betonte Stadtrat Bartsch bei einer Feierstunde am Vorabend des Tags der Heimat 1956 denn auch mit vollem Recht: *Ihr habt Euch die neue Heimat nicht schenken lassen. Ihr habt sie Euch erarbeitet.*[332]

---

329 Niederschrift über die Sitzung des Sozialausschusses vom 6. Mai 1953, S. 7, STAMA, Bestand Hauptregistratur, Zugang 40/1972, Nr. 186.
330 Vom Massenlager zum Übergangsheim, Mannheimer Morgen, Nr. 238 vom 15. Oktober 1959, S. 4. So führte der Mannheimer Stadtdirektor Schell in diesem Zusammenhang aus: *Durch die große Aufnahmefähigkeit des Mannheimer Arbeitsmarktes haben wir eine relativ große Zahl an Flüchtlingseinweisungen. Dies hat den Nachteil, daß wir mit der Erstellung von Wohnraum zwar hinterherhinken [...], auf der anderen Seite aber den Vorteil, daß uns das Land überwiegend arbeitsfähige Flüchtlinge zuweist. Sie können, da sie in Lohn und Brot stehen, ohne allzu große Unterstützungsmaßnahmen zu einer eigenen Wohnung kommen* (Die letzten Massenlager werden liquidiert, Rhein-Neckar-Zeitung vom 29. Juli 1959).
331 Arbeit in Fülle für junge Flüchtlinge, Mannheimer Morgen, Nr. 181 vom 9. August 1961.
332 Ohne Recht bleibt der Frieden bedroht, Mannheimer Morgen, Nr. 210 vom 10. September 1956, S. 3.

Literaturverzeichnis

Badisches Statistisches Landesamt (Hg.) (1946): Statistische Zahlen aus Nordbaden, Kurzbericht Nr. 3, Karlsruhe

Bartunek, Karl (Hg.) (1954): Geschichte der IDAD, in: Acht Jahre IDAD, Karlsruhe

Grieser, Helmut (1980): Die ausgebliebene Radikalisierung. Zur Sozialgeschichte der Kieler Flüchtlingslager (= Vierteljahrschrift für Sozial- und Wirtschaftsgeschichte, Beiheft 69), Wiesbaden

Irek, Joachim (1983): Mannheim in den Jahren 1945 - 1949. Geschichte einer Stadt zwischen Diktatur und Republik (= Veröffentlichungen des Stadtarchivs Mannheim, 9), 2 Bde., Stuttgart/Berlin/Köln/Mainz

Kaiser, Wilhelm (Bearb.) (o.J.): Die Flüchtlinge und Evakuierten im Landesbezirk Baden. Hg. vom Statistischen Landesamt in Gemeinschaft mit dem Landesbeauftragten für das Flüchtlingswesen, Karlsruhe

Klimperle, Franz J. (1991): Den Sudetendeutschen auf der Spur. Die Sudetendeutschen an Rhein und Neckar. Sudetendeutsche Landsmannschaft Mannheim 1951 - 1991, Mannheim

Lehmann, Albrecht (1991): Im Fremden ungewollt zuhaus. Flüchtlinge und Vertriebene in Westdeutschland 1945 - 1990, München

Lemberg, Eugen & Edding, Friedrich (Hgg.) (1959): Die Vertriebenen in Westdeutschland, 3 Bde., Kiel

Pfeil, Elisabeth (1959): Regionale Seßhaftmachung, in: Lemberg & Edding (Hgg.), 1959, Bd. 1, Kiel, S. 447 - 454

Reinhard, Ernst & Schaab, Meinrad (1970) (nach Unterlagen von Karl Hook): Art. Bevölkerung, in: Die Stadt- und Landkreise Heidelberg und Mannheim. Amtliche Kreisbeschreibung, in: Staatliche Archivverwaltung Baden-Württemberg (Hg.), 1970, Bd. 3, Stuttgart, S. 202 - 219

Schmollinger, Horst W. ([2]1986): Deutsche Partei, in: Stöss (Hg.), [2]1986, Bd. 2, Opladen, S. 1025 - 1111

Staatliche Archivverwaltung Baden-Württemberg (Hg.) (1970): Die Stadt Mannheim und die Gemeinden des Landkreises Mannheim, Bd. 3, hg. in Verbindung mit den Städten Heidelberg und Mannheim, Stuttgart

Staatliche Archivverwaltung Baden-Württemberg (Hg.) (1974): Das Land Baden-Württemberg. Amtliche Beschreibung nach Kreisen und Gemeinden, Bd. 1: Allgemeiner Teil, Stuttgart

Stadtarchiv Mannheim (Hg.) (1984): Der Mannheimer Gemeinderat 1945 - 1984. Biographisches Handbuch, Mannheim

Stadtarchiv Mannheim (Hg.) (1985): Der Anfang nach dem Ende. Mannheim 1945 - 1949. Ausstellungskatalog. Text von Christian Peters. Redaktion: Michael Caroli (= Sonderveröffentlichung des Stadtarchivs Mannheim, 12), Mannheim

Statistisches Bundesamt (Hg.) (1953): Statistisches Taschenbuch über die Heimatvertriebenen in der Bundesrepublik Deutschland und West-Berlin, Wiesbaden

Statistisches Landesamt Baden-Württemberg (Hg.) (1952): Gemeinde- und Kreisstatistik Baden-Württemberg 1950. II. Teil: Regierungsbezirk Nordbaden (= Statistik von Baden-Württemberg, Bd. 3), Stuttgart

Statistisches Landesamt Baden-Württemberg (Hg.) (1953): Die Wahl zum ersten Deutschen Bundestag der Bundesrepublik Deutschland am 14. August 1949 (= Statistik von Baden-Württemberg, Bd. 10), Stuttgart

Statistisches Landesamt Baden-Württemberg (Hg.) (1954): Ergebnisse der Volks- und Berufszählung vom 13. September 1950. - Volkszählung -. II. Teil (= Statistik von Baden-Württemberg, Bd. 4), Stuttgart

Statistisches Landesamt Baden-Württemberg (Hg.) (1958): Die Wahl zum dritten deutschen Bundestag, Stuttgart

Statistisches Landesamt Baden-Württemberg (Hg.) (1959): Ergebnisse der Volks- und Berufszählung vom 13. September 1950. I. Teil: Landesergebnisse (Textband), Stuttgart

Statistisches Landesamt Baden-Württemberg (Hg.) (1964a): Ergebnisse der Volks- und Berufszählung am 6. Juni 1961, Heft 2 (= Statistik von Baden-Württemberg, Bd. 105), Stuttgart

Statistisches Landesamt Baden-Württemberg (Hg.) (1964b): Gemeindestatistik Baden-Württemberg 1960/61. Teil 1 (= Statistik von Baden-Württemberg, Bd. 90), Stuttgart

Statistisches Landesamt Baden-Württemberg (Hg.) (1965): Ergebnisse der Volks- und Berufszählung am 6. Juni 1961. Heft 11: Einpendler in ausgewählten Zielgemeinden (= Statistik von Baden-Württemberg, Bd. 105), Stuttgart

Stöss, Richard (^{2}1986a): Der Gesamtdeutsche Block / BHE, in: Ders. (Hg.), ^{2}1986, Bd. 3, Opladen, S. 1424 - 1459

Stöss, Richard (^{2}1986b): Deutsche Gemeinschaft, in: Ders. (Hg.), ^{2}1986, Bd. 2, Opladen, S. 877 - 900

Stöss, Richard (Hg.) (^{2}1986): Parteienhandbuch. Die Parteien der Bundesrepublik Deutschland 1945 - 1980, 4 Bde., Opladen

Von der politischen Entmachtung der Großgrundbesitzer zum Siedlungsgesetz
Die Bodenreform und das Flüchtlingsproblem in der amerikanischen Besatzungszone am Beispiel Württemberg-Badens (1945 - 1949)*

Sylvia Schraut

I have followed the Land Reform Program for some time and have given increasing support to it schrieb im August 1949 der Direktor der bayerischen Militärregierung, Murray D. van Wagoner an den amerikanischen Hohen Kommissar für Deutschland McCloy, und er glaubte, daß sich Amerika auch weiterhin mit dem Landreformproblem zu befassen hätte. *Because we took part in the decision that created the total German refugee problem at Jalta and Potsdam [...] Military Government was active in the formulation of land reform legislation, approved the law, and thereby gave assistance and hope to the refugee farmers that at least a part of them would get established on the land again. We have obligation that this hope is not dissipated.*[1]

Solches Engagement von amerikanischer Seite mag angesichts der geringen Auswirkungen des Bodenreformprogramms im westlichen Nachkriegsdeutschland verwundern. Die amerikanische Militärregierung hat jedoch tatsächlich weit aus mehr Energie in die Formulierung und Durchsetzung einer Bodenreform in ihrer Zone gesteckt, als die mageren Ergebnisse ihrer Bemühungen und die wissenschaftliche Rezeption dieses Vorgangs vermuten lassen.[2]

---

* Diese Studie wurde aus Mitteln des Ministeriums für Wissenschaft und Forschung des Landes Baden-Württemberg gefördert.

1 RG 260 Office of the Military Government in Germany of the United States (im folgenden: OMGUS) EA 11/2-1/11.
Die Akten des Berliner Office of the Military Government in Germany of the United States liegen - wie auch in OMGUS aufgegangenen Bestände des United States Forces European Theater (im folgenden: USFET) und die Akten des Regional Government Coordinating Office in Stuttgart (im folgenden: OMGRGCO) - auf Microfiches verfilmt im Bundesarchiv Koblenz (im folgenden: BAK) vor. Die als OMGWB zitierten Akten des Office of Military Government Württemberg-Baden sind in gleicher Weise verfilmt und können im Hauptstaatsarchiv Stuttgart (im folgenden: HSTAST) sowie im Generallandesarchiv Karlsruhe (im folgenden: GLAK) eingesehen werden.

2 Bisher beschäftigen sich zwei ausführliche Arbeiten mit der Bodenreform in den westlichen Zonen: ENDERS (1982) und TRITTEL (1975). Enders berücksichtigt jedoch in seiner Arbeit über die Bodenreform in der US-Zone die immer mehr an Bedeutung gewinnende Flüchtlingsfrage für die Bodenreform nicht. Der Begriff Bodenreform ist ansonsten in den Darstellungen und Handbüchern zur frühen Nachkriegsgeschichte gemeinhin der SBZ zugeordnet. Entweder finden die Bestrebungen in den Westzonen überhaupt keine Erwähnung (so stellvertretend für andere: KISTLER (1985)) oder ihre ausführlichere Behandlung wird wegen der mangelnden Wirksamkeit der Bodenreform in den Westzonen als unnötig aufgefaßt (so HARTWICH (1970) S. 90). Entsprechend kommt auch Weisz in seinem Abriß über *Organisation und Ideologie der Landwirtschaft 1945-1949* zum Ergebnis: *Eine grundlegende Bodenreform hätte in den Westzonen zu stärkeren Widerständen als in der sowjetischen Zone geführt, da die Zahl der Betroffenen wesentlich höher gewesen wäre. Entscheidender wirkte sich das Desinteresse der Besatzungsmächte an einer Umverteilung der landwirtschaftlichen Besitzverhältnisse aus, die sich darin mit den Absichten der bürgerlichen Parteien trafen. Aus diesen*

Recht vage Pläne für ein Bodenprogramm im noch zu besiegenden Deutschland schmiedete man offenbar im State Department schon 1944. Sie sind in den Kontext stattfindender Erwägungen zur Entnazifizierung und Demokratisierung Deutschlands einzuordnen. Ausgehend von der Rolle der *Junker* in der Weimarer Republik scheinen sie auf dem Agrarsektor in erster Linie auf die politische Entmachtung des Großgrundbesitzes, der *Nazilandlords* und die Schwächung deutscher Autarkiemöglichkeiten im Kriegsfalle gezielt zu haben.[3]

Einen in Richtung Bodenreform zu interpretierenden Auftrag formulierte dann auch die berühmt-berüchtigte Directive JCS 1067 im April 1945 - wenn man so will, das Regierungsprogramm der US-Militärregierung für die erste Phase der Besatzungszeit:

27. Sie werden verlangen, daß die Deutschen alle ihnen verfügbaren Mittel anwenden, um die landwirtschaftlichen Erträge auf möglichste Höhe zu bringen und so schnell wie möglich einen leistungsfähigen Apparat aufzustellen, um die landwirtschaftlichen Erträge zu sammeln und zu verteilen.

28. Sie werden die deutschen Behörden anweisen, den Großgrundbesitz und den Grundbesitz der öffentlichen Hand so auszunützen, daß die Ansiedlung von Deutschen und anderen Personen oder die Erhöhung des landwirtschaftlichen Ertrags möglich wird.[4]

Schon in diesem Dokument schimmert durch, daß mittlerweile andere, an den konkreten Alltagserfordernissen orientierte Fragen die Oberhand über die politischen Intentionen der ursprünglichen Bodenreformplanung gewonnen haben. Angesichts der Konfrontation mit *rumpgermany* und den Flüchtlingsströmen aus dem Osten begannen die Überlegungen an Bedeutung, wie denn die deutsche Bevölkerung zu ernähren und zu beheimaten sei.[5]

Gründen konnten sich die Bodenreformpläne der Arbeiterparteien und Gewerkschaften nicht durchsetzen. Vgl. WEISZ (1973) S. 194. Vgl. auch die Bewertung der Literaturlage bei ENDERS (1982) S. 6 und TRITTEL (1975) S. 8 f.

3   Vgl. dazu die Darstellung bei ENDERS (1982) S. 9 ff. Im Memorandum PWC-141b (Committee on Post-War Programs) vom 5.8.1944 wird angesichts des erwarteten Flüchtlingsstroms aus dem Osten geschätzt: *By land reform in Germany it would be possible to absorb perhaps one million of the immigrants into agriculture.* Abdruck des Dokuments in: KETTENACKER (Hg.) (1977) S. 234 - 241.
Vgl. auch Winklers Ausführungen zur Denkschrift des State Departments an die Joint Chiefs of Staff vom Juli 1944. Nach Winkler ging die Planung des State Departments auch in den folgenden Jahren von einer notwendigen Entflechtung wirtschaftlicher Macht und der Verteilung von Landbesitz in der US-Zone aus. Vgl. WINKLER (1979). Auch Niethammer ordnet die Pläne für eine Bodenreform in der US-Zone in den Gesamtzusammenhang der Lösung des *Faschismusproblems* ein. Ökonomische Aspekte reduzierten sich hier auf umstrittene Akzidentien (Dekartellisierung, Bodenreform), während die Eigentumsordnung als solche tabu blieb. NIETHAMMER (1973) S. 177.

4   Zitiert nach CORNIDES & VOLLE (1948) S. 58 ff.

5   *As a result of the activities and final collapse of the Nazi Government, a population approximately as large as the German population in 1933 must now find a way of life on only 75% as much agricultural land.* General Clay am 19.12.1945 an die Landdirectoren der Landes-Militärregierung. RG 260 OMGUS FA 43/1.
Schon für 1944 liegen über die eigentliche Bodenreformplanung hinaus auch Hinweise vor, daß zusätzlich der Sinn einer Bodenreform auch in der Ansiedlung der zu erwartenden Flüchtlingsströme gesehen wurde. *By land reform in Germany it would be possible to absorb perhaps one million of the immigrants into agriculture.* Memorandum PWC-141b (Committee on Post-War Programs) vom 5.8.1944; FRUS 1944, Vol. I., Washington 1966, S. 306 - 316.

Das Potsdamer Abkommen im Juli/August 1945 lieferte schließlich den Rahmen, in dem das landwirtschaftliche Programm für die US-Zone auszugestalten war. Auch wenn das Vertragswerk nicht ausdrücklich eine Umverteilung des Bodens thematisierte, so war die beabsichtigte Zerstückelung des Großgrundbesitzes doch indirekt aus der vereinbarten Dezentralisierung der Wirtschaft und der beabsichtigten Schaffung demokratischer Besitzverhältnisse abzulesen. Dies bewerteten auch die amerikanischen Besatzungskräfte so.[6] Wie wir sehen werden, unterwarf überdies der Grundsatz der wirtschaftlich einheitlichen Behandlung Deutschlands die Befehlshaber der einzelnen Zonen einem gewissen Rechtfertigungszwang gegenüber dem alliierten Kontrollrat.

Erste Niederschläge einer konkreten Bodenreformplanung für die US-Zone lassen sich dann auch in den Akten der Militärregierung im Juli 1945, zum Zeitpunkt der Potsdamer Konferenz belegen.[7] Im Rahmen der Headquarters G-5 Division Economics Branch in Frankfurt a. M. sichtete man unter der Leitung von Major Wickens, einem der zukünftigen Schlüsselpersonen der geforderten Agrarreform, die einschlägigen deutschen Gesetze bezüglich ihres möglichen Einsatzes für eine Bodenreform. Nach Meinung der amerikanischen Experten reichten die deutschen Gesetze *for settling Germans and others on the land* aus, aber *there is no law enacted by the Reich or any of its Länder providing for dividing large landed estates into small farms to be turned over for operation to qualified persons*.[8] Im Ergebnis empfahl man, ein Militärgesetz zu erlassen, das privaten und öffentlichen Besitzern von agrarisch nutzbarem Land in einer Größe über 100 ha auferlegte, 50% des 100 ha übersteigenden Landes einer Siedlungsgesellschaft des jeweiligen Landes zum Kauf anzubieten und verschaffte sich überhaupt erst einmal einen Eindruck über die Landverteilung im Deutschen Reich und in der amerikanischen Zone (vgl. Tabelle 1).[9] Die amerikanischen Agrarexperten benutzten hierzu die 1941 veröffentlichte Statistik des Deutschen Reiches auf der Grundlage einer Erhebung von 1937 und gingen davon aus, daß sich in der Zwischenzeit wohl wenig an der Bodenverteilung geändert habe.

Wie sich schnell zeigen sollte, war die Großgrundbesitzerfrage in der amerikanischen Zone vergleichsweise unbedeutend. Über die Hälfte des Großgrundbesitzes (über 100 ha) lag in der sowjetischen Besatzungszone. Dort war mehr als 20% des Bodens im Privatbesitz von Großagrariern. War in der englischen Zone immerhin noch knapp 14% des Landbesitzes in der Hand

---

6 Vgl. stellvertretend für viele andere Belege ein von der Food & Agriculture Branch (F&A Branch) für General McNarney vorbereitetes Schreiben, datiert auf 1.12.1945, in der der Auftrag zur Bodenreform auch mit dem Potsdamer Vertrag begründet wird. RG 260 OMGUS FA 43/1.
7 Vgl. den Bericht zur deutschen Bodengesetzgebung und die Empfehlungen für eine geplante amerikanische Gesetzesiniative vom 22.7.1945. Aus dem handschriftlichen Vermerk ist nicht eindeutig zu entnehmen, ob die Expertise von Major Wickens oder für Major Wickens verfaßt wurde. RG 260 OMGUS FA 43/1. ENDERS (1982), der die RG 260 OMGUS Materialien noch vor ihrer Verfilmung in den USA eingesehen hat, geht davon aus, daß vor September 1945 keine Initiativen der amerikanischen Militärregierung in Richtung Bodenreform gegeben habe und interpretiert die folgenden Maßnahmen als Reaktion auf die Bodenreform in der SBZ. Dem widerspricht die sehr genaue Analyse der deutschen diesbezüglichen Gesetzgebung im Juli 1945, die sicher auch nicht erst zu diesem Zeitpunkt entstanden ist.
8 Ebd.
9 RG 260 OMGUS FA 84/3.

von Privatbesitzern, die über 100 ha besaßen, so reduzierte sich der Anteil des privaten Großgrundbesitzes in der amerikanischen Zone auf ca. 4% des Bodens. Weitaus die meisten Höfe (über 95%) von Privatbesitzern in der amerikanischen Zone waren kleiner als 20 ha (vgl. Tabelle 2). Innerhalb der US-Zone hatte Bayern noch die meisten Großgrundbesitzer aufzuweisen. Dort besaßen 1.025 Personen oder 0,2% der Eigner 5,8% des

Tabelle 1: Verteilung des Landbesitzes in den Besatzungszonen (in 100 ha)

	Franz. Zone	Sowjet. Zone	US-Zone	Engl. Zone	Summe
Land in staatl. Hand	4.253	15.364	13.813	10.700	44.130
Gemeindeland	8.815	5.244	10.298	1.390	25.747
Land in kirchl. Hand	543	2.195	1.323	2.010	6.071
Land im Privatbesitz (-20 ha)	18.753	24.215	42.049	25.090	110.107
20 - 100 ha	3.116	23.424	22.174	31.610	80.324
100 ha und mehr	1.279	20.596	4.192	12.190	38.257
sonstige	3.020	9.924	6.731	6.700	26.375
Summe	39.779	100.962	100.580	89.690	331.011

Bodens. In Nordwürttemberg und Nordbaden machten die privaten Großgrundbesitzer 0,02% der Grundbesitzer aus, die immerhin 8,3% des Bodens ihr eigen nennen konnten. Damit kam der Aufteilung des Großgrundbesitzes in der US-Zone zwar nicht die Bedeutung zu, die sie insbesondere in der sowjetischen Zone erlangen sollte, zu vernachlässigen schien die Frage den Amerikanern dennoch nicht.

Während sich die Amerikaner erst einmal einen Überblick über die vorgefundene Lage in ihrer Zone verschafften, lief die Bodenreform in der Sowjetzone im September 1945 zügig an. Die dortigen Enteignungsmaßnahmen beobachtete die amerikanische Administration mit großem Interesse. Daß es sich um eine Enteignungsmaßnahme ohne Entschädigung handelte, fand besondere Beachtung. Aber auch die Geschwindigkeit, mit der die Reform durchgezogen wurde, beeindruckte die Berichterstatter. *Stress is laid on the importance of carrying out the reforms as rapidly as possible.*[10] Der Reformeifer in der SBZ setzte die amerikanische Seite unter Zugzwang. Das State Department schaltete sich ein und wies den *political adviser* Murphy an, weitere Informationen über die Landverteilung einzuholen, und fragte ganz im Kontext der Di-

---

10 Bereits am 13.9.1945 legt die F&A Branch einen Bericht über die Landreform in der sowjetischen Besatzungszone vor. Er bezieht sich auf Zeitungsberichte aus der SBZ, RG 260 OMGUS FA 43/1. Vgl. auch den Bericht von P. M. Raup, Acting Chief, Land Branch, OMGUS F&A Branch vom 8.10.1945, RG 260 OMGUS FA 43/1. In der Folgezeit werden, wenn immer möglich, Gespräche auch mit Vertretern deutscher Bodenreformbehörden in der SBZ geführt und deren Erfahrungen diskutiert, so beispielsweise der Bericht von Raup am 28.12.1945: Report of Interview with German Agricultural Official of a Province in the Russian Zone, RG 260 OMGUS FA 43/4.

rective JCS 1067/6 nach den möglichen Auswirkungen einer Bodenreform auf die Lebensmittelversorgung und die Ansiedlung der Ostvertriebenen. In der Headquarters G-5 Division Economics Branch in Frankfurt begann man Bodenreformpläne auszuarbeiten; parallel dazu beschäftigte man sich auch in der frisch in Berlin installierten Militärregierungsverwaltung (OMGUS) mit der Bodenreformfrage. Hier wurde eigens ein Mann für die Bodenreform abge-

Tabelle 2: Privater Landbesitz in der US-Zone (Flächenangaben in ha)

	Bayern	Hessen Nassau	Hessen	Nordbaden	Nordwürttemb.	Summe
			unter 20 ha			
Besitzer (Zahl)	568.116	288.584	156.244	183.025	263.145	1.459.114
Fläche insg.	2.683.040	522.574	241.643	232.519	516.731	4.196.507
davon						
Landw.Fläche	2.262.689	500.833	232.259	220.146	467.659	3.683.586
Waldfläche	389.035	17.214	8.661	11.089	39.797	465.796
			20-100 ha			
Besitzer (Zahl)	58.290	4.200	960	501	4.189	68.140
Fläche insg.	1.922.527	126.048	30.198	14.808	123.851	2.217.432
davon						
Landw.Fläche	1.375.766	110.421	22.904	10.856	100.362	1.620.309
Waldfläche	510.018	15.226	6.958	3.944	22.722	558.868
			100-1.000 ha			
Besitzer (Zahl)	954	157	38	28	35	1.212
Fläche insg.	181.387	35.598	10.369	7.654	5.526	240.534
davon						
Landw.Fläche	87.851	18.873	6.287	4.289	3.966	121.266
Waldfläche	84.840	16.128	4.041	3.355	1.349	109.803
			1.000 ha und mehr			
Besitzer (Zahl)	71	18	18	16	0[a]	123
Fläche insg.	102.710	22.481	29.157	67.292	85	221.725
davon						
Landw.Fläche	30.296	5.752	7.962	23.577	78	67.665
Waldfläche	68.342	9.802	21.149	43.661	7	142.961
Besitzer insg.	627.431	292.959	157.260	183.570	267.369	1.528.589
Fläche insg.	4.889.664	706.701	311.367	322.273	646.193	6.876.198

[a] Die Zahl 0 Besitzer erklärt sich durch den Hauptwohnsitz des Eigners in einem anderen Land der Zone oder in einer anderen Zone.

stellt, P. M. Raup, Acting Chief der Land Branch der OMGUS Food and Agriculture Division, ein Agrarexperte, der sich in den nächsten Jahren die Bodenumverteilung so engagiert zu eigen machen sollte, daß er sich auch nach seinem Ausscheiden aus dem Militär weiter wissenschaftlich der Agrarreform widmete.[11]
Wie üblich waren die diesbezüglichen Arbeiten in den Head Quarters (USFET) in Frankfurt und bei OMGUS Berlin nicht koordiniert; auch scheint die eigentliche Stoßrichtung der beabsichtigten Bodenreform nicht klar gewesen zu sein. Sollte ein politisches Gesetz zur Entmachtung des Großgrundbesitzes oder eher ein Siedlungsgesetz zur Ansiedlung der Flüchtlinge geschaffen werden? Wer sollte dieses Gesetz erlassen und wie war die Ernährungsfrage in den Griff zu bekommen? Über diese und ähnliche Fragen herrschte offenbar große Unsicherheit. *The question of land reform has been bothering us during the past weeks largely,* stellte Murphy im Oktober 1945 schließlich fest, *because we have not been clear in our own minds as to the Department's attitude.*[12]
Philipp Raup und die F&A Branch in Berlin favorisierten ein Bodenreformgesetz, das in der Tradition der frühen Pläne des State Department zur Entmachtung der *Nazi-Landlords* stand.[13] Die F&A Branch legte Clay im Oktober einen Entwurf für ein Bodenreformgesetz vor, daß den Ministerpräsidenten der Länder der amerikanischen Besatzungszone zur Kommentierung übergeben, - *presented formally* - und noch Ende 1945 von der amerikanischen Militärregierung erlassen werden sollte.[14] Die Vorlage benannte in der Einleitung den politischen Zweck des Gesetzes und vermengte ihn mit der in der JCS 1067/6 geforderten Erhöhung der Agrarproduktion: *Zum Zwecke der Durchführung der völligen Demilitarisierung Deutschlands, zur Erreichung der endgültigen Ausschaltung des Einflusses der Junker und nazistischen Großgrundbesitzer auf Staatsangelegenheiten, zur Erreichung einer Höchstproduktion des Bodens, zur Schaffung weiterer Kleingärten, zur Stärkung des demokratischen Prinzips unter den Bauern und Waldlandbesitzern, durch Erhebung der Anzahl an werktätigen Einfamilien-Hofbesitzern tritt folgendes Gesetz in der amerikanischen besetzten deutschen Zone in Kraft.*[15]

---

11 Raup promovierte 1949 über die Bodenreform in der SBZ: Land Reform in Postwar Germany: The Soviet Zone Experiment, masch. Diss. Univ. of Wisconsin, Wisconsin 1949 und beschäftigte sich in den folgenden Jahren mit der Bedeutung von Bodenreformmaßnahmen in unterentwickelten Ländern, vgl. RAUP (1963). ENDERS (1982) hält Raup für die Schlüsselperson in Bezug auf die amerikanischen Bodenreformbestrebungen. Dem ist, was das Engagement zur Durchsetzung derselben betrifft, sicher zuzustimmen. Der Wandel des Schwerpunkts der Bodenreform vom politischen zum Siedlungsgesetz für Flüchtlinge ist jedoch weitaus mehr von Wickens beeinflußt worden. Vgl. ENDERS (1982) S. 18.
12 Zitiert nach ENDERS (1982) S. 22.
13 Vgl. die Darstellung dieser Pläne bei ENDERS (1982) S. 9 ff.
14 Vgl. das Schreiben von Brigadier General Hugh B. Hester, Leiter der F&A Branch, Economic Division an die Legal Division vom 27.10.45, RG 260 OMGUS FA 43/1.
15 BAK, NL 4 Dietrich, Bd. 501, Bl. 1111 - 1113, auszugsweise Übersetzung ins Deutsche, die der Länderrat benutzte. Englische Vorlage RG 260 OMGUS AGTS 127/7. Der Gesetzesentwurf trägt das Datum 29.10.1945. Er sollte den Ministerpräsidenten rechtzeitig vor der Sitzung des Länderrats am 6.11.1945 zur Kommentierung zugehen. Tatsächlich kam er aber erst im Gepäck von Raup und seinem Mitarbeiter Davis am 5.11.1945 in Stuttgart an.

Nach dem Gesetzentwurf sollte wie in der sowjetischen Besatzungszone Bodenbesitz über 100 ha enteignet werden; 5 ha Wald waren wie 1 ha landwirtschaftlicher Fläche zu behandeln. Der Boden war an Anwärter ohne Berücksichtigung der Rasse, Konfession oder politischen Einstellung zu verteilen. Enteignetes Land sollte entschädigt werden. Ausnahmegenehmigungen für besondere agrarische Mustergüter oder öffentlichen Bodenbesitz waren denkbar; auch zu Hofarrondierungen konnte enteignetes Land herangezogen werden. Das Enteignungs- und Verteilungsverfahren wurde in die Hände zu bildender Bodenreformkommissionen gelegt, die alles weitere zu regeln hatten.[16]

Das von der F&A Branch Berlin vorgeschlagene Verfahren stieß auf den energischen Widerstand von Major Wickens, der mittlerweile im Zuge des Um- bzw. Abbaus von USFET in die Berliner Dienststelle integriert worden war. Wickens hatte vor allem die zu erwartenden Flüchtlingsströme aus dem Osten im Sinn, die infolge des Potsdamer Abkommens zu erwarten waren und bewies diesbezüglich in seiner Einschätzung beträchtliche Weitsicht. Nach seiner Meinung hatte der Berliner Entwurf entscheidende Mängel. *It fails to recognize or cope with the tremedous settlement and accomodation needs required by the flow of additional people to the land. This number may be equal to or greater than the usual existing rural population.*[17] Die Angehörigen der F&A Branch Berlin reagierten auf seine Einwände eher verschnupft und verfolgten vorderhand weiter die Durchsetzung ihres Gesetzentwurfs.

Verzögerung drohte nun jedoch von anderer Seite. General Clay, der Chef der amerikanischen Militärregierung in Berlin, war sich offenbar nicht schlüssig, ob er die Bodenreform als amerikanisches oder als deutsches Gesetz erlassen wissen wollte. Grundsätzlich bevorzugte er die Lösung, Gesetzgebungsprozesse möglichst schnell in deutsche Verantwortung übergehen zu lassen. Mit der Proklamation Nr. 2 waren am 19. September 1945 die Länder Großhessen Württemberg-Baden und Bayern gebildet und den Länderregierungen die legislative Gewalt übertragen worden - vorbehaltlich der übergeordneten Gesetzgebungsgewalt des alliierten Kontrollrats bzw. der Militärregierung. Noch im Oktober 1945 war auf amerikanische Weisung hin der Länderrat in Stuttgart als koordinierendes Organ der Länder der amerikanischen Zone institutionalisiert worden. Er entwickelte sich im legislativen Bereich schnell zum Ersatzorgan einer fehlenden Reichsregierung.[18] Diesem Organ ging Anfang November die Berliner Geset-

---

16 Ebd.
17 In einem Schreiben vom 29.10.1945 an den Chief der F&A Branch Hester schildert der in Berlin dazugestoßene Major Wickens die Schwierigkeit, seinen und Raups Entwurf unter einen Hut zu bekommen. Raup weigert sich wohl anfangs, überhaupt einen anderen, als seinen Entwurf zu diskutieren. RG 260 OMGUS FA 43/1.
18 Die Gesetze, die für alle Länder der amerikanischen Zone Geltung erhalten sollten, wurden bis Mitte 1948 vom Länderrat mit amerikanischer Genehmigung erlassen. Auch nach Annahme der jeweiligen Landesverfassungen Ende 1946, die den Landesparlamenten die legislative Gewalt zuerkannten, wurde diese Praxis beibehalten. Dies führte zu einer faktischen legislativen Entmachtung der Landesparlamente, da im Prinzip alle wichtigen Gesetze zoneneinheitlich geregelt wurden. Im Länderrat entschieden allein die Ministerpräsidenten der Länder (einstimmig!) über die Gesetzesvorlagen, die von der Länderratsbürokratie unter amerikanischer Beobachtung, oft auf amerikanische Weisung hin, erarbeitet wurden und schließlich von den Besatzungskräften noch abgesegnet wurden. Erst mit der Einrichtung der Bizonenverwaltung 1948 in Frankfurt verliert sich die Bedeutung des Länderrats. Die Frankfurter Verwaltung übernahm die Rolle des Länderrats auf wirtschaftlichem Gebiet. Legislative Prozesse außerhalb des Wirtschaftsbereichs kamen ins Stocken. Da sich die amerikanischen Pläne, nach dem Modell des Länderrats ihrer Zone einen Bizonenländerrat mit ebensolcher

zesvorlage ohne die Verbesserungsvorschläge von Wickens zur Kommentierung zu, noch bevor sich offenbar Clay zu einer eindeutigen Haltung durchgerungen hatte. Nicht genug der inneramerikanischen Schwierigkeiten, begannen nun auch die beteiligten deutschen Instanzen ihr Scherflein zum Verwirrspiel beizutragen. Sie erklärten die geforderte Bodenreform für unnötig und nahmen die amerikanischen Anweisungen, die im typisch amerikanischen Besatzungsstil als Befehl gemeint, aber vorderhand eher als relativ höfliche Anfrage formuliert waren, erst einmal wörtlich. *Die Amerikaner haben einen Gesetzentwurf festgestellt*, erklärte im württembergbadischen Kabinett Ministerialdirektor Gögler, *wonach alle landwirtschaftlichen Güter eine Bodenfläche von 100 ha nicht überschreiten dürfen. Bei Waldflächen sind 5 ha 1 ha gleichzusetzen. Der Zweck des Gesetzes ist, Siedlungsland für die Ostflüchtlinge zu schaffen. Die Amerikaner verlangen eine Denkschrift, wie sich Württemberg die Durchführung denkt, den Entwurf eines Rahmengesetzes und württembergische Richtlinien. Wir haben erklärt: In Württemberg ist die Bodenreform eigentlich schon durchgeführt, die wenigen Ausnahmen sind Mustergüter, die im Interesse der landwirtschaftlichen Erzeugung erhalten bleiben sollten. Die Ostflüchtlinge sind gar nicht siedlungsfähig. Die wenigen Männer, die mitkommen, würden am besten auf Landhandwerker umgeschult. Ich habe den Eindruck, daß auch die anderen Länder starke Bedenken haben.*[19]

Zustimmung fand das württembergische Staatsministerium beim Wirtschaftsministerium. *[...] auch als wirtschafts- und sozialpolitische Maßnahme sei die Bodenreform nicht dazu geeignet, die Ernährungslage zu verbessern und den Flüchtlingsstrom aufzufangen. Zur Überwindung der allgemeinen Not und zur Linderung der Flüchtlingsfrage böten sich nur ein Wiederaufbau der Industrie oder die Auswanderung an. Eine Umverteilung von Grund und Boden schüfe nur Unruhe unter der ländlichen Bevölkerung, vermindere den Anreiz zu intensiver Bebauung und liefe damit dem erklärten Ziel der landwirtschaftlichen Ertragssteigerung zuwider [...].*[20] Der vorhandene Großgrundbesitz habe große Bedeutung als Mustergüter für die Landwirtschaft. Wenn denn überhaupt eine Bodenreform zu betreiben sei, dann in erster Linie, um die herrschende Bodenzersplitterung zu beseitigen.[21] Die Vertreter der F&A Branch, Davis und Raup, die sich in Stuttgart beim Länderrat mit den deutschen Vertretern über die geplante Bodenreform unterhalten hatten, vermeldeten die zögerliche deutsche Haltung nach Berlin. Unter den Zuständigen für Landwirtschaft gäbe es einige Landgroßgrundbesitzer die ein befangenes (*biased*) Verhältnis zur Landreform hätten. *Most of them appear to be conservative rather than liberal in their thinking, which makes it difficult for them to face the reality that*

Bedeutung auch in der Bizone zu errichten, nicht erreichen ließen, blieb die Bizone bis zur Gründung der Bundesrepublik ohne vergleichbares Reichsersatzorgan. Zur Geschichte des Länderrats vgl. HÄRTEL (1951), quasi die offiziöse Geschichtsschreibung dieses in seiner Bedeutung all zu oft verkannten Organs. Den Handlungsspielraum des Länderrats definierte Clay selbst: *Die heutige Konferenz (17.10.1945 Treffen Clays mit den Ministerpräsidenten zur Gründung des Länderrats) ist ein großer Schritt vorwärts, um die Verantwortlichkeit in die Hand der deutschen Regierungen zu legen. Wir erwarten, daß die Politik der Vereinigten Staaten streng befolgt wird. Innerhalb dieser Politik werden Sie unsere möglichste Unterstützung haben.* zitiert nach: MAIER (1965) S. XI.

19   Aus dem württemberg-badischen Kabinettsprotokoll vom 7.11.1945. HSTAST, EA4/001 Bü. 57a.
20   Zitiert nach ENDERS (1982) S. 25.
21   Nach der englischen Übersetzung der württemberg-badischen Stellungnahme. RG 260 OMGUS FA 43/4.

additional people will have to privided for on farms [...] will be inclined to consider whatever increase in farm population that may be necessary as a temporary thing and therefore think of the additional people in terms of farm laborers, rather than as potential farm operaters and owners.[22] Überdies wunderten sich Raup und Davis über die Bedeutung, die die deutschen Gesprächspartner den Waldgebieten beimaßen. *The Germans have been so thoroughly sold on the importance of forests in their economy that they give sentimental and irrelevant reasons why no forest lands should be converted to agricultural use,* und sie kamen schließlich zum Ergebnis: *However, whatever action Military Government may take on this problem should be taken quickly and decisively so as to leave no doubt in the minds of the Germans that we mean business and also to prevent their having time to build up resistance to a Land Reform program.*[23]

Der absehbare deutsche Widerstand leitete eine erneute inneramerikanische Debatte über die geplante Bodenreform bei den Instanzen der Militärregierung ein, in der offenbar Major Wickens mit seinen auf die Ansiedlung der Flüchtlinge gerichteten Argumenten mehr Gehör als früher fand. Zuerst versicherte man sich noch eimal der eigenen Kompetenzen hinsichtlich der geplanten Bodenreformgesetzgebung. Man kam zum Ergebnis, durch die Directive JCS 1067/6 und die ihr folgende Directive vom 7.7.1945 für die Generäle des östlichen und westlichen Militärdistrikts sei die Militärregierung eindeutig legitimiert, die deutschen Behörden anzuweisen, den Großgrundbesitz unter dem Aspekt der Ansiedlung und landwirtschaftlichen Produktionssteigerung zu nutzen. Darüber hinaus erlaube JCS 1067/6 auch die US-Kontrolle über den ehemaligen Nazi-Besitz, und das Economic Directorate sei sich im Oktober bereits einig geworden, daß zur Intensivierung der Produktion auch Wald herangezogen werden müsse.[24]
Außerdem fordere die Potsdamer Vereinbarung die Gleichbehandlung aller Zonen. Angesichts der Bodenreform in der Sowjetzone erscheine ein entsprechendes Vorgehen in der US-Zone als notwendig. *It should differ only to the extent necessarily resulting from varying conditions within Germany and from our national policy with respect to confiscation of private property.*[25]
Raup und Davis arbeiteten für den Chef der F&A Branch, Economic Division, Brigadier General Hester ein Memorandum aus, das Clay schließlich alternativ zwei mögliche Vorgehensweisen vorschlug:
a. That the proposed law, which was submitted to the Minister-Presidents for their comments on 6 November 1945, be altered and shortened to incorporate some of the suggestions that have been made, and that the law be issued by Military Government [...].

---

22 Schreiben am 13.11.1945 von Davis und Raup an Hester, Report of Trip to Present Proposed Land Reform Law to State Minister-Presidents at Their Stuttgart Meeting on 6 November 1945. RG 260 OMGUS FA 43/1.
23 Ebd.
24 Memorandum vom 30.11.1945 ohne Nennung des Autors über die Rechtsgrundlage der geplanten Bodenreform, wohl erarbeitet von der Legal Branch. RG 260 OMGUS FA 43/1.
25 Letzteres zielte auf die in amerikanischen Augen selbstverständliche Verpflichtung zur Entschädigung. Antwort von J. Warren Madden, Associate Director der Legal Division an die Economic Division bezüglich ihrer Anfrage über die Gesetzesgrundlagen für eine Bodenreform am 4.12.1945. RG 260 OMGUS FA 43/1.

b. *An alternative would be that the Minister Presidents be issued an order either directly by you, or through Military Government channels, requiring that they present to Military Government for approval, and within a specified time, a Land Reform proposal to accomplish the purposes set out in par. 2 above.*[26]
Die F&A Branch faßte in diesem Memorandum noch einmal die amerikanischen Gründe, die für eine Bodenreform sprachen, zusammen: Siedlungsmöglichkeiten für Flüchtlingsfamilien und Ausgebombte mußten geschaffen werden, die Aufteilung des Großgrundbesitzes würde die landwirtschaftliche Produktion intensivieren, die Konzentration von ökonomischer und politischer Macht in den Händen der Großgrundbesitzer widerspreche demokratischen Grundsätzen. *To eliminate a class of owners who, for generations have supported anti-democratic and militaristic policies in German affairs,* aber auch: *The large additional farm population must see some hope of acquiring their own holdings rather than beeing doomed to a life as farm laborers if a healthy agricultural society is to be created in which the seeds of democracy can sprout and grow.*[27]
Das Memorandum brachte damit erneut die politischen Ambitionen der frühen amerikanischen Deutschlandplanung mit den Ernährungsanforderungen und der Ansiedlung der Flüchtlinge zusammen. Das nunmehr geplante Gesetz sollte den Prinzipien genügen, die schon im ersten Gesetzesentwurf genannt worden waren, aber es maß der Flüchtlingsfrage weitaus größere Bedeutung als der ursprüngliche Entwurf bei. *Emphasize the tremendous land settlement problem resulting from the influx of refugees and evacuee peoples.*[28] Entsprechend der ersten Gesetzesvorlage sollte die maximale Größe von Landbesitz bestimmt, der Zeitraum festgelegt, innerhalb dessen der Boden zu verteilen war, Diskriminierung irgendwelcher Anwärtergruppen vermieden, Landreform-Kommissionen geschaffen und die Modalitäten der Landübernahme den jeweiligen Ländern überlassen werden. Und anders als im ersten Entwurf sollte bei der Zusammensetzung der Bodenreform-Kommission auch das Interesse der Flüchtlinge und Evakuierten zum Zuge kommen.[29]
Und es war schließlich die Flüchtlingsfrage, die innerhalb der staff meetings der Economic Division immer mehr an Bedeutung gewann. JCS 1067 und andere Grundlagenpapiere hätten die Frage der Demilitarisierung Deutschlands, der Intensivierung der Agrarproduktion und der Förderung der Demokratie in Deutschland gefordert. Was die Demilitarisierung beträfe, so sei die geringe Größe des Großgrundbesitzes in der amerikanischen Zone dazu geeignet *to show the negligible effect that the division of US Zone large estates will have on demilitarization of Germany.*[30] Auch sei es keineswegs sicher, daß die Verteilung des Großgrundbesitzes ange-

---

26	Memorandum für General Clay vom 1.12.1945 von Brigadier General Hugh B. Hester, handschriftlicher Zusatz: Original draft by Davis and Raup, Revised before shown to Gen. Clay, RG 260 OMGUS FA 43/1.
27	Ebd.
28	Ebd.
29	Nach nochmaliger Überarbeitung benannte die Fassung dieses Memorandums vom 2.12.1945 explizit den staatlichen und den privaten Großgrundbesitz als Objekt des ganzen Vorhabens. Weiterhin wurde die Vertretung der Interessen der Flüchtlinge und Evakuierten, der landlosen Arbeiter und Kleinbesitzer nicht mehr an die Bildung von Bodenreformkommissionen geknüpft, sondern nur ihre Vertretung als solche gefordert. Memorandum vom 2.12.1945 für Clay, RG 260 OMGUS FA 43/1.
30	Comments on Breaking Up Large Estates von Major Ed Piersen, o.D., zu welcher Division er gehörte, ist nicht klar, RG 260 OMGUS FA 43/1.

sichts von dessen guter Bewirtschaftung in Süddeutschland tatsächlich eine Intensivierung der Landwirtschaft mit sich brächte. Fraglich sei es weiterhin, ob eine Begrenzung des Großgrundbesitzes die Demokratie in Deutschland fördere, denn die geplante Dezentralisierung Deutschlands sollte ohnehin die Verbindung von politischer und wirtschaftlicher Macht verringern. *It should automatically follow, that once a democratic type government is established in Germany, then such a government should, at its own volition, enact legislation limiting the size of estates if such a thing is necessary.*[31] Obwohl die Flüchtlingsfrage nicht ausdrücklich in den genannten Directiven genannt sei, erscheine sie wichtiger für die geplante Bodenreform als die übrigen Erwägungen. *If it is necessary for agriculture to absorb a large portion of the reported several million displaced Germans from the East, then the breaking down of large estates, in addition to former German Military Areas, will provide the only means of fitting these people into an already overcrowded farming population. Accordingly it is believed that our policy for breaking down large estates should be based on resettlement demands, rather than on realization of the 3 objectives enumerated above.*[32] Im Kontext der US-Deutschlandplanungen sahen die amerikanischen Experten offenbar keinen anderen Weg der Flüchtlingsaufnahme, als deren Integration in die Landwirtschaft. Ihre Überlegungen waren indes nicht nur auf die berufliche Zusammensetzung der erwarteten Ausgewiesenenströme zurückzuführen, die eine solche Planung für einen Großteil von ihnen nahelegte. Angesichts der Zerstörung der Städte hatte die Militärregierung ohnehin die räumliche Unterbringung der Flüchtlinge auf dem Lande im Auge. Noch vom ursprünglichen Morgenthauplan beeinflußt, waren die Weisungen der JCS 1067 überdies dazu angetan, die vorhandene deutsche Industrieproduktion eher ab- als auszubauen, so daß von dieser Seite keine Aufnahmekapazitäten für die Flüchtlinge zu erwarten waren.

Clay war am Ende dieser Debatte nach wie vor kein Freund des von der F&A Branch favorisierten Militärgesetzes. Seine Beweggründe sind den Quellen nicht eindeutig zu entnehmen. Clays grundsätzlich positive Einstellung zu Privatbesitz ist hinreichend bekannt, und je mehr der ursprünglichen Motive für die Bodenreform in den Hintergrund gerieten, desto geringer mag ihm die Bedeutung der geplanten Reform erschienen sein. Die Integration der Flüchtlinge betrachtete man 1945/1946 ohnehin als primär deutsches Problem, und selbst bei Vorhaben wie der politisch weitaus relevanteren Entnazifizierung überließ Clay den Deutschen das Gesetzgebungsverfahren. Er entschloß sich schließlich *after considerable thought* erst einmal für den moderaten Umgang mit den deutschen Landesregierungen. Er befürwortete einerseits ein Schreiben an die drei Direktoren der Landesmilitärregierungen; diese sollten ihrerseits die Meinung der Ministerpräsidenten dazu einholen, inwieweit eine Bodenreform die geeignete Methode sei, die Demokratie zu stärken.[33]

---

31 Ebd.
32 Ebd.
33 Ein solches Schreiben war von der F&A Branch bereits unter Datum vom 3.12.1945 für General McNarney an die kommandierenden Generäle des östlichen und westlichen Militärdistrikts vorbereitet worden. Es wurde vermutlich aber nicht abgeschickt. RG 260 OMGUS FA 43/1. Clay nahm die Idee jetzt auf und ersetzte als Adressaten nun die kommandierenden Generäle durch die Landesdirektoren. ENDERS (1982) S. 27 hält dieses Schreiben fälschlicher Weise für einen Auftrag zu einem Schreiben an die Ministerpräsidenten; auch seiner Meinung, daß aus den Besprechungsnotizen von Wickens vom 5.12.1945 hervorgehe, daß Clay erst für ein Militärgesetz gewesen sei, ist nicht zuzu-

Gleichzeitig ließ Clay über James K. Pollock, den Leiter des Regional Government Coordinating Office beim Länderrat, die Ministerpräsidenten auffordern, für die Februarsitzung des Länderrats ihre Vorstellungen zur Bodenreform zu entwickeln. Er konfrontierte sie mit den recht allgemein formulierten Ergebnissen des inneramerikanischen Diskussionsprozesses und gab ihnen zu bedenken, daß:

a) *von Generation zu Generation große Flächen nutzbaren Landes dem freien Markt entzogen werden,*

b) *diese unwandelbaren Besitzrechte es vielen Menschen unmöglich machen, selbst Grundbesitz zu erwerben und sich wirtschaftlich vom Arbeiter zum Pächter oder Besitzer zu verbessern,*

c) *die Entwicklungsmöglichkeiten des Einzelnen zum Grundbesitzer und damit zur wirtschaftlichen Unabhängigkeit, die im Interesse von Demokratie und Selbstverwaltung wünschenswert erscheint, gehemmt werden.*[34]

Wie sich herausstellen sollte, waren es jedoch gerade solche Überlegungen zu einer allgemeinen Erleichterung des Grundbesitzwechsels im Interesse demokratischer Veränderungen, die die Deutschen überhaupt nicht anstellen mochten.

Erst am 31.1.1946, einen Monat nach dem Schreiben Clays und 15 Tage vor der Länderratssitzung, gab Pollock die Anfrage Clays an die Ministerpräsidenten weiter,[35] und diese kamen in ihrer Sitzung im Februar dann wohl oder übel zum Ergebnis, daß man sich doch mit der Bodenreform befassen müsse, wenn auch nicht ganz so eilig.[36]

---

34 stimmen. Hester berichtete lediglich davon, daß eine Directive an die Ministerpräsidenten geplant sei, nicht jedoch welche seiner beiden Vorschläge ihr zugrunde liegen solle. Vgl. ENDERS (1982) S. 26 und Memorandum von Wickens, 5.12.1945, RG 260 OMGUS FA 43/1. Clays Auftrag führt die F&A Branch mit Schreiben vom 19.12.1945 an die Landesdirektoren aus. RG 260 OMGUS FA 43/1. Schreiben vom 30.12.1945 unterzeichnet durch Clay an Dr. James K. Pollock, den Leiter der amerikanischen Parallelorganisation des Länderrats, Regional Government Coordinating Office (im folgenden: RGCO), in Englisch RG 260 OMGRGCO 11/42-3/1, die deutsche Übersetzung BAK NL 4 Dietrich Bd. 502, Bl. 2.

35 Vgl. Schreiben vom 30.1.1946 Pollocks an den Generalsekretär des Länderrats Erich Rossmann, HSTAST, EA4/001 Bü 630.

36 So gemütlich man in der Bodenreformgesetzgebung verfuhr, so eilig versuchten die deutschen Instanzen, das sogenannte Lubahngesetz, das Gesetz zur Beschaffung billigen Bodens und zur Schaffung von Volksheimstätten durchzupeitschen. Das geplante Gesetz beruhte auf einem Vorschlag Johannes Lubahns, eines engen Freundes von Adolf Damaschke. Ziel des Gesetzes war es, Bodenspekulationen entgegenzutreten und Boden für Siedlungsvorhaben zu verbilligen. Wie der württembergische Staatsrat Wittwer selbst betonte, ist das geplante Lubahngesetz durchaus im Kontext der amerikanischen Interventionen hinsichtlich einer Bodenreform zu interpretieren. *Die Eile, mit der das Gesetz in Bayern und Hessen angenommen wurde, hat politischen Hintergrund. Die beiden Regierungen hoffen auf diesem Weg dem Bodenreformgesetz begegnen zu können.* Aus dem württemberg-badischen Kabinettsprotokoll vom 28.3.1946. Vgl. die beim Länderrat im März 1946 angenommene Fassung des Lubahngesetzes BAK Z1/1269, Bl. 249 - 252. OMGUS lehnte das Gesetz schließlich ab, weil es einen tiefgreifenden Einschnitt in das Besteuerungswesen beinhalte, daher die Zustimmung der 4 alliierten Mächte bräuchte und im übrigen unausgegoren sei. *Die Militärregierung hat den Wunsch, daß jedes Land so schnell wie möglich Vorschläge unterbreitet, die sich nur auf eine bessere Verteilung von landwirtschaftlichem und forstwirtschaftlichem Boden beziehen.* Vgl. BAK Z1/1269, Bl. 158 - 160. Es handelt sich beim Lubahngesetz um eines der wenigen Gesetz-

Schließlich kam es im Mai 1946 unter Teilnahme von Wickens zur ersten koordinierenden Beratung der Sachverständigen der Länder. Bei diesem Treffen zeigten sich große Unterschiede in der Haltung der beteiligten Länder. Während Hessen offenbar recht positiv zur Bodenreform eingestellt war, wollte Bayern alles über Kann-Vorschriften regeln, und die Vertreter Württemberg-Badens wiederholten erst einmal die Argumente gegen eine Bodenreform als ökonomisch unzweckmäßige Maßnahme. Derweilen versuchte der an den Diskussionen beteiligte Wickens, schon konkret über die Ansiedlung von Flüchtlingen und allgemeine Siedlungsprobleme zu diskutieren.[37] Ein von der württemberg-badischen Regierung im Juni diskutierter Entwurf zur Bodenreform entsprach dann auch der schon bekannten Haltung des Kabinetts. Die geplante Bodenreform bestand im wesentlichen aus Kann-Vorschriften, die auch nur langfristig zum Zuge kommen sollten und den vorhandenen Großgrundbesitz im wesentlichen unangetastet ließen. Der geforderten Auseinandersetzung mit der Flüchtlingsfrage suchte man über Pachtland Genüge zu tun. Kurzfristig war aus öffentlichen Bodenbeständen ein Gartenprogramm für Flüchtlinge geplant, mit dessen Hilfe jede Flüchtlingsfamilie zu 100 bis 200 ar Gartenpachtland kommen sollte,[38] eine Hilfestellung, die angesichts der herrschenden Ernährungskrise keineswegs zu unterschätzen war, die jedoch die Frage der dauerhaften Beteiligung der Flüchtlinge am Bodenbesitz außen vor ließ.

Die Diskussionen beim Länderrat zogen sich in die Länge, ohne daß die beteiligten Ländervertreter, wie gefordert, einen gemeinsamen Gesetzentwurf zustande gebracht hätten. Nach wie vor konnte man sich nicht über Besitzgrenzen und Abgabeverpflichtungen des Großgrundbesitzes einigen. Die anfangs neutral formulierten Anfragen der amerikanischen Behörden, wie es denn um die Bodenreform stehe, wurden im Ton immer drängender.[39] Der Chief der F&A Branch, Col. Hester teilte Pollock in einem höchst offiziellen Schreiben Mitte Juni 1946 schließlich mit: *General Clay desires that you inform the Minister Presidents he is disappointed they have failed to comply with this request (bezüglich der Bodenreform) earlier*[40] - eine scheinbar noch sanfte Formulierung, die ähnlich geäußert beispielsweise in den Entnazifizierungsauseinandersetzungen zwischen Deutschen und Besatzern immerhin Rücktrittsabsichten deutscher Minister auslöste. Hester erklärte Pollock in einem beiliegenden inoffiziellen Schreiben *Clay's philosophy which he feels any plan for his approval must incorporate*.[41] Damit

---

gebungsverfahren dieser Zeit, bei dem es zu einer formalen Ablehnung seitens der Besatzungsmacht kam. In der Regel wurden 'mißliebige' Vorhaben informell vorab in Beratungsgesprächen gestoppt.

37 BAK NL 4 Dietrich, Bd. 502, Bl. 95 - 100.
38 Entwurf zum Bodenreformgesetz am 3.6.1946 (Wttbg./Baden), BAK Nl 4 Dietrich, Bd. 502, Bl. 119 - 122.
39 Am 27.3.1946 fordert Pollock über Rossmann einen Bericht über die bisher getroffenen Entschließungen und die für die Zukunft in dieser Angelegenheit geplanten Maßnahmen an. BAK Z1/69.
40 Schreiben Hesters an Pollock vom 17.6.1946 in relativ unverbindlichem Ton im Auftrag Clays. RG 260 OMGRGCO 11/40-2/1.
41 In diesem Schreiben sucht Hester den Ton des offiziellen Schreibens zu mildern und nimmt Bezug auf die offenbar in den amerikanischen Behörden nicht immer auf Verständnis stoßende Haltung Clays, gemeinschaftliche Vereinbarungen mit den Deutschen zu suchen. 2. Schreiben Hesters an Pollock am 17.6.1946, RG 260 OMGRGCO 11/40-2/1. Vgl. zu Clays Haltung gegenüber dem Länderrat seine eigene Darstellung: *Anläßlich dieser monatlichen Zusammenkünfte wurden manchmal grundsätzliche Fragen besprochen, und manchmal wurde um die Mitarbeit der Ministerpräsidenten zur Erreichung unserer demokratischen Ziele gebeten. Sie gaben die Gelegenheit, den Ministerprä-*

nahm er wohl Bezug auf Clays grundsätzliche Versuche, einvernehmliche Lösungen in Zusammenarbeit mit den Deutschen zu erreichen, die hier jedoch offenbar zu großen zeitlichen Verzögerungen führten. Natürlich wolle Berlin die amerikanische Vertretung beim Länderrat, wenn irgendmöglich, nicht unter Druck setzen, aber in diesem Fall *we are under pressure from several directions.*[42] Solchermaßen selbst sanft gerügt, wandelte sich Pollock vom *Förderer des Länderratsgedankens* zum Weisungsgeber.[43] Er ersuchte den Generalsekretär des Länderrats Rossmann, *den betreffenden Ausschuss nachdrücklich darauf hinzuweisen, daß in dieser Angelegenheit am 26. Juni eine Entscheidung gefällt werden muß. Sie werden ohne Zweifel einsehen, daß eine Entscheidung in dieser Angelegenheit nicht mehr verzögert werden kann.*[44] Ein mühselig zusammengestellter Kompromißentwurf wurde dann tatsächlich Anfang Juli den amerikanischen Behörden übergeben - informell, denn man wollte erst unter Ausschluß der Öffentlichkeit die inoffizielle Meinung der Auftraggeber einholen, bevor das offizielle Genehmigungsverfahren anlaufen sollte. Das nunmehr geplante Gesetz nannte als Zweck, *1. heimatlos gewordenen Flüchtlingen oder anderen durch den Krieg entwurzelten Menschen Kleinsiedlung und gartenmäßige Landnutzung auf dem Lande zu ermöglichen; 2. auf dem Lande wohnenden Arbeitern und Handwerkern, die durch die veränderten Verhältnisse keine ausreichende Existenz mehr haben, eine neue oder zusätzliche Erwerbsmöglichkeit zu bieten; 3. Landarbeiterfamilien auf dem Lande seßhaft zu machen; 4. geeigneten Siedleranwärtern, insbesondere nachgeborenen Söhnen von Landwirten, Kriegsversehrten oder aus dem Osten geflüchteten Landwirten eine bäuerliche Siedlung zu ermöglichen; 5. vorhandene kleinbäuerliche Betriebe durch Landzuweisung in ihrer wirtschaftlichen Leistungsfähigkeit zu stärken.*[45] Zu diesem Zweck war Land der früheren Wehrmacht, Grundeigentum der NSDAP, sowie zur Umwandlung in landwirtschaftliche Nutzung geeignetes Wald-, Moor- und Ödland zu benutzen, und es konnte - nicht: mußte - eine Reihe von Betrieben enteignet werden, nämlich nicht oder schlecht bewirtschaftete Höfe, Teile von seit 1900 aufgekauften Großbetrieben oder Höfe, deren Inhaber ihrer Ablieferungspflicht nicht nachkamen. Herangezogen werden konnten unter diese Charak-

---

sidenten besondere Verantwortungen zu übertragen und sie auf Mißerfolge bei der Durchführung ihrer Aufgaben oder auf Abweichungen von den von uns vorgeschriebenen Richtlinien aufmerksam zu machen. So geben die Protokolle dieser Sitzungen in mancher Hinsicht die Entwicklung und die Durchführung der amerikanischen Politik wieder. [...] Ich möchte betonen, daß im Rahmen der Politik der Vereinigten Staaten die Verantwortung bei Ihnen (den Ministerpräsidenten) liegt. Wir werden nicht diktieren, sofern Sie nicht die dargelegte Politik durchbrechen. zitiert aus Clay, Lucius D., Decision in Germany, übersetzt in HÄRTEL (1951) S. 177.

42 2. Schreiben Hesters an Pollock am 17.6.1946, RG 260 OMGRGCO 11/40-2/1. Hester spielt wohl auf die alliierten Vereinbarungen an.
43 Staatssekretär Strauß, Walter, Vorwort: Der Länderrat und seine Bedeutung während des Interregnums 1945 bis 1949, in HÄRTEL (1951) S. X.
44 Schreiben Pollocks an Rossmann, 19.6.1946, BAK NL 4 Dietrich, Bd. 502, Bl. 148. Rossmann, der offenbar nicht genügend über die Verzögerungen auf deutscher Seite informiert war, gab das Schreiben an Reichsminister a. D. Dietrich, den Sonderbevollmächtigten für Ernährung und Landwirtschaft beim Länderrat, mit dem Zusatz weiter: *Ich bin nicht gewillt, von Seiten des Herrn Dr. Pollock Rügen für Vernachlässigung von Bitten einzustecken, die er an deutsche Stellen gerichtet hat.* Ebd.
45 BAK NL 4 Dietrich, Bd. 501, Bl. 65 - 71.

teristika fallende Höfe mit einem landwirtschaftlichen Grundeigentum über 100 ha landwirtschaftlicher Nutzfläche. Ab 500 ha war der weitere Landbesitz dieser Höfe vollständig zu enteignen. Da es sich nach Meinung der Väter des geplanten Gesetzes in erster Linie um ein Siedlungsgesetz, nicht um ein Gesetz zur Zerschlagung des Großgrundbesitzes handelte, wollte man nicht zur Siedlung geeignete Waldgebiete von dem Gesetz unberücksichtigt wissen. Zur allgemeinen Überraschung lehnte Clay den Entwurf ab.[46] Nach den Informationen, welche die beteiligten amerikanischen und deutschen Instanzen beim Länderrat erhielten, ging Clay einerseits mit der oberen Festlegung des Bodenbesitzes das geplante Gesetz zu weit - eine grundsätzliche Festlegung von maximal erlaubtem Grundbesitz wollte er offenbar einem späteren Parlament vorbehalten wissen. Andererseits entsprach der Entwurf mit dem Versuch, den Wald zu schonen, nicht seinen weitergehenden Enteignungsabsichten.[47]

Der deutsche Versuch, die von den Amerikanern geforderte Auseinandersetzung um die Bedeutung des Großgrundbesitzes für die Demokratie relativ diskret und unter Schonung des Waldes in der Gesetzesvorlage unterzubringen, hatte offenbar keine Gegenliebe bei Clay gefunden. Der Mitarbeiter im Landwirtschaftsressort des Länderrats Schiller erklärte sich schließlich Clays Haltung aus dem Kontext interalliierter Verhandlungen. Wie sich aus den Äußerungen Molotows ergebe, hätten die Alliierten in der Frage der Bodenreform schon bei der Potsdamer Konferenz Entscheidungen hinsichtlich der Dezentralisierung wirtschaftlicher Macht getroffen. Offenbar habe Clay bereits auf der Pariser Außenministerkonferenz etwaigen russischen Vorwürfen mit dem fertigen Bodenreformgesetz entgegen treten wollen. *Wenn die amerikanische Mil. Reg. es aus diesen politischen Gründen für notwendig hält, jetzt mit einem politisch begründeten und propagandistisch wirkungsvollen Bodenreformgesetz herauszukommen, das sich gegen den Großgrundbesitz richtet, so dürfte es sich empfehlen, ein derartiges Gesetz, das weder den wirtschaftlichen Erfordernissen noch der gegenwärtigen innerpolitischen Konstellation Rechnung trägt, den Amerikanern selbst zu überlassen. Wenn die amerik. Mil. Reg. durch eine entsprechende Verordnung, wie sie als Beispiel in der Anlage wiedergegeben wird, eine grundsätzliche Entscheidung über den Großgrundbesitz trifft, würde damit das politische Odium, das in jedem Falle mit dem Bodenreformgesetz verbunden ist, der amerik. Seite zugeschoben werden und das Bodenreformgesetz trotzdem in der von uns vorgesehenen Form durchgeführt werden können [...].*[48] Den hier vorgeschlagenen Weg, zwei unterschiedliche Gesetze zu planen, verfolgten dann auch die deutschen Ländervertreter. Doch die folgenden Wochen waren geprägt von Unsicherheiten über Clays tatsächliche Absichten auf deutscher wie auf amerikanischer Seite. Mit Major Wickens von OMGUS, der

---

46 Die nachfolgenden deutschen und amerikanischen Protokolle zeugen von der Verunsicherung, die Clays sibyllinische Äußerungen, das Gesetz ginge ihm einerseits zu weit, andererseits nicht weit genug, bei allen beteiligten Instanzen hervorriefen. Vgl. Aktennotiz Dietrichs vom 10.7.1946, BAK NL 4 Dietrich, Bd. 502, Bl. 200, Schreiben Dietrichs an Schiller, Referat Agrarpolitik des Länderrats, vom 12.7.1946, BAK NL 4 Dietrich, Bd. 502, Bl. 201, Aktennotiz von Staatssekretär Wittwer, württemberg-badisches Kabinett vom 18.7.1946, HSTAST, EA4/001 Bü. 637, Comments on the Formulation of the Land Reform Law, 5.8.1946 von Mettger, Mitarbeiter beim RGCO, RG 260 OMGRGCO 11/40-2/1.

47 So in dem Schreiben Dietrichs an Schiller am 12.7.1946, BAK NL 4 Dietrich, Bd. 502, Bl. 201.

48 Schiller an Dietrich, 16.7.1946, BAK NL 4 Dietrich, Bd. 502, Bl. 202. Tatsächlich erhob Molotow auf der Außenministerkonferenz im Juli in Paris ganz allgemein den Vorwurf, daß die Bodenreform in den westlichen Zonen noch nicht einmal begonnen worden sei.

zur Umformulierung des Gesetzes dem Länderrat beigestellt worden war, konnten sich die amerikanischen Repräsentanten des Länderrats nicht darüber einigen, wie denn nun Clays Äußerungen zu verstehen seien.[49] Sollte es nun in erster Linie um eine Antwort auf Clays allgemeine Überlegungen zum Zusammenhang von Demokratie und Großgrundbesitz gehen, wie Wickens meinte, oder um seine Rügen am vorgelegten Gesetzentwurf? Die beteiligten deutschen Sachverständigen waren darüber hinaus ständig bemüht, die Aussagen Clays oder seiner Vertreter entsprechend ihrer eigenen Distanz zur beabsichtigten Bodenreform zu interpretieren. Erklärte Hester in einer Konferenz, die ganzen Schwierigkeiten bedeuteten nicht, *daß nun diese Sache bis zur Errichtung der gewählten Parlamente zurückgestellt werden könne,*[50] dann notierte der württembergische Ministerialbeamte Stierle: *General Hester habe außerdem erklärt, daß diese ganze eminent wichtige Frage auf demokratischem (d.h. parlamentarischem) Weg gelöst werden müsse* und damit auf die lange Bank geschoben werden könne.[51] Erklärte Clay *the Minister-Presidents should understand that the wording of either one of these laws (Law for reduction of Large Land Holdings and Resettlement Law) is not mandatory and that I do not want their recommendations to be based on what they think we want. If knowing that they want these two laws, I am in agreement; if knowing that, and they have doubts, they may take another week to work on it,*[52] dann folgerte Ministerpräsident Gailer: *General Clay hat sich entgegen seiner bisherigen Stellung dahin geäußert, daß die sofortige Schaffung eines Bodenreformgesetzes nicht mehr als Befehl der Militärregierung aufzufassen sein, sondern den Parlamenten zu überlassen wäre.*[53] Nach zähem Ringen, bei dem sich besonders Reinhold Maier mit immer neuen ideenreichen Versuchen hervortat, den württembergbadischen Großgrundbesitz zu schonen, verstärkte sich der amerikanische Druck im September noch einmal deutlich.[54] Der Nachfolger Pollocks beim Länderrat, Oberst Dawson, bestellte die

---

49   Vgl. das diesbezügliche Protokoll des RGCO-Mitarbeiters Mettger vom 5.8.1946: Comments on the Formulation of the Land Reform Law, RG 260 OMGRGCO 11/40-2/1.
50   Aktennotiz von Staatsrat Wittwer am 18.7.46, HSTAST, EA4/001 Bü. 630.
51   Aktennotiz Stierle vom 18.7.46, HSTAST, EA4/001 Bü. 630.
52   Notes on Statements made by General Clay on Land Reform 6 August 46, notiert von Mettger, RG 260 OMGRGCO 11/40-2/1.
53   Protokoll der internen Ministerpräsidentensitzung beim Länderrat am 6.8.1946, BAK Z1/178. Der bayerische Ministerpräsident Högner widersprach in der gleichen Sitzung viel kaum zum Ergebnis: *General Clay will unterscheiden zwischen einem Grundbesitz, der jetzt zu enteignen sei und einem solchen, der wegen seiner Gesamtgröße künftig überhaupt zu enteignen sei. Nur in Bezug auf Letzterem soll die Durchführung den Parlamenten überlassen bleiben.* Damit kommt er der Haltung Clays vermutlich näher. Der von den Deutschen vermutete allmähliche Kurswandel Clays von der politischen Reform zum Siedlungsgesetz scheint nie stattgefunden zu haben. Schon am Länderratsentwurf im Juni 46 hatte Clay moniert, daß eine Obergrenze für Bodenbesitz festgeschrieben werden sollte.
54   Maier setzte wenn irgendmöglich auf zeitliche Verzögerungen, so beispielsweise in der internen Sitzung des Länderrats am 13.8.46. Aus dem Protokoll geht hervor: *Ministerpräsident Dr. Maier, Württemberg, äußerte grundsätzliche Bedenken, der Vorlage, ohne Befragung des Kabinetts in einer ad hoc einberufenen Sitzung wie der gegenwärtigen, seine Zustimmung zu erteilen. Mr. Mettger verweist darauf, daß man General Clay versprochen habe, das Gesetz innerhalb einer Woche zu verabschieden. Ministerpräsident Dr. Maier meint, eine solche Frist sei von General Clay tatsächlich nicht gestellt worden. Mr. Mettger verweist jedoch auf die Mitteilung, die er im Auftrage des General Clay in der Vormittagsbesprechung der letzten internen Sitzung gemacht habe [...].* BAK Z1/18, Bl. 205. Mit gleichem Engagement versuchte er die Einbeziehung des Kirchenbesitzes zu verhindern und über Ausnahmebestimmungen zu Gunsten politisch verfolgter Großgrundbesitzer in der NS-Zeit rund 40% des adeligen Großgrundbesitzes zu schonen.

Ministerpräsidenten zu einer vertraulichen Sitzung ein und informierte sie über die Hintergründe: *General Clay habe sehr darauf bestanden, daß das Gesetz über Abgabe von Siedlungsland so schnell als möglich in Kraft trete. Den genauen Grund hierfür habe man ihm nicht mitgeteilt, aber er sähe ihn darin, daß eine Notwendigkeit bestehe, so rasch als möglich Land für Siedlungszwecke verfügbar zu machen. Die Schnelligkeit der Verabschiedung sei wohl auch bedingt durch gewisse Pläne, die sich in der russischen Zone ankündigten. Bei den dort abgehaltenen Wahlen habe die SED in den ländlichen Bezirken eine bemerkenswerte Stärke gezeigt. Die anderen Parteien dagegen hätten eine größere Stärke in den Städten erlangt. Es seien heute einige russische Offiziere in Stuttgart. Hauptteil der Konversation, die er mit ihnen gepflogen habe, habe sich auf die Bodenreform konzentriert. Die Herren Ministerpräsidenten würden heute mit diesen russischen Offizieren in Verbindung kommen. Die Russen würden Veranlassung nehmen, besondere Fragen zu stellen. Er vermute, daß insbesondere gefragt werde, was mit den Flüchtlingen in unserer Zone geschehen sei. Nach seinem Eindruck werde hinter dem eisernen Vorhang eine politische Kampagne vorbereitet, die sich im wesentlichen auf die Bodenreform stütze [...].*[55] Am gleichen Tag verabschiedete der Länderrat das Gesetz. Es orientierte sich an der Vorlage vom Juni 1946. Der Wald wurde nun nicht mehr ausgenommen, sondern im Verhältnis 4:1 angerechnet. Neu war auch, daß der landwirtschaftliche Grundbesitz des Staates und der Kirchen ausdrücklich als mögliche Reserve von enteignungsfähigem Siedlungsland genannt wurde. Die ursprünglich vorgesehene vollständige Enteignung von Grundbesitz ab 500 ha war zugunsten einer prozentual nach Besitzgröße steigenden Abgabeskala geändert, die die Obergrenze etwaigen Privatbesitzes offen ließ. Bei keineswegs notwendiger voller Durchführung der Landabgabepflicht verblieben einem Besitzer von ursprünglich 500 ha landwirtschaftlich nutzbarer Fläche nach der Abgabe ca. 250 ha, 1.000 ha reduzierten sich auf ca. 375 ha.[56] Clay hatte seine Zustimmung zum Gesetz davon abhängig gemacht, daß der Landabgabeprozentsatz kontinuierlich stieg. Auf seinen Wunsch hin hatte ferner eine Bestimmung zu entfallen, die statt Verkauf des Landes dessen Verpachtung ermöglichte. Weiter hatte Clay sich daran gestört, daß Kirchenbesitz und Landbesitz der öffentlichen Hand enteignet werden konnte, aber nicht mußte.[57]
Diese Bedenken erledigten die Ministerpräsidenten mit einer vertraulichen Zusatzerklärung, die sich in den folgenden Jahren zum steten Zankapfel zwischen amerikanischer Militärregierung und den zur Bodenreform aufgeforderten deutschen Instanzen entwickelte. Die Erklärung lautete: *Aus Gründen der Zweckmäßigkeit war es nicht möglich, das Grundeigentum der Kirchen, der Gemeinden usw., bei dem es sich zum größten Teil um Grundeigentum handelt, das in Parzellenpacht an kleinere Pächter vergeben ist, ebenso wie den privaten Großgrundbesitz unter einer Mußvorschrift zur Landabgabe heranzuziehen. Wenn dieses Grundeigentum nur unter eine Kann-Vorschrift fällt, so bedeutet das jedoch nicht, daß es, soweit es für Siedlungs-*

---

55 17.9.1946 Streng vertrauliche Besprechung der Ministerpräsidenten mit Oberst Dawson, dem Nachfolger Pollocks beim Länderrat, HSTAST, EA1/014 Bü. 192.
56 Gesetz Nr. 65 zur Beschaffung von Siedlungsland und zur Bodenreform, in Württemberg-Baden am 30.10.1946 beschlossen, Regierungsblatt der Regierung Württemberg-Baden 1946, Nr. 23, S. 263 ff.
57 Auszug aus General Clays Brief vom 10.9.1946, RG 260 OMGRGCO 11/40-2/1.

zwecke geeignet ist, von der Landabgabe verschont bleiben soll. Insbesondere gilt dies für landwirtschaftliche Großgrundbetriebe der öffentlichen Körperschaften.[58] Bis zuletzt hatte Reinhold Maier versucht, im Gesetz einen Paragraphen unterzubringen, der rassisch oder politisch Verfolgte in ihren Landabgabeverpflichtungen begünstigte. Mettgers entnervter Einwurf, der Zweck des Gesetzes sei doch Siedlung, und man könne wohl, *wenn man diesen Zweck im Auge habe, Leute nicht deshalb besser behandeln, weil sie politisch oder rassisch verfolgt waren*, und seine Bekanntgabe, *daß nach den Errechnungen der Militärregierung 40% des zur Abgabe kommenden Landes davon berührt würden*, brachte Maiers Widerstand vorderhand erst einmal zu Fall.[59] Doch Dawson sah sich veranlaßt, Clay zu warnen, daß *he (Maier) served notice that he would attempt to secure such a deviation in the regulations to be promulgated under the law*.[60]
Der Sonderbevollmächtigte für Ernährung und Landwirtschaft beim Länderrat, Reichsminister a.D. Dietrich, erläuterte die deutsche Antwort auf den amerikanischen Gesetzesauftrag in einer Pressekonferenz. Nach seiner Meinung spielte die Bauernsiedlung für das Gesetz keine große Rolle. *Eine große und entscheidende Frage sei es dagegen, was mit den vielen Millionen geschehen solle, die aus dem Osten hereinfluten. Diese Menschen müßten irgendwie bodenständig untergebracht werden, da sonst Unruhe und Unzufriedenheit entstünden. Eine Auflösung des Grundbesitzes helfe hier nicht. Dagegen biete die Stadtrandsiedlung, wie man sie im Siedlungsgesetz zu schaffen versuche, eine naheliegende Lösung. Was den Großbesitz an landwirtschaftlichen Boden angehe, so werde er aus politischen Gründen aufgeteilt werden müssen. Den Waldbesitz der Staaten und Gemeinden werde man zweckmäßigerweise unberührt lassen. Denn beim Wald müsse man mit langen Zeiträumen bis zu hundert Jahren rechnen. Der Bauer könne dies nicht; er sei in der Waldbewirtschaftung nicht so konsequent, wie der Staat. Auch sei der Bauernwald im Ertrage geringer als der Staatswald.*[61]
Clay bedankte sich bei Dawson und seinem staff für ihre *vigorous and effective efforts in expediting the final adoption of this law*. Aber jetzt dürften die Hände nicht in den Schoß gelegt werden. Die Ausführungsbestimmungen müßten so schnell wie möglich in Angriff genommen werden. *I hardly need emphasize to you the importance in which I hold this matter. There will be at least 1500000 more people in the U.S.Zone of Germany this winter than were there last winter.*[62]
Das nunmehr schon bekannte Gerangel zwischen deutscher und amerikanischer Seite sollte sich jedoch fortsetzen. In zähem Ringen trotzte die Militärregierung den beteiligten Ländern bis zum Februar erste Ausführungsbestimmungen zum Siedlungsgesetz ab, eine detaillierte

---

58   Schreiben Rossmanns an Dawson vom 17.9.1946, BAK Z1/18, Bl. 158.
59   Protokoll der Außerordentlichen Tagung des Länderrats am 17.9.1946, BAK Z1/18, Bl. 155.
60   Schreiben Dawsons an Clay vom 17.9.1946, RG 260 OMGRGCO 11/40-2/1. Maier teilte seinem Kabinett mit, er habe von Dawson die Zusicherung erhalten, daß er doch so verfahren könne, als ob es eine solche Ausnahmebestimmung gäbe. Vgl. Kabinettsprotokoll vom 30.10.1946, HSTAST, EA4/001 Bü. 57a. Die späteren Äußerungen der Amerikaner sprechen dafür, daß es eine solche Verabredung nicht gab.
61   Handelsblatt (Düsseldorf) vom 5.9.1946, zitiert nach: PRESSESTELLE DER LANDWIRTSCHAFTSKAMMER (Hg.) (1947) S. 45.
62   Schreiben Clays an Dawson vom 23.9.1946, RG 260 OMGRGCO 11/42-3/1.

Landabgabetabelle bis zum Juli.[63] Maiers auch weiterhin kontinuierlich unternommene Versuche, das Gesetz durch entsprechende Ausführungsbestimmungen zu mildern, führten schließlich zu einer Änderung der deutsch-amerikanischen Verhandlungsmodalitäten. Die Militärregierung gab nun beanstandete Anträge nicht mehr zur Nachbesserung an die deutschen Verhandlungspartner zurück, sondern 'genehmigte' die amerikanische Version der deutschen Vorlage.[64] Zusätzlicher Druck entstand schließlich infolge des alliierten Außenministertreffens in Moskau im April 1947. Die dortige Entscheidung, die Bodenreform bis Ende des Jahres zu einem Abschluß zu bringen, verursachte neue Schwierigkeiten.[65] Wie Raup in einem Report an Clay richtig bemerkte, war das Siedlungsgesetz der US-Zone auf eine allmähliche, über mehrere Jahre verteilte Übernahme des Bodens ausgerichtet. Zwar entschied Clay, unter 'Abschluß der Bodenreform bis Ende 1947' nicht die neue Verteilung des Bodens verstehen zu wollen,

---

63 Vgl. Verordnung 601, erste Verordnung des Landwirtschafts- und Justizministeriums Württemberg-Baden zur Ausführung und Ergänzung des Gesetzes zur Beschaffung von Siedlungsland und zur Bodenreform, Regierungsblatt 1947, S. 43 ff. und Verordnung Nr. 603, zweite Verordnung des Landwirtschafts- und Justizministeriums zur Ausführung und Ergänzung des Gesetzes zur Beschaffung von Siedlungsland und zur Bodenreform, Regierungsblatt 1947, S. 90. Ausführungsbestimmungen zu Gesetzen zu erlassen, war in der Regel den Ländern vorbehalten. Mit ihnen beschäftigte sich gemeinhin nicht der Länderrat und entsprechend auch nicht OMGUS. Die Zustimmung zu Ausführungsbestimmungen auf Länderebene erfolgte üblicher Weise durch die jeweilige Landesmilitärregierung, getreu der amerikanischen Verwaltungsorganisation, die jeder deutschen Instanz eine amerikanische auf der gleichen Verwaltungsebene gegenüberstellte. Wohl um den eigenen Einfluß zu sichern, hatte OMGUS aber im Fall der Bodenreform die Auflage ausgegeben, daß eine Koordinierung der Ausführungsbestimmungen im Länderrat vorgenommen werden müsse. Nachdem sich die Ländervertreter dort nicht auf gemeinsame Ausführungsbestimmungen einigen konnten, gab OMGUS jedoch seine Zustimmung zu einem separaten Ländervorgehen, behielt sich aber die Zustimmung über die jeweiligen Ausführungsbestimmungen vor. Formal wurde der Weg eingeschlagen, daß Clay seine Monita den Direktoren der US-Landesmilitärregierungen mitteilte, die diese dann wieder den deutschen Ministerpräsidenten weiterzuleiten hatten. Vgl. Aktenvermerk von Palmer, Unterausschuß Agrarpolitik des Länderrats, für Dietrich vom 24.1.1947, BAK NL 4 Dietrich, Bd. Nr. 504, Bl. 52 und vgl. Summary Notes of Interdivisional Committee Meeting to Discuss Proposed Executive Orders to the Land Settlement and Land Reform Law vom 10.1.1947, RG 260 OMGUS POLAD 787/26. Vgl. auch Schreiben von Schiller vom 20.1.1947, BAK Z1/219.

64 3.2.1947 Genehmigung der Ausführungsbestimmungen durch Clay mit Ausnahme der beanstandeten Paragraphen. *Abschnitt 4, Abs. 2 der württ.bad. Ausführungsbestimmungen enthält eine Vorschrift, wonach dem Staate, den Kirchen und anderen juristischen Personen des öffentlichen Rechts eine Stimme in der Aufstellung des Siedlungsplanes gewährt werden soll. Dies schafft in Wirklichkeit eine Vorzugsstellung für diese Klasse von Eigentümern. Nichts in dem Gesetz rechtfertigt diese bevorzugte Behandlung.* Maiers Versuch, in den Ausführungsbestimmungen die *bevorzugte Behandlung* rassisch und politisch verfolgter Großgrundbesitzer unterzubringen, wird hier ebenfalls gestoppt. *Abschnitt 13, Abs. 3 setzt bevorzugte Behandlung rassisch und politisch Verfolgter fest. Das Gesetz berechtigt nicht zu einer solchen Handlung, und dieser Unterabschnitt wird daher abgelehnt.* Office of Military Government Land Württemberg-Baden an Reinhold Maier, 3.2.1947, HSTAST, EA4/001 Bü. 630.

65 Das Food and Agriculture Committee des Directorate of Economics, Allied Control Authority, traf sich nach der Außenministerkonferenz in regelmäßigen Abständen zur Diskussion des Fortschritts der Bodenreform in den 4 Zonen. Bei diesen Treffen wurden jeweils konkrete Absprachen getroffen, bis wann welche Schritte zu erledigen seien, und die Berichte aus den einzelnen Zonen wurden im Detail diskutiert. Eine der wesentlichen Aufgaben der F&A Branch von OMGUS war in der zweiten Hälfte des Jahres 47, die Berichte für das alliierte Food und Agriculture Committee zusammenzustellen. Vgl. als Beispiel: Report on the Progress of Work on Land Reform, 11.7.1947, RG 260 OMGUS POLAD 787/26.

but it was necessary that the land be taken under control by the state settlement authorities by the end of 1947.[66] Aber auch diese Interpretation des Moskauer Entschlusses verlangte gesetzgeberische Nachbesserungen von deutscher Seite; diese jedoch erklärte Reinhold Maier unter rechtsstaatlichen Gesichtspunkten bis zum Ende des Jahres schlechterdings für unmöglich.[67] Das nächste notwendige Kräftemessen zwischen amerikanischer Militärregierung und deutschen Länderregierungen zeichnete sich bereits am Horizont ab. Doch damit nicht genug: auch die mittlerweile begonnenen Bodenreformmaßnahmen wurden von den amerikanischen Beobachtern mit sehr viel Kritik bedacht. Bisher seien in Württemberg-Baden, so resümierte Raup im September 1947, lediglich eine Anzahl neuer Siedler auf früherem Wehrmachtübungsgelände angesiedelt worden. Eine der schwierigsten zu lösenden Fragen sei die Auswahl der neuen Siedler. Es sei ein direktes Interesse der Militärregierung gewesen, daß die Ausgewiesenen aus der Tschechoslowakei und Ungarn *shall be given full and fair consideration in the selection of new settlers.*[68] Obwohl die Praktiken der Siedlungsgesellschaften sorgfältig und beständig von der Militärregierung beobachtet würden, existiere jedoch die große Gefahr, *that very little of the land made available for settlement purposes will be given to the expellee peoples. The presure on local and state agricultural officials from farmers whose present farms are too small, and from unemployed industrial workers, refugees from bombed-out cities, and from farmers expelled or fleeing from former German territories now cast of the Oder-Neisse line, is tremendous and will prove overpowering unless offset by the active interest of Military Government in the problem of the expellees.*[69] Keine der an den Länderregierungen beteiligten Parteien habe sich die Bodenreform wirklich zu eigen gemacht. Dafür gebe es viele Gründe, aber der wichtigste sei: Kein deutscher Politiker sei bereit, öffentlich zuzugeben, daß die östlichen Grenzen Deutschlands festgelegt seien und daß die Flüchtlinge auf Dauer blieben, auch wenn manche der Politiker durchaus glaubten, daß dies der Fall sei. Jede Zustimmung zu einem Siedlungsprogramm für Flüchtlinge *is a tacit admission that they are permanently expelled. No German political party or politician dares admit this.*[70] Daher käme Unterstützung für die Ansiedlung der Flüchtlinge eigentlich nur von der Flüchtlingsverwaltung, vom Arbeitsministerium, gelegentlich von kirchlichen Organisationen und von wenigen Vertretern der süddeutschen Länderregierungen. Die Landwirtschaftsministerien seien sehr sensibel gegenüber den Wünschen der eingesessenen Bauern. Da die Verantwortung für das Landessiedlungsprogramm ausschließlich in den Händen der Landwirtschaftsministerien liege, sei es den Arbeitsministerien und Flüchtlingskommissaren praktisch unmöglich, gewichtigen Einfluß auf das Siedlungsprogramm zu nehmen. Im Ergebnis sei die Militärregierung die einzige Instanz gewesen, von der die Flüchtlinge grundsätzliche Unterstützung hätten erwarten können. Erschwerend komme hinzu, daß sich die Flüchtlinge Illusionen über etwaige Rückkehrmöglichkeiten machten, *regardless of how improbable such a return may seem to the out-*

66	Memorandum von Raup über den Stand der Bodenreform vom 30.8.1947, RG 260 OMGUS AGTS 127/7.
67	Vgl. beispielsweise Protokoll der internen Länderratssitzung vom 8.11.1947, BAK Z1/19.
68	30.9.1947 Raup, Report on the Land Settlement and Land Reform Program in the US Zone an RGCO, RG 260 OMGRGCO 3/137-3/20.
69	Ebd.
70	Ebd.

sider.[71] Raup kam abschließend zum Ergebnis, daß selbst ein radikales Bodenreformprogramm die Hoffnungen der Flüchtlinge nur in geringem Maße erfüllen könne. *The fact that such a law exists, however, and that some possibility for establishing new homes and new roots is available, is at the moment almost the only overt evidence from which the expellee and refugee peoples can gather any hope whatsever for a new future.*[72]
Ende Oktober 1947 waren in Württemberg-Baden schließlich gut 19.000 ha als abzugebendes Land erfaßt. An das Land der Kommunen und der Kirchen hatte man sich dabei bisher noch gar nicht getraut.

Tabelle 3: Stand des für die Bodenreform erfaßten Landes in Württemberg-Baden Oktober 1947[73]

Herkunft des Landes	Zahl der ehem. Besitzer	ha
Reich		4.435
Kirchen		50
Private Besitzer von		14.871
bis 100 ha		250
100 bis 199 ha	49	1.879
200 ha und mehr	37	12.721
sonstige		21
Summe	86	19.356

Weniger als ein Viertel des erfaßten Bodens war neu verteilt worden, und zum Mißvergnügen der Militärregierung war davon fast die Hälfte an Altbürger gegangen. Berücksichtigt man weiterhin, daß es sich bei dem neuverteilten Gartenland in der Regel um Pachtland handelte, dann hatte das neue Siedlungsgesetz bisher bleibende Bodengewinne mehrheitlich den 'Altbauern' gebracht. Selbst die Verteilung von 2 ar Gartenland pro Flüchtlingsfamilie auf Pachtbasis fand in den Gemeinden keineswegs so viel Unterstützung, wie die Landesregierung in ihren Berichten kundtat. Der badische Landesflüchtlingskommissar Geppert forderte von den Kreisverwaltungen detaillierte Berichte an, wieviele Flüchtlinge pro Gemeinde Anträge für Gartenland gestellt hätten und wieviel Gartenland bereits verteilt sei. Als er begann, die euphorischen Berichte der Bürgermeister von den Flüchtlingsvertrauensleuten gegenzeichnen zu lassen, kam er zu der Auffassung, *daß eine Berichterstattung durch die Bürgermeister allein ein überaus einseitiges Bild zu Ungunsten der Flüchtlinge ergibt und daß selbst das Erfordernis der Flücht-*

---

71 Ebd.
72 Ebd.
73 Vgl. 18.10.1947 ACA Bericht, RG 260 OMGUS ACA 2/96/1-10.

lingsvertreterunterschrift noch nicht einmal genügt, die Dinge wirklich zu durchleuchten und ein wahrheitsgemäßes Bild zu erhalten [...].[74]

Tabelle 4: Regionale Herkunft der Personen, die bisher Land erhalten haben und Art der Landabgabe[75] **(a: Anzahl der neuen Besitzer, b: ha)**

Art der Landabgabe		Regionale Herkunft	
		außerhalb jetziger Grenzen Deutschlands	innerhalb der Oder-Neisse-Linie
Neubauern	a	65	14
	b	305	60
Zusatzland für Bauern	a		2.250
	b		1.303
Gartenland	a	77.400	25.025
	b	1.909	707
insgesamt	a	77.465	27.289
	b	2.214	2.070

Während das Landessiedlungsamt sich in dem Glauben bisher befunden hat, so Geppert an den Landrat des Kreises Tauberbischofsheim, *daß der Bedarf zu 90% bereits befriedigt sei, auf Grund Ihrer erstatteter leider unzutreffenden Berichte, haben die von mir eingeleiteten Erhebungen ergeben, daß ein sehr viel höherer Bedarf noch offensteht, und es hat sich weiter herausgestellt, daß auch die mir vorgelegten, von den Flüchtlingsvertretern selbst mit unterschriebenen Berichte noch nicht einmal den wirklichen Bedarf in aller Offenheit und Genauigkeit enthüllen, weil hier vielerlei Hemmungen bezüglich einer korrekten Berichterstattung in Erscheinung getreten sind [...]. In Hinblick auf das völlige Stagnieren des Baumarktes und die Unmöglichkeit, auf dem Gebiet des Wohnungswesens irgendwie den Flüchtlingen beachtlich helfen zu können, ist eine konsequente Durchführung der Gartenlandaktion, die jede Flüchtlingsfamilie in den Besitz von 2 ar setzen muß, nicht nur aus Ernährungsgründen, sondern vielmehr aus Gründen der heimatlichen Neuverwurzelung ein gar nicht ernst genug zu nehmendes Erfordernis, für welches ich Sie um Ihre volle Hilfe bitte.*[76]

Selbst in den Gemeinden, in denen eine flüchtlingsfreundliche Siedlungspolitik betrieben wurde, häuften sich die Schwierigkeiten. *Die Durchführungsbestimmungen (zur Bodenreform)*

---

74   Aus einem Schreiben Gepperts, des badischen Landeskommissar für Flüchtlingswesen an den Kreisbeauftragten im Landkreis Bruchsal vom 14.10.1947, GLAK 466 Zug 1981/47-1480.
75   Vgl. 18.10.1947 ACA Bericht, RG 260 OMGUS ACA 2/96/1-10.
76   Aus dem Schreiben Gepperts an den Landrat des Kreises Tauberbischofsheim vom 14.10.1947, GLAK 466 Zug 1981/47-1487.

haben [...] faktisch ein 3/4 Jahr auf sich warten lassen. Die Stimmung in den Gemeinderäten, den Ortssiedlungsausschüssen und im Kreissiedlungsausschuß ist unfreundlich über eine derartige Verschleppung bei der Herausgabe der Siedlungsbestimmungen, berichtete der Ludwigsburger Siedlungsausschuß dem Landratsamt. Dieses leitete den Beschwerdebrief an die Besatzungsbehörde weiter, von denen man sich mehr Unterstützung als von den deutschen zuständigen Behörden erwartete. *Die Ausschüsse und die siedlungsbedürftige Bevölkerung können sich [...] des Eindruckes nicht erwehren, daß mit der Bodenreform ein bloßes Spiel getrieben wird, wobei ihre Verwirklichung möglichst weit hinausgezögert werden soll [...].*[77] So hatte beispielsweise die Gemeinde Marbach, Kreis Ludwigsburg in der Zeit des Nationalsozialismus Land an bewährte PGs als Gartenland abgegeben. Als der Kreissiedlungsausschuß die Pächter nun zwingen wollte, Teile ihres Landes an Flüchtlinge abzugeben, weigerten sich diese, der Aufforderung Folge zu leisten. Da die Ausführungsbestimmungen zum Siedlungsgesetz noch nicht erlassen waren, bestand keine rechtliche Handhabe gegen die Altpächter. *Damit war der Kreissiedlungsausschuß, der sich freudig für die Kleingartensiedlung einsetzte und eine erhebliche Initiative zu entwickeln begann, besonders vor den PGs blamiert, und hat an Autorität verloren.*[78]

Doch zurück zur großen Politik: Die Verhandlungen beim Länderrat über eine Beschleunigung der Bodenreform zogen sich in der zweiten Hälfte 1947 auf die bekannte Weise in die Länge. Die amerikanischen Schwierigkeiten insbesondere mit dem württemberg-badischen Ministerpräsidenten, *who has acted as a sort of center of resistance to the program, not only in Württemberg-Baden, but for the entire U.S.Zone*,[79] ließen Clay schließlich zur Drohung eines entsprechenden Militärgesetzes greifen.[80] *Man werde zugeben müssen*, rügte Clay die versammelten Ministerpräsidenten in einer internen Länderratsbesprechung im November *daß die Art des Verfahrens, die in der amerikanischen Zone beschlossen worden sei, sehr gemäßigt sei. Wenn man diese Art des Verfahrens wünsche, dann müsse das Bodenreformgesetz schnell durchgeführt werden. Er mache auf folgendes aufmerksam: In der Ostzone seien 100 ha der höchstzulässige Besitz, in der britischen Zone sei der höchstzulässige Besitz auf 150 ha festgesetzt, wobei der Landbesitz eingeschlossen sei. In der französischen Zone sei der höchstzulässige Besitz auf 150 ha festgesetzt. Wenn wir uns nicht anstrengten, die in der amerikanischen Zone beschlossene bessere Art der Bodenreform durchzuführen, so werde man gezwungen sein, eine andere Art durchzuführen. Durch die schnelle Durchführung hätte bewiesen werden müssen, daß die in der amerikanischen Zone gewählte Methode richtig sei. In diesem Fall hätte sich die Mäßigung vielleicht auch in anderen Zonen durchsetzen können. Man könne nicht sagen, daß die deutsche Seite in der amerikanischen Zone durchweg mit ganzem Herzen die*

77	Raup leitete das Ludwigsburger Schreiben an den zuständigen Chief der F&A Branch der Landesmilitärregierung Württemberg-Baden weiter, RG 260 OMGWB 12/67-3/15.
78	Ebd.
79	Protokoll vom 3.11.1947 der Conference with General Clay on Status of Land Reform, 1. Nov. 1947, verfaßt von Raup, RG 260 OMGUS FA 44/1.
80	Raup: *I also told General Clay of a general feeling among German authorities that the thing to do was to "go easy" on land reform until after the November Conference of Foreign Ministers when the whole situation would probably change anyway. [...] At this point, General Clay repeated the statement that he would put a Military Government Law into effect similar to the British and French land reform laws if the Minister-Presidents could not show further progress by 31.12.1947.* Vgl. Protokoll der Conference with General Clay on Status of Land Reform, 3.11.1947, RG 260 OMGUS FA 44/1.

Bodenreform unterstützt habe [...]. Er möchte folgendes klar stellen: Wenn das Gesetz in der amerikanischen Zone bis zum 31.12. nicht durchgeführt sei, so müsse man mit einer 4-Mächte-Entschließung rechnen.[81] 14 Tage später beantragte der Länderrat bei der Militärregierung, den anliegenden Entwurf eines Gesetzes zur beschleunigten Durchführung der Bodenreform genehmigen zu wollen.[82] Mit der unmittelbar folgenden Genehmigung war der Weg frei, die juristische Erfassung des zu enteignenden Bodens bis zum Ende des Jahres abzuschließen, und damit war der amerikanischen Interpretation des Außenministerbeschlusses Genüge getan. Die sowjetischen Verbündeten freilich mochten der amerikanischen Auffassung des Außenministerbeschlusses nicht folgen. *According to the law on Agrarian Reform in the U.S.Zone, the large landed and junker estates are actually not subject to liquidation, either. The junkers and land owners may be deprived only of small land lots which later on, it is contemplated, will be distributed chiefly among agricultural workers.*[83] Den nach der amerikanischen Bodenreform zu erwartenden 77.000 ha stünden 1.000.000 ha gegenüber, die zur Verfügung stünden, hätte man in der gleichen Weise wie in der SBZ enteignet. Im Gegenzug betonte die amerikanische Militärregierung den Leitgedanken ihrer eigenen Vorgehensweise, den besonders flüchtlingsfreundlichen Charakter der US-Zonen-Reform. Man monierte an der Bodenreform in der SBZ, *that the bulk of the land was distributed in 1945 before most of the expellees and refugees had been received in the Soviet Zone from Eastern Europe and from former German territories. Insofar as the Soviet Zone attempted to provide land for these expellees and to settle them in an new way of life, it has largely failed.*[84]
Wirklich zum Zuge kamen die Neubürger bei der Landverteilung jedoch auch 1948 nicht. Die Bemühungen der Militärregierung, die deutsche Seite zu zwingen, auch Kirchenland in die Bodenreform mit einzubeziehen, verliefen im Sand. Nach den Berechnungen der F&A Branch besaßen die religiösen Gemeinschaften über 100.000 ha landwirtschaftlich nutzbaren Boden in der US-Zone. In Württemberg-Baden handelte es sich um einen Grundbesitz von knapp 29.000 ha, von denen über 14.000 ha als landwirtschaftliche Nutzfläche ausgewiesen waren.[85]
Seit den ersten Beratungen zum Gesetz hatten jedoch Vertreter beider Konfessionen erklärt, sie seien entschieden gegen eine Einbeziehung von Kirchenbesitz in die Bodenreform.[86] Unter-

---

81 Protokoll der internen Länderratsbesprechung mit General Clay vom 4.11.1947 siehe BAK Z1/26, Bl. 55 ff. Maiers Einwurf: *So, wie die Herren von OMGUS die Durchführung des Gesetzes vorschlagen, bedeute es eine klare Gesetzesverletzung. Dagegen habe man Bedenken, nachdem man mit Hilfe der amerikanischen Militärregierung in Deutschland wieder in einem Rechtsstaat lebe,* quittiert Clay mit der Bemerkung: *Nach seinen Informationen würden die deutschen Vorschläge bedeuten, das Gesetz überhaupt nicht durchzuführen. Ja er habe davon gehört, daß die Auffassung bestehe, es sei nur der General Clay, der auf der Durchführung dieses Gesetzes beharre und wenn der nicht mehr da sei, werde niemand mehr auf der Durchführung dieses Gesetzes bestehen. Das sei eine vollkommen falsche Auffassung [...].* Ebd.
82 BAK Z1/1306, Genehmigung durch RGCO am 21.11.1947, BAK Z1/1307.
83 Statement of Marshall Sokolovsky concerning Land Reform in the U.S.Zone, verbreitet von der F&A Branch am 22.12.1947 an die Landesmilitärregierungen, RG 260 OMGWB 12/67-3/15.
84 ACA Report on Land Reform vom 8.12.1947, RG 260 OMGUS ACA 2/96/1-10.
85 Ebd.
86 Vgl. Memorandum Raups: Church Lands and Land Reform vom 4.9.1947, RG 260 OMGUS AGTS 127/7 oder Schreiben des evangelischen Oberkirchenrats vom 28.4.1948 an Clay, RG 260 OMGWB 12/68-3/33.

stützung hatten sie, wie schon erwähnt, bei den deutschen Ministerpräsidenten gefunden, die

Tabelle 5: Kirchlicher Grundbesitz in der amerikanischen Besatzungszone (ha):[87]

	Landw. nutzb. Land	Wald	sonst. Land	Summe
Landbesitz der evangel. Kirche	31.009	11.174	411	42.594
Landbesitz der kath. Kirche	60.902	26.119	2.297	89.318
sonst. rel. Gemeinschaften	15.563	29.914	1.053	46.530
Summe	107.474	67.207	3.761	178.442
% am Grundbesitz insg.	1,7%	1,9%	1,5%	1,8%

der Militärregierung die Formulierung im Gesetz, daß Kirchenland enteignet werden könne, nicht müsse, abrangen. Zwar ging Clay von einer Absprache aus, daß auch der Kirchenbesitz enteignet würde, wenn die betroffenen Instanzen nicht freiwillig Land zur Verfügung stellten. *[...] that was the only reason we approved the law with this optional wording instead of mandatory wording concerning the drawing upon of church lands. The Minister Presidents promised me to do this, he (Clay) concluded, if the churches don't do it voluntarily, and I expect them to keep this promise.*[88] Das sahen die beteiligten Ministerpräsidenten jedoch anders.[89] Sie erreichten schließlich, daß der Kirchenbesitz nicht wie der private bis Ende 1947 juristisch erfaßt werden mußte. *The exception this ruling is for churches, to the extent that they voluntarily undertake of their own accord the transfer and utilization of church lands for resettlement purposes,*[90] erklärte Hays, aber es klang schon sehr nach Rückzug, wenn Hays zu Bedenken gab: *Believed to be extremely unwise to draw upon private land owners without drawing at same time upon lands hold by public agencies and other public law corporations. Fact*

---

[87] 3.4.1948, Raup, Church Lands, Land Reform, and Land Settlement U.S.Zone, nach den Zahlen der Statistik des deutschen Reichs, Berlin 1941, RG 260 OMGWB 12/68-3/33.
[88] 14.11.1947 Raup Notes on Conferences with General Clay concerning Land Reform 12 and 13 November 1947, RG 260 OMGUS FA 43/4.
[89] Vgl. beispielsweise: Bemerkungen des Justizministeriums vom 20.3.1948, HSTAST, EA4/001 Bü. 633.
[90] 17.11.1947, Telegramm von Hays, OMGUS an die Landesmilitärregierungen, RG 260 OMGWB 12/68-3/33.

that these lands are not included under lands that must be taken over by 31 December 1947 should no sense be interpreted to mean that the lands are considered extempted from Law.[91] Das Problem löste die deutsche Seite durch enge Auslegung des umstrittenen Gesetzes. Wie die Bodenreformexperten feststellten, verteilte sich der Grundbesitz der Kirchen auf zahlreiche einzelne juristische Personen. Somit war kirchlicher Grundbesitz über 100 ha in einer Hand kaum nachzuweisen, und die geforderte Landabgabe erledigte sich von selbst.[92] *It is virtually certain,* kommentierte Raup, *that the Länder governments will not draw upon church lands for settlement purposes under existing conditions and existing laws. Nor have they called upon the churches, publicly and specifically, to share voluntarily in the program of making settlement land available to the expellee and refugee people.*[93] Clay ließ die Ministerpräsidenten grollend rügen: *Das wird als ein direktes Versagen bei der Durchführung der von Ihnen als Ministerpräsident übernommenen Verpflichtung über Siedlung [...] betrachtet*; am eingeschlagenen Weg änderte dies jedoch nichts.[94]

Ähnlich wenig erfolgreich gestaltete sich die Enteignung des privaten Großgrundbesitzes. Ende 1948 hatte das württemberg-badische Landwirtschaftsministerium 83 Grundeigentümer im Land mit über 100 ha großen, landwirtschaftlich nutzbarem Bodenbesitz registriert. Neben der Süddeutschen Zucker A.G. mit 457 ha und 9 Besitzungen in bürgerlicher Hand mit einer Fläche von insgesamt 1.341 ha handelte es sich um den Großgrundbesitz diverser Adelshäuser in einer Größe von insgesamt knapp 25.000 ha.[95] Sie alle waren bestrebt, die Ausnahmebestimmungen für Spezial- und Saatzuchtbetriebe zu nutzen, die von einer zu entschädigenden Landabgabe befreien konnten.[96] *Es fällt mir zum Beispiel auf, daß das für Siedlungszwecke in Württemberg-Baden verfügbare Land um 6940 ha verkleinert würde, wenn die Ausnahmeanträge vom Bodenreformgesetz für all die Eigentümer genehmigt würden. [...] Das ist mehr als 47% des Landes, das von Privateigentümern stammt und unter Kontrolle genommen wurde, und der gesamte Grund und Boden, der laut Bericht vom 31.12.1947 überhaupt in Württemberg-Baden für Siedlungszwecke zur Verfügung steht, würde dadurch um 35% herabgesetzt. [...] In Hinblick darauf, daß mit wenigen Ausnahmen die unter das Gesetz fallenden Grund-*

---

91 Ebd.
92 Vgl.: Bemerkungen des Justizministeriums vom 20.3.1948, HSTAST, EA4/001 Bü 633 und Schreiben vom 11.5.1948 von Landwirtschaftsminister Stooss, Württemberg-Baden an das Staatsministerium, RG 260 OMGWB 12/68-3/33. Stooss war außerordentlich bemüht, den kirchlichen Instanzen Argumentationshilfe gegen eine Enteignung zu liefern. OMGWB, ohne Autor vom 7.4.1949 kommentierte: *The Wuertemberg Government is a right-winged government composed of Christian-Democratic party members. According to Mr. Fabian the Land Settlement Authority therefore cannot dare to insist upon land delivery on the part of the churches, otherwise they would get into troubles.* RG 260 OMGWB 12/68-3/33.
93 Raup Memorandum vom 3.4.1948, RG 260 OMGWB 12/68-3/33.
94 17.3.1948 Director der Militärregierung Württemberg-Baden Charles M. La Follette im Auftrag Clays an Reinhold Maier, HSTAST, EA4/001 Bü. 633. Als Kompromiß zeichnet sich in den Diskussionen zwischen Militärregierung und der deutschen Seite ab Mitte 1948 die Möglichkeit des Erbpachtrechts ab. Vgl. Raup, Report of Meeting of State Settlement Officials vom 4.6.1948, RG 260 OMGUS FA 45/4.
95 Zu den größten Grundbesitzern zählten der Herzog von Württemberg mit über 3.000 ha, die Häuser Berlichingen (1.332 ha), Gemmingen (1.362 ha), Hohenlohe (1.239 ha), Leiningen (1.543 ha) und Löwenstein (3.252 ha), 6.8.1948, RG 260 OMGWB 12/68-2/16.
96 Vgl. die Aufstellung der für die Ausnahmebestimmung in Frage kommenden Betriebe des Landessiedlungsamts, RG 260 OMGWB 12/68-2/16.

besitzer einen Mindestbetrag von 80 bis 100 ha behalten können und daß ihr durchschnittlicher Grundbesitz noch mehr als 150 ha in Württemberg-Baden betragen wird, scheinen diese Ausnahmeanträge nicht gerechtfertigt zu sein [...], so der Direktor der Württemberg-Badischen Militärregierung an Maier.[97] Mitte 1948 stand noch immer die Entscheidung der Anträge von 60 Besitzern von 105 Höfen mit 13.231 ha um eine Ausnahmegenehmigung offen.[98] Das Landwirtschaftsministerium neigte dazu, ihre Anträge äußerst wohlwollend zu entscheiden.[99] Doch weder die wohlwollende Ausnahmegenehmigungspraxis noch die Verschiebung der Entschädigungsregelungen auf die Zeit nach der Währungsreform konnten die betroffenen Abgabepflichtigen abgabewilliger stimmen.[100] In der Regel bemühten sie die Gerichte zur Überprüfung des abzugebenden Bodens oder zur Festlegung der Entschädigungssummen, über deren Höhe sich die deutschen Instanzen der Länder der US-Zone ohnehin nicht einig werden konnten. Dem Argument des Sprechers der Großgrundbesitzer, Graf Leutrum, man könne sie nicht als einzige gesellschaftliche Gruppe der Nachkriegszeit zum Teilen zwingen, zumal ihre Ländereien entstanden seien *by the sweat of the borow and the work of the hands*, verschlossen sich die amerikanischen Verhandlungspartner mit Nachdruck.[101] Als die Militärregierung im Frühjahr 1949 schließlich entnervt unter Ausschaltung der deutschen Instanzen diktierte, wie in der Frage der Entschädigung zu verfahren sei und den deutschen Verwaltungsgerichten kur-

---

97   Schreiben von La Follette an Maier vom 17.3.1948, HSTAST, EA4/001 Bü. 633.
98   Vgl. 7.7.1948 Raup Memorandum zum Thema Exemptions for Seed and Livestock Breeding Farms, RG 260 OMGWB 12/68-2/16. Es handelte sich um insg. 5.753 ha abzugebendes Land.
99   Daran änderte auch Clays Ermahnung nichts. *Widespread criticism will develop if this is not done, and what is now an opportunity to be of constructive aid to homeless people will become a political and economic failure.* Aus einem Schreiben Clays an La Follette am 10.3.1948, RG 260 OMGWB 12/68-3/33.
100 Die Verschiebung der Entschädigungsfrage auf die Zeit nach der Währungsreform führte zu weiteren Verzögerungen von Landankaufmaßnahmen durch das Landessiedlungsamt, weil ihm nun nicht mehr genug Geld für solche Maßnahmen zur Verfügung stand, vgl. Protokoll über die Sondersitzung der Vertreter der Landwirtschafts-, Justiz- und Finanzministerien zur Bodenreform am 31.3.1949, GLAK 481/508. *The financing of land settlement is the greatest hinderance to the implementation of the law. The settlement companies report that in some cases owners have requested them to take over the land and pay the compensation due. The Laender Governments have refused to make money available for settlement financing through the state budgets, and the settlement associations are unable to go to the private capital market until they have title to the land which they are settling.* Bericht von Raup vom 4.12.1948 für Clay über den Stand der Bodenreform, RG 260 OMGUS FA 44/3.
101 Am 12.4.1949 hatte Taggart, der zuständige Militärregierungsbeamte der F&A Branch in Württemberg-Baden Besuch von Graf Leutrum, dem Vertreter der Landabgabeverpflichteten. Leutrum wehrte sich gegen das Entschädigunsverfahren und monierte, daß die Großgrundbesitzer die einzigen seien, die herangezogen würden zur Abgabe von Besitz. Taggart wies auf die Dekartellisierung der Konzerne hin. *The question was then asked, what about the factory and home owners whose establishments have been completely or partially bombed out; also what about the individual whose life savings where in cash and he got less than 10 per cent out of the currency reform, and no possibility of bonds or other media for collecting the balance. Somewhere during this discussion Graf Leutrum made the statement, "Yes, but these large land holdings are different, they have been accumulated by the sweat of the borow and the work of the hands." It was with a good deal of self-restraint that I refrained from reminding him that so far as I knew the majority of these holdings were in the hands of royalty, and instead of being acquired through their toil, that for the most part reached them through hereditary succession, and had primarily been retained because the land owners were a part of the privileged few.* RG 260 OMGWB 12/68-3/33.

zerhand verbot, diesbezügliche Anträge von Landbesitzern überhaupt noch zu verhandeln, war das Ende der Besatzungszeit jedoch bereits abzusehen; die Anordnung der Militärregierung blieb faktisch unwirksam.[102] Auch bei der Verteilung des tatsächlich enteigneten Besitzes verstärkte sich die Tendenz, die sich schon 1947 abzuzeichnen begann. Die Flüchtlinge wurden keineswegs bevorzugt. Wie der bereits aus der Vorbereitung der Bodenreform ausgeschlossene Flüchtlingsausschuß beim Länderrat im Frühjahr 1948 feststellte, regte sich überall der *kräftigste Widerstand* bei den einheimischen Bauern. *Auch die Verteilung von Landgeräten und Düngemitteln läßt die Ausgewiesenen nicht zum Zuge kommen. Siedlung und Bodenreform scheitern an der mangelnden Bereitschaft der unteren Verwaltungsorgane und der ablehnenden Haltung der einheimischen Bevölkerung, eine gleichberechtigte Eingliederung zu ermöglichen.*[103] Beispielhaft werteten die amerikanischen Beobachter die geplanten Siedlungsvorhaben in der Gemarkung Michelfeld, Kreis Sinsheim, aus.[104] Die Gemarkung wies 900 ha landwirtschaftlicher Nutzfläche auf. Michelfeld hatte 2.000 Einwohner, davon zählten 600 zu den Flüchtlingen und 200 zu den Evakuierten. Es gab 100 landwirtschaftliche Betriebe mit durchschnittlich 5 ha Eigentum und Pachtland, außerdem 95 Betriebe mit 1 bis 3 ha Land. Sie gehörten meist Handwerkern, die etwas Landwirtschaft zusätzlich betrieben. 120 Eigentümer besaßen kleinere Grundstücke. Meist handelte es sich bei ihnen um Arbeiter, vorwiegend Zigarrenmacher. Der Gemeinde sollten Landabgaben der regional ansässigen adeligen Großgrundbesitzer, der Freiherrn von Gemmingen und von Venningen, in einer Höhe von 171 ha zugeschlagen werden.
Die Aufteilung im Siedlungs- und Umlegungsplan sah vor:

85	Kleinsiedlungen à 0.06 ha	5,1 ha
12	Hofraiten à 0.20 ha	2,4 ha
3 - 4	bäuerliche Siedlungen à 3 bis 5 ha	16,0 ha
164	Anliegersiedlungen (Landzulage)	128,0 ha
	Kleingärten	4,0 ha
	Industriegelände	2,7 ha
	Sonstiges	12,8 ha
Summe		171,0 ha

---

102   Vgl. Auszug aus der 10. Sitzung des Ministerrats am 14.3.1949 zum Stand der Bodenreform. GLAK 481/508. Nach den von den Amerikanern vorgegebenen Gesetzgebungs- und Verwaltungsprinzipien stellte ihr Eingreifen eine eindeutige Verletzung ihrer eigenen Vorstellungen von Rechtsstaatlichkeit dar. Doch für ein solches Vorgehen war es schon zu spät, der württembergische Ministerrat setzte auf zeitliche Verzögerung.

103   Sitzung am 24.2.1948 des Ausschusses Flüchtlingswesen beim Länderrat, HSTAST, EA1/014 Bü. 558.

104   Memorandum vom 7.7.1948 von Raup zum Thema Exemptions for Seed and Livestock Breeding Farms under the Land Reform Law in Württemberg-Baden and Bavaria, RG 260 OMGWB 12/68-2/16.

Der Hauptteil des gewonnenen Landes sollte also den Altbauern zugute kommen. So sinnvoll eine solche Verteilung zur Erhaltung und Sanierung der bestehenden Höfe auch war, die Flüchtlinge blieben wie üblich außen vor. Zu dieser Einschätzung gelangte auch Raup. *As preisworthy as this program is, there is nevertheless some question about the use of the bulk of the land gained in this community through land reform for distribution to existing farmers rather than for assignment to expelled farmers who presently have no means of support.*[105]
Clay gab schließlich zu Recht den amerikanischen Einflußmöglichkeiten nur noch geringe Chancen. *Upon completing it he (Clay) commented that he was inclined to believe that the only permanent support that could be counted on for this program was that it would come from the Germans themselves. [...] We can expect a more liberal central government for the Western Zones than the present governments of Bavaria and Württemberg-Baden, General Clay went on to say, and it is probably that they will be active in pushing this type of program.*[106]
Bestätigt wurde er durch die Einschätzung des Chefs der F&A Branch der Militärregierung Württemberg-Baden, William F. Doering. 18.726 ha seien in Württemberg-Baden das Gebiet, das nunmehr (Februar 1949) maximal durch die Bodenreform zu erwarten sei. Über 60% davon seien in gerichtliche Einspruchsverfahren verwickelt, weitere 30% in anderen Verwaltungsgängen hängengeblieben. Lediglich 2% seien neu besiedelt. Der Erfolg sei mager, aber darüber dürfe man sich nicht verwundern:

a) The land owners naturally want to retain their property.

b) The Government bends its political ear to these powerful interests - which are not only the large estate holders and the Farmer's Association, but other groups, such as the churches, as well.

c) Minister-Präsident Maier was protected by the "royal" family of Wuerttemberg during the Third Reich and, understandably, feels a moral obligation to shield them in any attempt to take away any of their extensive read estate holdings. He alone of the Minister-Presidents, has consistently personally opposed the Program. Die beteiligten Behörden setzten auf Verzögerung. Die Landabgabetabelle sei ihrer Meinung nach von General Clay *unconstitutional* angeordnet worden. Nach der Proklamation des Besatzungsstatus sei zu erwarten, daß sich das gesamte Programm ins Nichts verflüchtigen würde. Und seine abschließende Wertung: *This Program, like others, has been turned over to the German Government for "democratic, self-governing" implementation. [...] It is the opinion of the undersigned that the "democratic, self-governing" approach will not, in this case, get the job done. The wisdom of the policy in light of the overall Occupation is not debated; the point is made that if a task is left up to the Germans, and the Germans don't want to do it, then they won't do it.*[107] Diese Einschätzung teilten auch die deutschen Beobachter der Querelen. Das Gesetz wäre *ohne die nachdrückliche Unterstützung der Militärregierung* nicht zustandegekommen, so das Institut für Besatzungs-

---

105 Ebd.
106 6.12.1948, Notes on Conference with General Clay Concerning Land Settlement and Land Reform Matters, verfaßt von Raup, RG 260 OMGUS FA 44/3.
107 2.2.1949, Memorandum von William F. Doering, Acting Chief Food, Agriculture & Forestry Branch WB an den Director der Landesmilitärregierung mit einer umfassenden Zusammenfassung des aktuellen Stands der Bodenreform, RG 260 OMGWB 12/68-3/33.

fragen im Mai 1949. *Gerade an diesem Beispiel zeigt sich, daß die Entscheidung einer umstrittenen Frage durch ein Gesetz der Militärregierung noch nicht zur Lösung des Problems zu führen braucht.*[108] Im April 1949 kehrte mit Raup der engagierteste Vertreter der Bodenreform in der amerikanischen Zone nach Amerika zurück.[109] Er habe noch einmal mit Clay eine lange Diskussion über die Bodenreform geführt, berichtete er abschließend seinem württemberg-badischen Kollegen, Paul Taggart. Clay habe ihm versichert, *that he intented to keep on pushing it vigorously as long as he is here.*[110] Einige Versuche, die Öffentlichkeit über die Presse zu mobilisieren, die Freigabe des ehemaligen Wehrmachtgeländes des Reiches über das Militärgesetz Nr. 19 vom 20.4.1949 für Siedlungszwecke auf Länderebene und in harschem Ton verfaßte Aufforderungen, Berichte über den Stand der Bodenreform zu liefern, stellten in den folgenden Monaten die letzten nachweisbaren Interventionsversuche oder Rückzugsmaßnahmen der amerikanischen Besatzungsmacht dar;[111] größerer Druck dürfte zu diesem Zeitpunkt auch nicht mehr möglich gewesen sein.

Mitte 1949, kurz vor Ende ihrer direkten Einflußnahmen, faßte die Militärregierung von Württemberg-Baden ihre Erfahrungen mit der Bodenreform im Land noch einmal zusammen und begründete beschwörend zum wiederholten Male deren Notwendigkeit: *As an aftermath of world war II over 600000 people were forced or preferred to leave their homes in Eastern Germany and Eastern neighboring countries of Germany and seek refuge in W/B (Württemberg-Baden, d. A.). [...] The establishment of the greatest possible number of these people in their own homes on the land, in the shortest possible time, is essential for the promotion of a secure and democratic social system. Military Government is therefore disappointed at the hesitant approach the German Government has taken in this vital problem, and wonders why it has not attempted to accelerate the program.*[112] Nach der Aufstellung der Amerikaner ergaben sich erwartungsgemäß wenig Fortschritte (vgl. Tabelle 6). *One must wonder what next will occur to delay the fulfillment of the Land Reform Program upon which the happiness and security of so many Germans depend.*[113]

---

108 INSTITUT FÜR BESATZUNGSFRAGEN TÜBINGEN (1949) S. 93.
109 Reinhold Maier charakterisiert ihn in seinen Erinnerungen grollend als *jung und an Wuchs sehr klein. Er war auch überzeugendsten Argumenten nicht zugänglich. Sitzungen mit ihm zogen sich endlos hin. Über die Bodenverteilung in unserem Lande war er nicht im geringsten orientiert.* MAIER (1966) S. 141.
110 23.4.1949 Raup an Taggart RG 260 OMGWB 12/68-3/33.
111 So hieß es beispielsweise in einer Rundfunkansprache am 3.3.1949 bei RIAS, Frankfurt, Stuttgart, München und Bremen als Werbung für die Zwecke der Bodenreform: *This evening's broadcast will bring you what we Americans call a "progress report". - or, rather, what would be an progress report if there had been much activity in the field we have in mind. Unfortunately, the report must deal largely with what has not been done [...]. It should be emphasized again that by no means all expellees and refugees are farmers. Many should be settled in garden communities in industrial centers, and with them non-refugee citizens. There is, of course far too little agricultural land to go around. [...] It is perfectly true that the land settlement program, even if carried out on the largest scale possible and with utmost efficiency, is not a solution of the problem of the expellees and refugees. But it is an important part of any solution. Greater public and governmental interest in the program would be certain to yield large social dividends.* RG 260 OMGWB 12/68-3/33.
112 Pertinent Facts and Figures on the Land Reform Program, o.D., RG 260 OMGWB 12/68-3/33, S. 1.
113 Ebd., S. 9.

Tabelle 6: Stand der Bodenreform nach dem Gesetz Nr. 65 Mitte 1949:

Quelle des Landes:	verfügbares Land (ha)	davon abgegeben	davon neu genutzt
1. Privater Großgrundbesitz	14.378	2.183	277
2. Früheres Wehrmachtsland	2.683	2.307	2.052
3. Ehem. Wald- und Moorgelände	104	103	103
4. Ehem. Nazi-Land	159	11	11
Land, das in Besitz genommen werden kann:			
5. Land nach Art. III	67	10	10
6. Land öffentl. Institutionen	1.176		
7. Gemeindebesitz	44.264	1.450	1.450
8. Landesbesitz	13.735		37
9. Kirchliches Land	6.781	86	86
10. Kleiner und mittl. Grundbesitz			756
11. Freiwillig abgegebenes Land			19
Summe	83.355	6.186	4.799

Die Niederlage scheint der F&A Branch schlecht geschmeckt zu haben. Noch in den internen Diskussionen um das Besatzungsstatut 1950 ließ das ihr nachfolgende Office of Economic Affairs, F&A Division, HICOG prüfen, inwieweit der Bereich der Bodenreform amerikanische Interventionen auch in der neuen Bundesrepublik zulasse.[114] Daran jedoch hatte die amerikanische Regierung kein Interesse mehr. *We are reminded that the guidance received by the U.S. High Commissioner from the U.S. Government does not refer to land reform as one of the basic objectives.*[115]
Eine Bilanz zog Ende 1951, zwei Jahre später, das württemberg-badische Landessiedlungsamt.[116] 5 Jahre sei es nun her, daß in Württemberg-Baden das Gesetz zur Beschaffung von Siedlungsland und zur Bodenreform in Kraft getreten sei. Das Landabgabesoll war mitt-

---

[114] Memorandum des Office of Economic Affairs, Food and Agriculture Division vom 5.1.1950, RG 260 OMGUS LD 17/232-3/38.
[115] Memorandum zur Land Reform Policy in der U.S.Zone vom 28.2.1950, RG 260 OMGUS LD 17/232-3/38.
[116] Bericht des Landessiedlungsamtes über den Stand der Bodenreform und Siedlung am 6. November 1951, HSTAST, EA4/001 Bü. 634.

lerweile auf 13.877 ha reduziert worden, von denen erneut 1.934 ha eine Ausnahmegenehmigung als Spezialbetriebe erhalten hatten. Über 7.866 ha des betroffenen Gebietes konnte das Landessiedlungsamt 1951 rechtswirksam verfügen. Von den ursprünglich der Landessiedlung übergebenen Wehrmachtsländereien in einer Höhe von 2.614 ha waren inzwischen bereits 651 ha wieder zurückgegeben worden. Das Militärgesetz Nr. 19 vom 20.4.1949 war im Mai 1951 wieder aufgehoben worden, so daß auch der Verbleib des übrigen Wehrmachtsgeländes in der Verfügungsgewalt des Landessiedlungsamtes in Frage stand. Mit lediglich 10 ha aus ehemaligem landwirtschaftlichen NS-Vermögen rechnete man Ende 1951. Die Übergabe weiterer 400 ha aus NS-Vermögen schien dem Landessiedlungsamt sehr ungewiß. Weiterer Besitzstandsverlust drohte durch das Landwirtschaftsministerium, das bestrebt war, die Bereitstellung von Land für den sozialen Wohnungsbau mit in die Zweckbestimmungen des Bodenreformgesetzes einzubeziehen. Zwar hatten die Hohen Kommissare die Bundesregierung wissen lassen, *daß eine Erörterung der Bodenreform im gegenwärtigen Zeitpunkt unerwünscht und nicht opportun sei*,[117] aber die weitere Entwicklung war noch nicht abzusehen. Doch weitaus am meisten Probleme bereitete den Beamten des Landessiedlungsamts die Frage, *wie das verhältnismäßig wenige Bodenreformland unter dem großen Kreis der nach dem Gesetz Nr. 65 Begünstigten aufgeteilt werden sollte. Aus den Kreisen heimatvertriebener Bauernfamilien haben 24000 Ansprüche auf Land angemeldet, die aus dem Bodenreformland befriedigt werden sollen. Daß dies niemals geschehen kann, ist wohl allen Beteiligten klar, und die Zahl zeigt die ganze Schwere des Problems. Aus eigener Kraft werden wir die Flüchtlingsfrage nicht lösen können.*[118] Die Bilanzierung der bisher durchgeführten Siedlungsmaßnahmen ergab folgendes Bild:

Tabelle 7: **Auf Land von Großgrundbesitz, ehemaligem Wehrmachtsgelände und vom Staat, den Gemeinden und sonstigem Privatbesitz stammendem Land wurden bisher an Neusiedlungen geschaffen oder sind im Bau begriffen:**

Herkunft des Landes	Nebenerwerbssiedlungen	Vollbauernstellen	ha
	(Zahl)	(Zahl)	
Großgrundbesitz	1.359	32	450
Wehrmachtsgelände	403	75	579
Staatsbesitz	283	6	46
Privatbesitz (sonst.)	63	1	12
Gemeindebesitz	686	-	121
Summe	2.794	114	1.208

---

117 Ebd., S. 6.
118 Ebd., S. 7.

So blieb das Ergebnis weit hinter den Erwartungen zurück, die zu Beginn des Unternehmens an das Reformvorhaben herangetragen worden waren. Zur Veranschaulichung der Probleme und Phasen amerikanischer Besatzungspolitik kann das Bodenreformprojekt jedoch vorzüglich dienen. Wie viele andere Projekte, die in den Zusammenhang der Entnazifizierung, Demokratisierung und *Reeducation* einzuordnen sind, läßt es sich in seiner Entstehung auf die konzeptionelle Arbeit des State Departments zurückführen. Wie bei vielen anderen Vorhaben auch sollten die konzeptionellen Vorarbeiten jedoch nicht in klare Handlungsanweisungen für das besetzte Deutschland einfließen. Angesichts der vagen Formulierungen der Directive JCS 1067 und der Potsdamer Vereinbarungen zur geforderten wirtschaftlichen Entflechtung blieb es den Fachleuten der Militärregierung selbst überlassen, konkrete Vorschläge für die Umsetzung zu entwickeln. Was dabei herauskam, beabsichtigte nicht, grundsätzlich an der Eigentumsordnung zu rütteln. *Der faschistische Überbau sollte vernichtet und an seiner Stelle ein liberaler Verfassungsstaat etabliert werden, der auf einer breiten Verteilung von Macht und Eigentum (broadly based democracy) aufbauen sollte [...].*[119] Insoweit gleicht die Entwicklung der Bodenreformplanung der amerikanischen Zone anderen Vorhaben wie beispielsweise der von Niethammer untersuchten Neuordnung des öffentlichen Dienstes oder der von Winkler beleuchteten Sozialisierungspolitik.[120] Ihre ganz besondere Dynamik erhielt die Bodenreform darüber hinaus aus zwei Quellen:

Sie stellt zum einen das einzige von der Militärregierung befohlene Gesetzesvorhaben dar, das trotz aller allgemein geforderten Assimilation der Flüchtlinge als Sonderunterstützungsprogramm dieser Gruppierung legitimiert und angelegt wurde; ja der moralische Druck amerikanischer Instanzen nährte sich im Verlauf der Besatzungszeit mehr und mehr aus der erwarteten Solidarität mit den Ausgewiesenen.

Zum anderen geriet sie, legitimiert über den Moskauer Außenministerbeschluß 1947, in das Zentrum sowjetischer Interventionen im alliierten Kontrollrat und damit unter außenpolitisch erhöhte Aufmerksamkeit und Zeitdruck. Daß es den beteiligten deutschen Instanzen dennoch gelang, das Programm recht erfolgreich 'auszusitzen', wirft ein deutliches Licht auf den Handlungsspielraum der deutschen Länderregierungen. Fanden die Amerikaner mit ihren Reformzielen kein Interesse auf deutscher Seite, so waren diese selten durchsetzbar.[121]

Insgesamt lieferte die Bodenreform in Württemberg-Baden, einige Jahre nach ihrem Beginn als amerikanische Auftragsmaßnahme, wohl wenig vorzeigbares Material für eine amerikanische Erfolgsstory der Besatzungs-Geschichtsschreibung. Entsprechend schnell geriet sie in Vergessenheit. Reinhold Maiers Widerstand indes blieb Clay in bleibendem Gedächtnis. *Man hörte,* berichtet Maier in seinen Erinnerungen, *er (Clay) habe um die Zeit seiner Abreise geäußert, in*

---

119 NIETHAMMER (1973) S. 177.
120 WINKLER (1979).
121 Hier zeigt sich am Beispiel der Bodenreform, was Niethammer generell für die amerikanischen politischen Reformziele formulierte. Solche Ziele seien nur selten erreicht worden, denn
1. fanden die Amerikaner im deutsch-alliierten Interaktionsprozeß keine gleichgerichteten Partner von hinreichender politischer Bedeutung;
2. entsprangen ihre Ziele spezifisch amerikanischen Traditionen und waren keine angemessene Antwort auf die deutsche Frage nach dem Ende des Faschismus; und
3. unterlagen diese Ziele im Widerstreit mit der seit Mitte 1945 in der US-Zone verfolgten Rekonstruktionspolitik bzw. deren Auswirkungen. NIETHAMMER (1973) S. 177

Stuttgart sei alles in Ordnung. 'Dr. Maier will aber die Königin von Württemberg nicht enteignen'. Dieser Ausspruch kann stimmen [...]. Wenn diese Bemerkung über meine Einstellung zur Königin Charlotte gefallen ist, so bezog sie sich auf die über viele Jahre hin zögernde Haltung Württemberg-Badens in der Landreform, wie sie Amerikaner auf unablässiges Drängen ihres russischen Verbündeten uns aufzwingen wollten. Auf diesem Gebiet stieß Omgus bei uns auf entschiedenen Widerstand.[122] Noch 1962, als sich Maier und Clay in Berlin trafen, hatte Clay offenbar das Scheitern der Bodenreform in Württemberg-Baden nicht vergessen. Nach einem mehrstündigen Gedankenaustausch lud Clay Maier zum Essen ein. *Seine erste Frage ging nach dem Duke of Württemberg. Bei meiner Antwort kam ich auf den immer noch vorhandenen Besitz des Königshauses an Weinbergen zu sprechen und auf die vorzüglichen Hofkammerweine.*[123]

---

122 MAIER (1966) S. 136. Von einem Zusammenhang der Bodenreform mit der Flüchtlingsfrage ist in Maiers Erinnerungen im übrigen nicht die Rede.
123 MAIER (1966) S. 143.

Literaturverzeichnis

Cornides, Wilhelm & Volle, Hermann (1948): Um den Frieden mit Deutschland, Oberursel

Enders, Ulrich (1982): Die Bodenreform in der amerikanischen Besatzungszone 1945 - 1949 unter besonderer Berücksichtigung Bayerns, Ostfildern

Härtel, Lia (1951): Der Länderrat des amerikanischen Besatzungsgebiet, Stuttgart

Hartwich, Hans-Hermann (1970): Sozialstaatspostulat und gesellschaftlicher Status quo, Köln

Institut für Besatzungsfragen Tübingen (1949): Einwirkungen der Besatzungsmächte auf die Westdeutsche Wirtschaft, Tübingen

Kettenacker, Lothar (Hg.) (1977): Das "Andere Deutschland" im Zweiten Weltkrieg, Stuttgart

Kistler, Helmut (1985): Die Bundesrepublik Deutschland, Vorgeschichte und Geschichte 1945 - 1953, Bonn

Maier, Reinhold (1965): Der Länderrat des amerikanischen Besatzungsgebiets, in: Zeitschrift für Württembergische Landesgeschichte, Jg. 24, 1965, S. VI - XV

Maier, Reinhold (1966): Erinnerungen, 1948 - 1953, Tübingen

Niethammer, Lutz (1973): Zum Verhältnis von Reform und Rekonstruktion in der US-Zone am Beispiel der Neuordnung des öffentlichen Dienstes, in: Vierteljahresschrift für Zeitgeschichte, 21, 1973, S. 177 - 188

Pressestelle der Landwirtschaftskammer (Hg.) (1947): Die Bodenreform im Spiegel der Presse (=Schriftenreihe der Landwirtschaftskammer, Nr. 8), Hannover

Raup, Philip M. (1963): Der Beitrag von Bodenreformen zur landwirtschaftlichen Entwicklung - eine analytische Rahmendarstellung, in: Zeitschrift für ausländische Landwirtschaft, 1963, Jg. 2, Heft 3, S. 1 - 24

Trittel, Günter J. (1975): Die Bodenreform in der britischen Zone 1945 - 1949, Stuttgart

Weisz, Christoph (1973): Organisation und Ideologie der Landwirtschaft 1945 - 1949, in: Vierteljahresschrift für Zeitgeschichte, 21, 1973, S. 192 - 199

Winkler, Dörte (1979): Die amerikanische Sozialisierungspolitik in Deutschland 1945 - 1948, in: Winkler (Hg.), 1979, Göttingen, S. 88 - 110

Winkler, Heinrich A. (Hg.) (1979): Politische Weichenstellung im Nachkriegsdeutschland 1945 - 1953, Geschichte und Gesellschaft, Sonderheft 5, Göttingen

Zwangswanderung nach 1945 und ihre sozialen Folgen
Die Aufnahme der Flüchtlinge und Ausgewiesenen
in Württemberg-Baden 1945 - 1949*

Sylvia Schraut

Als sich Ende 1945 die württemberg-badische Verwaltung einen Überblick über die Bevölkerungsverhältnisse Nordwürttembergs und Nordbadens verschaffte, vermittelten die Zahlen einen ersten Eindruck über die demographischen Umwälzungen der Kriegswirren. Ca. 3 Millionen Einwohner zählte man, insgesamt rund 180.000 Menschen (6%) weniger als 1939, die sich 80% des Vorkriegswohnungsbestandes teilen mußten.[1] Etwa 13% der verbliebenen Bevölkerung waren seit 1939 aus Gebieten außerhalb der nunmehrigen amerikanischen Besatzungszone zugewandert. Die Flucht vor den Auswirkungen der Bombardements hatte die Stadtkreise entvölkert (-28%) und die Einwohnerschaft der Landkreise entsprechend vermehrt (+9%).[2] Insgesamt hatte der Krieg auch die württemberg-badische Bevölkerung kräftig 'durcheinandergewirbelt'.

Jetzt, Ende 1945 sollte sich im Gefolge der Potsdamer Beschlüsse als neue Aufgabe die Aufnahme und Unterbringung der organisierten Flüchtlingstransporte aus dem Osten stellen. Zwar wurden die Ergebnisse der Potsdamer Konferenz nach ihrem Abschluß in Deutschland nicht im vollen Wortlaut veröffentlicht, doch daß mit umfangreichen Vertreibungsaktionen aus den östlichen Nachbarländern zu rechnen war, erfuhren die deutschen, frisch eingesetzten Regierungen schnell.[3] Offiziell benachrichtigt wurden die württemberg-badischen Behörden zum ersten Mal im September von den geplanten organisierten Flüchtlingstransporten.[4]
Genaueres erfuhren die Länderregierungen der amerikanischen Besatzungszone dann in der Gründungssitzung des Länderrats, dem von General Clay als *major problem* die Planung der

---

* Diese Studie wurde aus Mitteln des Ministeriums für Wissenschaft und Forschung des Landes Baden-Württemberg gefördert.

1 STATISTISCHES LANDESAMT WÜRTTEMBERG-BADEN (Hg.) (1950) S. 248.
2 Mitteilungen des württ. und badischen Statistischen Landesamtes, Juli/August 1946.
3 Der bayerische Flüchtlingskommissar Jaenicke nimmt schon am 12.8.1945 in einer Rede auf einen Bericht Trumans an die Nation Bezug, in der der amerikanische Präsident von 1,5 Millionen Umzusiedelnden sprach. Vgl. Generallandesarchiv Karlsruhe (im folgenden: GLAK), Nachlaß Köhler/15.
4 Am 24.9.1945 legte der württemberg-badische Innenminister der amerikanischen Militärregierung eine Anweisung an die Landräte zur Genehmigung vor, die die Kreisbehörden bereits auf die zu erwartenden Flüchtlingsströme vorbereiten sollte. Vgl. RG 260 Office of Miltary Government, Württemberg-Baden 12/22-1/28. Außerhalb der durch den Alliierten Kontrollrat organisierten Flüchtlingstransporte erreichten auch schon im Oktober 1945 erste organisierte Flüchtlingstransporte Württemberg-Baden. GLAK, Bestand 466, Zugang 1981/47, Nr. 4. Da die offizielle Bezeichnung für die Vertriebenen in der Nachkriegszeit *refugees* oder *expellees*, also Flüchtlinge oder Ausgewiesene lautete, werden in diesem Beitrag neben dem amtsdeutschen Begriff *Neubürger* auch diese beiden Bezeichnungen benutzt.
Die Akten des Berliner Office of the Military Government in Germany of the United States liegen - wie auch die in OMGUS aufgegangenen Bestände des United States Forces European Theater (im folgenden: USFET) und die Akten des Regional Government Coordinating Office in Stuttgart (im folgenden: OMGRGCO) - auf Microfiches verfilmt im Bundesarchiv Koblenz (im folgenden: BAK) vor. Die als OMGWB zitierten Akten des Office of Military Government Württemberg-Baden sind in gleicher Weise verfilmt und können im Hauptstaatsarchiv Stuttgart (im folgenden: HSTAST) sowie im Generallandesarchiv Karlsruhe eingesehen werden.

Aufnahme von 2 Millionen Flüchtlingen übertragen wurde.[5] Dort beschäftigte sich am 12.11.1945 der Ausschuß *Flüchtlingsfragen* mit den Konsequenzen der von den Amerikanern anvisierten Flüchtlingstransporte. Die Aufgabe, vor der man stand, umschrieb der Protokollführer lapidar:
Nach Mitteilung der amerikanischen Militärregierung sind in der amerikanischen Besatzungszone unterzubringen: Ausgewiesene aus der Tschechoslowakei, Ungarn und Österreich:

im Monat	*Dezember*	*1945*	*200000*
	Januar	*1946*	*100000*
	Februar	*1946*	*100000*
	März	*1946*	*200000*
	April	*1946*	*400000*
	Mai	*1946*	*400000*
	Juni	*1946*	*400000*
	Juli	*1946*	*200000.*[6]

Der Länderrat reagierte zunächst verhalten abwehrend. Er legte auf amerikanische Initiative hin einen Verteilungsschlüssel für die Länder auf der Grundlage der Bevölkerungszahl von 1939 fest. Nach ihm sollte Bayern 50%, Großhessen 27% und Württemberg-Baden 23% der zu erwartenden Flüchtlinge aufnehmen - ein Verteilungsverhältnis, das sich in den folgenden Jahren zum steten Zankapfel zwischen den Ländern entwickelte. Auf welche Weise die Aufnahme dieses riesigen Menschenstromes unter den organisatorischen Bedingungen und den begrenzten Ressourcen des kriegszerstörten Deutschlands zu bewerkstelligen sei, erklärte die US-Militärregierung zur alleinigen deutschen Frage.[7]
Im Länderrat legte man gemäß den Vorgaben der Miltärregierung die Grenzaufnahmebahnhöfe fest, die Zeitabfolge der Berichterstattung sowie anderes Organisatorisches und suchte im übrigen nach Entlastungsmöglichkeiten, um die ohnehin angespannte Wohnraum- und Ernährungslage zu lindern.

---

5   Minutes of 5th meeting of the Deputy Military Governor with army commanders, RG 260 OMGUS CAD 3/169-3/9. Vgl. auch das Sitzungsprotokoll des Ministerpräsidentenrats Bayern, Württemberg-Baden, Hessen und Bremen mit der U.S. Militärregierung am 17.10.1945, Clay: *Ein besonderes Problem ist die Verlagerung von Polen, Tschechen usw. Wird es möglich sein, die Aufnahme von 2 Millionen Deutschen in der amerikanischen Zone vorzubereiten [...].* BAK, Z1/176a, Bl. 193 - 205.
6   HSTAST, EA1/014 Bü. 556. Die von der Militärregierung vorgegebenen Zahlen entsprachen den Zahlen, die die Alliierten in ihren Verhandlungen diskutierten. Nach dem endgültigen Beschluß des Coordinating Committee des Alliierten Kontrollrats vom 14.11.1945 war mit 6.650.000 Ausgewiesenen zu rechnen, die zwischen Dezember 1945 und Juli 1946 in den einzelnen Zonen aufzunehmen waren. Die US-Zone sollte davon 2,25 Millionen, die englische Zone 1,5 Millionen, die sowjetische 2,75 Millionen und die französische 150.000 Personen übernehmen. Vgl. RG 260 OMGUS ACA 2/101-2/8.
7   Die Auffassung, daß die Aufnahme der Flüchtlinge und Ausgewiesenen bzw. noch auszuweisenden Deutschen ein deutsches Problem, bzw. ein Problem der deutschen Verwaltung sei, durchzieht die alliierte und amerikanische Planung bereits seit 1944. Vgl. beispielsweise den Vorschlag einer Directive on Control of Displaced Persons and Refugees, erarbeitet von dem European Advisory Committee vom November 1944, in der die grundlegenden Prinzipien bereits genannt sind, nach denen später die organisatorische Behandlung der Displaced Persons and Refugees tatsächlich erfolgte. RG 260 OMGUS ACTS 86-2.

Voraussetzung der Flüchtlingsaufnahme war nach Meinung des Länderrats die Rückführung deutscher Altevakuierter in ihre jeweilige Heimat außerhalb der amerikanischen Zone, insg. beziffert auf 1.725.000 Personen, der Abtransport der Displaced Persons (ca. 550.000) und die Unterbindung des illegalen Flüchtlingsstroms.[8] Diese Forderungen entsprachen durchaus den amerikanischen Vorstellungen, doch sie hatten mit der Nachkriegsrealität wenig zu tun. Die ursprüngliche Vereinbarung der Alliierten, mit den Ausgewiesenentransporten erst zu beginnen, wenn ein Interzonenaustausch der Kriegsevakuierten stattgefunden habe, wich zunächst dem völligen Stop eines interzonalen Bevölkerungsaustausches, um dann in einen, sich zäh schleppenden Austausch im Verhältnis 1:1 überzugehen. Der Abtransport der Displaced Persons zog sich in die Länge. Da sie in der Regel in Lagern lebten, war der durch ihre Abwanderung gewonnene Wohnraum ohnehin nicht für die mittelfristige Unterbringung der Neubürger nutzbar. Überdies konnte man der illegalen Bevölkerungsbewegungen angesichts des organisatorischen Chaos der Nachkriegsmonate nicht Herr werden.

Wie die nächsten Wochen zeigten, waren die Einflußmöglichkeiten der deutschen Länderregierungen auf die angesprochenen Fragen denkbar gering.[9] Es stellte sich immer deutlicher heraus, daß man bei der Aufnahme der angekündigten Flüchtlinge im Grunde von der Ende 1945 vorgefundenen Bevölkerungsdichte und den vorhandenen Organisations-, Wohn- und Lebensbedingungen in den einzelnen Ländern ausgehen mußte. Das neugegründete Land Württemberg-Baden, gebildet aus den zwei, durch die Grenzziehung der Besatzungszonen entstandenen Teilländern Nordwürttemberg und Nordbaden, hatte sich damit auf rund 460.000 Flüchtlinge einzustellen; bis Ende 1949 sollten tatsächlich über 700.000 sog. Neubürger kommen.

Damit sind wir mitten im Thema:

Zur Diskussion steht am Beispiel Württemberg-Badens ein Wanderungsprozeß, der innerhalb weniger Jahre die Bevölkerung dieses Landes um ein knappes Viertel vermehrte, in dessen Kontext, zentral von den deutschen Behörden organisiert, gelenkt und verteilt, von der US-Militärregierung überwacht, die räumliche Unterbringung, Versorgung mit grundlegenden Gütern des täglichen Bedarfs, aber auch mit Arbeit von durchschnittlich 18.000 Menschen pro Monat in den Jahren 1946 und 1947 zu bewerkstelligen war.

Zu klären ist im einzelnen:

Welche amerikanischen Auflagen waren bei der Flüchtlingsaufnahme zu erfüllen?

Wie wurde unter den Bedingungen der Kriegszerstörung die Aufnahme und Verteilung der Flüchtlinge organisatorisch bewerkstelligt?

Welche Überlegungen zur Verteilung und Integration stellten die deutschen Behörden im Rahmen der amerikanischen Vorbedingungen an und schließlich:

Welche wirtschaftlichen und sozialen Auswirkungen brachte die Aufnahme und Verteilung einer solch großen Menschenmenge für das Land, die Alt- und Neubürger mit sich?

---

8 Als 'illegal' galt der individuelle Flüchtlingsstrom, der ohne behördliche Genehmigung oder Anweisung ablief.

9 Alle Fragen, die mehr als eine Zone betrafen, waren dem Alliierten Kontrollrat vorbehalten. Über dessen Verhandlungsergebnisse wurden die deutschen Regierungen bestenfalls informiert.

Die Vorgaben der US-Militärregierung

Mit Äußerungen über ihre Vorstellungen zu Organisation und Ausgestaltung der Flüchtlingsaufnahme war die Amerikanische Militärregierung im Länderrat und auch außerhalb äußerst sparsam. Die bei OMGUS vorherrschende Auffassung, daß es sich grundsätzlich um ein deutsches Problem handle, das auch von deutschen Behörden zu lösen sei, hatte die Ausgestaltung eines differenzierten Konzepts verhindert.[10] Zwei Gesichtspunkte durchziehen jedoch grundsätzlich die kargen amerikanischen Vorgaben:
1. Die Ausgewiesenen kamen nicht als Flüchtlinge auf Zeit. Sie waren auf Dauer in der Besatzungszone unterzubringen.[11]
2. Sollte sowohl außen- wie innenpolitisch vermieden werden, daß der neue große Bevölkerungsteil sich zu einer Minderheit mit eigener Interessenartikulation hinsichtlich der Rückkehr in die Ausweisungsländer entwickelte, dann mußte möglichst zügig die Assimilation, (nicht Integration!) der Flüchtlinge an die Altbevölkerung betrieben werden.[12]

Zu diesem Zweck war eine aktive Separierung seitens der Neubürger in räumlicher, sozialer und politischer Hinsicht genauso zu vermeiden wie eine Ausgrenzung der Flüchtlinge durch die Altbürgerschaft.[13]

Vor diesem Hintergrund sind die Auflagen der US-Militärregierung bezüglich der Flüchtlingsaufnahme zu interpretieren:
1. Die Flüchtlinge und Ausgewiesenen erhalten die deutsche Staatsbürgerschaft.[14]

---

10 Zur Entwicklung der amerikanischen Konzepte siehe den Beitrag von Thomas Grosser: 'Das Assimilationskonzept der amerikanischen Flüchtlingspolitik in der US-Zone nach 1945' in diesem Band.

11 Aus der Aktenlage ist klar zu entnehmen, daß in der Kriegsplanung seit 1944 und in der frühen Nachkriegsplanung die Aussiedlung deutscher Minoritäten von der amerikanischen Militärregierung grundsätzlich für gut befunden wurde: *Substantial movements of this character may take place particularly from Alsace-Lorraine, Czechoslovakia and Poland [...]. As a contribution to order and political stability in contiguous countries these Germans should be accepted within Germany as rapidly as internal conditions permit* (Views of the Special Committee on Migration and Resettlement and the Interdivisional Committee on Germany vom 28.6.1944, entstanden u.a. unter Mitarbeit des State und des War Departments, vgl. RG 260 OMGUS ACTS 86-2). Insofern ist die Sichtweise zurückzuweisen, die sich im Zuge des kalten Krieges nach 1948 in den USA durchzusetzen begann, daß die USA wenigstens für eine humane Umsiedlung gesorgt hätten, nachdem sie eigentlich die Vertreibungsaktionen ablehnten, aber die Umsiedlungsmaßnahmen als solche nicht mehr verhindern konnten, vgl. stellvertretend für andere: Vertriebene und Flüchtlinge volksdeutschen Ursprungs, Bericht eines Sonder-Unterkomitees des Rechtsausschusses des Abgeordnetenhauses (Walter-Report) vom 24.3.1950, veröffentlicht in deutsch vom Bundesministerium für Vertriebene, Bonn 1950.

12 Vgl. SMITH (1974) Bd. 1, S. 479, 489 f. Unter Assimilation wird hier Angleichung oder Anpassung an die Altbevölkerung verstanden, während der Integrationsbegriff davon ausgeht, daß Alt- und Neubevölkerung sich wechselseitig beeinflussend zu einer neuen Bevölkerung zusammenwachsen, vgl.: LÜDERWALDT & ESSER (1984) S. 177 ff.

13 In Württemberg-Baden führte diese Erwägung zur grundsätzlichen Anweisung an die deutschen Instanzen, jegliche separate Organisation der Flüchtlinge zu unterlassen: *No expellee plan should undertake any service that can be performed by existing normal agencies. All ideas tending to set expellees apart from the normal citizency should be discouraged* (Schreiben des Directors der Interior Division der Militärregierung Württemberg-Baden vom 11.6.1946, RG 260 OMGWB 12/22-1/31).

2. Sie sind demnach als gleichberechtigt in jeder Hinsicht mit der Altbürgerschaft zu betrachten.
3. Um ihre möglichst schnelle Einweisung in privaten Wohnraum zu gewährleisten, sind sie auf das Land nach dem Kriterium der Wohndichte zu verteilen.[15]
4. Ihre endgültige Unterbringung soll angesichts der wirtschaftlichen Situation in erster Linie in Gemeinden unter 20.000 Einwohner erfolgen. Diese Vorgabe beruhte auf der Annahme, daß es angesichts des Verlustes der deutschen Kornkammern im Osten in den nächsten Jahren um die Intensivierung der Landwirtschaft durch menschliche Arbeitskraft gehe.[16]
5. Bei der Verteilung sind Familien zusammenzuhalten, nicht jedoch ganze Dörfer.[17]
6. Ein Aufenthalt in Zwischenlagern, der länger als 14 Tage dauert, ist möglichst zu vermeiden.[18]
7. Eine Bildung von Wohn-Gettos (Wohnbereiche mit ausschließlicher Flüchtlingsbevölkerung) hat zu unterbleiben.[19]
8. Ein Programm zur Versorgung der Flüchtlinge mit Boden (Bodenreform und Gartenlandaktionen) ist zu entwickeln.[20]
9. Ihre gleichberechtigte Aufnahme in den Arbeitsmarkt ist zu verfolgen, und schließlich:
10. Eine politische Organisation der Flüchtlinge als eigenständige Kraft, also als Flüchtlingspartei, wird verboten.[21]

Diese Vorgaben hatten grundsätzlich eine breite Streuung der ankommenden Ausgewiesenen auf die einzelnen Land- und Stadtkreise zur Folge. In der Regel drangen die amerikanischen Ländermilitärregierungen gleichermaßen in Bayern, Hessen und Württemberg-Baden darauf, daß die Vorgaben von OMGUS Berlin eingehalten wurden. Lediglich in der Frage der wohnlichen Unterbringung der Ausgewiesenen in Lagern bzw. in Flüchtlingssonderwohnbauten scheint man in den einzelnen Ländern unterschiedliche Wege gegangen zu sein. In Württemberg-Baden jedenfalls war die Militärregierung weit aus mehr als beispielsweise die bayerische darum bemüht, die Auffang- und Zwischenlager schleunigst räumen zu lassen und eine Flüchtlings-Gettobildung zu verhindern. So sehr war ihr an der wohnungsbezogenen Durchmischung

---

14 Die Diskussion des Flüchtlingsausschusses im Länderrat, wie denn mit der Staatsangehörigkeit der Ausgewiesenen zu verfahren sei, ob sie auf Antrag zu erhalten sei und ob ein Betroffener auch auf sie verzichten (!) könne, beendeten die Amerikaner mit dem Hinweis, *dass der Kontrollrat vorhabe, sämtlichen Flüchtlingen ausnahmslos die deutsche Staatsangehörigkeit zu verleihen.* Protokoll vom 29.7.1946 der Sitzung des Flüchtlingsausschusses des Länderrats, HSTAST, EA1/014 Bü. 556.
15 Genehmigung der Verteilung der Flüchtlinge innerhalb der württemberg-badischen Kreise unter Berücksichtigung von Wohnraum, zerstörtem Wohnraum, prozentualem Anteil der Flüchtlinge an der Bevölkerung von 1939, Bevölkerungsdichte pro Quadratkilometer überwacht durch OMGWB mit Datum vom 27.8.1946, HSTAST, EA1/014 Bü. 561.
16 Schreiben von W. M. Kane, RGCO vom 20.3.1946 an Erich Roßmann, Generalsekretär des Länderrats in Stuttgart, ebd.
17 So z.B.: Ebd.
18 So z.B.: Schreiben von Charles D. Winning, Lt. Col. Ass. Director of Government vom 5.10.1946 an Reinhold Maier, ebd.
19 Vgl. Schreiben Middelmanns, Landeskommissar für Flüchtlingswesen in Baden, vom 29.6.1946, GLAK, Bestand 466, Zugang 1981/47, Nr. 1.
20 Zur Bodenreform siehe den einschlägigen Beitrag in diesem Sammelband.
21 Zum politischen Vereinigungsrecht siehe die Ausführungen von Thomas Grosser: Das Assimilationskonzept der amerikanischen Flüchtlingspolitik in der US-Zone nach 1945, S. 22 ff.

von Alt- und Neubürgerschaft gelegen, daß sie diesem Gesichtspunkt deutlich den Vorrang vor der erwarteten Eingliederung der Ausgewiesenen in den Arbeitsprozeß gab.[22]
Die Priorität, die die amerikanische Landes-Militärregierung der Wohnraumfrage als Assimilationsmoment einräumte, verstärkte die ohnehin vorhandene Tendenz, die Ausgewiesenen einzig nach dem Kriterium des vorhandenen Wohnraums zu verteilen. Mit den Konsequenzen des so gelenkten Zwangsmigrationsprozesses werden wir uns noch zu beschäftigen haben.

Die Organisation der Flüchtlingsaufnahme und -verwaltung in Württemberg-Baden

Da die Militärregierung per Definition die Organisation der Flüchtlingsaufnahme zur deutschen Aufgabe erklärt hatte, überließ sie der deutschen Verwaltung die Planung eines Rahmenkonzepts. Dies hinderte die Besatzungsmacht andererseits nicht daran, bis in die geplanten Entlausungsverfahren hinein, genaueste Vorgaben für die erwartete Organisationsform zu machen. Die so noch Ende 1945 ausgearbeiteten Rahmenkonzepte für die Aufnahme der organisierten Flüchtlingstransporte und des individuell in die Zone gelangenden Flüchtlingsstroms ähneln sich daher in allen drei Ländern der amerikanischen Besatzungszone sehr.[23]
Die Flüchtlinge wurden in den Grenzstationen in Empfang genommen, dort fürs erste medizinisch und mit Nahrung versorgt, auf die Länder verteilt und weitertransportiert. Von den Grenzlagern aus ging es in die württemberg-badischen Kreislager, die die einzelnen Landkreise mit einer Kapazität von durchschnittlich 1.500 Betten eingerichtet hatten. Dort erfolgte ihre amtliche Registrierung, Versorgung mit Grundgütern und schließlich entsprechend dem Wohndichteschlüssel ihre Verteilung auf die einzelnen Orte des Kreises. In den Gemeinden plante man, die Flüchtlinge kurzfristig in sogenannten Zwischenlagern (Turnhallen, Wirtshäusern etc.) unterzubringen (im konkreten Fall dauerte ihr Aufenthalt dort oft auch länger), bevor sie endgültig in Privatquartiere eingewiesen werden konnten. Es entsprach nicht nur den Transport- und Kommunikationsgegebenheiten der Nachkriegszeit, sondern auch dem ameri-

---

22 Dies läßt sich beispielsweise an der Auseinandersetzung zwischen US-Militärregierung und der württemberg-badischen Flüchtlingsverwaltung um den ehemaligen Fliegerhorst in Wertheim, Landkreis Tauberbischofsheim belegen, der - so eine Aktennotiz von Geppert, dem Landeskommissar für das Flüchtlingswesen in Baden vom 29.4.1947 - ganz mit Flüchtlingen besetzt worden war: *Gelegentlich der heutigen Besprechung mit Lt. Campbell, der auch Landesdirektor Zimmermann [Landesdirektor für Inneres in Baden, d. A.] und Staatskommissar Bettinger [Staatskommissar für Flüchtlingswesen in Württemberg, d. A.] anwohnte, kam der erstere u.a. auch auf die Flüchtlingssiedlung Fliegerhorst Wertheim zu sprechen. Lt. Col. Campbell machte darauf aufmerksam, daß er seinerzeit schon dem damaligen Landeskommissar Middelmann begreiflich gemacht habe, daß diese Groß-Siedlung ein Experiment darstelle, das seine Billigung nicht finden könne, weil es bestimmt nicht gut ausgehe. Die Landesmilitärregierung stände auf dem Standpunkt, daß die Flüchtlingssiedlung als Zwischenlager zu betrachten ist, und in dieser Form nicht weiterbestehen dürfe. Das Lager müsse bis auf ein erträgliches Maß geräumt und die Flüchtlinge auf das Landkreis verteilt werden. Bis zum 15.5.1947 müsse die Planung der anderweitigen Unterbringung der Flüchtlinge soweit vorangeschritten sein, daß mit der praktischen Ausführung begonnen werden könne.* Auf Gepperts Meinung, die Flüchtlinge hätten dort Arbeit, ausreichend Wohnraum und seien zufrieden, ging Campbell nicht ein, GLAK, Bestand 466, Zugang 1981/47, Nr. 324.
23 Vgl. dazu die Anweisung der Headquarters vom 19.10.1945 an die Landesmilitärregierungen, die Deutschen mit einem Plan für die Aufnahme der Flüchtlinge zu beauftragen, RG 260 OMGWB 12/63-1/14.

kanischen Konzept der Demokratisierung durch Dezentralisierung, daß die Verantwortung für die Aufnahme der Flüchtlinge ab der Kreisebene den Landräten übertragen wurde.[24] Daß die Regelverwaltung den Transport und die Versorgung eines solch gewaltigen Menschenstroms, noch dazu unter den infrastrukturellen Engpässen der Nachkriegszeit, nicht bewerkstelligen konnte, war allen Verantwortlichen klar. Man installierte daher eine Flüchtlingssonderverwaltung unter der Leitung eines Staatskommissars.[25] In Württemberg-Baden waren der nordbadische Landeskommissar bzw. der württembergische Staatskommissar für Flüchtlingswesen dem Landesdirektor für Inneres in Nordbaden bzw. dem württemberg-badischen Innenministerium unterstellt. Diesen unterstanden die Kreisflüchtlingsreferenten, unter deren Obhut die Kreislager installiert und betrieben wurden und die auch entsprechend den Richtlinien des Landes- bzw. Staatskommissars die Verteilung der Flüchtlinge auf die Orte vorzunehmen hatten.[26]
Alles in allem funktionierte die Sonderverwaltung erstaunlich gut. Es ist bemerkenswert, in welch geringer Zeit die erforderlichen Lagerkapazitäten in den Kreisen eingerichtet werden konnten.
Die endgültige Unterbringung in den Gemeinden oblag jedoch den Bürgermeistern der Regelverwaltung, die sich häufig der eingesessenen Bevölkerung in größerem Maße verpflichtet fühlten als den Neuankömmlingen. Hier vor Ort prallten dann Alt- und Neubürgerschaft im nachkriegsbedingten Verteilungskampf um Wohnraum, Mobiliar und Arbeit, aber auch im Kampf um die Beteiligung an der politischen Macht frontal aufeinander. Hier vor Ort waren die Einflußmöglichkeiten der Sonderverwaltung äußerst begrenzt.

Deutsche Vorstellungen zur Flüchtlingsverteilung

Nach welchen Gesichtspunkten beabsichtigten die deutschen Behörden die Ausgewiesenen auf die Kreise und Gemeinden zu verteilen?
Daß es nicht ausreiche, für die Flüchtlinge Wohnraum zu beschaffen, sondern ebenso notwendig ihre Versorgung mit Arbeit und Einkommen war, lag für die Beamten und Angestellten der Sonderverwaltung auf der Hand. Von Anfang an forderten sie, die Flüchtlinge innerhalb der Kreise nach den Arbeitsmöglichkeiten zu verteilen.[27] Die Geistlichen mahnten darüber hin-

---

24 Vgl. dazu das Schreiben von Direktor Buchmann, Innenministerium Württemberg-Baden vom 27.10.1945 an OMGWB, RG 260 OMGWB 12/63-1/14.
25 Das Amt des Kommissars schuf man nach deutscher Verwaltungspraxis offenbar als temporäres Amt immer dann, wenn Sonderaufgaben anstanden, die ein schnelles Handeln der Executive erforderten. Kommissare waren in der Regel direkt dem jeweiligen Ministerpräsidenten unterstellt und den Landräten gegenüber weisungsberechtigt. Vgl. dazu das Schreiben des württembergischen Flüchtlingskommissars Stockinger vom 1.6.1946 an die Militärregierung, RG 260 OMGWB 12/22-1/31.
26 Disziplinarisch waren die Kreisflüchtlingskommissare den Landräten unterstellt. Ihre grundsätzlichen Weisungen erhielten sie jedoch durch die Staats- bzw. Landeskommissare. Diese Organisationsform führte in den nächsten Jahren zu beständigen Kompetenzstreitigkeiten zwischen Landräten und Landes- bzw. Staatsflüchtlingskommissaren.
27 So beispielsweise der bayerische Ministerialdirektor Dr. Wolf im Länderrat, (Protokoll vom 4.7.1946) Ausschuß Flüchtlingswesen: *[...] solange wichtige Voraussetzungen, wie Rohstoffzufuhr, Regelung der Reparationen usw. noch nicht geklärt sind, stehen die kurzfristigen Sofortmaßnahmen zur Unterbrin-*

aus immer wieder Rücksichtnahme auf die lokalen konfessionellen Gegebenheiten an; freilich liegt der Verdacht nahe, daß es ihnen mehr um die 'Reinerhaltung' ihrer Gemeinde ging, als um die Frage, wie denn die Eingliederung der Neubürger zu erleichtern sei.[28] Aber es kamen für eine nach welchen Gesichtspunkten auch immer gelenkte Verteilung einfach zu viele Ausgewiesene (Schaubild 1), und sie kamen für die deutschen Aufnahmekapazitäten viel zu schnell. Ohnehin war die Vorbereitungszeit in den Gemeinden auf den Flüchtlingsstrom viel zu kurz gewesen. Den geforderten privaten Wohnraum zur Verfügung zu stellen, schien schlechterdings unmöglich. Auch erlaubte der generelle Mangel an Baumaterialien in Stadt und Land nur eine äußerst langsame Sanierung des vorhandenen, aber zerstörten Wohnraums.[29] An Neubauten war sowieso kaum zu denken. Die US-Militärregierung in Württemberg-Baden achtete dennoch sehr darauf, daß die Flüchtlinge möglichst schnell *in Privatquartiere eingewiesen* wurden.[30] Diese neutrale Formulierung bedeutete angesichts der ohnehin durch Kriegszerstörung und Evakuierungen beengten Wohnverhältnisse die Einweisung in bereits bewohnte Häuser und Wohnungen: *Physical discomfort or overcrowding which will not cause disease*, erklärte die Besatzungsmacht, *will not be considered as limiting factors.*[31] Die Konflikte zwischen Alt- und Neubürgerschaft waren voraussehbar. Angesichts der beschränkten Wohnverhältnisse trug die vorgegebene Priorität der privaten Wohnraumversorgung weiter dazu bei, den Entscheidungsspielraum der Sonderverwaltung zu begrenzen. Vage Überlegungen, neben der Wohnraumkapazität auch die Wohndichte von 1939 oder die wirtschaftliche Aufnahmekapazität der Region zu berücksichtigen, wurden im Kampf zwischen Sonderverwaltung und den Gemeinden zerredet.[32] Der lokale Interessenpartikularismus feierte wahre Triumphe. Eine Vielzahl von Bürgermeistern versuchte den Beweis zu führen, daß gerade ihre Gemeinde auf keinen Fall die vorgesehene Aufnahmequote erfüllen könne.[33] Am Ende wurden die Querelen

---

gung der Ostflüchtlinge und zu ihrer Einschaltung in den Arbeitsprozeß im Vordergrund. HSTAST, EA1/014 Bü. 556.

28 So gab bereits am 11.1.1946 der württembergische Staatskommissar Stockinger eine Anordnung an die Landräte und Bürgermeister zur konfessionellen Frage heraus: *[...] Es sind in der Praxis bereits heftige Meinungsverschiedenheiten bei der Flüchtlingsverteilung zwischen den Trägern der Konfessionen und den Arbeitsämtern aufgetaucht. Zur Bereinigung solcher Differenzen wird hiermit angeordnet:*
1. Die Verteilung von Flüchtlingen soll tunlichst nach konfessionellen Gesichtspunkten geregelt werden.
2. In jedem Falle hat jedoch ihre wirtschaftliche Verwendung den Vorrang.
3. Der Flüchtlingskommissar ist befugt, im Streitfalle eine vorläufige Entscheidung zu fällen [...], HSTAST, EA2/801 Bü. 37.

29 Zwischen 31.10.46 und 31.3.1949 erhöhte sich der Bestand an Wohnräumen in Württemberg-Baden durch Reparatur und Neubau um 89.028 auf 2.484.300 Wohnräume. HSTAST, EA2/502 Bü. 208e.

30 Aus einem Schreiben Köhlers vom 5.11.47 anläßlich einer Dienstbesprechung der Flüchtlingskommissare mit Lt. Col. Campbell in Stuttgart, in der die amerikanische Seite die endgültige Auflösung der Zwischenlager unter Fristsetzung einforderte: *[...] Mit einer Fristverlängerung kann im Blick auf die bestimmte Direktive der Dienstbesprechung nicht gerechnet werden.* GLAK, Bestand 481/610.

31 Anweisung der Headquarters seventh Army Western Military District and die Militärregierungsdirektoren in Hessen und Württemberg-Baden vom 19.10.1945, RG 260 OMGWB 12/63-1/14.

32 Vgl. dazu die Diskussion im Flüchtlingsausschuß im Länderrat, Protokoll vom 4.7.1946, HSTAST, EA2/801 Bü. 556.

33 Mitteilung des Bereichs Inneres an Köhler mit Zitat von Middelmann vom 14.8.1946: *Nachdem 80% der aufzunehmenden Flüchtlinge ins Land gekommen sind, bereitet die Unterbringung der restlichen*

Schaubild 1:
Neubürger in Württemberg-Baden 1946-1950

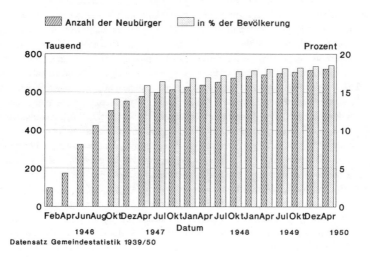

der US-Militärregierung zu bunt. Sie stellte im Frühjahr 1946 eigene Verteilungsberechnungen an und nahm selbst die Verkündung der Quoten der deutschen Verwaltung zu deren Erleichterung aus der Hand.[34] Die vorgefundene Wohndichte (Anzahl der Personen auf Räume mit mehr als 10 qm) wurde endgültig zur einzigen Grundlage des Verteilungsschlüssels. Eine 'gerechte' Verteilung der Aufzunehmenden bedeutete dies jedoch noch lange nicht. Die Ermittlung des vorhandenen Wohnraums war in der Regel den Gemeinden selbst überlassen. Zwar wurden die jeweiligen gemeindlichen Wohnraumerfassungen von den Nachbargemeinden mit großer Anteilnahme kritisch begleitet, was eigentlich Fehlmeldungen hätte verhindern müssen. Doch je größer die Gemeinde war, desto leichter konnte sie sich einer solchen öffentlichen Kontrolle entziehen. Wie die Beobachter der Militärregierung feststellten, fühlten sich die Gemeinden und Kreise, die zügig die Flüchtlingsaufnahme betrieben hatten, durch die zögerliche

---

20% ungeheure Schwierigkeiten und stößt auf den Widerstand nahezu sämtlicher Bürgermeister. Es wird dadurch zweifelsohne in den nächsten Wochen noch größere Schwierigkeiten geben als bisher. GLAK, Bestand 481/610.

34 Aus einer Unterredung zwischen Major Campbell und Mitarbeitern des württemb. Flüchtlingskommissars im Oktober 1946: *Herr Ascher warf die Frage auf, wer diese neue Quote bekanntgeben wird. Erst meinte Major C. die deutschen Behörden, doch führte Herr Ascher die erheblichen Schwierigkeiten auf und den Sturm der Beschwerden, dem die deutsche Stelle ausgesetzt würde und dem sie, da sie im internen Staatsverwaltungswesen noch nicht restlos gefestigt sei, wohl nicht gewachsen sein dürfte. Er schlug deshalb vor, die neue Auflage als Befehl der Militärregierung zu erlassen.* GLAK, Bestand 481/610.

auf Zeitgewinn setzende Haltung anderer für ihren guten Willen bestraft.[35] Seit Herbst 1946 überprüfte daher eine beratende Kommission des Innenministeriums vor Ort die Wohnraumerfassungen.

Tabelle 1a: Flüchtlingsbevölkerung und Wohndichte in Nordwürttemberg 1946 und 1948 im Vergleich

Kreise	Flüchtlinge 11.1946	Wohndichte Pers./Raum 11.1946	Flüchtlinge 3.1948	Wohndichte Pers./Raum 3.1948
	(1)	(2)	(3)	(4)
Stuttgart	6.811	1,31	16.926	1,46
Heilbronn Stadt	737	1,53	1.367	1,65
Ulm Stadt	2.547	1,53	4.063	1,66
Aalen	26.107	1,44	31.468	1,52
Backnang	12.352	1,43	15.071	1,47
Böblingen	20.012	1,63	23.384	1,69
Crailsheim	9.142	1,40	12.134	1,47
Eßlingen	31.479	1,46	36.076	1,52
Göppingen	31.418	1,32	38.851	1,40
Heidenhein	16.350	1,41	20.076	1,49
Heilbronn	19.615	1,48	22.709	1,54
Künzelsau	6.376	1,50	7.677	1,52
Leonberg	10.993	1,42	13.185	1,48
Ludwigsburg	28.186	1,35	41.533	1,48
Mergentheim	9.075	1,47	10.244	1,58
Nürtingen	25.106	1,50	29.128	1,54
Öhringen	7.591	1,40	9.023	1,45
Schwäbisch Gmünd	19.615	1,39	24.380	1,50
Schwäbisch Hall	8.642	1,38	10.725	1,49
Ulm	14.472	1,40	16.618	1,46
Vaihingen	11.580	1,50	13.417	1,54
Waiblingen	29.522	1,35	34.660	1,43
Nordwürttemberg	347.726	1,40	432.735	1,50

---

35 Schreiben des Refugee Officer des 1. Military Government Battalion an Welfare Branch WB vom 23.9.1946, RG 260 OMGWB 12/63-1/7.

Tabelle 1b: **Flüchtlingsbevölkerung und Wohndichte in Nordbaden 1946 und 1948 im Vergleich**

Kreise	Flüchtlinge 11.1946 (1)	Wohndichte Pers./Raum 11.1946 (2)	Flüchtlinge 3.1948 (3)	Wohndichte Pers./Raum 3.1948 (4)
Karlsruhe	11.058	1,43	15.327	1,55
Heidelberg Stadt	9.492	1,52	11.315	1,64
Mannheim Stadt	3.353	1,91	9.025	2,11
Pforzheim Stadt	640	1,74	962	1,90
Bruchsal	10.254	1,93	10.828	1,99
Buchen	18.695	1,73	18.787	1,74
Heidelberg	22.650	1,91	24.108	1,99
Karlsruhe	25.466	1,79	27.649	1,85
Mannheim	13.708	1,75	14.966	1,83
Mosbach	16.444	1,86	17.174	1,86
Pforzheim	6.075	1,66	6.600	1,69
Sinsheim	23.395	1,92	24.651	1,93
Tauberbischofsheim	22.010	1,61	22.731	1,61
Nordbaden	183.240	1,73	204.123	1,84
Württemberg-Baden	530.966	1,51	636.858	1,61

Quellen für Tabelle 1a und 1b:
(1) Flüchtlinge am 1.11.1946, in: Die Flüchtlinge und Evakuierten in Württemberg-Baden, Statistische Monatshefte Württemberg-Baden, Heft 1/2, 1947, S. 12 - 14.
(2), (3), und (4) Aufstellung des Staatskommissariats für Flüchtlingswesen in Württemberg-Baden vom 25.5.1948, HSTAST, EA2/801 Bü. 71.

Die Prüfungen [...] an Ort und Stelle haben ergeben, meldete der Staatskommissar für Flüchtlingswesen der Militärregierung, daß vornehmlich einige Kreise, und hier vor allem die Kreisstädte zu Lasten der Landgemeinden als unterbelegt bezeichnet werden mußten. Vielfach war diese Unterbelegung auf die anfängliche, beharrliche Verweigerung der Aufnahme von Flüchtlingen zurückzuführen. Diejenigen Städte, die sich gegen die Flüchtlingsaufnahme gesperrt haben, mußten naturgemäß nun stärker herangezogen werden. Die Erfahrung hat gezeigt, daß die verantwortlichen Vorsteher dieser Gemeinden fortlaufend versuchen, ihr Auf-

nahmesoll durch Heranziehung unzulänglichen Zahlenmaterials gegen die anderen Kreise auszuspielen.[36] Exakte Zahlen zur Wohnraumverteilung ermittelten die deutschen Behörden dann unter amerikanischer Aufsicht im Herbst 1946 mit Hilfe einer flächendeckenden Wohnraumzählung. Doch es sollte noch einige Zeit dauern, bis den deutschen Behörden die Ergebnisse der Zählung auch zur Verfügung gestellt wurden. Bis dahin war weitaus der größte Teil der Flüchtlinge bereits verteilt und in privatem Wohnraum untergebracht. So trug die Wohnraumzählung nur in geringem Maß dazu bei, die Schwankungsbreite in der Belegungsdichte zu korrigieren, die Ende 1946 dem dicht bewohntesten badischen Kreis (Bruchsal) 1,9 Personen pro Wohnraum, dem günstigsten württembergischen Kreis (Göppingen) 1,3 Personen pro Wohnraum bescherte (vgl. Tabelle 1a und b).

Von den angekündigten 460.000 Flüchtlingen hatte Nordbaden 200.000 zu übernehmen, die übrigen wurden nach Nordwürttemberg gelenkt. Wie diese Verteilung zwischen den beiden Teilländern zustande kam, ist aus den Quellen nicht eindeutig recherchierbar.[37] Die Bevölkerungszählung von 1939 wies für Nordwürttemberg über 1,9 Millionen Einwohner aus, für Nordbaden knapp 1,3. An diesen in der Anfangsphase der Verteilung zugrunde gelegten Zahlen gemessen, übernahm Nordwürttemberg offensichtlich zu wenige Flüchtlinge. Berücksichtigt man weiter, daß der nordbadische Wohnungsbestand durch die Kriegseinwirkungen mehr zerstört war als der nordwürttembergische,[38] dann läßt sich vermuten, daß die Flüchtlingsaufnahme Nordbaden vor noch größere Probleme stellte, als es bereits in Nordwürttemberg der Fall war. Tatsächlich betonten dies die nordbadischen Behörden auch häufig.[39] Die Ende 1946 gemessene Wohndichte, verstanden als Personen pro Raum, ohne Berücksichtigung der Küchen (Tabelle 1a und b, Spalte 2) bestätigte dann auch die badische 'Bevorzugung' bei der Flüchtlingszuweisung.[40]

Wie die Flüchtlinge aufgrund der amerikanischen Vorgaben und entsprechend der vorgefundenen Wohndichte (Personen pro Raum) auf die Stadt- und Landkreise in Württemberg-Baden verteilt wurden, ist den Schaubildern 2a, b und 3a, b zu entnehmen. In Nordwürttemberg erhielten bis 1949 zwar die Landkreise Ludwigsburg, Göppingen, Esslingen, Aalen und Waiblingen die höchsten Ausgewiesenenkontingente zugewiesen, doch der Vergleich ihres prozentualen Anteils an der Gesamtbevölkerung der Kreise vermittelt den Eindruck einer relativ gleichmäßigen Verteilung. Soweit die ungenauen Angaben über die Belegung der Wohnräume Rückschlüsse erlauben, läßt sich vermuten, daß die Flüchtlinge zwar ungleichgewichtig auf Nordwürttemberg und Nordbaden, in den einzelnen Landesteilen jedoch ziemlich einheitlich auf den

---

36 Staatskommissar Bettinger an die Militärregierung am 24.2.1947, RG 260 OMGWB 12/63-1/3.
37 Die Auswertung der relevanten Bestände ist noch nicht vollständig abgeschlossen, so daß in dieser Frage vielleicht noch näheres zu recherchieren ist.
38 Von 100 Wohnungen in Württemberg waren im Mai 1945 19 unbewohnbar, in Nordbaden 24, STATISTISCHES LANDESAMT WÜRTTEMBERG-BADEN (Hg.) (1950) S. 248.
39 Stellvertretend für zahlreiche andere Belege: Aktennotiz des Landeskommissars für Flüchtlingswesen in Baden vom 15.11.1947, in der er die geringere Wohndichte in Württemberg bemängelt. GLAK, Bestand 466, Zugang 1981/47, Nr. 303.
40 Bei der Wohnraumzählung wurde lediglich zwischen Räumen mit mehr als 10 qm und Räumen mit weniger als 10 qm unterschieden, so daß aus der Zählung die tatsächlich vorhandene Quadratmeterzahl pro Person nicht zu ermitteln ist.

Schaubild 2a:
Verteilung der Neubürger auf die Kreise
in Nordwürttemberg

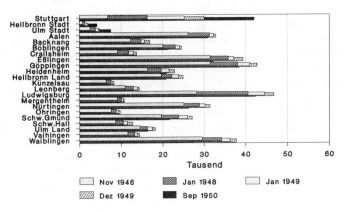

Datensatz Gemeindestatistik 1939/50

Schaubild 2b:
Anteil der Neubürger an der Bevölkerung
der Kreise in Nordwürttemberg

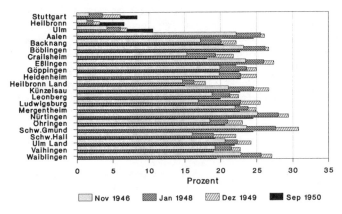

Datensatz Gemeindestatistik 1939/50

Schaubild 3a:
Verteilung der Neubürger auf die Kreise in Nordbaden

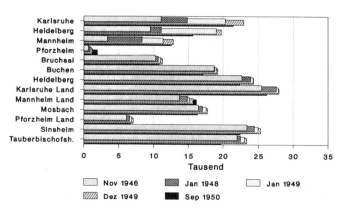

Datensatz Gemeindestatistik 1939/50

Schaubild 3b:
Anteil der Neubürger an der Bevölkerung der Kreise in Nordbaden

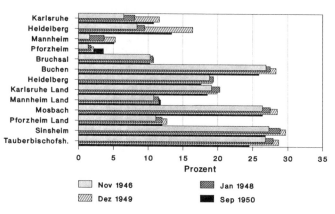

Datensatz Gemeindestatistik 1939/50

vorhandenen Wohnraum verteilt wurden und sich die Hinhaltetaktiken mancher Gemeindevorsteher nicht nennenswert auszahlten.[41]
Betrachten wir zunächst die Verteilung der Flüchtlinge in Nordwürttemberg: Wie Tabelle 2 zeigt, stellten die Neubürger 1950 in kleinen nordwürttembergischen Gemeinden und Mittelstädten in etwa den gleichen Bevölkerungsanteil. Die Ende 1946 gemessene Wohndichte (Tabelle 2, Spalte 4) war zwar in den kleinen Orten mit ihren transparenten Wohnverhältnissen höher als in den großen Gemeinden; sie weist für die einzelnen Gemeindegrößeklassen jedoch keine auffälligen Unterschiede aus. Das größte Bevölkerungswachstum bescherte die Zwangswanderung den Gemeinden mit einer Einwohnerschaft von 5.000 bis 50.000 Personen (Tabelle 2, Spalte 2). Das waren günstigerweise auch die Orte, denen ihre im Vergleich zu Nordbaden hohen Steuereinnahmen die Erfüllung der kommunalen Aufgaben, die das hohe Bevölkerungswachstum mit sich brachte, erleichterte. Zwar hatte die Kriegszerstörung auch in Nordwürttemberg den Anteil der Neubürger an der städtischen Bevölkerung unterdurchschnittlich kleingehalten, doch tritt dieses Phänomen in Nordbaden weitaus deutlicher zu Tage. Ihre im Lauf der Jahre wachsende Zahl in Stuttgart (Schaubild 2a und b) ist nicht auf ein etwaiges Stuttgarter Aufnahmekontingent zurückzuführen. Stuttgart war wie die badischen Städte Mannheim, Pforzheim und zeitweise auch Heidelberg als sog. Brennpunkt des Wohnungsbedarfs von der Flüchtlingsaufnahme befreit. Bei den Ausgewiesenen, die dennoch in die Stadt zogen, handelte es sich um die 'Glücklichen', die dort einen Arbeitsplatz fanden und deshalb die Zuzugsgenehmigung erhielten. Prozentual fielen die Ausgewiesenen in den Großstädten jedoch kaum ins Gewicht. Noch 1950 lebten trotz aller individueller Wanderung in die Metropolen Württemberg-Badens nur 10% der Ausgewiesenen (Altbürger 20%) im großstädtischen Raum (Schaubild 4).[42]
In Nordbaden führte die von der Wohnraumfrage geleitete Verteilung der Neubürger zu einem weitaus heterogeneren Bild als in Nordwürttemberg (Schaubild 3a und b). Die Landkreise Karlsruhe, Heidelberg, Sinsheim und Tauberbischofsheim, gefolgt vom Stadtkreis Karlsruhe hatten zahlenmäßig die meisten Flüchtlinge aufzunehmen. Wie der Vergleich ihres prozentualen Anteils an der Bevölkerung der Kreise zeigt, waren die nordbadischen Kreise in recht unterschiedlicher Stärke mit der Flüchtlingsaufnahme und den Folgeproblemen befaßt. Deutlicher als in Nordwürttemberg läßt sich hier die Altbürgergesellschaft bezüglich der Wohnerfahrungen in kriegsgeschädigte und kriegsfolgegeschädigte Gruppen einteilen. Hatten die einen in er-

---

41   Nach der Wohnraumzählung vom Oktober 1946 schwankte die Belegung der Räume mit Personen in den einzelnen württembergischen Regionen zwischen 0,98 und 1,09, in Nordbaden zwischen 1,13 und 1,27 Personen pro Raum einschließlich Küche (Datensatz Gemeindestatistik 1939/50). Im Rahmen des Projekts zur Integration der Heimatvertriebenen in Württemberg-Baden ist ein Datensatz auf Gemeindeebene flächendeckend für ganz Württemberg-Baden erstellt worden, der Informationen zur sozialen Lage, zum Wahlverhalten und zu der Gemeindestatistik aus der gedruckten und ungedruckten öffentlichen Statistik enthält. Nach Tabelle 1 schwankte die Belegungsdichte ohne Berücksichtigung der Küchen in Nordwürttemberg 1948 zwischen 1.4 und 1.69 Personen pro Raum; in Nordbaden waren die Schwankungen offenbar deutlich größer.

42   Bei der Kreisstatistik von 1950 ist zu berücksichtigen, daß die seit dem kalten Krieg stark anwachsende Zahl der SBZ-Flüchtlinge der Altbürgerschaft zugeschlagen wurde, während in vorhergehenden statistischen Veröffentlichungen der Flüchtlingskommissariate die SBZ-Flüchtlinge zu den Ostflüchtlingen dazugerechnet wurden. Vgl. STATISTISCHES LANDESAMT STUTTGART (Hg.) (1952).

ster Linie mit Wohnraumnot aufgrund der Bombardements, daraus resultierender Evakuierungen ins städtische Umland und den damit im Zusammenhang stehenden sozialen Konsequenzen

Tabelle 2: Verteilung der Neubürger in Nordwürttemberg und Nordbaden nach Gemeindegrößeklassen 1950

	Neubürgeranteil an den Einwohnern(%) (1)	Bevölk. wachstum 1939/50 % (2)	Steuervol. (DM) pro Einwohner (3)	Personen 1946 pro Wohnraum (4)	Notgem.% zu Neubürger % (5)	Zahl der Gemeinden
		Nordwürttemberg				
Gemeinden mit						
- 1.000 Einw.	22,9	36,2	26,3	1,50	1,01	521
- 2.000 Einw.	20,1	36,9	29,1	1,48	1,06	262
- 5.000 Einw.	21,6	43,0	40,3	1,46	0,95	142
- 10.000 Einw.	20,9	48,3	57,8	1,37	0,92	29
- 50.000 Einw.	20,9	38,9	75,3	1,34	0,88	21
- 100.000 Einw.	15,6	14,0	68,7	1,45	1,49	4
> 100.000 Einw.	8,5	0	104,1	1,31	1,44	1
Nordwürttemberg	21,8	37,6	30,2	1,48	1,01	980
		Nordbaden				
Gemeinden mit						
- 1.000 Einw.	25,5	41,8	26,6	1,77	0,94	232
- 2.000 Einw.	21,5	40,9	25,5	1,88	1,00	137
- 5.000 Einw.	17,1	36,0	28,6	1,85	0,79	81
- 10.000 Einw.	16,6	39,1	36,8	1,82	0,69	28
- 50.000 Einw.	12,1	29,3	64,1	1,71	1,71	7
- 100.000 Einw.	3,6	-31,0	68,5	1,74	6,36	1
>100.000 Einw.	9,8	8,7	79,0	1,62	0,74	3
Nordbaden	22,1	39,9	27,57	1,81	0,94	489

Quellen:
Spalte 1 - 3: berechnet nach Datensatz Gemeindestatistik 1939/50, Quelle: STATISTISCHES LANDESAMT STUTTGART (Hg.) (1952).
Spalte 4: Datensatz Gemeindestatistik 1939/50, Quelle: BADISCHES STATISTISCHES LANDESAMT IN KARLSRUHE UND WÜRTTEMBERGISCHES STATISTISCHES LANDESAMT IN STUTTGART (Hgg.) (1949).
Spalte 5: Datensatz Gemeindestatistik 1939/50, Quotient aus Anteil der bei der Bundestagswahl 1949 für die "Wählervereinigung Notgemeinschaft" abgegebenen Stimmen zum Anteil der Vertriebenen an der Ortsbevölkerung 1950.

Schaubild 4

Verteilung der Altbürger auf Gemeinde- größeklassen (%) in Württemberg 1950

Verteilung der Neubürger auf Gemeinde- größeklassen (%) in Württemberg 1950

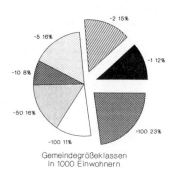

Gemeindegrößeklassen in 1000 Einwohnern

Gemeindegrößeklassen in 1000 Einwohnern

Datensatz Gemeindestatistik 1939/50
Altbürger-Bevölkerung-Neubürger

Datensatz Gemeindestatistik 1939/50

Verteilung der Altbürger in Nordbaden auf Gemeindegroesseklassen (%) 1950

Verteilung der Neubürger in Nordbaden auf Gemeindegroesseklassen (%) 1950

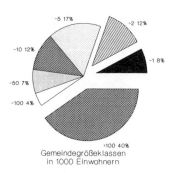

Gemeindegrößeklassen in 1000 Einwohnern

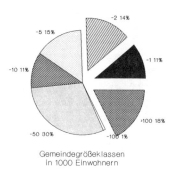

Gemeindegrößeklassen in 1000 Einwohnern

Datensatz Gemeindestatistik 1939/50
Altbürger-Bevölkerung-Neubürger

Datensatz Gemeindestatistik 1939/50

wie lange Pendlerwege, Mangel am Mobiliar etc. zu kämpfen, so entstand oder verschärfte sich über die Evakuiertenaufnahme hinaus das Wohnraumproblem für die Bewohner der ländlich strukturierten Landkreise (Buchen, Mosbach, Sinsheim und Tauberbischofsheim) erst durch die Zwangseinweisung der Ausgewiesenen.[43] Die Frage, was man denn nun alles mit den Neubürgern zu teilen habe und wie denn die Neubürger zu integrieren seien, hatte in Nordbaden je nach Land- bzw. Stadtkreis höchst unterschiedliches Gewicht. Stärker als in Nordwürttemberg zeigt sich in Nordbaden ein Stadt-Landgefälle in der Flüchtlingsfrage. 40% der Altbürger lebten 1950 in den Großstädten, dagegen nur 18% der Neubürger (Schaubild 4). Besonders deutlich bildete sich die Differenzierung der Lebensräume von Alt- und Neubürgerschaft in den nordbadischen Mittelstädten aus; hier sammelten sich 30% der Flüchtlinge und lediglich 7% der Altbürgerschaft. Das nordbadische Stadt-Landgefälle wird auch durch die Verteilung der Neubürger auf die einzelnen Gemeindegrößeklassen bestätigt (Tabelle 2, Spalte 1). Das größte Bevölkerungswachstum (Tabelle 2, Spalte 2) und den höchsten Neubürgeranteil bescherten dort die Verteilungsvorgaben den Gemeinden mit einer Einwohnerschaft unter 2.000 Personen, deren dünne Finanzdecke die Aufnahme des neuen Bevölkerungsteils nicht gerade erleichterte. Einen heterogeneren Eindruck vermitteln letztlich auch die gemessenen Zahlen zur Wohnraumbelegung (Tabelle 1a und b).

Neubürger zwischen Wohnraum- und Arbeitsbeschaffung

Welche wirtschaftlichen Konsequenzen brachte die regionale Verteilung der ankommenden Neubürgerschaft mit sich und welche Schwierigkeiten ergaben sich aus den wirtschaftlichen Standortbedingungen für die Integration der Ausgewiesenen?
Befassen wir uns zunächst mit der Wirtschaftsgeographie Nordwürttembergs:
Der Landesteil Nordwürttemberg umfaßte mit Stuttgart, Heilbronn und Ulm 3 Stadtkreise und weitere 19 Landkreise. Neben den 3 durchindustrialisierten Stadtkreisen (Region 1) bildete der Ballungsraum um Stuttgart mit den Landkreisen Böblingen, Leonberg, Ludwigsburg, Waiblingen und Esslingen das wirtschaftliche Zentrum des Landes (Region 2). Aber auch die an diese Region angegliederten Landkreise Vaihingen und Backnang im Norden sowie Aalen im Nordosten (Region 4) mit einem größeren Anteil agrarischer Arbeitskräfte und die eigenständige Industrieregion im Osten mit den Landkreisen Nürtingen, Göppingen, Heidenheim, Schwäbisch Gmünd (Region 3) weisen Nordwürttemberg als hochindustrialisiertes Gebiet mit hoher Bevölkerungskonzentration auf. Lediglich im Süden (Landkreis Ulm) und in der Randzone im Norden zu Baden hin lassen sich überwiegend agrarisch geprägte Landkreise (Künzelsau, Mergentheim, Öhringen und Crailsheim) finden (Region 5), zu denen bedingt auch die Landkreise Heilbronn und Schwäbisch Hall zu rechnen sind (Tabelle 3b, Spalte 10).

---

43   Noch Mitte 1948 kamen in Nordbaden auf 100 Einwohner 7 Evakuierte, über deren Wohnverhältnisse denkbar wenig bekannt ist. Bei über 60% der 72.454 Gezählten handelte es sich um Württemberg-Badener, die aus den zerstörten Städten wohl meist ins nahe Umland evakuiert worden waren. Ihr Anteil an der jeweiligen Kreisbevölkerung schwankte zwischen 3,1% im Landkreis Karlsruhe und 13,2% im Landkreis Sinsheim. Den Ortsansässigen dürfte ihre sichtbar auf Zeit gedachte Anwesenheit ganz recht gewesen sein, zumal ihre Zahl das auf Dauer aufzunehmende Flüchtlingskontingent verringerte. Vgl.: KAISER (o.J.).

Tabelle 3a: Verteilung der Alt- und Neubürger auf die Regionen in Nordwürttemberg

	Bevölkerung 12.1945		Flüchtlinge 1.1.1948		Bevölkerung 1950		Vertriebene 1950		Bevölk. Wachst.
	n	%	n	%	n	%	n	%	39/50 %
	(1)	(2)	(3)	(4)	(5)	(6)	(7)	(8)	(9)
Region 1	449.954	24,4	21.486	5,0	633.452	26,0	53.849	12,2	-2,3
Region 2	461.824	25,0	146.627	34,4	631.434	25,9	136.227	30,9	39,8
Region 3	344.446	18,6	110.489	26,0	457.608	18,8	107.290	24,4	43,6
Region 4	212.819	11,5	59.531	14,0	265.436	10,9	58.488	13,3	43,1
Region 5	378.425	20,5	87.496	20,6	447.395	18,4	84.431	19,2	32,4
Württemb.	1.847.468	100	425.629	100	2.435.325	100	440.285	100	25,4

(2), (4), (6) und (8): Verteilung der Bevölkerung/Flüchtlinge in % auf die Regionen.
(9) Bevölkerungswachstum in %.

Region 1: Großstädtische Region
Region 2: Städtisches Umland, hohe Gewerbedichte
Region 3: Ländliche Region, hohe Gewerbedichte
Region 4: Agrar./gewerbl. Mischregion
Region 5: Agrarische Region

Quellen zu Tabellen 3 - 6:
Spalte (1),(2): Mitteilungen des württembergischen und badischen statistischen Landesamtes, Stuttgart Nr. 1 und 2, Juli/August 1946.
Spalte (3), (4), (17), (14), (15): errechnet nach: STATISTISCHES LANDESAMT WÜRTTEMBERG-BADEN (Hg.) (1950) S. 22, S. 59 und S. 253.
Spalte (5), (7) (11), (12),(13): errechnet nach: STATISTISCHES LANDESAMT STUTTGART (Hg.) (1952).
Spalte (6), (8), (9), (11), (12): Datensatz Gemeindestatistik 1939/50.
Spalte (10): berechnet nach: Die Bevölkerung der Gemeinden und Kreise von Württemberg-Baden auf Grund der Volks- und Berufszählung vom 29.10.1946, Statistische Monatshefte Württemberg-Baden, Heft 7 - 9, 1947.
Spalte (18): errechnet nach: Die Wanderungsbewegung in Württemberg-Baden im Jahre 1949, Statistische Monatshefte Württemberg-Baden, Heft 7, 1950, S. 234 - 237.
Spalte (19): errechnet nach: Die Binnenwanderung in Württemberg-Baden im Jahre 1950, Statistische Monatshefte Württemberg-Baden, Heft 10, 1951, S. 294 - 296.
Spalte (16): errechnet nach: STATISTISCHES BUNDESAMT (Hg.) (1953) S. 130 - 133.

4 von 5 Einwohnern Nordwürttembergs lebten und arbeiteten Ende 1945, bevor der große Flüchtlingsstrom das Land erreichte, in den industrialisierten Regionen (Tabelle 3a, Spalte 1 und 2). Zieht man Ende 1947, nach dem Abebben der großen Flüchtlingseinweisungen Zwischenbilanz (Tabelle 3a, Spalte 3 und 4), dann zeigt sich, daß 2 von 3 Ausgewiesenen in Regionen mit hoher Gewerbedichte untergebracht worden waren. Es waren die Regionen, die außer den zuzugsgesperrten Großstädten am ehesten den Flüchtlingen die Chance boten, einen

Tabelle 3b[44]: **Soziale Lage, Wanderung und Wohnverhältnisse in den Regionen Nordwürttembergs**

	Landwirt. auf Beschäft. (10)	Aus-/Ein- Pendler (11)		Steuer- summe/ Einwohner (12)	Fürsorgeauf- wendungen Summe (13)	p/F (14)	Normal- wohnungen Flüchtl. (15)	Wand. gewinn 1949 (16)	Binnen- wanderung 1949 (17)	1950 (18)
Region 1	2,7	3	28	96,0	135.520	2,5	23,5	18.632	9378	12.372
Region 2	19,9	34	22	54,1	443.299	3,3	22,5	4.513	-1142	-1.464
Region 3	19,2	25	21	53,1	313.481	2,9	24,2	3.044	-599	-1.267
Region 4	33,3	22	18	41,6	306.220	5,2	26,7	-383	-2293	-2.547
Region 5	45,5	18	11	35,2	405.359	4,8	28,3	-2.515	-5344	-7.094
Württemb.	21,6	20	21	59,9	1.603.879	3,6	24,6	23.291	79183[a]	91.572[a]

(10): Land- und Forstwirtschaftsbeschäftigte auf 100 Erwerbspersonen 1950
(11): Auspendler auf 100 Erwerbspersonen 1950
(12): Einpendler auf 100 Erwerbspersonen 1950
(13): Steuersumme pro Einwohner 1950
(14): Aufwendungen der öffentlichen Fürsorge im 2. Vierteljahr 1950 für Flüchtlinge, Angaben in DM
(15): Durchschnittliche Fürsorgeaufwendung pro Flüchtling in DM
(16): Von 100 Flüchtlingswohnparteien 1950 wohnten .. in Normalwohnungen (abgeschlossene Wohneinheiten)
(17): Wanderungsgewinn
(18), (19): Binnenwanderung in Nordwürttemberg, Wanderungssaldo
a   Wanderungsumsatz insgesamt

geeigneten Arbeitsplatz zu finden. Und daß nach einer ersten Unterbringung in privatem Wohnraum als dringlichste Aufgabe die Integration der Flüchtlinge in die Arbeitswelt zu bewerkstelligen war, stand für alle Beteiligten außer Zweifel. Freilich waren auch die gewerblich erschlossenen ländlichen Regionen Nordwürttembergs mit dem zwangsweise einwandernden Bevölkerungsstrom überfordert. Die Spalten 17 - 19 (Tabelle 3b) veranschaulichen die große Sogkraft, welche die Städte auf das Hinterland trotz aller Wanderungs- und Zuzugsbeschränkungen ausübten.

Doch an diesen Wanderungsbewegungen waren die Flüchtlinge nur in geringem Maße beteiligt. Für 1950 registrierte das statistische Landesamt lediglich 3.681 binnenwandernde Flüchtlinge in Nordwürttemberg und 1.935 in Nordbaden.[45] Trotz dieser Einschränkungen bleibt für Nordwürttemberg festzuhalten, daß die regionale Verteilung der Ausgewiesenen relativ günstige Voraussetzungen für die Integration der Neubürger in den Arbeitsprozeß versprach. Diese

---

44   Quellen siehe Tabelle 3a.
45   Die Binnenwanderung in Württemberg-Baden im Jahre 1950, Statistische .Monatshefte Württemberg-Baden, Heft 10, 1951, S. 295.

Schaubild 5

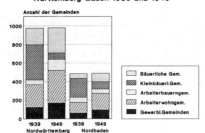

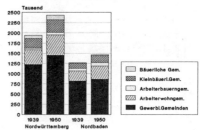

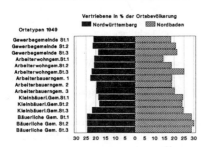

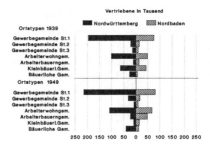

Tabelle 4a[46]: Verteilung der Alt- und Neubürger auf die Regionen in Nordbaden

	Bevölkerung 12.1945		Flüchtlinge 1.1.1948		Bevölkerung 1950		Vertriebene 1950		Bevölk. Wachst.
	n	%	n	%	n	%	n	%	39/50 %
	(1)	(2)	(3)	(4)	(5)	(6)	(7)	(8)	(9)
Region 1	459.786	40,7	35.204	17,5	615.105	41,8	51.556	24,6	- 4,1
Region 2	206.517	18,3	38.798	19,2	263.618	17,9	38.529	18,4	36,4
Region 4	238.999	21,2	44.813	22,2	301.928	20,5	43.696	20,9	23,8
Region 5	224.501	19,9	82.800	41,1	291.872	19,8	75.531	36,1	48,4
Nordbaden	1.129.803	100	201.615	100	1.472.523	100	209.312	100	15,5

(2), (4), (6) und (8): Verteilung der Bevölkerung/Flüchtlinge in % auf die Regionen.
(9) Bevölkerungswachstum in %.

Region 1: Großstädtische Region
Region 2: Städtisches Umland, hohe Gewerbedichte
Region 4: Agrar./gewerbl. Mischregion
Region 5: Agrarische Region

Vermutung bestätigt sich auch, wenn man die Wirtschaftsstruktur der Wohnorte von Alt- und Neubürgerschaft vergleicht (Schaubild 5).[47] 3 von 4 Neubürgern lebten 1950 in Gewerbe- oder Arbeiterwohngemeinden. Und selbst in der keineswegs mit Flüchtlingen überbesetzten agrarischen Region Nordwürttembergs war fast die Hälfte der Neubürger nicht in rein kleinbäuerlichen oder bäuerlichen Gemeinden angesiedelt, die nur wenig gewerbliche Arbeitsplätze boten.

Ähnlich günstige Bedingungen fanden die Flüchtlinge in Nordbaden nicht vor. Neben den 4 Stadtkreisen Mannheim, Heidelberg, Pforzheim und Karlsruhe (Region 1), die auf Grund ihrer großen Belastung durch die Kriegsfolgen (Zerstörung und amerikanische Besatzung) von der Flüchtlingsaufnahme nahezu ganz befreit waren, bestand das Land fast zur Hälfte aus den rein agrarisch strukturierten Landkreisen Buchen, Sinsheim, Tauberbischofsheim und Mosbach (Region 5). Auch die industrialisierteren Landkreise im Umland der Städte Heidelberg und

---

46 Quellen siehe Tabelle 3a.
47 Zahlen nach Datensatz Gemeindestatistik 1939/50, eine Ortstypologie auf der Basis von 1939 wurde nach HESSE (1949) vorgenommen. Ortstypen: Gewerbegemeinden, Arbeiter-wohngemeinden, Arbeiterbauerngemeinden, Kleinbäuerliche Gemeinden, Bäuerliche Gemeinden, graduell nach Beschäftigten in der Landwirtschaft, Gewerbe, Pendlerwesen und Hofgrößen untergliedert. Für das Stichjahr 1949 wurde die Gemeindetypologie vorgenommen nach: HESSE (1957) S. 21 - 30 und S. 84 - 114.

Tabelle 4b[48]: Soziale Lage, Wanderung und Wohnverhältnisse in den Regionen Nordbadens

	Landwirt. auf Beschäft.	Aus-/Ein- Pendler		Steuer- summe/ Einwohner	Fürsorgeauf- wendungen Summe	p/F	Normal- wohnungen Flüchtl.	Wand. gewinn 1949	Binnen- wanderung 1949	1950
	(10)	(11)	(12)	(13)	(14)	(15)	(16)	(17)	(18)	(19)
Region 1	2,6	3	34	77,8	174.907	3,4	27,6	13.672	5.314	6.534
Region 2	15,3	37	17	41,5	211.508	5,5	31,1	496	-854	-738
Region 4	27,0	35	11	32,4	179.475	4,1	28,3	-345	-1.222	-1.469
Region 5	46,4	15	9	29,9	668.314	8,8	22,1	-5.072	-3.238	-4.324
Nordbaden	19,1	18	21	52,5	1.234.204	5,9	26,5	8.751	29.177	35.898[a]

(10): Land- und Forstwirtschaftsbeschäftigte auf 100 Erwerbspersonen 1950
(11): Auspendler auf 100 Erwerbspersonen 1950
(12): Einpendler auf 100 Erwerbspersonen 1950
(13): Steuersumme pro Einwohner 1950
(14): Aufwendungen der öffentlichen Fürsorge im 2. Vierteljahr 1950 für Flüchtlinge, Angaben in DM
(15): Durchschnittliche Fürsorgeaufwendung pro Flüchtling in DM
(16): Von 100 Flüchtlingswohnparteien 1950 wohnten .. in Normalwohnungen (abgeschlossene Wohneinheiten)
(17): Wanderungsgewinn
(18), (19): Binnenwanderung in Nordbaden, Wanderungssaldo
a Wanderungsumsatz insgesamt

Mannheim Land (Region 2) waren längst nicht so krisenstabil wie die nordwürttembergischen (Tabelle 3b und 4b, Spalte 10). Die übrigen Landkreise Karlsruhe, Pforzheim und Bruchsal (Region 4) waren *noch nicht so stark durchindustrialisiert, wie dies in Stadtnähe eigentlich zu erwarten wäre*[49] (Tabelle 4b, Spalte 10). Zieht man auch für Nordbaden Ende 1947 eine Zwischenbilanz der Neubürgerverteilung (Tabelle 4a, Spalte 3 und 4), dann ergibt sich eine weitaus ungünstigere Plazierung der Neubürger auf dem Arbeitsmarkt, als dies in Nordwürttemberg der Fall war. 4 von 10 Ausgewiesenen waren in agrarisch strukturierten Landkreisen untergebracht, die angesichts der geringen Hofgrößen nur wenig Arbeitsplätze für die Neuankömmlinge in der Landwirtschaft boten; von gewerblichen Arbeitsplätzen ganz zu schweigen. In Nordwürttemberg war es nur jedem 5. Neubürger ähnlich ergangen.

Auch noch 1950, nach dem Einsetzen der individuellen Wanderungsbewegungen, läßt sich die ungünstigere regionale Plazierung der Neubürger in Nordbaden anhand der Verteilung von Alt- und Neubürgerschaft auf Ortstypen (Schaubild 5) nachvollziehen. Offenbar stellte die

---

48 Quellen siehe Tabelle 3a.
49 Die Entwicklung der Arbeitslage in Württemberg-Baden im Jahre 1949, Statistische Monatshefte Württemberg-Baden, Heft 3, 1950, S. 86.

Wohnraumstruktur und die wirtschaftliche regionale Ausgestaltung des nordbadischen Raumes der wirtschaftlichen Integration der Neubürger größere Hindernisse entgegen, als dies in Nordwürttemberg der Fall war. Doch auch in Nordwürttemberg war die Lage keineswegs rosig. Die Versorgung der Ausgewiesenen mit Arbeitsplätzen entwickelte sich daher Ende der 40er Jahre zum zentralen Diskussionsthema im Rahmen der Flüchtlingsbetreuung. Das hatten die beteiligten Behörden Ende 1945 nicht erwartet. Welche Schwierigkeiten es mit sich bringen würde, die ins Land strömenden Flüchtlinge in privatem Wohnraum unterzubringen, war schon früh abzusehen gewesen. Anders verhielt es sich mit der Frage des Arbeitseinsatzes der Neubürger. Nach dem Zusammenbruch der deutschen Wirtschaft am Kriegsende herrschte angesichts der Kriegstoten, dem Fehlen der noch in Kriegsgefangenschaft Verbliebenen und dem abrupten Ausfall der Zwangsarbeiter großer Mangel an Arbeitskräften. Gebraucht wurden vor allem körperlich einsatzfähige Menschen für die Landwirtschaft und das Baugewerbe. Für solche Tätigkeiten geeignete Arbeitssuchende gab es jedoch kaum.[50] Auch die verordnete Arbeitspflicht trug nur wenig dazu bei, den herrschenden Arbeitskräftemangel zu lindern. Entsprechend betriebsam reagierte das Landesarbeitsamt auf die anvisierten Flüchtlingstransporte: *Der in den nächsten Monaten zu erwartende Flüchtlingsstrom aus dem Osten wird die Arbeitsämter vor verantwortungsvolle und schwere Aufgaben stellen. Es gilt nicht nur, diesen heimatlosen Menschen wieder Arbeit und Brot zu verschaffen, sondern auch den gewaltigen Bevölkerungszuwachs in Bahnen zu lenken, die unserem schwerbelasteten Land wenigstens einigermaßen zu Nutzen gereichen. Ich denke dabei in erster Linie an die Abdeckung des landwirtschaftlichen Kräftebedarfs sowie des Bedarfs der Forst- und Bauwirtschaft und der Hauswirtschaft.*[51] Experten des Landesarbeitsamts beschäftigten sich mit der Aufstellung eines Planes, der dazu führen sollte, die ankommenden Arbeitskräfte unter wirtschaftlichen Gesichtspunkten möglichst effektiv auf das Land zu verteilen. *Das ideale Ziel wäre eine Verständigung mit der Tschechischen Regierung mit Unterstützung der Militärregierung zwecks Einschaltung von Fachleuten der amerikanischen Region zur sinngemäßen, rechtzeitigen Zusammenstellung der Züge bereits auf tschechischem bzw. ungarischem Gebiet. [...] Innerhalb der amerikanischen Region sollte so rasch als möglich eine Verständigung zwischen den einzelnen Landesarbeitsämtern bzw. Arbeitsministerien und den Innenministerien über die Verteilung der zu erwartenden Züge mit Spezialarbeitern erzielt werden, um sie nach den jeweiligen Metall-, Textil-, Kunstgewerbe-, Holzverarbeitungsindustriezentren in der amerikanischen Region zu verteilen. Es müßte erreicht werden, daß die Gablonzer Bijouteriefacharbeiter nach Gmünd und Pforzheim kämen, die Textilarbeiter nach Kulmbach, Kolbermoor, Augsburg, Backnang, die Chemiearbeiter nach Nordbaden und Hessen gelangen.*[52] Aber die erwarteten Facharbeiter trafen keineswegs in so hoher Zahl wie erhofft ein, und die deutschen Behörden erhielten ohnehin keinen Einfluß auf die Zusammensetzung der Trans-

---

50 Von den Arbeitssuchenden zählten 1/3 zu den Angestellten; 22% waren Schwerbeschädigte, vgl.: Der Arbeitseinsatz in Württemberg-Baden im Jahre 1946, Statistische Monatshefte Württemberg-Baden, Heft 3, 1947, S. 76 - 78.

51 Vgl. Schreiben des Landesarbeitsamts Nordwürttemberg-Nordbaden an die Leiter der Arbeitsämter, Nr. 68 vom 7.12.1945, GLAK, Bestand 466, Zugang 1981/47, Nr. 1387.

52 Vorschlag des Landesarbeitsamts zur Aufstellung eines Planes für die *sinngemäßeste Verteilung der zu erwartenden Ostflüchtlinge zur Ausnutzung ihrer Spezialkenntnisse* vom 10.12.1945, HSTAST, EA2/801 Bü. 24.

porte.[53] Was blieb, war die Unterbringung der Flüchtlinge in der Landwirtschaft, die dringend Arbeitskräfte benötigte,[54] die Beschäftigung der Frauen in Baumwollspinnereien und Webereien, die Vermittlung von Heimarbeitsbeschäftigungsverhältnissen im Bekleidungs- und Kunstgewerbe.[55] Doch gerade die Arbeitsverhältnisse in der Landwirtschaft waren bei den Flüchtlingen äußerst unbeliebt. Sehen wir von den Deklassierungsproblemen einmal ab, mit denen ein ehemals selbständiger Bauer, der nun als Landarbeiter arbeiten sollte, zweifellos zu kämpfen hatte, so waren die vielfach kleinen Agrarbetriebe in den nordbadischen und nordwürttembergischen Realteilungsgebieten oft gar nicht in der Lage, einen Landarbeiter, womöglich mit Familie, wirtschaftlich mitzutragen. Entsprechend niedrig waren die Löhne. Viele Flüchtlinge wurden unter Tarif bezahlt, manche arbeiteten nur für das Essen.[56] Im Herbst 1946 schließlich gingen die einheimischen Landwirte vielfach dazu über, die nutzlosen Esser wieder zu entlassen. Zwar überschüttete die Landesregierung die Bauern mit wohlgemeinten Appellen, die Flüchtlinge tariflich zu entlohnen und über den Winter weiter zu beschäftigen; viel genützt scheinen sie jedoch nicht zu haben.[57] Auch an die Wiederaufnahme ehemals selbständig geführter Gewerbebetriebe am neuen Wohnort war angesichts rechtlicher Beschränkungen, Handwerkszeug-, Raum- und Kapitalmangel vorderhand kaum zu denken.[58] In der Konsequenz führte dies zu verstärkten Bemühungen der Flüchtlinge um Arbeitsplätze außerhalb der Landwirtschaft und zu einer allmählich einsetzenden Wanderung in die Großstädte, in die auch die Evakuierten zurückzukehren bestrebt waren.[59] Doch so einfach war dies angesichts der Zerstörung der Städte und der dort herrschenden Wohnungsnot nicht. *Bei der bisherigen vorläufigen Ansiedlung der Flüchtlinge hat sich ergeben, daß in den Zuteilungsorten geeignete Arbeit nicht zugewiesen werden konnte, während anderwärts Mangel bestand*, kommentierte bereits im Mai 1946 ein Mitarbeiter des nordbadischen Flüchtlingskommissars die sich besonders in Nordbaden abzeichnende Misere.[60] Und im Juni konstatierte das Flüchtlingsreferat, daß eine Unter-

---

53 Bis Ende der 40er Jahre finden sich immer wieder Anfragen nach Fach-, insbesondere Baufacharbeitern in den Akten des Flüchtlingskommissars, so z.B. Anfrage nach Baufacharbeitern am 22.3.1946, HSTAST, EA2/801 Bü. 9 oder Anfrage nach Arbeitern für Gips-, Zement- u.Ziegelwerke am 17.5.1946, GLAK, Bestand 466, Zugang 1981/47, Nr. 1391. Der Landeskommissar suchte beispielsweise landesweit nach 15 Maurern und bekam keine positive Rückmeldung, Anfrage 30.9.1946, ebd., Suche nach Steinhauern durch den Flüchtlingskommissar am 1.11.46, ebd., Anfrage des Sekretariats des Länderrats vom 18.11.1946; es wurden Eisenfacharbeiter aus den Eisenwerken Tothau und Neudeck im Erzgebirge bei Karlsbad oder Feinblechwalzwerk Königshof bei Berau und Prag für die Maxhütte dringlich gesucht, ebd., 13 wurden aus Nordbaden gemeldet.
54 Schreiben aus dem Wirtschaftsministerium, Abteilung Landwirtschaft und Ernährung an den Staatskommissar für Flüchtlingswesen Stockinger vom 8.3.1946, Vgl.: HSTAST, EA2/801 Bü. 22.
55 Vgl. u.a. Schreiben Stockingers vom 18.12.1945 an Dr. Vogel, Landesarbeitsamt, HSTAST, EA2/801 Bü. 24.
56 Bericht des Hilfswerks für evangelische Umsiedler vom Februar 1946, HSTAST, EA2/801 Bü. 39.
57 Vgl. u.a. Schreiben von Zimmermann (badischer Landesdirektor für Inneres) am 31.10.1946 an die Landräte, GLAK, Bestand 466, Zugang 1981/47, Nr. 1391.
58 Vgl. Schreiben Zimmermanns an Köhler zu den rechtlichen Beschränkungen vom 9.3.1946, GLAK, Bestand 481/610; zu den Schwierigkeiten der Flüchtlinge im Handwerk selbständig Fuß zu fassen, Schreiben vom 24.6.1946 der Bezirkshandwerkskammer Karlsruhe, GLAK, Bestand 466, Zugang 1981/47, Nr. 1409; 1.1.1949 Einführung der Gewerbefreiheit, ebd.
59 Vgl. Schreiben des Landesdirektors für Arbeit, Baden an den Präsidenten des Landesbezirks Baden vom 15.10.1946, vgl. GLAK, Bestand 481/610.
60 Herbst an die Flüchtlingsreferenten der Kreise am 6.5.1946, HSTAST, EA2/801 Bü. 9.

bringung der Flüchtlinge unter Berücksichtigung ihrer Berufe im Moment nicht möglich sei. *Es wird in Zukunft in Deutschland nicht so sein, daß jeder seinen Beruf weiter ausüben kann, viele Menschen werden sich umstellen müssen. Eine Feinsortierung läßt sich z.Zt. noch nicht durchführen. Das wichtigste Problem ist z.Zt. die Unterbringung.*[61]
Zwar führte der Flüchtlingsstrom zu einer *gewissen Entspannung des Arbeitsmarktes,*[62] doch auch 1947 nahm der Arbeitskräftemangel weiter zu; die offenen Stellen überstiegen bei weitem die Zahl der Arbeitssuchenden, und so beschäftigte sich im September 1947 schließlich der sozialpolitische Ausschuß des Länderrats in einem Bericht an General Clay mit dem Arbeitskräftemangel und der Frage, wie aus den Kreisen der Neubürger weitere Arbeitskräfte zu gewinnen seien: *Die Häufung der einlaufenden Transporte von Ausgewiesenen in die US-Zone im Sommer und Herbst 1946 und der sehr beschränkte Wohnraum in den Städten und Industriegemeinden machte die Unterbringung der Neubürger auf dem Lande notwendig. Die Schwierigkeiten in der Auswertung dieser Kräftereserven auch für den nichtlandwirtschaftlichen Arbeitseinsatz wuchsen jedoch mit der Entfernung der Wohnunterkünfte der Neubürger von den industriellen Einsatzgebieten, namentlich in großräumigen landwirtschaftlichen Bezirken. [...] Von einsatzmäßiger Bedeutung ist die volle Ausschöpfung der noch nicht oder noch nicht endgültig zum Arbeitseinsatz gelangten Neubürger. Dies setzt jedoch eine rechtliche Handhabe zu Umsetzungen ganzer Neubürgerfamilien unter Anweisung einer Wohngelegenheit am Beschäftigungsort voraus. Diese rechtliche Handhabe ist zur Zeit noch nicht gegeben, obwohl durch sie erst ermöglicht wird, daß z.B. betriebseigener Wohnraum sowohl von landwirtschaftlichen als auch gewerblichen Betrieben, der bisher von Neubürgern belegt ist, ohne daß diese Wohnungsinhaber im Betrieb ihres Wohnungsgebers arbeiten (sei es mangels Eignung oder Überalterung oder Abkehr von ihrem ursprünglichen Beschäftigungsbetrieb), mit Arbeitskräften belegt werden kann, die zur Beschäftigungsaufnahme beim Wohnungsgeber bereit und geeignet sind. Nach Schaffung einer entsprechenden Rechtshandhabe könnten dringende Kräfteanforderungen sowohl von landwirtschaftlichen als auch gewerblichen Betrieben, namentlich der Textilindustrie, gedeckt und die Zahl der noch nicht voll im Arbeitseinsatz stehenden Neubürger weiter fühlbar gesenkt werden.*[63]
Die Idee, Flüchtlinge entsprechend den Erfordernissen des Arbeitsmarktes umzusetzen, verfolgte man weiter, stieß dabei bei den Betroffenen jedoch nur bedingt auf Gegenliebe. Wie schwierig sich die Umsetzung selbst innerhalb der einzelnen Landkreise gestaltete, ist aus einem Erfahrungsbericht Ende 1947 des Flüchtlingsreferenten des Sinsheimer Landkreises zu entnehmen: *Eine größere Anzahl Umsetzungen von Flüchtlingsfamilien wurde geplant. Hiervon kam jedoch nur ein verschwindend kleiner Prozentsatz zur Durchführung, da die Umquartierung von Flüchtlingsfamilien nur auf freiwilliger Basis durchgeführt werden kann, wenn z.B. eine Umsetzung von einer Gemeinde zur anderen Gemeinde erforderlich ist, so muß eine Einverständniserklärung der beiden betreffenden Wohnungsämter bzw. Bürgermeister eingeholt werden, außerdem natürlich auch die Einverständniserklärung der umzusetzenden*

---

61 Aus dem Protokoll der Sitzung der Referenten für das Flüchtlingswesen in Nordbaden in Heidelberg am 24.6.1946, GLAK, Bestand 466, Zugang 1981/47, Nr. 70.
62 Der Arbeitseinsatz in Württemberg-Baden im Jahre 1946, Mitteilungen des württ. und badischen Statistischen Landesamtes, Heft 3/1947, S. 76 ff.
63 Bericht des sozialpolitischen Ausschusses des Länderrats vom 15.9.1947 an General Clay, HSTAST, EA1/014 Bü. 531.

Flüchtlingsfamilien. Diese 4 Einverständniserklärungen zu erhalten, gestaltet sich sehr schwierig, da eine der Parteien irgendetwas naturgemäß einzuwenden hat.[64] Entsprechend unbefriedigend blieben die Meldungen aus den Landkreisen über die erfolgten Umsetzungen. Ähnliche Erfahrungen machte man auch in Bayern und Hessen, und so kam die Arbeitsgemeinschaft der Deutschen Flüchtlingsverwaltungen im November 1947 zum Ergebnis: *Im Zuge der Einschleusungen sind Fehlleistungen in nicht unerheblichem Umfang dadurch eingetreten, daß z.B. Industriearbeiter auf dem Land und Bauern und Landarbeiter in die Stadt gerieten. [...] Es ist dadurch zwingend notwendig geworden, zur Förderung des Wirtschaftslebens und zur Förderung des besseren arbeitsmäßigen Einsatzes Einzelpersonen und Personengruppen je nach Beruf, Vorbildung und Arbeitseinsatzfähigkeit sowohl innerhalb der Gemeinden und Kreise als auch über diese hinaus innerhalb der Länder umzusetzen. Es hat sich gezeigt, daß diese Umsetzungen im Wege der Freiwilligkeit in befriedigendem Ausmaß nicht zu erreichen sind. Die z.Zt. vorhandenen gesetzlichen Ermächtigungen reichen nicht aus, derartige Umsetzungen im Zwangswege durchzuführen.*[65]

Bis zur Währungsreform im Juni 1948 machte das angestrebte, politisch sensible Gesetzeswerk nur wenig Fortschritte, und ein Großteil der Flüchtlinge[66] blieb mangels anderer Arbeitschancen auch weiterhin in der Landwirtschaft, die 1948 in der amerikanischen Zone 625.000 Kräfte mehr als 1939 beschäftigte.[67]

Die Situation änderte sich schlagartig mit der Einführung des neuen Geldes. Als man sich wieder fragen mußte, ob die gesuchte Arbeitsleistung überhaupt bezahlbar sei, entwickelten sich gerade die Arbeitsplätze in der Landwirtschaft zu den besonders krisenanfälligen. Binnen kurzer Zeit zeigte sich, daß der Arbeitsmarkt generell keineswegs so aufnahmefähig war, wie man in den ersten Nachkriegsjahren geglaubt hatte. Am meisten betroffen von der Krise waren die Neubürger. Der Anteil der Flüchtlinge unter den Arbeitslosen schnellte auf über 30%, bis 1950 sogar auf 38%.[68] Ende 1949 konstatierte das statistische Landesamt: *Trotz der starken Verluste an Menschenleben während des Krieges hat die Bevölkerung des Landes Württemberg-Baden durch den Zustrom von Evakuierten, Flüchtlingen und Vertriebenen sowie durch die Heimkehr der Vermißten und entlassenen Kriegsgefangenen derart zugenommen, daß die Möglichkeiten der durch Kriegseinwirkungen geschwächten Wirtschaft, die Vielzahl der zum*

---

64 Vgl. Schreiben des Sinsheimer Flüchtlingsreferenten vom 11.12.1947, GLAK, Bestand 466, Zugang 1981/47, Nr. 1392.

65 Aus dem Sitzungsprotokoll der Arbeitsgemeinschaft der deutschen Flüchtlingsverwaltungen vom 11. und 12. November 1947, GLAK, Bestand 466, Zugang 1981/47, Nr. 26.

66 Im September 1948 war ein Viertel der beschäftigten Flüchtlinge in der Landwirtschaft tätig; sie stellten 41% aller Beschäftigten in der Landwirtschaft, vgl.: Die Eingliederung der Neubürger in den Arbeitsmarkt, Arbeits- und Sozialrecht, Mitteilungsblatt des Arbeitsministeriums Württemberg-Baden, 1. Jg., Januar 1949.

67 Auszug aus dem Sitzungsprotokoll des Flüchtlingsausschusses des Länderrats vom 24.2.1948, HSTAST, EA1/014 Bü. 558.

68 Vgl.: Die Eingliederung der Neubürger in den Arbeitsmarkt, Arbeits- und Sozialrecht, Mitteilungsblatt des Arbeitsministeriums Württemberg-Baden, 1. Jg., Januar 1949; vgl. ebenso Protokoll der Sitzung der Landesflüchtlingsverwaltungen mit dem Bundesvertriebenenminister vom 10.8.1950, GLAK, Bestand 466, Zugang 1981/47, Nr. 29 und Appell vom 2.7.1948: *Der Schutz der Flüchtlinge von den drohenden Entlassungen - in Industrie und Verwaltungen jetzt, in der Landwirtschaft nach der Ernte - muß von den Landesflüchtlings-verwaltungen angestrebt werden.* HSTAST, EA1/014 Bü. 558.

Broterwerb drängenden Menschen aufzunehmen, rasch ausgeschöpft waren, somit nahezu zwangsläufig eine industrielle Reservearmee entstehen mußte.[69] Eine große Abwanderungswelle aus der Landwirtschaft zeichne sich ab, doch insgesamt erweise sich Nordwürttemberg krisenfester als Nordbaden; die statistischen Materialien *lassen erkennen, daß Nordwürttemberg trotz des etwas höheren Landesbezirksdurchschnitts doch eine weit glücklichere Stellung als Nordbaden bei der Eingliederung der Neubürger in den Wirtschaftsprozeß innehat, wenn gleichzeitig der Grad der Industrialisierung zum Vergleich herangezogen wird. [...] Trotz der Zusammenballung der Industrie in den Stadtkreisen Stuttgart, Heilbronn und Ulm finden sich in den nordwürttembergischen Landkreisen in breiter Streuung bedeutende Industriewerke, so daß die Vonhundertsätze in den Landkreisen Göppingen, Heidenheim, Nürtingen, Böblingen, Schwäb. Gmünd, Eßlingen und Ludwigsburg nicht sehr unter denen der Stadtkreise liegen. Anders verhält es sich in Nordbaden. Die Masse der Flüchtlinge wurde hier in die industriearmen Landkreise Buchen, Mosbach, Tauberbischofsheim und Sinsheim hineingeschleust. In den weiteren Landkreisen Bruchsal, Heidelberg und Mannheim nimmt innerhalb der dort ansässigen Industrie die gegen Konjunkturrückschläge sehr anfällige Tabakindustrie einen bedeutenden Platz ein, so daß auch hier keine allzu stabilen Verhältnisse gegeben sind. [...] Bis auf Mannheim weisen die nordbadischen kreisfreien Städte einen erheblich niedrigeren Industrialisierungsgrad auf als die Stadtkreise in Nordwürttemberg, aber sie haben mit Ausnahme der stark zerstörten Städte Pforzheim und Mannheim mehr Flüchtlinge als diese aufnehmen müssen.*[70]
Zwei Wege schlug die württemberg-badische Administration schließlich ein, um die soziale Lage der Flüchtlinge zu verbessern. Zum einen versuchte man, die Arbeitsplätze dort zu installieren, wo die Neubürger wohnten. Die nordbadischen Landkreise Buchen, Sinsheim, Mosbach und Tauberbischofsheim sowie die ähnlich wirtschaftlich strukturierten nordwürttembergischen Landkreise wurden zu Notstandsgebieten erklärt, in denen sowohl die Ansiedlung von Gewerbebetrieben wie die Vergabe öffentlicher Notstandsarbeiten mit öffentlichen Mitteln gefördert wurden. Aber die Programme liefen nur zäh an.
Zum anderen beschäftigte sich die Flüchtlingsverwaltung verstärkt mit dem Thema der erneuten Zwangsumsiedlung. Doch die einmal in Wohnraum eingewiesenen Neubürger erneut zu versetzen, erwies sich trotz aller wirtschaftlichen Probleme im Gefolge der Währungsreform als äußerst schwierig. Mitte 1948 ergriff Bayern die Initiative zu einem Gesetzentwurf über zwangsweise Umquartierung aus Arbeitslenkungsgründen, der gemeinsam von den Ländern der amerikanischen Zone verabschiedet werden sollte, der *sich jedoch nicht auf Vertriebene (Flüchtlinge) alleine beziehen darf*, so der genaue Wortlaut, der einer Ungleichbehandlung von Neu- und Altbürgern zumindest dem Paragraphen nach vorbeugen wollte.[71] Denn das Vorhaben wurde gerade von den Flüchtlingen *wegen seiner flüchtlingsfeindlichen Haltung*

---

69 Die Entwicklung der Arbeitslage in Württemberg-Baden im Jahre 1949, Statistische Monatshefte Württemberg-Baden, Heft 3, 1950, S. 82 - 87.
70 Ebd., S. 86.
71 Schreiben Middelmanns im Auftrag der Arbeitsgemeinschaft der deutschen Flüchtlingsverwaltungen an die jeweiligen Landeskommissare für Flüchtlingswesen vom 16.6.1948, GLAK, Bestand 466, Zugang 1981/47, Nr. 1392.

attackiert und schließlich von den Initiatoren wieder aufgegeben.[72] Offensichtlich war eine erneute zwangsweise Umsiedlung 1948 nicht mehr durchsetzbar. Dem trug das Nordbadische Flüchtlingsreferat im Oktober 1949 Rechnung und beschloß, Familien aus den *Sorgenkreisen* in die Stadtkreise umzusetzen, selbstverständlich auf freiwilliger Basis. Die Umsetzung von 285 Familien wurde für 1950 ins Auge gefaßt. Im Grunde war dies ein Tropfen auf den heißen Stein, zumal die aufnehmenden Städte großen Einfluß auf die Auswahl der Aufzunehmenden ausübten und (wenig an der Aufnahme von *Sozialfällen* interessiert) statt Arbeitslosen eher Pendler umsiedelten.[73] Auch die Umsiedlung von nordbadischen Neubürgern in das wirtschaftlich bessergestellte Nordwürttemberg lief nur sehr zögerlich an. 24 Dauerarbeitslose oder Pendler habe man 1951 von Baden nach Württemberg versetzt, vermeldete das Landesarbeitsamt Württemberg-Baden Ende 1951 ganz stolz und zeigte damit auf, welch geringer Handlungsspielraum der öffentlichen Verwaltung zur Verfügung stand.[74] Letztlich blieb die Lösung des Problems der Privatinitiative überlassen. Der Wirtschaftsaufschwung der 50er Jahre schließlich trug kräftig dazu bei, die individuellen Wanderungsströme zu den Arbeitsplätzen der Städte zu erleichtern; freilich um den Preis der Binnendifferenzierung der Ausgewiesenen in soziale Problemfälle auf dem Land und wirtschaftlich Integrationsfähige in der Stadt.[75] Vorderhand jedoch traf die Flüchtlinge insbesondere im agrarisch geprägten nordbadischen Landesteil ein wirtschaftlich weitaus härteres Los als die in Nordwürttemberg angesiedelten Neubürger. Dies spiegeln auch die Fürsorgeleistungen im Jahre 1950 (Tabelle 3b und 4b, Spalte 14 und 15). Tendenziell stiegen sie mit der Entfernung zur Industrie. In der nordbadischen agrarischen Region, die 1950 immerhin noch 36% der Neubürger beherbergte, erreichten sie mit 8,8 DM/pro Kopf im 2. Vierteljahr 1950 annähernd das Zweifache der Leistungen, die im nordwürttembergischen agrarischen Raum aufzuwenden waren. Auch die Wohnsituation der nordbadischen Flüchtlinge im agrarischen Raum war wenig dazu angetan, über die wirtschaftlichen Schwierigkeiten hinwegzutrösten. Läßt sich für Nordwürttemberg aufzeigen, daß sich mit der Entfernung zu Stuttgart die Chance, zumindest einen Regelmietvertrag für eine abgeschlossene Wohnung zu erreichen, leicht vergrößerte (Tabelle 3b und 4b, Spalte 16), so war dies in Nordbaden eher umgekehrt.[76]

Haben die geschilderten wohnräumlichen und wirtschaftlichen Eingliederungsprobleme die von der US-Militärregierung geforderte Assimilation der Neubürger behindert? Erste Hinweise lassen sich aus dem Wahlverhalten der Neubürger ziehen. Bestrebungen aus ihren Kreisen, die Lizenz für eine Flüchtlingspartei von der US-Militärregierung zu erhalten, waren bis 1949 nicht erfolgreich. Zwar trat bei der ersten Bundestagswahl 1949 eine verdeckte

---

72 So der Flüchtlingsbeirat der Arbeitsgemeinschaft der deutschen Flüchtlings-verwaltungen, Protokoll vom 9.7.1948, GLAK, Bestand 466, Zugang 1981/47, Nr. 26.
73 Schreiben der Abteilung Inneres der badischen Landesverwaltung an die badischen, betroffenen Landräte vom 14.1.1950, GLAK, Bestand 466, Zugang 1981/47, Nr. 297.
74 13.11.1951 Schreiben des Präsidenten des Landesarbeitsamts Württemberg-Baden an den Präsidenten des Landesbezirks Baden, GLAK, Bestand 481/611.
75 Siehe dazu den Beitrag von Thomas Grosser: *Wir brauchten sie nicht zu nehmen, sind aber froh gewesen, daß sie hier gewesen sind.* Die Aufnahme der Heimatvertriebenen und SBZ-Flüchtlinge in Mannheim 1945 - 1960, S. 81 ff.
76 Freilich sagt die Einordnung einer Wohnung als sog. Normalwohnung nichts über Größe und Qualität des vorhandenen Wohnraums aus; doch kann man in der Regel davon ausgehen, daß sie einen eigenen Abschluß hatte und größeren Kündigungsschutz als ein Untermietverhältnis bot.

Schaubild 6

Verhältnis von Vertriebenenanteil und Stimmen für die Notgemeinschaft Ia

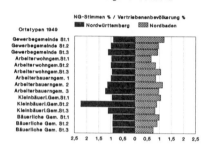

Verhältnis von Vertriebenenanteil und Stimmen für die Notgemeinschaft Ib

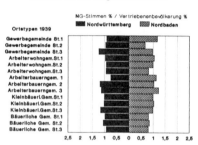

Verhältnis von Vertriebenenanteil und Stimmen für die Notgemeinschaft II

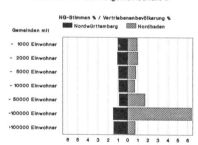

Verhältnis von Vertriebenenanteil und Stimmen für die Notgemeinschaft III

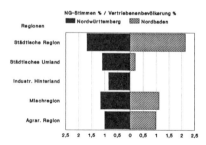

Flüchtlingspartei zur Wahl an. Die sog. "Wählervereinigung Notgemeinschaft" erreichte, mit Ausnahme einiger besonders von den Bombenschäden betroffenen badischen Städte, in erster Linie die Neubürger. Doch die Stimmen, die diese Partei erhielt, wurden im Nachhinein mangels amerikanischer Lizenzierung für ungültig erklärt. Daß die Notgemeinschaft in Württemberg-Baden immerhin über 15% der Stimmen auf sich hatte vereinigen können bei einem Neubürgeranteil an der Bevölkerung von 16,6% 1950, mag ein bezeichnendes Licht auf den Stand der Integration des neuen Bevölkerungsteils in die bundesdeutsche Parteienlandschaft werfen. Vergleicht man in den einzelnen Gemeinden den Anteil der Neubürger 1950 mit dem Stimmenanteil der Notgemeinschaft 1949, dann bewegt sich dieser Quotient erstaunlich häufig um 1 (Schaubild 6). Ist in den städtischen Regionen und insbesondere in den großen Städten Nordbadens das überdurchschnittliche Abschneiden der Notgemeinschaft auf den Stimmenzugewinn aus der Gruppe der Fliegergeschädigten zurückzuführen, so kann man im wenig durch Bombardements geschädigten ländlichen Raum durchaus davon ausgehen, daß sich das Wählerpotential der Notgemeinschaft nahezu ausschließlich aus den Vertriebenen rekrutierte.[77] Interpretiert man das überdurchschnittlich gute Abschneiden der Notgemeinschaft in den Mischregionen und im agrarischen Raum der beiden Landesteile (Schaubild 6) als Indiz für ein besonders durch die Flüchtlingseigenschaft geprägtes Wahlverhalten der Neubürger, dann kam der Frage der wirtschaftlichen Eingliederung offenbar große Bedeutung im geforderten Assimilationsprozeß zu. Insgesamt war der Zusammenhang zwischen Neubürgerbevölkerungsanteil und Stimmenanteil der Notgemeinschaft, gemessen mit Hilfe des Pearsonschen Korrelationskoeffizienten, in agrarischen Regionen sichtlich enger als in den industrialisierten.[78]

Tabelle 5: Der Zusammenhang von Wirtschaftsregion und Stimmen für die Notgemeinschaft

Wirtschaftsregionen Nordwürttemberg

	Region 2	Region 3	Region 4	Region 5	Nordwürttemberg
Pearson c.	0.41	0.27	0.42	0.51	0.41

Wirtschaftsregionen Nordbaden[79]

	Region 2	Region 4	Region 5	Nordbaden
Pearson c.	0.24	0.34	0.42	0.55

---

77 Inwieweit die Evakuierten ebenso die Flüchtlingsvereinigung gewählt haben, ist letztlich nicht zu klären. Man kann jedoch vermuten, daß bei ihnen traditionelle Bindungen an die Altbürgerparteien zum tragen kamen, die bei den Neubürgern in der Regel nicht griffen.
78 Datensatz Gemeindestatistik 1939/50.
79 Region 3 in Nordbaden nicht gebildet.

Offenbar ließen sich in agrarisch geprägten Regionen die Neubürger in ihrem Wahlverhalten deutlicher von ihrem Flüchtlingsselbstverständnis als von etwaigen parteipolitischen Erwägungen leiten. Will man dies als Indiz für noch nicht erfolgte Assimilation werten, dann kam der Frage der wirtschaftlichen Integration womöglich höhere Bedeutung als der Wohnraumfrage im Integrationsprozeß zu; ein Gesichtspunkt, den die US-Militärregierung in ihren Assimilationsbemühungen wenig diskutiert hat.

Literaturverzeichnis

Auernheimer, Georg (Hg.) (1984): Handwörterbuch der Ausländerarbeit, Weinheim

Badisches Statistisches Landesamt in Karlsruhe und Württembergisches Statistisches Landesamt in Stuttgart (Hgg.) (1949): Die Wohnungszählung vom 29. Oktober 1949 in Württemberg-Baden, Stuttgart und Karlsruhe

Ebner, Hermann (Hg.) (1957): Das Dorf heute und morgen, Stuttgart

Hesse, Paul (1949): Grundprobleme der Agrarverfassung, Stuttgart

Hesse, Paul (1957): Die Gemeinde in den Spannungsfeldern der industriellen Durchsetzung von Stadt und Land, in: Ebner (Hg.), 1957, Stuttgart, S. 21 - 30 und S. 84 - 114

Kaiser, Wilhelm (Bearb.) (o.J.): Die Flüchtlinge und Evakuierten im Landesbezirk Baden, Hg. vom Statistischen Landesamt in Gemeinschaft mit dem Landesbeauftragten für das Flüchtlingswesen, Karlsruhe

Lüderwaldt, Detlef & Esser, Hartmut (1984): Integration (soziologisch-analytisch), in: Auernheimer (Hg.), 1984, Weinheim, S. 177 - 179

Smith, Jean E. (Hg.) (1974): The Papers of General Lucius D. Clay. Germany 1945 - 1949, Bd. 1, Bloomington/London

Statistisches Bundesamt (Hg.) (1953): Statistisches Taschenbuch über die Heimatvertriebenen in der Bundesrepublik Deutschland und in West-Berlin, Wiesbaden

Statistisches Landesamt Württemberg-Baden (Hg.) (1950): Statistisches Handbuch Württemberg-Baden 1950, Stuttgart

Statistisches Landesamt Stuttgart (Hg.) (1952): Gemeinde- und Kreisstatistik Baden-Württemberg 1950, Stuttgart

Von den Schwierigkeiten einer Bergstraßengemeinde im Umgang mit den Heimatvertriebenen. Dossenheim 1945 - 1950*

Rita Müller

Einleitung

Als Folge des Zweiten Weltkrieges wurden rund 12 Millionen Menschen deutscher Staats- und Volkszugehörigkeit aus den Ostgebieten des Deutschen Reiches in den Grenzen von 1937 und aus Polen, aus der Tschechoslowakei, aus Ungarn, Jugoslawien und Rumänien ihrer Heimat verwiesen. Bis zum Oktober 1946 kamen allein 183.154 Menschen nach Baden.[1] Dort angekommen, wurden die Vertriebenen zunächst in sogenannte Auffanglager eingewiesen, entlaust, ärztlich untersucht, registriert und vom Arbeitsamt erfaßt.[2] Nach etwa 6 - 10 Tagen erfolgte die Verteilung der Vertriebenen auf die Auffanggemeinden, wo sie behelfsmäßig in Zwischenlagern unter Verantwortung der Landkreise und Gemeinden Unterbringung fanden. Die amerikanische Militärregierung legte nach einem Verteilungsschlüssel auf der Grundlage der Wohndichte die Kontingente für die einzelnen Gemeinden fest.[3]

Der folgende Auszug aus einem Schreiben an den Präsidenten des Landesbezirks Baden deutet an, mit welchem Widerstand seitens der Gemeinden bei der Einweisung zu rechnen war. Der Referent für das Flüchtlingswesen, der auf der Kreisebene für die Belange der Vertriebenen und für den reibungslosen Ablauf der Aufnahme auf Kreis- und Gemeindeebene zuständig war, charakterisierte im Oktober 1946 die Schwierigkeiten bei der Einweisung von Vertriebenen in Dossenheim wie folgt: *Die Gemeinde Dossenheim ist eine derjenigen Gemeinden, die nur auf energischen Antrieb für die Flüchtlingsunterbringung praktisch etwas geleistet hat, dafür aber um so mehr mit der Feder, in der Absicht, sich die Zuweisungen fernzuhalten.*[4]

Der Flüchtlingskreisreferent kritisierte die ablehnende Haltung und das begrenzte Engagement der Gemeinde im Umgang mit den Heimatvertriebenen. Dossenheim war offensichtlich bestrebt, das Kontingent der Vertriebenen so klein wie möglich zu halten, die Auflösung der Zwischenlager und die Einweisung in die Privatquartiere zu verzögern.

Ziel dieser Fallstudie ist es, nicht nur die Probleme der Integration[5] der Vertriebenen und Flüchtlinge während der Frühphase 'vor Ort' herauszuarbeiten, sondern auch die Strategien, Ziele und Verhaltensweisen der Gemeinde und ihrer Mitglieder im Umgang mit den Heimatver-

---

*   Diese Studie wurde aus Mitteln des Ministeriums für Wissenschaft und Forschung des Landes Baden-Württemberg gefördert.

1   BADISCHES STATISTISCHES LANDESAMT IN KARLSRUHE UND WÜRTTEMBERGISCHES STATISTISCHES LANDESAMT IN STUTTGART (Hgg.) (1949).

2   Bericht an General Clay zum Flüchtlingsproblem in der amerikanischen Besatzungszone Anfang 1947 (Generallandesarchiv Karlsruhe (im folgenden: GLAK), Bestand 466, Zugang 1981/47, Nr. 10).

3   Siehe dazu unten: S. 208 ff., 215.

4   Referent für das Flüchtlingswesen an den Präsidenten des Landesbezirks Baden v. 03.10.1946 (A 1238 und GLAK, Bestand 466, Zugang 1981/47, Nr. 294). Sämtliche Quellennennungen ohne zusätzliche Angabe eines Archivs beziehen sich auf das Gemeindearchiv in Dossenheim.

5   Vgl. ACKERMANN (1990) S. 14 - 36; FRANTZIOCH (1987) S. 189 ff.

triebenen zu analysieren. Die Studie nähert sich der Problematik auf zwei Ebenen: Einerseits wird die Politik der Gemeinde, andererseits das Verhalten einzelner Einheimischer untersucht. Auf der Ebene der Politik sollen die Argumente der Gemeinde diskutiert, die Reaktionen der übergeordneten Stellen analysiert und der Erfolg der Gemeinde beurteilt werden. Das individuelle Verhalten einzelner Einheimischer steht bei der Einweisung in die Privatquartiere im Vordergrund. Im einzelnen wird zu fragen sein, welche Probleme im Umgang der beiden sozialen Gruppen miteinander entstanden, wie die Einheimischen auf diese Schwierigkeiten reagierten, und wie die Resonanz der Gemeindeverwaltung war. Das Projekt der "Burggartensiedlung" verdeutlicht abschließend die Strategien und die Haltung der Gemeinde in der Bau- und Wohnungspolitik.

Dossenheim nahm im Umgang mit den Vertriebenen eine exponierte Stellung ein,[6] denn keine der Gemeinden des Landkreises Heidelberg war so beharrlich und hartnäckig zu Auseinandersetzungen mit den übergeordneten Stellen bereit und gab diesen so häufig Anlaß zum Eingreifen wie Dossenheim.[7] Um so besser können an diesem Beispiel generelle Strategien und Argumente anschaulich gemacht werden, die von den Gemeinden eingesetzt wurden, um die Zahl der Flüchtlinge so klein wie möglich zu halten. Bleibt zu klären, worauf die Sonderstellung Dossenheims zurückzuführen ist, welche Ziele die Gemeinde damit verfolgte, wie die übergeordneten Stellen auf den Widerstand der Gemeinde reagierten, und was Dossenheim schließlich mit seinem Verhalten erreicht hat.

Ob und inwieweit es gelingt, auf solche Fragen plausible Antworten zu finden, hängt maßgeblich von den verfügbaren Quellen ab. Diese aber sind von sehr unterschiedlicher Qualität und erfordern oftmals ein Lesen zwischen den Zeilen. Die statistischen Materialien auf Kreis- und Gemeindeebene ermöglichen zwar einen Vergleich der Verhältnisse in den einzelnen Gemeinden, geben uns aber keinerlei Auskunft über die Strategien der Gemeinden und über die konkreten Probleme im alltäglichen Umgang. Dazu müssen die Akten der zuständigen Behörden herangezogen werden; im konkreten Fall die Akten des Gemeindearchivs Dossenheim sowie die Archivalien des Generallandesarchivs in Karlsruhe, die die Korrespondenz der Gemeinde mit den übergeordneten Stellen dokumentieren. Doch gerade die für die Flüchtlingsproblematik einschlägigen Quellen auf kommunaler Ebene, sind oft nur fragmentarisch erhalten und ermöglichen meist nur eine Rekonstruktion und Analyse von Teilaspekten. Die einzelnen Informationen müssen mühsam zusammengetragen und mosaikartig zusammengesetzt werden; das Ergebnis ist oft wenig aufregend. Zum anderen spiegelt sich in den Quellen primär nur die Perspektive der Einheimischen wider; als aktiv Handelnde traten die Vertriebenen nur in Erscheinung, wenn sie Beschwerden an den Bürgermeister bzw. an den Flüchtlingsreferenten gerichtet oder Anträge auf anderwärtigen Wohnraum gestellt haben. Darüber hinaus wird uns nicht von Alltäglichem berichtet; auch die positiven Erlebnisse bleiben vernachlässigt. Wenn etwas in die Akten Eingang gefunden hat, waren es in der Regel Beschwerden und Probleme, nicht Lob und Gelingen. Aufgrund dieser Voraussetzungen lag es nahe, bei der vorliegenden Fallstudie die

---

6   Vgl. Landeskommissar an den Flüchtlingsreferenten v. 06.05.1947. (GLAK, Bestand 466, Zugang 1981/47, Nr. 294). Darin macht Captain Miles (Mitarbeiter von Public-Welfare-Branch des Office of the Military Government in Germany of the United States) auf den Bürgermeister der Gemeinde Dossenheim aufmerksam, von dem er die Auffassung gewonnen habe, daß er in der Unterbringung der Flüchtlinge nichts Entscheidendes tun wolle. Siehe dazu auch: S. 220.

7   Siehe dazu: S. 213 ff.

Schwierigkeiten der Gemeinde Dossenheim im Umgang mit den Vertriebenen in den Vordergrund zu stellen.

Die eben geschilderten Probleme bei der Analyse entsprechender Quellen machen deutlich, weshalb die Schwierigkeiten, die im Umgang mit den Vertriebenen entstanden, und die Politik einzelner Gemeinden bisher nur punktuell untersucht wurden. Die durchgeführten Mikrostudien über die Aufnahme von Vertriebenen entstanden überwiegend in den 50er und 80er Jahren. Die Arbeiten der 50er Jahre präsentieren in der Regel nur Erfolgsbilanzen, beschränken sich auf die Darstellung statistischer Daten und tragen Material zusammen, ohne es kritisch auszuwerten. Für den Raum Baden-Württemberg sind die Arbeiten von Heinrich Hund, Engelberta Boos, Else Hettenbach, Thea Opitz, Gustav Bock sowie Wilfried Schlau[8] zu nennen. Im Zuge eines neu erwachten Interesses an der 'Geschichte von unten', an der Geschichte der eigenen Heimat und Vergangenheit, erhielt auch die Regional- und Lokalgeschichte neuen Auftrieb. Neue Fragestellungen in der Lokal-, Regional- und Alltagsgeschichte und neue methodische Zugänge wie Oral History lenken den Blick auf vernachlässigte Perspektiven. Nach 30 Jahren Schutzfrist konnte nun auch Einblick in das Verwaltungsschriftgut gewährt und die kommunalen Quellen ausgewertet werden. In den 80er Jahren entstanden Arbeiten über Ludwigsburg und Schwäbisch Gmünd[9] sowie ein Katalog des Landkreises Nürtingen im Rahmen einer Ausstellung.[10]

Die Situation in Dossenheim nach 1945

Entscheidend für den Verlauf der Aufnahme der Vertriebenen war die wirtschaftliche und soziale Situation in den einzelnen Gemeinden der westlichen Besatzungszonen nach Kriegsende, in die die heimatlosgewordenen Menschen eingewiesen wurden. Je nach Zerstörungsgrad, nach Wohn- und Ernährungssituation, Gemeindegröße und Gemeindetyp waren die Voraussetzungen und die Möglichkeiten zur Aufnahme und zum Seßhaftwerden 'vor Ort' sehr unterschiedlich.

Betrachten wir zunächst die Verhältnisse in Dossenheim, die exemplarisch mit denen anderer Gemeinden des Landkreises verglichen werden, um die Voraussetzungen für die Aufnahme der Vertriebenen und Flüchtlinge beurteilen und Schlußfolgerungen für deren Integration ziehen zu können. Möglicherweise finden wir in den unterschiedlichen Rahmenbedingungen auch eine Erklärung für das beharrliche Protestverhalten der Gemeinde Dossenheim. In den Vergleich miteinbezogen werden ausgewählte Arbeiterwohngemeinden des Landkreises Mannheim, die z.T. unmittelbar an die Gemarkung Dossenheims angrenzen. Gerade die Nachbargemeinde Schriesheim war immer wieder ein Angriffspunkt in der von Dossenheim geführten Diskussion um das Flüchtlingskontingent, da Dossenheim sich besonders gegenüber dieser Gemeinde benachteiligt und ungerecht behandelt fühlte.[11]

8	HUND (1950); BOOS (1958); HETTENBACH (1949); OPITZ (1953); BOCK (1953); SCHLAU (1955).
9	LANDKREIS LUDWIGSBURG (Hg.) (1986); LIENERT & LIENERT (1985) S. 163 - 238; und auch: SCHÄFER (1985) S. 239 - 291; URBAN (1983).
10	STADT NÜRTINGEN (Hg.) (1989).
11	Neben Schriesheim wurde Eppelheim, ebenfalls eine Arbeiterwohngemeinde, in der Diskussion um das Flüchtlingskontingent von Dossenheim immer wieder ins Spiel gebracht. Die zweite Gemeinde

Dossenheim, eine Arbeiterwohngemeinde an der Bergstraße, ist geprägt durch die Nähe zu den beiden Großstädten Heidelberg und Mannheim. Im Verlauf der Nachkriegsjahrzehnte entwikkelte es sich zur Pendler-Wohngemeinde; es nahm den Charakter eines Vorortes von Heidelberg an. Verbunden damit war ein enormer Bevölkerungsanstieg: Hatte Dossenheim 1945 noch 4.636 Einwohnern, wuchs die Bevölkerung bis zum Ende der 80er Jahre auf 9.400 Einwohner an.[12]

Tabelle 1: Die Bevölkerungsentwicklung in einzelnen Gemeinden der Landkreise Heidelberg und Mannheim unter besonderer Berücksichtigung der Heimatvertriebenen

	Einwohner			Bevölkerungswachstum 39/50 in %	Heimatvertriebene a. d. Bevölkerung	
	1939	10.1946	1950		absolut	in %
Dossenheim	4.318	5.602	5.820	35	813	14,3
Eppelheim	4.141	5.016	5.437	31	749	13,8
Neckargemünd	3.862	6.098	6.331	64	1.140	18,1
Nußloch	4.052	4.944	5.278	30	717	13,6
Schriesheim	4.289	5.833	6.026	40	620	10,3
Heddesheim	4.234	5.341	5.391	27	654	12,1
Landkreis Heidelberg	90.538	120.618	127.283	41	22.378	17,6
Landkreis Mannheim	102.675	127.606	136.335	33	16.151	11,9

Quelle : Die Angaben der Spalten 1,3 und 5 stammen aus: STATISTISCHES LANDESAMT STUTTGART (Hg.) (1952), die Angaben der Spalte 2 aus STATISTISCHE LANDESÄMTER STUTTGART UND KARLSRUHE (Hgg.) (1947). Die Zahlen der Spalten 4 und 6 sind auf der Basis der Zahlen der Kreisstatistik von 1950 errechnet.

---

aus dem Landkreis Mannheim, Heddesheim, wird der gleichen Gemeindeklasse zugeordnet und hat eine vergleichbare Einwohnerzahl und Gemarkung aufzuweisen. Da die Arbeiterwohngemeinden mit annähernd gleichgroßer Population im Landkreis Heidelberg relativ selten sind, wurde neben Nußloch mit Neckargemünd eine gewerblich strukturierte Gemeinde ausgewählt, die aufgrund ihrer Wohnraumverhältnisse ein wesentlich höheres Kontingent von Vertriebenen aufzunehmen hatte.

12 Vgl. Dossenheimer Wegweiser S. 9.

Allein zwischen 1939 und 1950 hatte Dossenheim bedingt durch den Zuzug der Evakuierten[13] und der Vertriebenen ein Bevölkerungswachstum von 35% zu verzeichnen.[14] Den größten Anteil an diesem Wachstum hatten zweifelsohne die Vertriebenen: 1950 stellten sie 14,28% der Bevölkerung (813 Vertriebene). Im Vergleich zum Kreis war Dossenheim damit eher unterdurchschnittlich belastet. Bedeutung gewannen diese Zahlen vor allem in der Diskussion um das Flüchtlingskontingent und um die vermeintliche Benachteiligung der Gemeinde.[15]
Auf welche wirtschaftlichen und sozialen Rahmenbedingungen trafen die Vertriebenen bei ihrer Ankunft, und welche Konsequenzen hatten diese Rahmenbedingungen für die Integration der Vertriebenen und Flüchtlinge 'vor Ort'?

Tabelle 2: Angaben zur Wirtschaftsstruktur in einzelnen Gemeinden der Landkreise Heidelberg und Mannheim

	Auspendler absolut	in %	Beschäftigte absolut	in %
Dossenheim	1.085	40	1.124	41
Eppelheim	1.631	65	720	28
Neckargemünd	943	37	1.884	75
Nußloch	1.186	47	1.065	42
Schriesheim	1.000	40	1.462	58
Heddesheim	1.395	53	504	19
Landkreis Heidelberg	19.789	47	32.760	53
Landkreis Mannheim	26.192	41	38.106	60

Quelle: STATISTISCHES LANDESAMT STUTTGART (1952).

---

13   Die Verteilung der Evakuierten über das Land war uneinheitlich. Im Landkreis Heidelberg waren am 1.11.1946 2.689 Evakuierte (2,21% an der Wohnbevölkerung von 29.10.1946), im Landkreis Mannheim 2.227 Evakuierte (1,76%) untergebracht. Die Zahlen gingen bis Mitte 1948 nur unwesentlich zurück; konkrete Angaben über den Anteil der Evakuierten auf Gemeindeebene liegen jedoch nicht vor.
14   Vgl. HILSHEIMER (1963) S. 63 ff.
15   Siehe dazu: S. 208 ff.

Tabelle 3: Angaben zur sozialen Zusammensetzung der erwerbstätigen Bevölkerung in einzelnen Gemeinden der Landkreise Heidelberg und Mannheim

	Erwerbstätige insgesamt	Selbständigen	Mithelfenden	Anteil der Beamten/ Angestellten in %	Arbeiter
Dossenheim	2.760	12	12	18	59
Eppelheim	2.578	9	5	17	70
Neckargemünd	2.596	18	4	32	48
Nußloch	2.538	11	10	15	64
Schriesheim	2.592	18	11	25	49
Heddesheim	2.621	14	14	11	60
Landkreis Heidelberg	60.923	14	12	15	57
Landkreis Mannheim	63.146	13	9	12	57

Quelle: Errechnet wurden die Angaben auf der Basis der Veröffentlichung des STATISTISCHEN LANDESAMTES STUTTGART (Hg.) (1952).

Lediglich 1.124 Erwerbstätige, also 41%, fanden in Dossenheim selbst Beschäftigung. Im Jahr 1950 pendelten von insgesamt 2.760 Erwerbspersonen[16] 1.085 überwiegend in die Städte Heidelberg und Mannheim.[17] Der Großteil der in Dossenheim Erwerbstätigen (713) war in den 8 Betrieben mit mehr als 10 Beschäftigten tätig, die 1949 in der Gemeinde angesiedelt waren.[18] Dossenheim zählte damit zu jenen Gemeinden des Landkreises, die überdurchschnittlich viele Industriebetriebe in der Größenordnung mit mehr als 10 Beschäftigten aufzuweisen hatten.[19]

---

[16] Die Gruppe der Erwerbspersonen setzt sich aus Erwerbstätigen und Arbeitslosen zusammen. In der Spalte Auspendler sind alle Erwerbspersonen dargestellt, in der Hauptsache aber Erwerbstätige, die in anderen, außerhalb ihres Wohngebietes liegenden Orten arbeiten mußten und dabei täglich zwischen Arbeits- und Wohnort hin- und herpendeln. Von außerhalb pendelten in die Gemeinde 117 Erwerbstätige. Die Zusammenstellung der Beschäftigten im Ort selbst schließt die Heimarbeiter aus, d.h. die Differenz zwischen Beschäftigten, Aus- sowie Einpendlern und der Erwerbstätigenzahl resultiert aus den Heimarbeitern und Arbeitslosen.
[17] STATISTISCHES LANDESAMT STUTTGART (Hg.) (1952).
[18] BADISCHES STATISTISCHES LANDESAMT KARLSRUHE (Hg.) (1949).
[19] Von den insgesamt 52 Gemeinden des Landkreises hatten nach dem Krieg 20 Gemeinden keine Industriebetriebe dieser Größenordnung (Betriebe mit mehr als 10 Beschäftigten) aufzuweisen. Erstellt man eine Rangfolge der Gemeinden mit Industriebetrieben, steht Dossenheim an 7. Stelle, lediglich

Entsprechend groß war der Anteil der Arbeiter an den Erwerbstätigen (vgl. Tabelle 3). Dominierend waren die Niederlassungen der Steinbruch-, Füllfederhalter- und Konservenindustrie. Daß dort auch ungelernte Arbeiter Beschäftigung finden konnten, war für die vertriebenen Erwerbspersonen und ihre schnelle Eingliederung in den Wirtschaftsprozeß von Bedeutung.

Tabelle 4: Die Verteilung der Beschäftigten auf die Wirtschaftsbereiche in einzelnen Gemeinden der Landkreise Heidelberg und Mannheim

	Anteil d. Beschäftigten i. d. Bereichen			
	Land- u. Forstwirtschaft	Industrie/ Handwerk	Handel/ Banken/ Verkehr	öffentlicher Dienst
			in %	
Dossenheim	17	54	13	16
Eppelheim	7	60	17	16
Neckargemünd	3	43	25	31
Nußloch	13	58	15	14
Schriesheim	14	47	19	22
Heddesheim	24	52	10	12
Landkreis Heidelberg	18	54	12	14
Landkreis Mannheim	12	55	16	16

Quelle: Errechnet auf der Basis der Veröffentlichung des STATISTISCHEN LANDESAMTES STUTTGART (Hg.) (1952).

Im Vergleich zur Altbürgerschaft war ein überdurchschnittlich hoher Anteil der Vertriebenen, wie überall auch in Dossenheim und im Kreis, als Arbeiter beschäftigt.[20] Die ehemals selbständigen Landwirte unter den Vertriebenen hatten in der amerikanischen Besatzungszone meist nicht die Chance, sich wieder selbständig zu machen, so daß ihnen in vielen Fällen nur die Möglichkeit blieb, als ungelernte Arbeiter in den Industriebetrieben und im Steinbruch ihren

---

20 die Gemeinden Wiesloch, Eberbach, Schönau, Leimen, Walldorf und Sandhausen hatten mehr als 8 Betriebe in dieser Größenordnung. Siehe dazu oben: Anm. 18.
Im Oktober 1946 waren 62,2% der vertriebenen Erwerbstätigen und 38,3% der Altbürger als Arbeiter beschäftigt. Vgl. BADISCHES STATISTISCHES LANDESAMT KARLSRUHE (Hg.) (o.J.) S. 37.

Lebensunterhalt zu verdienen. Dennoch lag der Anteil der Selbständigen bei den Neubürgern im Oktober 1946 im Landkreis immerhin bei 12,4%,[21] der Anteil bei den Einheimischen bei 18,7%.

Die Arbeitsplatzsituation in Dossenheim war für die Vertriebenen recht günstig und wies im Vergleich mit den Nachbargemeinden keinesfalls Nachteile auf. Längerfristig jedoch waren die Chancen für die Neubürger und Neubürgerinnen, ihren alten Beruf auszuüben und ihre alte Stellung zu erlangen, relativ begrenzt; vor allem die ehemals Selbständigen waren von Statusverlusten betroffen.

Sowohl in der Sozialstruktur als auch in der Verteilung der Beschäftigten auf die einzelnen Wirtschaftsbereiche sind die Unterschiede zwischen Dossenheim und vergleichbar wirtschaftlich strukturierten Gemeinden geringfügig. Auch das Steuervolumen pro Einwohner weist in Dossenheim keine wesentlichen Abweichungen auf (vgl. Tabelle 5).[22]

Tabelle 5: Konfessionsverteilung und Steueraufkommen in einzelnen Gemeinden der Landkreise Heidelberg und Mannheim

	Anteil der Protestanten 1946 in %	Steuer je Einwohner
Dossenheim	38	3.355
Eppelheim	60	2.799
Neckargemünd	60	4.831
Nußloch	53	3.255
Schriesheim	72	3.310
Heddesheim	53	3.527
Landkreis Heidelberg	47	3.818
Landkreis Mannheim	54	4.457

Quelle: Errechnet wurde der Anteil der Protestanten 1946 auf der Basis der Veröffentlichung der STATISTISCHEN LANDESÄMTER STUTTGART UND KARLSRUHE (Hg.) (1947). Die Steuerangaben sind der Veröffentlichung des STATISTISCHEN LANDESAMTES STUTTGART (Hg.) (1952) entnommen.

---

21   Vgl. ebd.
22   Im Landkreis selbst zählte Dossenheim zu den Gemeinden mit den höchsten Steuereinnahmen; 1955 lag das Steueraufkommen Dossenheims bei 3.355 DM je Einwohner. Vgl. STATISTISCHES LANDESAMT STUTTGART (Hg.) (1952).

Weder die konfessionellen Verhältnisse noch die politische Struktur der Gemeinde geben Anlaß, die Situation in Dossenheim für die Aufnahme der Vertriebenen und Flüchtlinge als ungünstig einzuschätzen, denn alles in allem zeichnet sich ein relativ positives Bild. Beide Konfessionen erlebten durch den Zuzug der Vertriebenen gleichermaßen einen Zuwachs: der Anteil der Katholiken an der Gemeinde stieg im Zeitraum von 1939 bis 1946 von 58,9% auf 61,2%.[23] Mit Problemen war also nicht zu rechnen.

Auch im Wahlverhalten, das sich in Dossenheim nur geringfügig von dem anderer Gemeinden der näheren Umgebung unterschied, veränderten die Neubürger wenig. Bei den Wahlen 1946, wie auch in den folgenden Jahren, erlangte die CDU die Mehrheit.[24] Bei den Wahlen 1949 konnte sich die CDU um einen Prozentpunkt verbessern, die SPD dagegen verlor kräftig,[25] was einerseits durch die Zunahme der DVP auf 19% bedingt war, andererseits aber auch auf die Beteiligung der Vertriebenen an der Wahl zurückzuführen ist. Die Wählervereinigung Notgemeinschaft (NHG), die Vertretung der Vertriebenen, erhielt 4,57% der Stimmen.[26]
Damit lag Dossenheim kreisweit im Trend.

Maßgebend für die Aufnahmefähigkeit der Gemeinden war neben den wirtschaftlichen und sozialen Verhältnissen die Wohnraumsituation. Für die Verteilung der Vertriebenen auf die einzelnen Gemeinden waren der Grad der Zerstörung, die Wohnraumgrößen und die Wohndichten entscheidend. Dossenheim blieb zwar von den Zerstörungen des Zweiten Weltkrieges weitgehend verschont, die Wohnverhältnisse waren allerdings relativ beengt. Das System der Realteilung bedingte die besonderen Strukturen in Württemberg-Baden, was auch von den amerikanischen Besatzungsbehörden als Problem erkannt wurde. Vor allem die Arbeiter in Dossenheim, die entweder in den Steinbrüchen oder in anderen einheimischen Industrien beschäftigt waren, mußten sich in der Regel mit einer Einzimmerwohnung begnügen.[27]
Insgesamt war der Anteil der Wohnungen mit 1 - 3 Räumen im Landkreis Heidelberg relativ hoch, jedoch variierten die Verhältnisse in den unterschiedlichen Gemeindetypen beträchtlich.[28] In den kleinbäuerlichen Gemeinden überwogen die Normalwohnungen mit 4 - 6 Räumen, dagegen war der Anteil der mit 1 - 3 Räumen ausgestatteten Wohnungen in gewerbetreibenden Gemeinden am höchsten. Die gemischtstrukturierten Gemeinden wie Dossenheim, in denen Industriebetriebe angesiedelt waren, deren Bevölkerungen sich aber z.T. noch von der Landwirtschaft ernährten, bewegten sich dazwischen. Eine Ausnahme stellte die Gemeinde Neckargemünd dar, die trotz der gewerbetreibenden Struktur einen Anteil von über 50% an

---

23 Die protestantische Gemeinde wuchs im selben Zeitraum von 1.709 auf 2.141 Mitglieder an. Die Angaben für das Jahr 1939 sind der Arbeit von Barbara Hilsheimer entnommen, die ihre Statistik aus einer Rathausakte und Berichten anläßlich der katholischen Kirchenvisitationen zusammengestellt hat. Nähere Informationen liefert sie nicht. Vgl. HILSHEIMER (1963) S. 94.
24 Neben der CDU mit 42,8% (Landkreis Heidelberg 43,7%) war die SPD mit 35,7% (Landkreis Heidelberg 30,1%) vertreten; die DVP hatte 14,7% (Landkreis Heidelberg 15,5%) der Stimmen. Vgl. STATISTISCHE LANDESÄMTER STUTTGART UND KARLSRUHE (Hg.) (1947).
25 STATISTISCHE LANDESÄMTER STUTTGART UND KARLSRUHE (Hg.) (1949).
26 1949 hatte die CDU im Landkreis Heidelberg 42,74% der Stimmen, die SPD 27,7%, die DVP 18,29% und die NHG 4,33%.
27 Bürgermeister an das Landratsamt v. 29.4.1947 (A 1238).
28 Im Landkreis selbst lag der Anteil der Wohnungen mit weniger als 4 Räumen bei 54%, in Dossenheim bei 67% und in Leimen sogar bei 70%. Vgl. STATISTISCHES LANDESAMT STUTTGART (Hg.) (1952).

Tabelle 6: Wohnverhältnisse in einzelnen Gemeinden der Landkreise Heidelberg und Mannheim

	Normalwohnungen	Haushalte	Haushalte pro Normalwohnung	Räume <10 m² in %	Wohndichte I[29]
Dossenheim	1.291	1.812	1,4	33	1,24
Eppelheim	1.255	1.727	1,3	31	1,21
Neckargemünd	1.416	2.239	1,5	27	1,10
Nußloch	1.007	1.684	1,7	25	2,09
Schriesheim	1.519	1.970	1,2	29	1,14
Heddesheim	944	1.590	1,6	26	1,32
Landkreis Heidelberg	25.725	39.138	1,5	32	1,28
Landkreis Mannheim	31.899	44.807	1,4	27	1,19

Quelle: Sämtliche Angaben entstammen der Veröffentlichung des STATISTISCHEN LANDESAMTES STUTTGART (Hg.) (1952) bzw. sind auf dieser Basis berechnet.

Wohnungen mit 4 - 6 Räumen aufzuweisen hatte. Typisch für Gemeinden mit hohem Arbeiteranteil im Realteilungsgebiet war die geringe Größe der Wohnräume: Etwa ein Drittel der Räume sowohl in Dossenheim als auch in anderen Gemeinden des Landkreises hatte eine Fläche von unter 10 m². Wie groß die Wohnflächen der verbleibenden Räume im einzelnen waren, läßt sich den Wohnungszählungen nicht entnehmen. Festzuhalten bleibt: Die beengten Wohnverhältnisse schufen ungünstige Voraussetzungen. Sie mußten das Zusammenleben zwischen Einheimischen und Vertriebenen erschweren.
Das letztendlich entscheidende Kriterium für die Zuweisung von Vertriebenen war die Wohndichte. Für die 685 Normalwohngebäude in Dossenheim war die Unterbringung von 5.820 Personen vorgesehen, auf jede Normalwohnung sollten 1,4 Einzelhaushaltungen kommen. Die durchschnittliche Wohndichte I des Landkreises lag bei 1,28. Dossenheim gehörte zu jenen 9

---

29 Die Wohndichte gibt über die Verteilung der Personen pro Raum Auskunft, wobei verschiedene Definitionen zugrunde gelegt werden können. Bei der Wohndichte I wurden die Küchen und Noträume mitberücksichtigt. Vgl. BADISCHES STATISTISCHES LANDESAMT IN KARLSRUHE UND WÜRTTEMBERGISCHES STATISTISCHES LANDESAMT IN STUTTGART (Hgg.) (1949).

Gemeinden, die den Durchschnitt unterboten und hatte keinerlei Anlaß, sich gegenüber den Nachbargemeinden benachteiligt zu fühlen.[30]

Zusammenfassend kann man sagen, daß die Situation in Dossenheim nach Kriegsende im Vergleich mit den Nachbargemeinden nicht ungünstig war. Die untersuchten Kriterien geben allerdings keine Erklärung für die exponierte Stellung der Gemeinde in der Auseinandersetzung um die Flüchtlingsaufnahme; die Verhältnisse im Landkreis waren mit denen Dossenheims vergleichbar. Für die besonders ablehnende Haltung der Gemeinde gegenüber den Vertriebenen und Flüchtlingen müssen also andere Faktoren ausschlaggebend gewesen sein: Die Persönlichkeiten, die die Politik bestimmten und die besonders ausgeprägte Neigung zum Abschluß nach außen.

Dossenheim, eine Gemeinde, die ihre Traditionen hegt und pflegt, erscheint als ein relativ abgeschlossenes soziales Gebilde. Das Verhältnis der Dossenheimer Bevölkerung gegenüber Fremden scheint prinzipiell problematisch gewesen zu sein, und es wurde Neuankömmlingen nur wenig Offenheit entgegengebracht. Über die sozialen Kontakte zwischen Einheimischen und Evakuierten sind wir nur schlecht informiert.[31] Das Fehlen von Beschwerden und von permanenten Schriftwechseln mit übergeordneten Stellen läßt jedoch die Schlußfolgerung zu, daß sich das Verhältnis zu den Evakuierten unproblematischer gestaltet hat als das zu den Vertriebenen. Die Voraussetzungen bei den Evakuierten waren andere: Sie kamen überwiegend aus der näheren Umgebung, waren in der Mentalität vertrauter, brachten Tauschobjekte mit, ihre Rückkehr war absehbar und vor allem kamen sie in kleineren Kohorten als die Vertriebenen. Sie konnten die Identität der Dossenheimer kaum in Frage stellen, so daß sie keineswegs in gleichem Maße Fremdenfeindlichkeit provoziert haben wie später die Vertriebenen. Daneben wird die Tendenz, sich nach außen abzuschließen, auch in dem hartnäckigen Widerstreben der Gemeinde deutlich, von Heidelberg eingemeindet zu werden. Die Rolle einzelner Persönlichkeiten gilt es in der Diskussion über die Schwierigkeiten der Gemeinde im Umgang mit den Vertriebenen herauszuarbeiten.[32] Die angesehenen Familien Dossenheims spielten eine nicht zu unterschätzende Rolle und waren an dem Widerstand maßgeblich beteiligt.

Über die beschriebenen Beobachtungen hinaus dürfen die zeitbedingten Probleme jedoch nicht vergessen werden. Mit der Einweisung der Vertriebenen traten zusätzlich zur Krisensituation der Nachkriegszeit Schwierigkeiten auf: Die Vertriebenen mußten untergebracht, verpflegt[33]

---

30   Die Wohndichte II, bei der Küchen und Noträume nicht berücksichtigt, aber als Personenzahl alle Personen eingesetzt wurden, die Anspruch auf Wohnraum hatten, somit auch diejenigen, die am Zähltag noch in Flüchtlingslagern usw. oder in wohnunwürdigen Räumen vorübergehend untergebracht waren, bestätigt dies. Sämtliche Quellenangaben dieses Abschnittes vgl. STATISTISCHES LANDESAMT STUTTGART (Hg.) (1952).
31   Die Akte *Evakuierte und Flüchtlinge* des Gemeindearchivs existiert nicht mehr.
32   Siehe dazu unten: S. 213 ff., 220 f.
33   Die Lebensmittelversorgung war zentral geregelt, anhand von Lebensmittelkarten wurden Standardverteilungen zugewiesen. Die Quellen auf kommunaler Ebene beschäftigen sich mit der Lebensmittelversorgung nur selten, so daß wir keine differenzierten Aussagen machen können. Man kann jedoch davon ausgehen, daß die Versorgung in ländlichen Gemeinden günstiger war als in den Städten, da auf dem Land die Möglichkeit bestand, durch eigenen Anbau und eigene Kleintierhaltung die tägliche Versorgung aufzubessern. Dossenheim verfügte über landwirtschaftliche Ressourcen, vor allem in der Form von Nebenerwerbsstellen. Für die Versorgung der Vertriebenen wurde in Dossenheim wie in vielen anderen Gemeinden auch, eine Gemeinschaftsverpflegung für Flüchtlinge errich-

und Möglichkeiten für ihre Beschäftigung geschaffen werden. Von den Gemeinden wurde erwartet, daß sie sich umgehend für die Fremden einsetzten und verantwortlich fühlten. Zwischenmenschliche Probleme blieben nicht aus; die Vertriebenen und Flüchtlinge brachten trotz ihrer Zugehörigkeit zum 'Reich', oder zumindest zum deutschen Sprachraum, ihre eigene kulturelle Identität mit. Die Aufnahme bedeutete für die Einheimischen Einschränkungen auf jeder Ebene und forderte von der Gemeindeverwaltung Organisationstalent und Verwaltungsgeschick.

In Dossenheim wurde die Situation zudem durch die Beschlagnahmungen der "United Nations Relief and Rehabilitation Administration" (UNRRA) erschwert. Die Militärregierung hatte für die Zwecke der UNRRA die Häuser eines ganzen Straßenzuges, insgesamt 31 Zimmer, 8 Küchen und Mansarden, beschlagnahmt[34] und damit auf unbestimmte Zeit Wohnraum in Anspruch genommen, der der einheimischen wie auch der vertriebenen Bevölkerung abging.[35] Was die Dossenheimer allerdings besonders erregte, war die Tatsache, daß nach Auffassung der Gemeindeverwaltung die Militärstellen ihren Wohnbedarf in der Stadt Heidelberg zu decken hatten, die u.a. mit Rücksicht auf diesen Sachverhalt von der weiteren Belegung mit Flüchtlingen freigestellt worden sei.[36] Doch trotz der Fürsprache des Präsidenten des Landesbezirks Baden bei der Militärregierung wurde nichts unternommen. Auch als im März 1947 die Auflösung der Organisation zur Diskussion stand, war eine Freigabe der noch beschlagnahmten Häuser nicht abzusehen.[37]

Wie die Gemeinde im einzelnen mit diesen Belastungen umging, zeigen die Beispiele der folgenden Kapitel.

Das Flüchtlingskontingent

Nachdem die Flüchtlinge in Württemberg-Baden angekommen waren, wurden sie in sogenannte Auffanglager eingewiesen, um nach einem Aufenthalt von mindestens 6 - 10 Tagen auf die vorgesehenen Gemeinden verteilt zu werden. Den entscheidenden Maßstab bei der Verteilung bildete, wie bereits erläutert, die Wohndichte. Die Zuweisung bedurfte im einzelnen der Absprache und Zustimmung der amerikanischen Besatzungsmacht, so daß durch die ständige Kontrolle für Unregelmäßigkeiten nur wenig Raum blieb. Durch die rasche, oft unkontrollierte Folge der Transporte waren die Gemeinden überfordert; in relativ kurzer Zeit sollten Hunderte von Menschen untergebracht werden, was zunächst vielfach behelfsmäßig durch die Schaffung sogenannter Zwischenlager geschah. Auch diese Unterbringung sollte nur eine vorübergehende

---

tet. In den Privatunterkünften bestand für die Vertriebenen nur selten die Möglichkeit der Selbstverpflegung. Die Vertriebenen waren gezwungen entweder von den Einheimischen mitversorgt zu werden oder die Gemeinschaftsverpflegung in Anspruch zu nehmen. Im Juni des Jahres 1946 wurden rund 261 Personen, zu diesem Zeitpunkt also knapp die Hälfte aller Vertriebenen, mit einer Mahlzeit pro Tag zu einem Kostenaufwand von 2,60 RM versorgt.

34 Gemeindeverwaltung an den Präsidenten des Landesbezirks Baden v. 10.03.1947 (A 1238).
35 Bürgermeister an das Landratsamt v. 16.12.1946 (A 1238).
36 Präsident des Landesbezirks Baden an die Gemeindeverwaltung Dossenheim v. 18.11.1946 (A 1238).
37 Gemeindeverwaltung Dossenheim an den Präsidenten des Landesbezirks Baden v. 10.01.1947 (A 1238).

sein, doch oftmals mußten die Flüchtlinge dort länger verharren als vorgesehen. In Dossenheim gab es etwa 10 Zwischenlager (Wirts- und Schulsäle, ein gemeindeeigenes Wohnhaus und Räume der Porphyrwerke), die 1946 durchschnittlich mit etwa 200 - 300 Personen belegt waren.[38]
Dossenheim wollte jedoch das ihm zugewiesene Kontingent - wie viele andere Gemeinden auch - nicht akzeptieren. Die Gemeinde fühlte sich trotz der ständigen Kontrolle der Amerikaner bei der Belegung mit Flüchtlingen benachteiligt und ungerecht behandelt. Im April 1946 betonte der stellvertretende Bürgermeister Dossenheims die Überbelastung der Gemeinde: *Der hiesigen Gemeinde ist [...] ein Flüchtlingskontingent von 1121 Personen aufgegeben. Ich betrachte die Unterbringung dieser Personen für ein Unding, wenn man von einem halbwegs menschenwürdigen Wohnen noch reden will. [...] Die Gemeinde hat also in den im Jahr 1939 vorhandenen Wohnraum infolge der Evakuierungen, durch Zuwanderung der Ostflüchtlinge während dieser Zeit, also von 1939 bis heute 1017 Personen hineingepumpt. Seit 1939 bis heute ist kein zusätzlicher Wohnraum geschaffen worden.*[39]
Wie glaubwürdig sind diese Angaben? Welche Zahlen legte Dossenheim für seine Berechnungen zugrunde? Der Bürgermeister der Gemeinde unterstellte im Zeitraum von 1939 bis April 1946 einen Zuwachs von 1.017 Personen.[40] Laut den Angaben der amtlichen Statistiken hatte Dossenheim jedoch 1939 4.318 und im April 1946 4.918 Einwohner,[41] woraus sich ein Zuwachs von lediglich 613 Personen ergibt. Erst danach setzte innerhalb kürzester Zeit eine explosionsartige Zunahme der Bevölkerung ein: Im Juni des Jahres 1946 betrug die Einwohnerzahl 5.248.[42] Die Differenz beträgt aber selbst dann erst 930 und nicht 1.017, wie bereits im April des Jahres behauptet. Tatsächlich ging die Gemeinde von einem zu niedrigen Bevölkerungsstand für das Jahr 1939 aus; sie legte in ihren Berechnungen 3.900 statt 4.318 Einwohner zugrunde und konnte auf diese Weise eine Zunahme von 1.900 Personen vorgeben.[43] Allgemein bilden die Zahlen, die von den Gemeinden - und nicht nur von Dossenheim - in die Diskussion eingebracht wurden, keinen verläßlichen Vergleichsmaßstab. Die Gemeinden versuchten durch die Manipulation der Zahlen, ihre Kontingente so niedrig wie möglich zu halten. Obwohl nach allen objektiv überprüfbaren Kriterien Dossenheim keineswegs schlechter gestellt war als andere Gemeinden, suchte es mit allen Mitteln seine angebliche Benachteiligung geltend zu machen. Die Behauptung, daß die Evakuierten in Dossenheim nicht auf das Flüchtlingskontingent angerechnet worden seien, war eine Standardbeschwerde der Gemeinde. Den Angaben Dossenheims zufolge hatte der erste kommissarische Bürgermeister bei einer Evaku-

---

38   Maximal waren in den Notunterkünften 300 - 400 Personen untergebracht. Vgl. Verzeichnis der Gemeindezwischenlager in Nordbaden o. Datum (GLAK, Bestand 466, Zugang 1981/47, Nr. 282); Tagesbericht v. 10. - 12.08.1946 (A 1238).
39   Bürgermeisterstellvertreter Ruland an den Landrat - Abt. 1 - v. 18.04.1946 (A 1238).
40   Die Ausdifferenzierung wurde von der Gemeinde folgendermaßen erläutert: *Darunter befinden sich 716 Ostflüchtlinge. Demnach beträgt der Zuwachs aus den umliegenden Städten und insbesondere aus der Heidelberger Evakuiertenaktion insgesamt 1184 Personen.* Vgl. Bürgermeister an den Referenten für das Flüchtlingswesen v. 14.08.1946 (A 1238 und GLAK, Bestand 466, Zugang 1981/47, Nr. 294).
41   HILSHEIMER (1963) S. 69 ff.
42   STATISTISCHE LANDESÄMTER IN STUTTGART UND KARLSRUHE (Hg.) (1947).
43   Bürgermeister an den Referenten für das Flüchtlingswesen v. 14.08.1946 (A 1238 und GLAK, Bestand 466, Zugang 1981/47, Nr. 294). Die Zunahme von 1.900 Personen setzt sich aus dem natürlichen Bevölkerungszuwachs und der Zuwanderung zusammen.

iertenaktion ca. 200 Personen über das vorgesehene Kontingent hinaus aufgenommen,[44] was bei der Berechnung der Zuweisungen keine Berücksichtigung gefunden habe. Dabei will er *[Lenhard] von dem damaligen Flüchtlingsreferenten beim Landratsamt Heidelberg die Zusage erhalten haben, daß diese eingewiesenen Personen auf das Flüchtlingskontingent, das der Gemeinde Dossenheim zufallen wird, angerechnet werden. Diese Zusage ist bis heute noch nicht eingelöst worden.*[45] Tatsächlich aber wurden die Evakuiertenzahlen bei der Berechnung der Wohndichten und der Belegung der Gemeinden berücksichtigt. Die Reaktionen der übergeordneten Stellen zeigen, daß der Vorwurf Dossenheims grundlos war.[46]
Des weiteren insistierte Dossenheim beständig darauf, daß andere Gemeinden trotz annähernd gleicher Einwohnerzahl weniger Flüchtlinge zugewiesen bekommen bzw. ein wesentlich kleineres Kontingent zu erwarten gehabt hätten. Dossenheim betonte, gegenüber *gleichgroßen Gemeinden des Landkreises rund 700 Personen zuviel*[47] erhalten zu haben und beabsichtigte damit die Probleme in der Gemeinde zu rechtfertigen: *Daraus läßt sich aber auch begreiflich finden, daß die Unterbringung der Ostflüchtlinge in diesen Gemeinden nicht die Schwierigkeiten bereitet, wie dies in hiesiger Gemeinde tatsächlich der Fall ist.*[48] Dossenheim bewirkte mit diesem Verhalten immerhin eine genauere Überprüfung in den Nachbargemeinden: *Es wird festgestellt, daß die Gemeinde Eppelheim bei der Aufschlüsselung der im Landkreis Heidelberg unterzubringenden Ostflüchtlingen ein vorläufiges Kontingent von 795 Ostflüchtlingen erhalten hat, während die Gemeinde Dossenheim, bei der dieselben Voraussetzungen im Zeitpunkt der Aufschlüsselung vorlagen wie bei dieser Gemeinde 1121 Ostflüchtlinge erhalten hat. Der Flüchtlingsreferent sagt zu, die Wohnverhältnisse in der Gemeinde Eppelheim genau so durchzuprüfen, als jetzt bei der Gemeinde Dossenheim geschehen ist. Beim Vorhandensein unbilliger Härten zwischen beiden Gemeinden erfolgt ein billiger und gerechter Ausgleich.*[49] Auch die weiteren Argumente, mit denen Dossenheim die Behauptung ungerechter Überbelastung belegen wollte, erweisen sich kaum als tragfähiger. So betonte Dossenheim immer wieder seine begrenzte Gemarkung. Doch von der geringen Aussagekraft dieses Argumentes abgesehen, waren die Gemarkungen der Gemeinden des Landkreises mit annähernd gleichgroßer Population in der Regel auch nicht größer. Eine Ausnahme stellte Schriesheim dar, das eine Gemarkung von 25,65 km² und eine für den Landkreis Mannheim ungewöhnlich niedrige Wohndichte aufzuweisen hatte. Auch die Wohndichte pro km² - die einen objektiveren Maßstab für die Überbelastung darstellt - belegt, daß Dossenheim keinerlei Anlaß hatte, sich über eine Benachteiligung zu beschweren.

---

44 Bürgermeister an den Landeskommissar für das Flüchtlingswesen v. 14.08.1946 (A 1238 und GLAK, Bestand 466, Zugang 1981/47, Nr. 294).
45 Ebd.
46 Siehe dazu unten: S. 213 ff.
47 Bürgermeister an den Landeskommissar für das Flüchtlingswesen v. 14.08.1946 (A 1238 und GLAK, Bestand 466, Zugang 1981/47, Nr. 294).
48 Ebd.
49 Vereinbarung zwischen dem Bürgermeisterstellvertreter Ruland und dem Kreisflüchtlingsreferenten Bucher v. 21.10.1946 (Box 116 647/10).

Tabelle 7: Gemarkung und Wohndichte pro km² einzelner Gemeinden der Landkreise Heidelberg und Mannheim

	Gemarkung	Wohndichte pro km² 1939	Wohndichte pro km² 1946
Dossenheim	14,11	306	375
Eppelheim	5,70	726	863
Neckargemünd	10,68	362	549
Nußloch	13,59	298	363
Schriesheim	25,65	167	212
Heddesheim	14,68	289	338
Landkreis Heidelberg	487,03	186	239
Landkreis Mannheim	312,19	329	400

Quelle: STATISTISCHES LANDESAMT STUTTGART (Hg.) (1952).

Das gleiche gilt für den Verweis auf den stark parzellierten Grundbesitz, die ländlichen Strukturen und den hohen Arbeiteranteil. Der stark parzellierte Grundbesitz war ein Phänomen der Gegend, kein Spezifikum Dossenheims. Die ländlichen Wohnraumverhältnisse wurden bei der Festlegung des Verteilungsschlüssels berücksichtigt,[50] und der Arbeiteranteil war im Landkreis allgemein hoch. Auch die Beschwerde über die z.T. daraus resultierenden Wohnungs- und Raumgrößen war keineswegs gerechtfertigt und *menschenwürdiges Wohnen* war damals ohnehin nur eingeschränkt möglich, die Klage darüber eher ein Gemeinplatz als ein ernstzunehmendes Argument.

Hinter den Argumenten der Überbelastung und des Benachteiligtseins verbarg sich die gezielte Strategie, eine Reduzierung des Flüchtlingskontingentes zu erwirken. Dossenheim stellte keine Ausnahme dar, auch andere Gemeinden betrieben eine vergleichbare Politik. Das Besondere an Dossenheim jedoch war seine Beharrlichkeit im Aufbegehren gegenüber Anweisungen übergeordneter Stellen.

Doch wie reagierte man auf höherer Ebene auf ein solches Verhalten? Die Reaktionen des Präsidenten des Landesbezirks Baden sowie die Stellungnahmen übergeordneter Stellen vermitteln den Eindruck, daß der Widerstand Dossenheims gegenüber dem vorgesehenen Flüchtlingskontingent von 1.121 Flüchtlingen eine übersteigerte, im Landkreis Heidelberg einmalige

---

50 Siehe dazu unten: S. 215.

und nicht gerechtfertigte Reaktion war.[51] Tatsächlich ist nirgends eine Benachteiligung der Gemeinde ersichtlich. Das Verhalten Dossenheims stieß auf Widerstand und wurde von den übergeordneten Stellen als ausgesprochen querulant empfunden. Das Gebaren der Gemeinde verursachte zusätzliche Arbeit; der Flüchtlingsreferent, der Landrat und der Präsident für das Flüchtlingswesen waren gezwungen, sich immer wieder mit dem Fall Dossenheim auseinanderzusetzen. Der beharrliche Widerstand der Gemeinde war nicht zuletzt Veranlassung für den Flüchtlingsreferenten auf Kreisebene, eine überörtliche Wohnraumerfassung durchführen zu lassen,[52] um sich über die Verhältnisse in Dossenheim Klarheit zu verschaffen. Wenige Monate später bat auch der Präsident des Landesbezirks Baden um Berichterstattung über die in Dossenheim errechnete Durchschnittszahl der vorhandenen Räume. Der Anlaß: Die von Dossenheim angegebene Zahl erschien im Verhältnis zu anderen Gemeinden zu niedrig.[53] Die bevorzugte Taktik Dossenheims war es, möglichst wenig Räume anzugeben, um das Flüchtlingskontingent zu senken. Doch anscheinend hatte Dossenheim zu sehr untertrieben! Die Gemeinde war jedoch nicht einsichtig in ihrem Verhalten. Im Juli 1947 beschloß sie eine Zuzugssperre mit sofortiger Wirkung.[54] Damit hatte die Gemeinde eindeutig ihren Kompetenzbereich überschritten, sie war weder berechtigt, Zuzugssperren zu verhängen, noch Anträge abzulehnen, die zwecks Herstellung der Familiengemeinschaft gestellt wurden.[55] Der Präsident machte darauf aufmerksam, daß die Gemeinde keine Sonderstellung einnehmen dürfe und die verhängte Zuzugssperre im Widerspuch zu seinen Anordnungen stehe.[56]

Ein Jahr später sah Dossenheim seine letzte Chance in dem Versuch, sich zum *Brennpunkt des Wohnungsbedarfs* erklären zu lassen, mußte allerdings eine Ablehnung hinnehmen: *Die Erklärung zum "Brennpunkt des Wohnungsbedarfs" kann nur dann befürwortet werden, wenn es sich um ganz aussergewöhnliche Notstände handelt, die über die allgemein gewordenen und üblichen hinausgehen. Es sind im Landesbezirk Baden bisher nur die Städte Mannheim und Pforzheim zu "Brennpunkten des Wohnungsbedarfs" erklärt worden, die trotz starker Zerstörung relativ 3mal so dicht belegt sind wie früher; ausserdem noch Heidelberg infolge der starken Inanspruchnahme von Wohnraum durch die Besatzungsmacht.*[57]

Insgesamt hatte die Gemeinde mit dem Versuch, ihr Flüchtlingskontingent zu reduzieren, keinen Erfolg. Im Gegenteil, ihr zunehmend destruktives Verhalten bewirkte eher Mißtrauen und Ablehnung. Bei allen weiteren Anliegen und Aktionen Dossenheims blieben Kreis- und Landesbehörden skeptisch. Es gelang den übergeordneten Instanzen jedoch nicht, Dossenheim zum Einlenken zu bewegen.

---

51   Siehe dazu oben: Eingangszitat S. 197 und S. 199 ff.
52   Bericht des Kreisflüchtlingsreferenten Bucher an den Landeskommissar v. 03.10.1946 (A 1238 und GLAK, Bestand 466, Zugang 1981/47, Nr. 294).
53   Landrat Abt. II an die Stadt- und Gemeindeverwaltungen des Landkreises Heidelberg v. 18.04.1947 (A 1238).
54   Gemeindeverwaltung an den Präsidenten des Landesbezirks Baden v. 22.07.1947 (A 1238).
55   Beim Wohnungswechsel bestand keinerlei Freizügigkeit; das Zuzugsverfahren war durch amerikanische Direktiven geregelt und fiel in den Kompetenzbereich des Landes- bzw. Staatskommissars für das Flüchtlingswesen.
56   Präsident des Landesbezirks Baden an die Gemeindeverwaltung Dossenheim v. 05.09.1947 (A 1238).
57   Präsident des Landesbezirks Baden an den Landrat des Landkreises Heidelberg v. 26.07.1948 (A 1238).

Die Gemeinde verzögert die Auflösung der Zwischenlager

Die amerikanische Besatzungsmacht war darauf bedacht, die Notunterkünfte so schnell wie möglich räumen zu lassen. Sie wollte eine Separierung der Vertriebenen und Flüchtlinge durch die einheimische Bevölkerung verhindern und damit auch das soziale Konfliktpotential eindämmen. Laut einer Anweisung der Landesmilitärregierung Württemberg-Baden waren die Zwischenlager bis spätstens 31.01.1947 zu räumen.[58] Nachdem Dossenheim bei seinem Ansinnen, die Zahl der ihm zugedachten Flüchtlinge zu reduzieren, keinen Erfolg hatte verzeichnen können, versuchte die Gemeinde den übergeordneten Behörden die Überbelastung der Gemeinde zu demonstrieren, indem sie die Auflösung der Zwischenlager verzögerte, obwohl eine Räumung der Massenunterkünfte dringend erforderlich war: *Die meisten Leute sind seit letztem Juli in diesen Unterkünften. In einen Raum gedrängt leben viele Familien auf Feldbetten und Doppelbetten. Es ist ungenügende Heizfläche zum Kochen vorhanden und die meisten Räume sind ungenügend geheizt*, beschrieb Middelmann, der badische Landeskommissar für das Flüchtlingswesen im März 1947 die Situation in Dossenheim.[59]
Detailliertere Informationen über die Zustände in den Zwischenlagern sind jedoch selten. Die häufigsten Mißstände, die auftraten, scheinen fehlende Wasch- und Kochmöglichkeiten, unzureichende Schlafgelegenheiten und Probleme mit zu geringer Lichtversorgung gewesen zu sein. Die Arbeiterwohlfahrt monierte, daß in den Schulräumen die Glühbirnen fehlten und die Toilettenanlage verschlossen worden sei.[60] Nicht zuletzt waren die fehlenden Waschgelegenheiten vor allem in den Wirtshaussälen permanente Gefahrenherde für ansteckende Krankheiten und erschwerten die Versorgung kranker Menschen.
Die Vertriebenen lebten in großen Räumen dicht gedrängt, ohne jegliche Privatsphäre und von der einheimischen Bevölkerung abgesondert. Die im Laufe des Jahres 1946 neu eintreffenden Transporte hatten zwar den Druck auf die Gemeinde erhöht, die einheimische Bevölkerung aber zeigte sich bei der Einweisung in die Privatquartiere weiterhin wenig kooperativ. Der Flüchtlingsreferent des Landkreises Heidelberg sah sich im Oktober 1946 zum Durchgreifen veranlaßt. Er berichtet darüber an den Landeskommissar: *Erschwerte Arbeit habe ich in Dossenheim gehabt, da die Gemeinde die Aufnahmen in den Notquartieren zu halten suchte, um damit den Widerstand der Ortsansässigen für die Lenkung in die Privatquartiere nicht brechen zu müssen. Durch Einsatz meiner Leute wurden die Notquartiere geleert und von mir weitere Zuweisungen von 60 Personen vorgenommen [...].*[61] In dieser Charakterisierung werden die Entscheidungsstrukturen in der Gemeinde deutlich, die blockierend auf die Einweisung wirkten und auch vom Landrat und vom Kreisflüchtlingsreferent auf einer Dienstbesprechung im April 1947 angesprochen wurden: *Es [Dossenheim] weist 28 Familien auf, die den gleichen alten Namen tragen. Es ist in Protestanten und Katholiken geteilt, doch ist es ein festzusammenhaltendes, konservatives Dorf. Die Pfarrer und religiösen Führer finden keinen Ge-*

---

58 Referent des Flüchtlingswesens an den Bürgermeister v. Dossenheim v. 04./05.02.1947. Vgl. auch Referent an den Bürgermeister v. Dossenheim v. 22.04.1947 (A 1239).
59 Middelmann an den Kreisflüchtlingsreferenten v. 15.03.1947 (GLAK, Bestand 466, Zugang 1981/47, Nr. 294).
60 Ortsausschuß für Arbeiterwohlfahrt Dossenheim an den Bürgermeister v. 28.08.1946 (A 1238).
61 Bericht des Kreisflüchtlingsreferenten von Heidelberg - Bucher - über Dossenheim an den Landeskommissar v. 03.10.1946 (A 1238 und GLAK, Bestand 466, Zugang 1981/47, Nr. 294).

fallen darin, Flüchtlinge unterzubringen. Sie meinten, es sei genug Platz vorhanden und Herr Bucher, es sei schlecht angebracht, dieses Dorf irgendeine seiner Verpflichtungen selbst durchführen zu lassen.[62] Offensichtlich waren die *weltlichen* und *religiösen Führer* in dieser *Art kleiner selbständiger Republik* nicht willens und angesichts der bestehenden Beziehungsgeflechte zwischen den alteingesessenen Familien auch nicht in der Lage, für die einheimische Bevölkerung belastende Anweisungen 'von oben' aus eigener Kraft durchzuführen; die Landesregierung mußte die Auflösung der Zwischenlager in Dossenheim erst anmahnen.[63] Doch der Gemeinde gelang es, in Verhandlungen des Landrats mit der amerikanischen Militärregierung eine neue Frist zu vereinbaren. Gleichzeitig wurde dem Flüchtlingsreferenten ein größerer Handlungsspielraum eingeräumt; er konnte in Dossenheim Einweisungen vornehmen, was sonst außerhalb seines Aufgabenbereiches lag.[64] Trotzdem erzielte er nur begrenzten Erfolg. Die bis Anfang Mai 1947 durchgeführten Räumungen reichten bei weitem nicht aus, den Anforderungen der Militärregierung nachzukommen. Erst Mitte Mai gelang es, die Zwischenlager zu leeren.[65] Lediglich 30 Flüchtlinge verblieben in einer Gastwirtschaft in Schwabenheim.[66]

Die Sonderstellung Dossenheims wurde in der Auseinandersetzung um die Räumung der Zwischenlager erneut deutlich. Die Gemeinde galt als Querulant und kam erst nach endlosen Diskussionen und infolge massiven amtlichen Drucks den Aufforderungen der Militärregierung nach. Der bescheidene Erfolg, den Dossenheim bei dem Versuch, die Auflösung der Zwischenlager zu verzögern, zu verzeichnen hatte, verfehlte dennoch das eigentliche Ziel der Gemeinde. Eine Reduzierung des Flüchtlingskontingents konnte sie auch auf diesem Wege nicht erwirken. Neben den Zielen der Gemeinde wurden vor allem die Entscheidungsstrukturen und die Machtverhältnisse in Dossenheim deutlich. Maßgeblichen Einfluß im Entscheidungsprozeß übten die alteingesessenen Familien aus; die politischen *Führer* der Gemeinde blockierten selbst Anordnungen von 'oben', wenn sie nicht den Wünschen der alteingesessenen Bürger und Bürgerinnen entsprachen. Diese Tatsache stellt sicherlich einen zentralen Aspekt des Widerstands der Gemeinde dar. Die Verpflichtung gegenüber den Altbürgern hemmte das aktive Eingreifen der Gemeindeführung. Die verantwortlichen Persönlichkeiten der Gemeindeführung und die religiösen Oberhäupter ergriffen nicht die Initiative, der Wille einzelner Persönlichkeiten der Gemeinde bzw. die Option der einheimischen Bevölkerung waren maßgebender als die Anordnungen von 'oben'. Denn wenn die Altbürger und Altbürgerinnen willig waren, konnten Mißstände durchaus behoben werden: Für den 'Kerwetanz' am Kirchweihfest war es möglich, die entsprechenden Säle, die als Massenquartiere dienten, zu räumen und die Vertriebenen in Privatquartieren unterzubringen.[67] In diesem Fall war die Motivation groß genug![68]

---

62 Bericht über eine Dienstbesprechung des Landkreises Heidelberg v. 17.04.1947 (HSTAST, EA2/801 Bü. 10).
63 Middelmann an den Flüchtlingsreferenten v. 15.03.1947 (GLAK, Bestand 466, Zugang 1981/47, Nr. 294, Hervorhebung im Text).
64 Landrat an den Flüchtlingsreferenten v. 21.04.1947 (ebd.).
65 Bericht Gepperts an den Staatskommissar v. 19.05.1947 (ebd.).
66 Schwabenheim, eine kleinere Siedlung nahe Dossenheim, wurde 1925 eingemeindet.
67 Vgl. HILSHEIMER (1963) S. 72. Die Verfasserin nennt kein genaues Datum.
68 Das jährlich stattfindende Kirchweihfest ist in der Tradition der Gemeinde stark verankert und nimmt auch heute noch im Kalenderjahr eine herausragende Stellung ein.

Einweisung und Unterbringung in den Privatquartieren.
Das ablehnende Verhalten der einheimischen Bevölkerung.

Standen bisher die Strategien der Gemeinde im Vordergrund, rückt im folgenden das Verhalten der Dossenheimer Bevölkerung ins Blickfeld. Bei der Einweisung in die Privatquartiere wurden die Einheimischen weit stärker als bisher mit den Problemen der Vertriebenen, mit ihrer Unterbringung und Versorgung konfrontiert. Um den Vorgang der Einweisung und die damit auftretenden Schwierigkeiten beurteilen zu können, werden im folgenden die Modalitäten kurz geschildert.

Der Artikel IV des Wohnungsgesetzes des Alliierten Kontrollrates vom 08.03.1946 legt fest, daß die Wohnungsbehörden *alle erforderlichen Maßnahmen zu treffen haben, um in ihrem Amtsbereich allen Personen gemäß den von der Militärregierung festgesetzten oder noch festzusetzenden Normen, Wohnraum zu beschaffen.*[69] Dabei darf der Einfluß der jeweiligen Wohnungsämter nicht unterschätzt werden, sie hatten nach Maßgabe der örtlichen Verhältnisse über 'freien' Wohnraum und deren Belegung zu entscheiden. 'Freier Wohnraum' mußte unverzüglich gemeldet und durfte erst nach Zuteilung durch die Wohnungskommission bezogen werden. Probleme, Konflikte und Weigerungen führten zu einer zunehmenden Konkretisierung und Verschärfung der Definitionen und Bestimmungen. Voraussetzung für die Wohnraumverteilung war eine Wohnungsbestandsaufnahme, die ab Februar 1946 durchgeführt wurde. Im Laufe des Jahres erstellte die Gemeindeverwaltung eine Wohnkartei, um eine Übersicht über den Bestand an Wohnraum und über seine Qualität zu erhalten.[70] Die amerikanische Militärregierung setzte als Belegungsmaßstab 2 Personen je Raum fest. Dabei wurden auch ländliche Verhältnisse berücksichtigt, so daß 2 Kammern und Stuben mit der Gesamtgröße von 25 m² wie ein Raum bewertet wurden. Nachdem der Wohnraum registriert war, mußte der als 'frei' erkannte Raum beschlagnahmt und verteilt werden. Daneben konnte zweckentfremdeter Wohnraum wieder seinem ursprünglichen Zweck zugeführt, ein Wohnungstausch angeordnet und die Aufforderung ausgesprochen werden, vorhandenen Wohnraum um- oder auszubauen und dringende Reparaturarbeiten durchführen zu lassen.[71] Das Kontrollratsgesetz wie seine Ausführungsbestimmungen nannten Vertriebene bzw. Flüchtlinge nicht explizit als eigene, bevorzugt zu behandelnde Gruppe.

Sucht man anhand der Gemeindeakten zu beleuchten, wie sich Einheimische gegenüber den Neubürgern und Neubürgerinnen bei der Wohnungsvergabe verhielten, so sind auch hier ähnliche Abwehr- und Verweigerungstendenzen zu beobachten wie bei der Politik der Gemeinde. Die nachfolgenden Beispiele zeigen, daß die Dossenheimer Bevölkerung nicht bereit war, die Arbeit des Wohnungsamtes bzw. der Wohnungskommission zu unterstützen. Freilich ist hierbei zu beachten, daß die Akten nichts über den *Normalfall* aussagen; festgehalten sind immer nur die nicht-alltäglichen Fälle. Dennoch lassen sich bestimmte Grundmuster des Verhaltens herausarbeiten, die in abgeschwächteren Formen häufiger aufgetreten sein dürften.

---

69   Artikel IV des Wohnungsgesetzes Nr. 18 des Alliierten Kontrollrates vom 08.03.1946, in: Regierungsblatt der Militärregierung Württemberg-Baden, Stuttgart, 22.05.1946, S. 3.
70   Archiviert wurde von der Wohnraumerfassung in Dossenheim die Wohnraumzusammenstellung der Gemeinde, allerdings ohne Angabe eines Datums.
71   Artikel VI des Kontrollratsgesetzes Nr. 18, in: Regierungsblatt der Militärregierung Württemberg-Baden, Stuttgart, 22.05.1946, S. 3.

Berücksichtigt man die massiven Eingriffe in die Privatsphäre der Einheimischen, die Tatsache, daß sie fremde Menschen in ihre Wohnungen aufnehmen und auf eigenen Wohnraum verzichten mußten - zumal in einer Situation, in der alle durch die Auswirkungen des Krieges extremen Belastungen ausgesetzt waren - dann waren Spannungen und Konflikte vorprogrammiert. In Dossenheim kam es bei der Einweisung der Vertriebenen gar zu Handgreiflichkeiten und gewaltsame Einweisungen mußten mehr als einmal vorgenommen werden: Im August des Jahres 1946 wurden mindestens 57 Flüchtlinge zwangsweise in ihren Quartieren untergebracht.[72] Die Wohnungskommission mußte immer wieder eingreifen, Drohungen und Fristen aussprechen, um den erfaßten Wohnraum für die Zuweisungen von Vertriebenen bereitzustellen. Wie bei der Auflösung der Zwischenlager konnte die Einweisung in den meisten Fällen nicht verhindert, sondern nur verzögert werden.

Der Widerstand der Bevölkerung bei der Einweisung von Vertriebenen zwang die übergeordneten Instanzen erneut zum Handeln: Das Landratsamt schickte einen Außenangestellten, um die Ermittlung von Privatunterkünften in Dossenheim vorzunehmen. Aber die Gemeinde war nicht bereit, das Vorgehen des Außenangestellten zu akzeptieren; sie beschwerte sich über die Art und Weise der Ermittlung. Der Beauftragte des Landrats, Dischinger, habe sich in die Häuser begeben, darin Umschau gehalten, ob Räume noch aufzufinden seien, in denen nicht 2 und noch mehr Betten standen.[73] Er habe sich dabei nicht bemüht, bei den einzelnen Familien die obwaltenden Verhältnisse zu erfragen und abzuwägen, ob hernach noch eine Beschlagnahmung in Betracht kommen könne. Doch das Mißtrauen Dischingers war berechtigt angesichts der Neigung der Gemeinde, den vorhandenen Wohnraum geringer anzugeben als er war.

Spannungen auf der Ebene zwischenmenschlicher Beziehungen kulminierten in der Wohnungsfrage; zahlreiche schriftliche Beschwerden der Vertriebenen schildern die Probleme aus der Perspektive der Eingewiesenen: *Im August 1946 kam ich mit meiner Ehefrau nach hier in das Lager Schlössel. Am 15.08.1946 erhielten wir ein Zimmer bei A. B. Es hat eine Größe von Länge 5 m, Breite 2,20 m, Höhe 2,20 m. Nach Abzug von Schornstein und Treppenabsatz verbleiben etwa 10 qm. Der Raum wurde früher als Waschküche benutzt. In dem Raum müssen wir wohnen, schlafen, kochen und waschen. Es stehen folgende Einrichtungsgegenstände darin: 1 Bett, 1 Ofen, 1 Tisch, 1 Stuhl, 2 Hocker, 1 Regal und 1 große Kiste. Die Bewegungsfreiheit ist also sehr eingeschränkt.*[74] In der Regel stand einer mehrköpfigen Vertriebenenfamilie ein Raum von etwa 10 qm zur Verfügung. Die Unterkünfte waren oft Keller- oder Speicherräume bzw. Mansarden, also Räume, die nicht als Wohnräume geplant waren und denen häufig eine wohnwürdige Ausstattung fehlte. *Licht und Luft haben keinen direkten Zutritt in das Zimmer. Ein Halbfenster mündet in den Stiegenaufgang, das andere direkt in einen Dachbodenabstellraum und ist durch Gestrüpp u.a. abgestellten Kram teilweise verlegt. Die Folge: stets stickige, schwere Luft und finster, so daß ich früh lange und abends zeitig Licht brennen muß, an düsteren Tagen auch tagsüber. Der Fußboden ist aus Zement, was in der bevorstehenden kalten Jahreszeit unerträglich und gesundheitsschädigend sein wird, da doch keine wärmende Schuhkleidung uns zur Verfügung steht.*[75]

---

72   Tagesbericht v. 08. u. 09. sowie 14. u. 18. August 1946 (A 1239).
73   Gemeindeverwaltung an den Kreisreferenten für das Flüchtlingswesen v. 14.07.1946 (A 1239).
74   J. H. an den Bürgermeister v. 28.09.1949 (A 1229).
75   A. K. an das Bürgermeisteramt v. 21.08.1947 (A 1237).

Die oftmals nicht zum Wohnen bestimmten Verschläge waren häufig nur durch gefährliche Aufgänge zu erreichen. Den Räumen fehlte es an Wasch-, Koch- und Schlafmöglichkeiten; Mobiliar mußte beschafft werden. Die gemeinsame Benutzung der Küchen reduzierte nicht das Konfliktpotential zwischen Einheimischen und Vertriebenen; die Bereitstellung von Betten,[76] Öfen und Herden war jedoch schwierig. In den Wintermonaten verschlechterte sich die Situation, da viele Unterkünfte keine Möglichkeiten zum Heizen boten. Im Oktober 1946 wurden die Gemeindeverwaltungen vom Landratsamt mit der Erfassung nichtbenutzter Öfen u.ä. beauftragt, um dem Notstand in den Gemeinden abzuhelfen.[77] Eine weitere Maßnahme war darauf ausgerichtet, in den Gastwirtschaften und Sälen Wärmestuben einzurichten, um den Flüchtlingen wenigstens tagsüber die Möglichkeit eines warmen Aufenthaltsortes zu gewährleisten. Das Fehlen von Waschmöglichkeiten zwang die vertriebenen Familien, ihr Wasser vom Hof oder aus dem Wohnbereich der einheimischen Familie zu holen; ein Anlaß mehr für Spannungen. *Meine Frau und ich bewohnen mit unserem jetzt 11 Monate alten Detlef hier in Dossenheim bei genannter Familie eine Dachmansarde mit der Fläche 3,75*2,80 m, davon 1,45 m Abschrägung. [...] Trotzdem in diesem Stockwerk ein Badezimmer vorhanden ist, hat die Familie S. die Benutzung derselben[78] untersagt, so daß wir das auf dem Hof gelegene Klosett benutzen müssen. [...] Die Benutzung der Waschküche wurde uns allen Flüchtlingen untersagt, da Familie S. dort Obst lagert. Ebenso war es mit der Benutzung der Kinderbadewanne für unseren Säugling, obwohl S. im Besitze von bestimmt mindestens 3 Waschwannen sind,*[79] schrieb ein Vertriebener auf Anraten der Mütterberatungsstunde dem Staatlichen Gesundheitsamt.

Viele Einheimische griffen angesichts der Beschlagnahmung von Wohnraum zu Schikanen, ihr Verhalten zeichnete sich durch ein hohes Maß an Aggressivität aus. So beklagte sich beispielsweise eine Vertriebene über den Sohn des Hauseigentümers, der ihr seit 14 Tagen den Lichtanschluß unterbunden und sich allerlei Eingriffe erlaubt habe. Er sei während ihrer Abwesenheit in ihre Räume eingedrungen und habe ihre Kinder geschlagen.[80]

Vielfach spiegeln die Reaktionen der Einheimischen das mangelnde Verständnis für die Eingewiesenen wider. Eine ältere Frau beklagte sich über das Verhalten ihrer Untermieter bzw. ihrer Hausgenossen: *Die Aufregungen, die ich durch diese Leute täglich habe, haben meine Nerven derart zerrüttet, daß ich beim bloßen Anblick der Menschen schon zittre. Ich habe doch schon wiederholt die untragbaren Zustände geschildert, die bei diesen Menschen herrschen. Sie schlagen und streiten sich gegenseitig stundenlang, springen dabei durchs Treppenhaus, knallen die Türen zu, schlagen sich im Hof oder auf dem Dachboden weiter. Sie beschimpfen sich mit den gemeinsten Wörtern, aber nicht allein in ihrem Zimmer, auch im Treppenhaus, daß es die Kinder mitanhören müssen. Wenn man sie zur Ruhe und Ordnung mahnt, werden sie so frech und gemein, und treiben [es] noch ärger als zuvor.*[81]

76	Im Herbst des Jahres 1946 wurden insgesamt 513 amerikanische Feldbetten an die Gemeinde Dossenheim geliefert. Vgl. Landrat an die Gemeindeverwaltungen des Landkreises v. 26.10.1946 (A 1244).
77	Landrat an die Gemeindeverwaltungen des Landkreises v. 26.10.1946 (A 1244).
78	Fehler in Quelle.
79	K. J. B. an das Staatliche Gesundheitsamt v. 17.09.1947 (A 1237).
80	Bericht des Flüchtlingsausschusses v. 23.04.1948 (A 1237).
81	Einheimische Frau an die Gemeindeverwaltung v. 23.03.1951 (A 1233).

Es waren immer wieder die gleichen Themen - das unfreiwillige Eindringen der Vertriebenen in die Privatsphäre, die gemeinsame Küchen-, Toiletten- und Badnutzung sowie die Vorurteile gegenüber der fremden Mentalität - die Probleme aufwarfen und die das recht schroffe und ablehnende Verhalten vieler Einheimischer offenbarten. Trotz allem waren Einheimische und Vertriebene gezwungen, Monate und Jahre auf engstem Raum miteinander zu leben und sich zu arrangieren, denn Verfügungen und Beschlagnahmungen - einmal ausgesprochen - wurden in den seltensten Fällen wieder rückgängig gemacht. Mit ihrem Gebaren signalisierten einzelne Einheimische zwar den übergeordneten Stellen ihren Protest und verzögerten des öfteren auch die angeordnete Einweisung, verhinderten sie letztlich aber nicht. Die Gemeindeverwaltung nahm eine abwartende Haltung ein. Sie hatte nicht das Recht, die Verfügungen rückgängig zu machen, tat aber auch nichts, um die Bevölkerung zur raschen Freigabe der beschlagnahmten Räume zu bewegen. Offensichtlich suchte sie jeder Gelegenheit auszuweichen, sich durch fremdenfreundlichere Aktionen bei der einheimischen Bevölkerung unbeliebt zu machen. Das Verhalten der Bevölkerung entsprach durchaus dem Agieren der Gemeindeverwaltung; auch hier glänzte man durch mangelnde Initiative und das Unterlassen von zwischenmenschlichen Hilfeleistungen.

Die "Burggartensiedlung"

Wenden wir uns abschließend noch einmal der Politik der Gemeinde zu. Nachdem die Vertriebenen übergangsmäßig in Privatquartieren und Behelfswohnbauten bzw. mittelfristig in ausgebauten Dachstühlen untergebracht waren, wurde Ende der 40er Jahre das erste größere Neubauprojekt für Vertriebene in Angriff genommen: die "Burggartensiedlung", ein Projekt der Gemeinde, der Siedlungsgemeinschaft der Heimatvertriebenen Dossenheim und des Evangelischen Hilfswerks unter Mithilfe der Heimatvertriebenen. Vom November 1949 bis Juli 1950 entstanden 13 Baueinheiten auf gemeindeeigenem, im Erbbaurecht zu überlassenden Gelände.[82] Doch der Baugrund, auf dem die Siedlung errichtet wurde, war minderwertig: Es handelte sich um eine Geröllhalde, ein Baugelände eindeutig minderer Qualität, das deshalb aber entsprechend preiswert war. Hochwertigeres Bauland wurde von der Gemeinde zugunsten gewinnträchtiger Vergabe zurückgehalten, wie es auch in anderen Gemeinden gängige Praxis war.[83]

Die Erschließung bereitete sowohl den Vertriebenen als auch den Bauherren zahlreiche Schwierigkeiten. Zunächst schien eine ordnungsgemäße Entwässerung nicht möglich,[84] und vor allem die Wasserversorgung der "Burggartensiedlung" warf Probleme auf. Noch Jahre danach waren die Schwachstellen nicht beseitigt, wie in einem Zeitungsartikel aus dem Jahr 1954 berichtet wird: *Der heutige Artikel soll dem Sorgenkind der Gemeinde Dossenheim gewidmet sein, der Burggartensiedlung. [...] Nach der Errichtung der Siedlung ergaben sich zwei sehr prekäre Mißstände: die Siedler litten unter dem ungenügenden Druck in den Wasserleitungen,*

---

82 Siedlungsgemeinschaft an den Gemeinderat v. 08.09.1949 und Gesamtbaubeschreibung, Dossenheim, den 01.09.1949 (Box 113 642/84).
83 SCHWEDT (1969) S. 29.
84 Auszug aus der Sitzung der Ortsbaukommission v. 28.11.1949 (Box 115 644/80).

der das Wasser oft nicht nach der hochgelegenen Siedlung transportieren konnte, ferner unter dem schlechten Zustand der Zufahrtsstraßen.[85] Interessant ist, welche Gründe die Gemeinde veranlaßt hat, die Mißstände zu beseitigen. *[...] die Straßen zur Burggartensiedlung sind zugleich die Anmarschwege zur Schauenburg, dem interessanten Wanderziel auf unserer Gemarkung. Gerade im Sinne der Fremdenwerbung ist es, wenn nun die betreffenden Straßen ausgebaut werden, so daß keine Diskrepanz mehr zu der hübschen Siedlung besteht.*[86] Für die Gemeinde hatte das Ortsbild Priorität. Dafür war sie bereit, die erforderlichen Mittel - im vorliegenden Fall die Sandsteine für eine Stützmauer entlang des Siedlungsgeländes - kostenlos zur Verfügung zu stellen, und zwar mit der Begründung, daß dadurch *dem Straßenzug ein ansehnlicheres Bild* verschafft werde.[87] Die Argumentationsweise im Gemeinderat legt die Vermutung nahe, daß solche Maßnahmen, sofern sie im Gemeinderat Zustimmung fanden, gegenüber der einheimischen Bevölkerung einer zusätzlichen Rechtfertigung bedurft haben. D.h. auch im Umgang mit den Problemen der Siedlungsgestaltung wird der Einfluß der Altbürgerschaft deutlich, die Entscheidungen wurden auch hier maßgeblich von den Persönlichkeiten angesehener Familien bestimmt. Demgegenüber scheint der Bau eines neuen Rathauses auf weniger Widerstand gestoßen zu sein: 1955 wurde das neue Gebäude eingeweiht. Der Rathausneubau war zwar in dieser Zeit angesichts der katastrophalen Wohnungslage heftig umstritten, zumal auch der Bau eines neuen Schulhauses bzw. eine Schulhauserweiterung anstand, wurde aber dennoch befürwortet. Auch bei kulturellen Einrichtungen - insbesondere bei der Errichtung von Sportanlagen - zeigte sich die Gemeinde großzügig. Vor allem schien es in diesen Fällen kein Problem zu sein, geeignetes Gelände zu beschaffen; anders, wenn Vertriebene und gemeinnützige Baugenossenschaften um Bauland anfragten.

Die Baulandpolitik der Gemeinde verdeutlicht erneut, wie wenig Dossenheim für seine Neubürger und Neubürgerinnen - wenigstens in dem schwierigen ersten Nachkriegsjahrzehnt - zu tun bereit war, selbst wenn Zugeständnisse ohne ernsthafte Einschränkung der einheimischen Bevölkerung möglich gewesen wären. Zugleich macht dieses Verhalten die geringe Wertschätzung der Vertriebenen innerhalb der Gemeinde deutlich.

Daß die Politik der Gemeinde auch von außen kritisiert wurde, belegt der oben zitierte Zeitungsartikel. Darüber, wie die Vertriebenen die Situation selbst bewertet haben, ist wenig bekannt. Sie selbst werden nur zurückhaltend Kritik geäußert haben, sie mußten die kommenden Jahre in Dossenheim leben und sich längerfristig mit der einheimischen Bevölkerung sowie mit der Gemeindeverwaltung arrangieren.[88]

---

85   *Die Burggartensiedlung. Ein Sorgenkind der Gemeinde Dossenheim.* Rhein-Neckar-Zeitung v. 23.07.1954 (Box 113 64/84).
86   Ebd.
87   Gemeinderatsprotokoll v. 05.12.1952 (Gemeindeverwaltung Dossenheim).
88   Aktive Mitbestimmung und politisches Engagement der Vertriebenen waren zunächst begrenzt. Bei der Gemeinderatswahl vom 27.01.1946 konnten noch keine Vertreter der Vertriebenen in den Gemeinderat gewählt werden, da Personen, die weniger als 12 Monate in der Gemeinde wohnhaft waren, vom Wahlrecht ausgeschlossen waren. Bei der Wahl am 28.01.1951 ging von neun Sitzen einer an den "Block der Heimatvertriebenen und Entrechteten" (BHE), wer allerdings von den Vertriebenen für andere Parteien kandidierte, geht aus den Quellen nicht hervor. Vgl. Kreisarchiv Rhein-Neckar-Kreis (KARNK), Abt. 10, Zugang 1992/3, Nr. 1 - 3.

Resumée 'Von den Schwierigkeiten bei der Neuformierung der deutschen Nachkriegsgesellschaft'

Die Schwierigkeiten im Umgang mit den Heimatvertriebenen, wie sie für die Gemeinde Dossenheim herausgearbeitet wurden, waren keine singulären Erscheinungen, sondern generelle Probleme der Nachkriegszeit. Die Lösungen allerdings, der Umgang mit diesen Problemen war sehr unterschiedlich. Die meisten Gemeinden waren weniger beharrlich als Dossenheim, haben ihren Protest frühzeitig eingestellt bzw. die schwierige Situation akzeptiert, wie das Beispiel Hettingen zeigt. Dort wurden bereits im Vorfeld Vorbereitungen für die Ankunft der Vertriebenen getroffen. Die Gemeinde setzte sich mit vollem Engagement für die Neubürger und Neubürgerinnen ein und war zu außerordentlichen Opfern bereit: Noch vor Ankunft der Vertriebenen wurden die ersten Bautätigkeiten unternommen.[89] In Dossenheim war dies nicht der Fall. Um so besser konnten an diesem Beispiel die generellen Strategien, die allgemeinen Praktiken im Umgang mit den Flüchtlingen und Vertriebenen herausgearbeitet werden.

Die Frage nach den Erklärungsmustern, nach den Gründen für die exponierte Stellung Dossenheims, ist wesentlich schwieriger zu beantworten als die Offenlegung der Strategien, Ziele und Verhaltensweisen. Denn weder die Rahmenbedingungen der Gemeinde unterschieden sich wesentlich von denen der Nachbargemeinden, noch ist eine ungerechte Behandlung durch die übergeordneten Stellen, durch den Landrat oder den Flüchtlingsreferenten, wie sie von der Gemeinde immer wieder betont wurde, ersichtlich. Eine wichtige Rolle aber spielte sicherlich die Tatsache, daß Dossenheim ein relativ abgeschlossenes soziales Gebilde darstellte, das seine Traditionen auch heute noch pflegt und sich Neuerungen gegenüber nur wenig offen zeigte. Die 'separatistische' Tendenz der Gemeinde, wie sie bei dem hartnäckigen Widerstreben gegen die Eingemeindung nach Heidelberg, zum Ausdruck kommt, ist charakteristisch für das Verhalten der Dossenheimer Bürgerschaft. Entscheidend für den Widerstand war auch die Tatsache, daß die politischen Vertreter der Gemeinde auf die alteingesessenen Familien - denen sie durch Wahl verpflichtet waren - Rücksicht nahmen. So mag jeder Impuls zur Entwicklung von Eigeninitiative gefehlt haben; die Anordnungen von 'oben' wurden von der Gemeinde blockiert. Ein Bericht des Landeskommissars für das Flüchtlingswesen vom Mai 1947 bestätigt dies: Von den Persönlichkeiten der Gemeinde, allen voran von dem Bürgermeister, habe man den Eindruck gewinnen müssen, *daß er in der Unterbringung der Flüchtlinge nichts Entscheidendes tun wolle.*[90] Daneben spielten auch die Kirchenoberhäupter der Gemeinde eine Rolle, denn gerade sie waren es, die u.a. in Hettenbach das Engagement der Gemeinde förderten und denen in Dossenheim von übergeordneter Stelle unterstellt wurde, daß sie keinen Gefallen daran finden würden, die Flüchtlinge unterzubringen.[91] In Dossenheim hielten sich die kirchlichen Oberhäupter im Hintergrund. Der Politik der Gemeinde entsprach durchaus das Verhalten der einheimischen Bevölkerung: Man verhielt sich ablehnend und widersetzte sich den Anordnungen von 'oben'; jedoch in beiden Fällen mit bescheidenem Erfolg.

---

89 Vgl. ASSION & SCHNEIDER (Hgg.) (1974) S. 334 - 344. Auch die Gemeinde Nürtingen machte sich bereits vor dem Eintreffen der ersten Transporte Gedanken über die Verpflegung und Unterbringung. Vgl. STADT NÜRTINGEN (Hg.) (1989).

90 Landeskommissar an die Kreisflüchtlingsreferenten v. 06.05.1947 (GLAK, Bestand 466, Zugang 1981/47, Nr. 294).

91 Siehe dazu oben: S. 213 f.

Festzuhalten bleibt, daß der Umgang mit den Vertriebenen in Dossenheim die oftmals formulierte Euphorie von einer problemlosen und gelungenen Integration der Vertriebenen und Flüchtlinge in die Bundesrepublik Deutschland relativiert. Die nach wie vor positive Einschätzung dieses Vorgangs spiegelt das Zitat von Bundesminister Zimmermann wider. Er formulierte 1982: *Zu den herausragenden Leistungen in der deutschen Nachkriegsgeschichte gehört die Eingliederung der mehr als 12 Millionen deutschen Vertriebenen und Flüchtlinge. Sie leben längst als Bürger der Bundesrepublik nicht anders als die Deutschen, die hier schon immer ansässig sind.*[92] Doch die Situation 'vor Ort' gestaltete sich zumindest in der Frühphase der Integration wesentlich problematischer, wie das Beispiel Dossenheim zeigt.

---

92 DER BUNDESMINISTER DES INNEREN (1982) S. 3; vgl. auch REICHLING (1989) S. 12, der folgendes formulierte: *Sie [die Schrift] soll vielmehr einen historischen Rückblick auf die Eingliederung der Vertriebenen und Flüchtlinge vermitteln, dessen positiver Verlauf dem Zusammenwirken des Bundes und der Länder, der Parteien und Verbände, nicht zuletzt den Bürgern - den Alteingesessenen und Vertriebenen gleichermaßen zu verdanken ist.* sowie die Geleitworte des Ministerpräsidenten Dr. Hans Filbinger, in: SCHWARZ (1975) S. 8 - 9.

Literaturverzeichnis

Ackermann, Volker (1990): Integration: Begriff, Leitbilder, Probleme. Integration ein abgenutzter Begriff, in: Bade (Hg.), 1990, Münster, S. 14 - 36

Assion, Peter & Schneider, Gerhard (Hg.) (1974): Hettingen. Aus der Geschichte eines Baulandortes. Aufgrund der Vorarbeiten von Johann Kuhn, Hettingen

Bade, Klaus J. (Hg.) (1990): Neue Heimat im Westen. Vertriebene, Flüchtlinge, Aussiedler, Münster

Badisches Statistisches Landesamt in Karlsruhe und Württembergisches Statistisches Landesamt in Stuttgart (Hgg.) (1949a): Die Wohnungszählung vom 29. Oktober 1946 in Württemberg-Baden, Stuttgart und Karlsruhe

Badisches Statistisches Landesamt in Karlsruhe und Württembergisches Statistisches Landesamt in Stuttgart (Hgg.) (1949b): Die Wahl zum Ersten Bundestag der Bundesrepublik Deutschland am 14. August 1949, Stuttgart u.a.

Badisches Statistisches Landesamt Karlsruhe (Hg.) (1949): Statistische Zahlen aus Nordbaden. Kurzbericht Nr.3. Juni 1949, Karlsruhe

Badisches Statistisches Landesamt Karlsruhe (Hg.) (o.J.): Evakuierte und Flüchtlinge im Landesbezirk Baden, Karlsruhe

Bock, Gustav (1953): Das donauschwäbische Landvolk in Vergangenheit und Gegenwart. Eine Untersuchung über die Heimatvertriebenen in den nordwürttembergischen Kreisen Mergentheim, Aalen, Schwäbisch Gmünd, Waiblingen, Diss. Hohenheim

Boos, Engelberta (1958): Die wirtschaftliche und soziale Eingliederung von Heimatvertriebenen in die Altstadt Heidelberg. Ein Beitrag zur soziologischen Untersuchung der Heidelberger Altstadt, Diss. Heidelberg

Der Bundesminister des Innern (1982): betrifft: Eingliederung der Vertriebenen, Flüchtlinge und Kriegsgeschädigten in der Bundesrepublik Deutschland, Bonn

Frantzioch, Marion (1987): Die Vertriebenen. Hemmnisse und Wege ihrer Integration (=Schriften zur Kultursoziologie, Bd. 9), Berlin

Hettenbach, Else (1949): Über das Flüchtlingsproblem im Landkreis Mannheim, masch. Diss. med. Frankfurt a. M.

Hilsheimer, Barbara (1963): Der Strukturwandel des Dorfes Dossenheim an der Bergstraße von 1880 bis zur Gegenwart. Maschinenschriftliche Arbeit zur 2. Prüfung für das Lehramt an Volksschulen in Baden-Württemberg, o. O.

Hund, Heinrich (1950): Flüchtlinge in einem deutschen Dorf. Eine soziographische Untersuchung über den wirtschaftlichen und sozialen Einbau von Ostvertriebenen in eine Landgemeinde an der Bergstraße, Diss. Heidelberg

Landkreis Ludwigsburg (Hg.) (1986): Die Eingliederung der Vertriebenen im Landkreis Ludwigsburg. Ein Rückblick auf vier Jahrzehnte seit 1945, Ludwigsburg

Lienert, Eva Maria & Lienert, Wilhelm (1985): Die Eingliederung der Heimatvertriebenen in Schwäbisch Gmünd - unter besonderer Berücksichtigung der Vertriebenen aus dem Sudetenland, in: Landeszentrale für politische Bildung Baden-Württemberg (Hg.) (1985): Zeugen des Wiederaufbaus, Redaktion: Thomas Schnabel, Villingen-Schwenningen, S. 163 - 238

Opitz, Thea (1953): Die Eingliederung der Heimatvertriebenen in ländlichen Orten, unter besonderer Berücksichtigung des Landvolks, dargestellt in fünf Gemeinden des Zabergäus im Kreis Heilbronn, masch. Diss. Hohenheim

Reichling, Gerhard (1989): Die deutschen Vertriebenen in Zahlen. Teil II: 40 Jahre Eingliederung in die Bundesrepublik, Bonn

Schäfer, Eckhard (1985): Wer hat uns damals geholfen? Der Neuanfang in Reutlingen aus der Sicht einer Flüchtlingsfamilie, in: Landeszentrale für politische Bildung Baden-Württemberg (Hg.) (1985): Zeugen des Wideraufbaus, Villingen-Schwenningen, S. 239 - 291

Schlau, Wilfried (1955): Heimatvertriebenes ostdeutsches Landvolk. Ergebnisse einer Untersuchung im Kreise Mergentheim (=Schriftenreihe des Instituts für Kultur- und Sozialforschung, Bd.5), Marburg

Schwarz, Sepp (Hg.) (1975): Drei Jahrzehnte. Die Heimatvertriebenen in Baden-Württemberg, hrsg. im Auftrag des Bundes der Vertriebenen Baden-Württemberg, Stuttgart

Schwedt, Herbert (1969): Heimatvertriebene in württembergischen Landgemeinden, in: Jahrbuch für ostdeutsche Volkskunde, Bd.12, Marburg, S. 27 - 40

Stadt Nürtingen (Hg.) (1989): Im Schwabenland eine neue Heimat gefunden. Die Eingliederung der Heimatvertriebenen im Altkreis Nürtingen. Katalog zur Ausstellung anläßlich der Heimattage Baden-Württemberg, Nürtingen

Statistische Landesämter in Stuttgart und Karlsruhe (Hg.) (1947): Die Wahlen des Jahres 1946 in Württemberg-Baden, Karlsruhe

Statistisches Landesamt Stuttgart (Hg.) (1952): Gemeinde- und Kreisstatistik Baden-Württemberg 1950. II. Teil, Stuttgart

Urban, Alfons (1983): Die Eingliederung der Heimatvertriebenen und Flüchtlinge nach 1945 in Schwäbisch Gmünd, Schwäbisch Gmünd

Möglichkeiten und Probleme der retrospektiven Zeitzeugenbefragung aus sozialpsychologischer Sicht*

Christiane Grosser

Zur Bedeutung der Zeitzeugenbefragung in der Geschichtswissenschaft

Mit der Anwendung sozialwissenschaftlicher Methoden, statistischer Verfahren und Auswertungsstrategien in historischen Untersuchungen läßt sich seit Anfang der 1970er Jahre in der Geschichtswissenschaft auch eine Veränderung ihrer Themenbereiche feststellen.[1] So hat im Zuge einer zunehmenden Quantifizierung durch die nun mögliche Auswertung von seriellen Quellen und Sozialstatistiken - wie z.b. von Kirchenbüchern oder Personalakten - auch die 'Geschichte der einfachen Leute' zunehmend an Bedeutung und Interesse gewonnen. Ein weiterer, sich vor allem im deutschsprachigen Raum erst langsam entwickelnder Teilbereich der Geschichtswissenschaft, für den sich ebenfalls Anknüpfungspunkte an sozialwissenschaftliche Methoden ergeben, ist dabei die Oral-History-Forschung. Denn gerade bei der Aufarbeitung der jüngsten Vergangenheit kann durch die Befragung von Zeitzeugen völlig neues Quellenmaterial erschlossen werden. Die Beschränkung der Quellenanalyse auf die zum Großteil systematisch selektive Überlieferung von schriftlichem Material läßt sich dabei in manchen Bereichen umgehen, indem für bestimmte Fragestellungen gezielt neue Informationen und Daten erhoben werden.

Somit liegt eine Möglichkeit der Zeitzeugenbefragung in der Ergänzung schriftlich überlieferten Quellenmaterials durch die gezielte Befragung relevanter Zeitzeugen zur Füllung von Lücken in der Überlieferung. Zum anderen besteht aber auch die Möglichkeit der Kontrastierung schriftlicher Quellen mit zusätzlichen, zum selben Thema erhobenen Daten und Materialien. Von besonderer Bedeutung ist dabei die Tatsache, daß durch Zeitzeugenbefragungen gerade auch Themen aufgegriffen werden können, die vielfach in schriftlichen Dokumenten einseitig perspektiviert werden, keine Erwähnung finden oder nur mühsam zu rekonstruieren sind. Zu denken ist hier insbesondere an alltagsgeschichtliche Erfahrungen von Personen, an das Erleben, die Eindrücke und Wahrnehmungen von Menschen, die eine bestimmte historische Periode 'von unten' miterlebt haben.

Es ist daher kein Zufall, daß in der deutschen Oral-History-Forschung neben der Alltagsgeschichte des 'Dritten Reichs' gerade die Flüchtlings- und Vertriebenenforschung einen zentralen Forschungsgegenstand darstellt.[2] So war mit der von Theodor Schieder herausgegebenen *Dokumentation der Vertreibung der Deutschen aus Ost-Mitteleuropa* bereits in den 1950er Jahren eine erste, breit angelegte Sammlung autobiographischer Quellen erstellt worden, die noch vor der deutschen Rezeption der angelsächsischen Oral-History-Forschung einen - allerdings punktuell gebliebenen - Ansatz zur Erforschung der alltags- und erfahrungsgeschichtlichen

---

* Diese Studie wurde gefördert aus Mitteln des Landes Baden-Württemberg.
Für Anregungen, Beratung und kritische Kommentare aus geschichtswissenschaftlicher Perspektive danke ich Thomas Grosser.

1 Vgl. BEST & MANN (1977).
2 PLATO (1991a) S. 105 f.

'Innensicht' des Schicksals ganzer Bevölkerungsgruppen darstellte. Vor diesem Hintergrund betonte der an diesem Projekt beteiligte Zeithistoriker Broszat schon 1954, daß es durch die Erstellung von - wie er es nennt - *Massendokumentationen* möglich werde, eine Geschichte der breiten Bevölkerung zu rekonstruieren, die *das historische Schicksal einzelner Gruppen zu ihrem Gegenstand* macht.[3] Dennoch blieben derartige Zeitzeugenbefragungen, die sich nicht nur auf Interiews mit einzelnen Experten zu ereignis- und politikgeschichtlichen Fragen beschränkten, in der deutschen Geschichtswissenschaft eher eine Ausnahmeerscheinung, und auch der Stellenwert dieser Art (kollektiv-)biographischer Forschung im Vergleich zu anderen Quellenstudien wie insbesondere die methodischen Probleme und die Aussagekraft mündlicher Berichte wurden nicht über die Grenzen der Disziplin hinweg diskutiert. Die Ursache hierfür mag dabei darin zu suchen sein, daß sich innerhalb der allgemeinen Umorientierung des Fachs zu einer 'historischen Sozialwissenschaft' die strukturgeschichtlichen und erfahrungsgeschichtlichen Forschungsansätze auseinanderentwickelt haben.[4] Dies führte dazu, daß sich die Oral-History-Forschung in Abgrenzung zu einer quantifizierenden Erforschung sozialhistorischer Makrostrukturen letztlich immer stärker ideographisch ausrichtete, was damit auch eine umfassende Rezeption der methodischen Erfahrungen, Theoriebildungen und empirischen Erkenntnisse der sozialwissenschaftlichen Nachbardisziplinen verhinderte.

Vor diesem Hintergrund soll in der vorliegenden Studie nicht die prinzipielle Bedeutung der Oral-History-Forschung für die Geschichtswissenschaft diskutiert oder ein Überblick über ihren gegenwärtigen Stand gegeben werden.[5] Im folgenden sollen vielmehr die Möglichkeiten und Probleme dargelegt werden, die sich bei retrospektiven Zeitzeugenbefragungen generell und aufgrund der Wahl einer bestimmten Befragungsmethode im speziellen ergeben. Denn die Qualität der durch Zeitzeugenbefragungen erlangten Erkenntnisse hängt in erster Linie von der Wahl der methodischen Vorgehensweise ab, die wiederum in Abhängigkeit vom jeweiligen Erkenntnisinteresse getroffen werden sollte.

Diesbezüglich kann sich die Geschichtswissenschaft die methodischen Erfahrungen aus anderen Wissenschaftsdisziplinen zunutze machen. Denn Retrospektivbefragungen zählen zum methodischen Fundus beispielsweise der Psychologie bei therapeutischen Interviews oder der Soziologie, in der die Biographie- und Lebenslaufforschung einen eigenen Forschungsschwerpunkt darstellt.[6] Dabei geht es zum einen darum, sozialwissenschaftliche Erkenntnisse zu Möglichkeiten und Problemen verschiedener Arten von Befragungen und Befragungstechniken sowie zur Auswahl der Befragten zu berücksichtigen. Zum anderen sind bei der Befragung von Zeitzeugen über meist länger zurückliegende Ereignisse (sozial-)psychologische Erkenntnisse zum Erinnern und Vergessen bzw. zum autobiographischen Gedächtnis von entscheidender Bedeutung für die Art der Erhebung und für die Einschätzung der entsprechend erhobenen Angaben. Dennoch wurden die diesbezüglichen Forschungsergebnisse - zumindest in der deutschen

---

3   BROSZAT (1954) S. 203 f.
4   Vgl. dazu etwa BOTZ (1988) S. 30 f., VORLÄNDER (1990) S. 8 ff.
5   Diesbezüglich sei verwiesen auf PLATO (1991a).
6   Hier geht es allerdings nicht darum, Möglichkeiten der autobiographischen Methode in den Sozialwissenschaften bzw. die Möglichkeiten der Beantwortung sozialwissenschaftlicher Fragestellungen durch diese Methode darzulegen. Für einen Überblick über die Möglichkeiten, Zielsetzungen und den Stand der sozialwissenschaftlichen Lebenslaufforschung sei verwiesen auf FUCHS (1984), MAYER (1987), BAHRDT (1987) sowie BERTAUX & KOHLI (1984).

Oral-History-Forschung - bislang nur selten bei der Zeitzeugenbefragung in den Geschichtswissenschaften systematisch herangezogen, wie überhaupt methodische Überlegungen hier kaum thematisiert und die Konsequenzen aus der Anwendung einer bestimmten Methode nur selten diskutiert werden, so daß hier letztlich Möglichkeiten der Informationsgewinnung verschenkt werden.

Historische Befragungsstudien und ihre Probleme aus sozialwissenschaftlicher Sicht

Bereits in der Frühphase der - damals noch nicht so benannten - deutschen Oral-History-Forschung wurden die mit ihr verbundenen Probleme aus geschichtswissenschaftlicher Perspektive andiskutiert. So greift Broszat in seinem methodisch ausgerichteten Artikel, der die Erstellung von Massendokumentationen in Form von Erlebnisberichten einzelner Personen behandelt, zwar auch das Problem der Repräsentativität der erhobenen Berichte auf, meint jedoch, es durch eine möglichst breite Sammlung *repräsentativer Einzelberichte* in den Griff zu bekommen.[7] Allerdings weist er auch auf systematische Verzerrungen hin, wie sie sich aus der ausschließlichen Berücksichtigung von Personen, die sich freiwillig für eine Befragung zur Verfügung stellen, ergeben können und unterstreicht ebenso die Notwendigkeit eines systematischen, geschichteten Auswahlverfahrens. Daneben weist er aus der Perspektive der traditionellen historischen Quellenkritik auf verschiedene Arten von Dokumenten - Tagebücher, Briefe, Berichte und Befragungsprotokolle - und ihre speziellen Probleme hin, um dann die Bedeutung des Interviews *als die einzig mögliche und bei entsprechend gewissenhafter Handhabung auch als durchaus legitime Methode zeitgeschichtlicher Forschung* hervorzuheben. Dabei spricht er auch das Problem der Art der Fragestellung an. Interessant ist in diesem Zusammenhang vor allem, daß Broszat bereits auf die Unentbehrlichkeit gezielter Fragen hinweist, *weil sie das einzige Mittel waren, auch zur Kenntnis von Dingen zu gelangen, die sich aus den [von Zeitzeugen selbst strukturierten] Berichten nicht ergaben und über die auch keine Berichte zu erwarten waren.*[8]

Neben eher technisch-methodischen Problemen diskutiert er auch die inhaltlichen Grenzen der Retrospektivbefragung, indem er darauf hinweist, daß *durch Vergeßlichkeit, Ausschmückung, Legendenbildung eine weitgehende Entstellung des aus der Erinnerung Wiedergegebenen eintreten kann*. Obwohl er dieses Problem sieht, meint er jedoch, daß sich bei seinen Erhebungen, die 'schon' 5 bis 7 Jahre nach den erfragten Ereignissen stattfanden, diese Befürchtung nicht bewahrheitet habe. Denn er glaubt, allein durch die Verfahren der externen und internen Quellenkritik im Sinne einer immanenten Textanalyse und durch eine *individuelle Behandlung der einzelnen Aussage* einwandfreie von tendenziös gefärbten Berichten unterscheiden zu können.[9] Insgesamt handelt es sich jedoch bei Broszats Überlegungen um eine - insbesondere auch für ihre Zeit - sehr interessante und noch immer aktuelle Darlegung der speziellen Probleme von Zeitzeugenbefragungen, auch wenn seine diesbezüglichen Empfehlungen angesichts

---

7 BROSZAT (1954) S. 205 f.
8 Ebd. S. 208.
9 Ebd. S. 217.

des heutigen Standes der sozialwissenschaftlichen Methodenforschung nicht mehr ganz adäquat sein können.

Auch neuere Arbeiten zur Oral History gehen - allerdings nicht systematisch - auf verschiedene methodische Probleme bei der retrospektiven Zeitzeugenbefragung ein,[10] machen sich jedoch das Instrumentarium der modernen Sozialforschung noch immer kaum zunutze. Noch weniger berücksichtigen sie die spezifischen Erkenntnisse der psychologischen Forschung zum autobiographischen Gedächtnis. So weist auch Brüggemeier noch Mitte der 1980er Jahre darauf hin, daß es im Rahmen der Oral-History-Forschung bislang *keine systematische Diskussion um Methoden und Theorien dieses Ansatzes* gegeben hat.[11] Dennoch sieht auch er das offene Interview als die Möglichkeit, um Fehlerquellen - wie die Verwischung von Erlebtem und Erzähltem - auszuschalten. Und auch er kommt - wie schon 1954 Broszat - zu der Annahme, daß sich Erinnerungen im Grunde als sehr zuverlässig erweisen. Welchen unsystematischen und vor allem systematischen Verzerrungen Erinnerungsdaten unterliegen, berücksichtigt Brüggemeier bei seinen Analysen ebenfalls nicht. Allerdings weist er darauf hin, daß beispielsweise Publikationen von Historikern zu bestimmten zeitlichen Epochen bei Zeitzeugen Einfluß auf deren Darstellung des subjektiv Erlebten nehmen, und zwar in Form von *self-fullfilling prophecies*.[12]

Da Brüggemeier unter einer Befragung hauptsächlich ein offenes, möglichst ausführliches Interview versteht, das vor allem detaillierte Beschreibungen enthalten sollte, sieht er die Möglichkeiten dieser Erhebungsmethode schließlich zurecht vor allem in der Hypothesengenerierung.[13] Hier stellt sich allerdings die Frage, warum die Oral-History-Forschung auf dieser Stufe stehen bleiben sollte. Sicherlich liegt in der Hypothesengenerierung durch Intensivinterviews eine ihrer Möglichkeiten; die so gewonnenen Hypothesen können dann beispielsweise anhand von herkömmlichen schriftlichen Quellen überprüft werden, sofern dafür Parallelüberlieferungen vorliegen. Doch warum sollte nicht gerade auch in der Oral-History-Forschung die Möglichkeit genutzt werden, durch Befragungen spezifische Hypothesen zu testen und somit einen Schritt weiter zu gehen? Dies ist dann allerdings kaum durch einige möglichst breit angelegte offene Interviews zu leisten; ein Mindestmaß an Strukturierung, Systematisierung und Repräsentativität ist hierfür unerläßlich. Zudem kommt der Repräsentativität von Zeitzeugenbefragungen dann eine besondere Bedeutung zu, wenn Daten erhoben werden, die aus anderen Quellen nicht rekonstruiert werden können, wenn die Ergebnisse der Zeitzeugenbefragung also 'für sich' stehen müssen. Denn so entsteht leicht der Eindruck, daß die in den entsprechenden Publikationen dargestellten Berichte mehr als Einzelschicksale beschreiben.

In einer späteren Studie weist Brüggemeier schließlich auch darauf hin, daß dem Problem der Repräsentativität in den meisten Studien der Oral-History-Forschung wenig Beachtung geschenkt wurde. In der Regel werden hier entsprechend der Fragestellung ca. 15 - 30 Personen aus einer relativ homogenen Stichprobe befragt, wobei diese Gruppen dann die *wichtigsten sozialen, politischen oder beruflichen Kategorien zumindest grob abdecken* sollen. Insgesamt

---

10 Vgl. BRÜGGEMEIER (1984) und die dort angeführten Studien.
11 Ebd. S. 199; vgl. auch: BOTZ (1988) S. 33, VORLÄNDER (1990) S. 11.
12 BRÜGGEMEIER (1984) S. 208.
13 Ebd. S. 202.

besteht jedoch in der Sample-Bildung weiterhin eine recht offene Situation.[14] Dies äußert sich dann auch bei manchen Autoren in wenig präzisen und methodisch kaum ausreichend reflektierten Hinweisen zur Zeitzeugenrekrutierung: *die Interviewpartner sind 'Betroffene' und werden als solche ausgesucht, etwa als typische Vertreter einer (Sozial-, Alters-) Gruppe, nicht irgendwelchen statistischen Normen entsprechend, tunlichst aber auch nicht nach Zufall oder der Bequemlichkeit des Forschers zusammengesetzt.*[15] Sofern dann auch die Schlußfolgerungen, die aus dem so erhobenen Datenmaterial gezogen werden, genauso begrenzt bleiben wie die Repräsentativität der Auswahl, ist darin auch kein allzu gravierendes Problem zu sehen. Wenn jedoch beispielsweise aus der Befragung weniger nicht repräsentativ ausgewählter Personen generalisierende Aussagen über die gesamte Population getroffen werden,[16] so scheint doch eine ernsthafte Diskussion der Konsequenzen der Nicht-Repräsentativität einer Stichprobe und der Möglichkeit, sich der Repräsentativität zumindest anzunähern, auch in der Oral-History-Forschung dringend notwendig zu sein.[17]

Brüggemeier jedoch kritisiert die systematische Befragung genau wie die Forderung nach Repräsentativität, da hierdurch die Individualität der zu dokumentierenden Einzelschicksale verloren ginge.[18] Auch hier stellt sich wiederum die Frage nach dem Ziel der einzelnen Befragung wie auch nach dem Ziel der Oral-History-Forschung überhaupt. Geht es nur darum die Individualgeschichte(n) 'großer Leute' durch die Individualgeschichte(n) 'kleiner Leute' zu ersetzen, oder handelt es sich hier um einen neuen Ansatz zur Erhebung von auch inhaltlich neuen historischen Quellen, die dann allerdings nicht Einzelschicksale verschiedener Personen, sondern die generellen Erfahrungen und Lebensbedingungen bestimmter Personengruppen dokumentieren sollten? Dies ist allerdings nur durch eine durch das Forschungsziel bestimmte, zumindest bedingte Repräsentativität und insbesondere Vergleichbarkeit der erhobenen Berichte möglich.

Auch in einem von Lutz Niethammer 1980 bis 1983 durchgeführten, großangelegten Projekt zur *Lebensgeschichte und Sozialkultur im Ruhrgebiet von 1930 bis 1960*, die er mittels der Befragung von 165 Personen aus dieser Region in mehrstündigen Intensivinterviews zu ergründen suchte, werden methodische Überlegungen - wenn überhaupt - in Nichtbeachtung oder Unkenntnis der diesbezüglichen sozialwissenschaftlichen und psychologischen Forschung angestellt. Das wesentlichste Ergebnis dieser Studien bezüglich der Methode des Erinnerungsinterviews läßt sich dann auch in einem kurzen Satz zusammenfassen: *Die Antworten stellen Fragen.*[19] Positiv gewendet bedeutet dies, daß diese Interviews hauptsächlich der Hypothesengenerierung dienen konnten. Doch geht Niethammer in seiner Studie nicht den Schritt weiter, diese Hypothesen auch zu überprüfen. Zudem wird nicht diskutiert, daß dieses Ergebnis

---

14 BRÜGGEMEIER (1987) S. 155.
15 VORLÄNDER (1990) S. 14.
16 Vgl. dazu die generelle Kritik an dieser nicht unüblichen Praxis bei FLECK (1988) S. 222 oder als konkrete Beispiele etwa die - zwar vorsichtig formulierten, letztlich jedoch weitreichenden - Generalisierungen, die z.B. PLATO (1985) S. 210 f. aus der Analyse von 23 nicht repräsentativ ausgewählten, freien Berichten für die Integration der Flüchtlinge und Vertriebenen im Ruhrgebiet und in der BRD ableitet, oder seine - weitgehend analogen - Schlußfolgerungen für deren Eingliederung in der Sowjetischen Besatzungszone und der DDR, die auf 50 - zum Teil vom Autor nur als Erinnerungsprotokoll fixierten - Gesprächen mit betroffenen Zeitzeugen beruhen (PLATO (1991b) S. 248 - 265).
17 Ansätze hierzu finden sich bei FLECK (1988) S. 222 - 224.
18 BRÜGGEMEIER (1987) S. 204.
19 NIETHAMMER (1985) S. 396.

der Befragung - nämlich die Generierung von neuen Fragen - sich notwendigerweise aufgrund der von ihm gewählten Interviewtechnik ergibt. Denn bei den von ihm und seinen Mitarbeitern durchgeführten Erinnerungsinterviews handelte es sich vom Anspruch her um Befragungen, deren Verlauf weitgehend vom Befragten bestimmt wurde, wobei der Interviewer einige Fragen bereit haben sollte, *bei deren Abarbeitung der Befragte dem armen Interviewer dann meist doch behilflich ist*.[20] Dem konnten allerdings mehrere mehrstündige Sitzungen vorausgehen, bei denen der Interviewer den Assoziationen des Befragten freien Lauf lassen sollte. Denn Ziel der Oral-History-Forschung ist es nach Niethammer, in Erinnerungsinterviews die *Subjektivität von Beteiligten* einzufangen. Somit beschränkt auch er sich auf einen kleinen Teil der Möglichkeiten, die die Befragung von Zeitzeugen bietet.

Niethammer sieht nämlich in der Oral-History-Forschung keine Möglichkeit zur Hypothesenprüfung,[21] zum einen, da hier keine Repräsentativität zu erreichen ist - was allerdings in dieser Pauschalität zu bezweifeln wäre und stark von der Art der angestrebten Repräsentativität abhängt -, und zum anderen, da sie die Erkenntnismöglichkeiten des Historikers beschränken würde. Auch letzteres kann so nicht akzeptiert werden, da sich durch gezielte hypothesengeleitete Vergleiche zwischen verschiedenen Gruppen von Befragten die Erkenntnismöglichkeiten noch erweitern würden, indem möglicherweise auch Aussagen über Kausalzusammenhänge gemacht oder diesbezügliche Vermutungen über Plausibilitätsannahmen hinaus erhärtet werden könnten. Abgesehen davon ist die Annahme einer Beschränkung der Erkenntnis durch ein theoriegeleitetes, hypothesenprüfendes Vorgehen wissenschaftstheoretisch wohl kaum haltbar. Das Vorgehen Niethammers bedeutet zumindest ein Verweilen bei einem ersten Schritt, bei dem tatsächlich nur Fragen als Antworten bleiben. Er verschenkt damit die weiterreichenden Möglichkeiten der Zeitzeugenbefragung.

Für Niethammer ist die angemessene Methode der Oral-History-Forschung die Hermeneutik als Lehre des Textverstehens.[22] Besonders bedeutend sind nach seiner Einschätzung die durch sie dokumentierten *Geschichten, weil in ihnen Sach- und Sinnaussagen ästhetisch verschmelzen*.[23] Denn er möchte *exemplarische Geschichten aus den Erinnerungsinterviews zusammen mit historischen Interpretationsangeboten der ästhetischen Wahrnehmung zugänglich* machen,[24] um durch die so dokumentierte Vielschichtigkeit dieser *guten Geschichten* deren Verkürzung als Belege für komplexitätsreduzierende Aussagen zu verhindern. Doch macht auch Niethammers Vorgehensweise zumindest für die Darstellung der *Geschichten* eine Reduzierung des mehr oder weniger beliebig gewonnenen Materials notwendig. Auch er sieht nämlich das Problem der Transkription von Aufnahmen und damit der Textreduktion, die von vorab bestehenden Verstehens- und Erkenntnisinteressen abhängig ist.[25] Damit gesteht er aber zu, daß auch hier die Hypothesen des Forschers die Auswahl und Darstellung leiten. Allerdings werden dabei - im Gegensatz zur hypothesengeleiteten Befragung durch ein strukturiertes Interview - diese Hypothesen nicht explizit genannt und sind damit auch nicht für den Rezipienten als Einschränkung des Erkenntnisziels erkennbar. Darüberhinaus können sich die Autoren

---

20   Ebd. S. 402.
21   Ebd. S. 409.
22   Ebd. S. 413.
23   Ebd. S. 407.
24   Ebd. S. 416.
25   Ebd. S. 407 f.

der Ruhrgebietsstudie - obwohl sie die Repräsentativität ihrer Stichprobe verneinen und auch nur subjektive Eindrücke von Betroffenen darstellen möchten - der Versuchung einer Generalisierung dieser subjektiven Schilderungen nicht ganz entziehen.[26] Bezüglich der methodischen Probleme bei Erinnerungsinterviews weist Niethammer darauf hin, daß es kaum Studien zu Erinnerung und Gedächtnis gebe und daß diese insbesondere die aktuelle Befragungssituation mißachteten. Dies mag zwar für die historische Forschung gelten, doch beschäftigt sich die experimentelle Psychologie schon seit ihrer Frühphase mit Problemen der Erinnerung und des Gedächtnisses,[27] wobei gerade in der kognitiv ausgerichteten Sozialpsychologie ein Schwerpunkt auf der Erforschung jener Faktoren liegt, die die Erinnerung bzw. die Darstellung von Ereignissen, Fakten und Meinungen in Befragungen beeinflussen. Auch entspricht seine Unterscheidung von aktivem und latentem Langzeitgedächtnis[28] eher einer plausiblen Laienkonzeption als dem Stand der Forschung in der allgemeinen Psychologie.[29] Hier könnten Erkenntnisse der Nachbardisziplin gewinnbringend eingesetzt werden. So bestünde dann auch nicht die Notwendigkeit, soziologische Forschungsinterviews, Zeugenverhöre und psychoanalytische Settings vergleichend gegenüberzustellen,[30] um die Zeitzeugenbefragung in diesem Umfeld - in der Nähe des psychoanalytischen Gesprächs mit offenem Verhörcharakter - einzuordnen.

Insgesamt lehnt Niethammer die sozialwissenschaftliche Technik der Befragung für die Oral-History-Forschung als nicht angemessen ab. Er setzt Oral History mit weitläufigem Geschichtenerzählen von Leuten, die in der Regel keine schriftlichen Dokumente hinterlassen, gleich. Die Möglichkeiten einer anderen Art gezielter Informationsgewinnung schließt er explizit aus. Dies dürfte nicht zuletzt aus der ideographisch-deskriptiv ausgerichteten Tradition geschichtswissenschaftlichen Selbstverständnisses resultieren,[31] das die Vielfalt sozialwissenschaftlicher Befragungstechniken, die auch dem Historiker weiterreichende Erkenntnismöglichkeiten eröffnen könnten, nur sehr selektiv zur Kenntnis nimmt. Dies wird neuerdings von Seiten jüngerer Historiker auch durchaus selbstkritisch reflektiert: *Die naturgemäß narrative Struktur der gesprochenen Informationsvermittlung verleitet allzu leicht dazu, in der hermeneutischen Methode stecken zu bleiben und sich mit einer bloß erzählenden Darstellung der Ergebnisse zufrieden zu geben. So reizvoll durch ihren Neuigkeitswert dieses Verfahren und so belebend bei dosierter Anwendung dies oft sein mag, so bedenklich müßte es stimmen, wenn 'Mündliche Geschichte' von einer sich bereits andeutenden neo-historistischen, erzählenden, sich gelegentlich als 'Kunst' verstehenden Gegenbewegung vereinnahmt würde. Denn wie eine Anhäufung von statistischen Daten noch keine quantifizierende Geschichtsschreibung abgibt, ebensowenig ist die von keiner Fragestellung und keiner theoretischen Orientie-*

---

26 Vgl. z.B. PLATO (1985) S. 210 f., vgl. auch DERS. (1991b) S. 248 ff.; siehe dazu auch Anm. 16.
27 Vgl. etwa EBBINGHAUS (1885).
28 NIETHAMMER (1985) S. 404 f.
29 Zur lediglich sporadischen Rezeption gedächtnispsychologischer Erkenntnisse in der Oral-History-Forschung vgl. auch: BRÜGGEMEIER & WIERLING (1986) Kurseinheit 1, S. 61 - 75, VORLÄNDER (1990) S. 20 f.
30 NIETHAMMER (1985) S. 398 ff.
31 Vgl. dazu BOTZ (1988) S. 14 f.

rung strukturierte Aufeinanderfolge von mündlichen Berichten schon 'Mündliche Geschichte'.[32]

Grundsätzlich liegt das Problem darin, daß sich die Geschichtswissenschaft mit der Durchführung breit angelegter Zeitzeugenbefragungen einer neuen Zugangsweise zu historischen Sachverhalten bedient, ohne die Forschungsergebnisse zu berücksichtigen, die andere Wissenschaftsdisziplinen durch die langjährige, standardmäßige Anwendung entsprechender Methoden und einer sich daraus ergebenden zunehmenden Differenzierung der jeweiligen Technik gewonnen haben. So werden auch psychologische Erkenntnisse zum Vergessen und zur Erinnerung an lange zurückliegende Ereignisse, wie generell über die Funktion des autobiographischen Gedächtnisses nicht genutzt, obwohl sie für die Bewertung der über Retrospektivbefragungen erhaltenen Informationen unerläßlich sind.

Im folgenden sollen deshalb zum einen grundsätzlich verschiedene Arten der mündlichen Befragung[33] mit ihren Möglichkeiten und Grenzen aus sozialwissenschaftlicher Sicht dargestellt werden, zum anderen sind die speziellen Probleme und Verzerrungen bei retrospektiven Befragungen, die sich aufgrund verschiedener Merkmale des menschlichen Gedächtnisses ergeben, darzulegen. Nur auf diese Weise, in Kenntnis der Möglichkeiten und Probleme retrospektiver Zeitzeugenbefragungen, ist ein gewinnbringender Einsatz dieser Methode auch in den Geschichtswissenschaften möglich.

Die mündliche Befragung als sozialwissenschaftliche Methode: Vorgehensweise und Fehlerquellen

Der grundsätzliche Unterschied der Befragung von Zeitzeugen im Vergleich zu anderen Methoden der historischen Forschung liegt in der Reaktivität dieser Vorgehensweise. Dies bedeutet, daß - im Gegensatz zu beispielsweise physischen Evidenzdaten oder amtlich registrierten Daten - beim Interview die so gewonnenen Informationen besonders auch vom variierenden Verhalten des Befragten, seinen Voreinstellungen und Meinungen und seinem subjektiven momentanen Befinden abhängen. Dies gilt zwar auch für alle Schriftdokumente, die als traditionelle Quellen der Geschichtswissenschaft zur Verfügung stehen, wird hier aber darüber hinaus noch vom Interviewer - insbesondere dann, wenn er, wie häufig in der Oral-History-Forschung, mit dem Forscher identisch ist - und von der aktuellen Befragungssituation beeinflußt. Zudem ist eine oft schwer einzuschätzende Wechselwirkung dieser Faktoren zu berücksichtigen, die sich bei anderen Daten kaum ergibt.[34]

---

32 BOTZ (1988) S. 27 f.
33 Auf die Vorgehensweise und mögliche Fehlerquellen bei schriftlichen Befragungen kann hier nicht eingegangen werden. Zudem dürften schriftliche Befragungen in der Oral-History-Forschung auch eher eine Ausnahme darstellen.
34 Als allgemeine Einführungen zur Befragungsmethode sei z.B. verwiesen auf SCHEUCH (1967), KOOLWIJK & WIEKEN-MAYSER (1974). Eine sehr frühe und immer noch grundlegende Darstellung der Methoden der empirischen Sozialforschung und insbesondere der verschiedenen Interviewtechniken, die von der Auswahl des Samples (S. 190 ff.), über den Aufbau des Fragebogens (S. 37 ff.) und

Kritiker sehen dabei die gravierenden Probleme von Interviews darin, daß sie sich *als fremdes Element in die soziale Situation, die sie beschreiben sollten,* hineindrängen; *sie rufen Verhaltensweisen sowohl hervor, als sie diese auch messen; sie locken atypische Rollen und Antworten hervor; sie sind auf zugängliche und kooperationsbereite Personen beschränkt; und die gewonnenen Antworten sind teilweise durch Dimensionen individueller Unterschiede, die für den interessierenden Gegenstand irrelevant sind, bestimmt.* Mit dieser Darstellung der Probleme von Interview-Daten geht es den betreffenden Autoren jedoch nicht darum, die Befragung als Methode grundsätzlich zu verdammen. Vielmehr plädieren sie für die zusätzliche Verwendung von nicht-reaktiven Meßmethoden in den Sozialwissenschaften, also für einen Methodenpluralismus bzw. einen *multiplen Operationalismus*.[35]

Diese Forderung kann natürlich in gleicher Weise auch für andere Wissenschaftsdisziplinen gelten, die sich - wie beispielsweise die Geschichtswissenschaft - bisher vor allem auf sogenannte nicht-reaktive Meßverfahren beschränkt haben. Dabei ist anzumerken, daß auch diese selbstverständlich bis zu einem gewissen Grad subjektiv sein müssen, da auch die Verschriftlichung subjektiver Wahrnehmungen ein gewissermaßen 'situationsfremdes' Element darstellt und die Niederschrift bestimmter Berichte generell von den Interessen und Ansichten des Berichtenden abhängt, die wiederum beeinflußt werden von der entsprechenden Situation, in der er sich befindet. Und auch hier steuert das Erkenntnisinteresse des Forschers die Auswahl der Daten, die letztendlich interpretiert werden. Demnach muß auch für die Geschichtswissenschaft die Forderung nach einem Methodenpluralismus erhoben werden, der beispielsweise in der zusätzlichen Verwendung von Daten aus Zeitzeugenbefragungen - sofern entsprechende Zeitzeugen zur Verfügung stehen - bestehen kann. Die speziellen Möglichkeiten des Interviews liegen in diesem Fall in der Erhebung von Daten und der Gewinnung von Informationen über Zusammenhänge, die andernfalls nicht zur Verfügung stünden, was wiederum die Anwendung dieser Methode, trotz der mit ihr - wie mit jeder anderen Methode - verbundenen Probleme rechtfertigt, ja im Sinne einer multiplen methodischen Analyse historischer Ereignisse geradezu notwendig macht.

Dabei kann es nicht darum gehen, die Reaktivität des Interviews in irgendeiner Weise zu ignorieren, denn die Reaktivität dieser Methode ist unvermeidlich.[36] Ziel muß es vielmehr sein, die mit dieser Methode verbundenen Verzerrungsmechanismen zu erkennen und sie durch spezielle Vorgehensweisen zu kontrollieren. Es kommt also darauf an, verschiedene Interviewtechniken bzw. Befragungsmethoden in Hinblick auf die Verzerrungsmechanismen, die sich in Abhängigkeit von der Art der Befragung, der Befragungssituation, durch den spezifischen Interviewer und durch den Befragten selbst ergeben, kritisch abschätzen und einordnen zu können, um somit auch die Daten im Lichte dieser Problematik zu interpretieren. Welche Art des Interviews gewählt wird, hängt dabei in erster Linie vom Erkenntnisinteresse des jeweiligen Forschers ab. Welche Einflußfaktoren als Verzerrungsmechanismen in welchem Ausmaß berücksichtigt werden müssen, ergibt sich auch aus der Art der gewählten Interviewmethode. Grund-

---

die Kunst des Interviewens (S.83 ff.) bis zu Techniken der Auswertung (S. 251 ff.) reicht, findet sich in KÖNIG (1952). In einer 1957 völlig umgearbeiteten und erweiterten Auflage werden dann auch unterschiedliche Auswahlverfahren (S. 181 ff.) ausführlich behandelt. Ebenso wurde ein Kapitel zur Frageformulierung (S.86 ff.) von CANTRIL & RUGG ergänzt.
35 WEBB, CAMPBELL, SCHWARTZ & SECHREST (1975) S. 15.
36 ESSER (1975) S. 5 ff.

sätzlich können hier zwei Arten von Zeitzeugenbefragungen unterschieden werden: die explorative oder auch deskriptive und die analytische bzw. erklärende Zeitzeugenbefragung.[37]

Wie aus den bereits dargestellten Untersuchungen hervorgeht, liegt der Schwerpunkt der Oral-History-Forschung - zumindest bei der Beschäftigung mit der deutschen Geschichte - in erster Linie auf der Erhebung und Erstellung von Quellenmaterialien, also auf der explorativen Zeitzeugenbefragung. Der Neuigkeitswert dieser Quellen liegt dabei darin, daß sie von Personen stammen, die ansonsten keine schriftlichen Dokumente hinterlassen. Es geht hier also schwerpunktmäßig um eine 'Geschichte von unten'. Das Erkenntnisinteresse der Forscher liegt dabei in einer möglichst breiten Erfassung von bisher nicht bekannten oder nicht belegten historischen Tatbeständen und Erfahrungen. Damit liegt das Ziel einer solchen Zeitzeugenbefragung in der möglichst offenen Exploration eines bestimmten historischen Ereigniskomplexes bzw. Geschehens und/oder der Wahrnehmungen und Einschätzungen der Betroffenen, wobei alle diesbezüglichen Aspekte möglichst vollständig dokumentiert werden sollen. Bestenfalls besteht ein weiteres Ziel der explorativen Zeitzeugenbefragung für den Historiker in der Generierung von Hypothesen über bestimmte Zusammenhänge. Mit einer solchen Vorgehensweise lassen sich zwar neuartige, bisher nicht bekannte Phänomene beschreiben und Besonderheiten in der Biographie unterschiedlicher Personen darstellen; es ist anhand einer solchen offenen Exploration jedoch weder möglich, zu generalisierenden Aussagen über einen historischen Tatbestand, eine historische Situation oder die Einschätzungen der Betroffenen zu kommen noch bestimmte Zusammenhänge zu erklären. Anhand der Informationen, die durch eine explorative, offene und unstrukturierte Zeitzeugenbefragung gewonnen werden, kann es allenfalls gelingen, vorläufige Hypothesen zu formulieren, die dann in einer späteren Untersuchung empirisch abgesichert werden müssen.[38]

Eine detaillierte Darstellung der Vorgehensweise derartiger Befragungen soll hier nicht gegeben werden. Zusammenfassend ist hierzu jedoch festzuhalten, daß es bei dieser Art der Befragung im wesentlichen darauf ankommt, möglichst viel Raum für eine offene Darstellung der Ereignisse bzw. des subjektiven Erlebens einzuräumen, da zunächst kaum spezifische Annahmen darüber bestehen, was der einzelne konkret erlebt hat und berichten kann. Entsprechend ist es hier bestenfalls möglich, dem Interview einen grob strukturierten Leitfaden zugrunde zu legen, in dem bestimmte Themenbereiche festgelegt sind, die im Laufe des Interviews angesprochen werden sollten. Ansonsten werden der Verlauf und die Schwerpunkte des Interviews weitgehend durch den Befragten selbst bestimmt.[39] Das Ergebnis dieser Vorgehensweise wird dann als eine Quelle betrachtet, die, weitgehend unbeeinflußt vom Forscher und dessen Annahmen, die vom einzelnen erlebte Realität widerspiegelt. Daß auch hier der Interviewer, die Befragungssituation und der Befragte selbst als 'Störfaktoren' wirken, wird meist übersehen.

---

37 Vgl. zu dieser Unterscheidung auch die grundlegende Arbeit von HYMAN (1955) oder auch CRANO & BREWER (1975).
38 Vgl hierzu auch BORTZ (1984) S. 217 ff., CRANO & BREWER (1975) S.173 ff., HYMAN (1955) S. 80.
39 Vgl. zu verschiedenen Arten der Befragung z.B. die zusammenfassende Darstellung bei BORTZ (1984) S. 231 ff.
    Eine Einführung in die Biographische Forschung gibt auch FUCHS (1984). Für einen Leitfaden zum narrativen Interview in der Oral-History-Forschung sei aber auch verwiesen auf BRÜGGEMEIER & WIERLING (1986), darin insbesondere Kurseinheit 2: Das Interview.

Welche Verzerrungsmechanismen dabei zum Tragen kommen, wird im Rahmen der Darstellung des analytischen Zeitzeugeninterviews deutlich werden. Der Auswertung dieser Interviews, die meist als Tonaufzeichnungen vorliegen und deren wörtliche Wiedergabe aufgrund ihrer Länge kaum möglich ist, kommt dabei ebenfalls eine besondere Bedeutung zu. Sie erfolgt in der Regel durch text- bzw. inhaltsanalytische Verfahren.[40] Spätestens hier muß dann allerdings auch eine Reduktion des Datenmaterials erfolgen, die letztendlich nicht vom spezifischen Erkenntnisinteresse und den Vorannahmen und Hypothesen des Forschers unabhängig sein kann. Doch wird diese Einflußquelle häufig von verschiedenen Forschern ignoriert und somit nicht als Verzerrungsfaktor erkannt und berücksichtigt.

Allerdings kann es auch hier nicht darum gehen, die Bedeutung der explorativen Zeitzeugenbefragung zu negieren, sondern vielmehr für einen methodisch sauberen Umgang mit dieser Methode zu plädieren. Denn sowohl zur Deskription bestimmter Einzelsachverhalte wie insbesondere zur Hypothesengewinnung ist die explorative Zeitzeugenbefragung ein angemessenes und wichtiges Erhebungsinstrument. Explorative Zeitzeugenbefragungen können so ein wichtiger erster Schritt für die weitere Analyse von historischen Daten sein. Während jedoch in den Sozialwissenschaften diese Möglichkeit der Hypothesengewinnung eher vernachlässigt wird, der Schwerpunkt bislang eher auf der quantitativen Analyse und Hypothesenprüfung lag[41] und erst in den letzten Jahren die Möglichkeiten einer 'qualitativen Sozialforschung' wie insbesondere auch ihre methodischen Probleme intensiver diskutiert werden,[42] sieht das Bild in den Geisteswissenschaften im allgemeinen und in der Oral-History-Forschung im speziellen genau umgekehrt aus. Zum einen findet in der Oral-History-Forschung keine methodologische und wissenschaftstheoretische Hinterfragung ihres Ansatzes statt. Andererseits werden hier auch die Möglichkeiten einer qualitativen Analyse nicht voll ausgeschöpft, so daß die Kritiker der qualitativen bzw. explorativen Forschung gerade hier ausreichend Ansatzpunkte für ihre Vorbehalte finden. Denn gerade bei der Anwendung dieser Methode in der Oral-History-Forschung wird beispielsweise meist mit einer sehr geringen Anzahl von Befragten gearbeitet, und es findet keine systematische Stichprobenziehung statt, so daß hier die Reichweite der Aussagen sehr begrenzt bleiben muß,[43] und auch die Auswertung der so gewonnenen Daten obliegt hier meist nur der Intuition des einzelnen Forschers.

Probleme ergeben sich aber insbesondere dann, wenn trotz der beschränkten Möglichkeiten dieser Vorgehensweise - nämlich Deskription und Hypothesengewinnung - dennoch generalisierende Schlußfolgerungen - oft wider besseres Wissen - gezogen werden. Denn diese Art des Erkenntnisgewinns ist nun einmal nicht möglich, sofern man sich auf unsystematische explorative Befragungen einiger Zeitzeugen beschränkt. Dabei ist festzuhalten, daß das Problem

---

40 Für eine genaue Darstellung der Vorgehensweise von Text- bzw. Inhaltsanalysen sei verwiesen auf LISCH & KRIZ (1978), BORTZ (1984) S. 236, 237. Vgl. hierzu aber auch die speziell auf die Oral-History-Forschung bezogene Darstellung bei BRÜGGEMEIER & WIERLING (1986), Kurseinheit 3: Auswertung und Interpretation. MOSTYN (1985) geht in ihrer diesbezüglichen Darstellung auch auf die Unterschiede von quantitativer und qualitativer Forschung bzw. Inhaltsanalyse ein.
41 Vgl. GERDES (1979).
42 Vgl. hierzu etwa LAMNEK (1988) Bd. 1 und 2 oder BRYMAN (1988), der auf die Unterschiede quantitativer und qualitativer Verfahren eingeht (S. 93 ff.), aber insbesondere auch die Möglichkeit ihrer Kombination diskutiert (S. 127 ff.).
43 Vgl. hierzu auch die Unterschiede zwischen quantitativer und qualitativer Forschung bei LAMNEK (1984) S. 228.

der Oral-History-Forschung nicht darin liegt, <u>daß</u> diese Verfahren angewandt werden, sondern darin, <u>wie</u> sie angewandt werden. Dabei fällt besonders ins Gewicht, daß eine Beschränkung auf diese Vorgehensweise stattfindet und damit die Möglichkeiten eines zusätzlichen Erkenntnisgewinns durch die Anwendung analytischer Verfahren verschenkt werden. So weisen auch grundlegende Darstellungen der biographischen Methode darauf hin, daß biographische Verfahren die Gefahr bergen, unbedacht eingesetzt zu werden, insbesondere, da sie im Gegensatz zu kosten-, zeit- und personenintensiven Befragungen von größeren Personengruppen relativ einfach durchführbar zu sein scheinen.[44]

Während also durch explorative Zeitzeugenbefragungen nur die Möglichkeit zur Deskription von Sachverhalten und bestenfalls zur Hypothesengenerierung besteht, ist das Ziel einer analytischen Zeitzeugenbefragung die Erklärung von Zusammenhängen bzw. von historischen Sachverhalten sowie die verallgemeinernde Darstellung von Sachverhalten, die sich nicht nur auf Einzelbeobachtungen bezieht. Sofern man die Generalisierung der bei einer Stichprobe gewonnenen Erkenntnisse anstrebt und spezielle Forschungshypothesen durch eine Befragung überprüfen möchte, ist eine methodisch einwandfreie Vorgehensweise von besonderer Bedeutung; und zwar sowohl bei der Auswahl der Befragten, der Art und Strukturierung des Befragungsinstrumentes, der Auswahl und Vorgehensweise des Interviewers, als auch hinsichtlich der Beachtung der Charakteristika des Befragten und der Befragungssituation.

Hier muß allerdings nochmals betont werden, daß Verzerrungen durch Nichtbeachtung derartiger Fehlerquellen ebenso bei explorativen Interviews auftreten. Insofern müssen sie auch bei offenen Zeitzeugenbefragungen - was in der Oral-History-Forschung meist versäumt wird - stärker diskutiert und bei der Dateninterpretation berücksichtigt werden, insbesondere dann, wenn es um eine möglichst wirklichkeitsnahe und umfassende Deskription geht. Doch ergeben sich aus der Vernachlässigung derartiger 'Biases' schwerwiegendere Konsequenzen, wenn es darum geht, generelle Aussagen zu machen bzw. Zusammenhänge zu erklären und damit über die Deskription bloßer Einzelfälle hinauszugehen. Hier muß ein Mindestmaß an Repräsentativität vorausgesetzt werden, insofern ist hier neben einer entsprechenden Auswahl der Befragten auch eine gewisse Standardisierung der Vorgehensweise in Hinblick auf das Befragungsinstrument und die Befragungssituation unumgänglich.

In diesem Zusammenhang kommt zunächst den Auswahlverfahren zur Rekrutierung der Befragten eine wesentliche Bedeutung zu.[45] Die Auswahl der Befragten sollte einer gewissen Systematik unterliegen, und diese sollte vor allem auch für den Außenstehenden bzw. Leser klar ersichtlich sein. Dabei muß es insbesondere darum gehen, eine Selbstselektion der Befragten zu vermeiden. Gerade das bereits dargestellte Problem, daß nur kooperationsbereite und besonders zugängliche Personen für eine Befragung zu gewinnen sind, wird durch die Selbstselektion noch verstärkt. Dies führt dazu, daß nur eine ganz spezifische Gruppe von Personen mit deutlich vom Durchschnitt abweichenden Merkmalen berücksichtigt wird, deren Angaben zum in Frage stehenden Thema dann auch keineswegs für den Durchschnitt dieser eigentlich zu be-

---

44 FUCHS (1984) S. 13.
45 Vgl. hierzu z.B. die umfassenden Darstellungen bei SCHEUCH (1967), FRIEDRICHS (1973), BORTZ (1984) oder FOWLER (1984).

schreibenden Population repräsentativ sein können. In Zusammenhang mit der Diskussion zur Oral-History-Forschung ist dieser Hinweis insofern wichtig, als gerade hier der Selektion von Personen, die zu einem bestimmten historischen Sachverhalt oder Ereignis überhaupt etwas beizutragen haben, relativ schwierig ist. So scheint es für den Forscher häufig das einfachste Mittel zu sein, an Personen, die das in Frage stehende Ereignis überhaupt miterlebt haben bzw. miterlebt haben könnten, über einen entsprechenden Aufruf in einer (Tages-)Zeitung heranzukommen. Abgesehen davon, daß damit in erster Linie nur Zeitungsleser - und damit eine spezifische Stichprobe - eine Chance haben, überhaupt von der Befragung zu erfahren, ist zudem auch anzunehmen, daß Personen, die sich freiwillig zur Teilnahme an einer Befragung zu einem bestimmten Thema melden, sich bezüglich verschiedener Merkmale von der restlichen Population unterscheiden. Dabei ist nicht unbedingt davon auszugehen, daß diese Personen auch tatsächlich zentral von dem Thema betroffen sind oder einen wesentlichen Beitrag zur Thematik leisten können. Es ist eher anzunehmen, daß die Bereitschaft, sich aktiv auf einen Aufruf zur Teilnahme an einer Befragung zu melden, zudem zu einem großen Teil von nicht mit dem Befragungsthema zusammenhängenden Faktoren bestimmt wird.[46] So ist eine unterschiedliche Teilnahmebereitschaft bei Umfragen beispielsweise in Abhängigkeit von soziodemographischen Faktoren wie Alter, Geschlecht, Bildung oder sozialer Schicht festzustellen. Auch individuelle Faktoren, wie die Vorerfahrung mit Befragungssituationen oder auch Persönlichkeitsfaktoren - wie Ängstlichkeit, Intelligenz, Leistungsmotivation, Altruismus, Extraversion oder Konformität -, tragen zu einer systematischen Verzerrung der über Selbstselektion gewonnenen Stichprobe bei.[47]

Von einer Repräsentativität der Befragten auch nur für eine bestimmte Teilpopulation kann bei einer derartigen Stichprobe jedenfalls sicherlich nicht gesprochen werden. Inwiefern Repräsentativität überhaupt angestrebt werden muß, hängt dabei wiederum sehr stark vom Ziel der Befragung ab, die von der Deskription bestimmter Einzelfälle bis hin zur generalisierenden Erklärung von Zusammenhängen reichen kann. Inwieweit sie erlangt werden kann, hängt gerade bei Retrospektivbefragungen einerseits prinzipiell auch mit dem Untersuchungsgegenstand zusammen. Denn je weiter ein zu analysierender historischer Tatbestand zurückliegt, desto mehr ursprünglich vorhandene Zeitzeugen sind mittlerweile verstorben. Dies wird insbesondere dann zum Problem, wenn zwischen dem zu analysierenden Ereigniskomplex und der Mortalität der Betroffenen ein kausaler Zusammenhang besteht oder zu vermuten ist, da in diesem Fall nur noch eine systematisch verzerrte Stichprobe der ursprünglich betroffenen Population für die Befragung zur Verfügung steht und somit auch die Ergebnisse der Befragung nur ein verzerrtes Bild der damaligen Verhältnisse liefern können. Darüber hinaus wird die erreichbare Stichprobenrepräsentativität aber andererseits auch sehr stark von den konkreten Möglichkeiten und Bedingungen im Feld bestimmt. So stellt schon Scheuch in seiner grundlegenden und umfassenden Darstellung verschiedener Arten von Auswahlverfahren in der Sozialforschung fest, daß

---

46 Vgl. dazu auch die Kritik an dieser gängigen Praxis der Oral-History-Forschung bei FLECK (1988) S. 222.
47 Vgl. z.B. ESSER (1974), ERBSLÖH & WIENDIECK (1974), sowie die grundlegende Darstellung zur Problematik freiwilliger Versuchspersonen in ROSENTHAL & ROSNOW (1975).

das generelle Problem bei den meisten dieser Verfahren letztendlich ihre Durchführbarkeit ist.[48] Scheuch unterscheidet zunächst zufallsgesteuerte Auswahlverfahren von einer bewußten Auswahl von Probanden nach bestimmten Quoten. Eine bewußte, nicht zufallsgesteuerte Auswahl bedeutet dabei, daß bestimmte Teilpopulationen für die Befragung ausgewählt werden. Entsprechend können auch nur Schlußfolgerungen für diese Teilpopulation getroffen werden. Ein Auswahlverfahren, das hier vergleichsweise häufig angewandt wird, ist die Quotenauswahl. Dabei wird davon ausgegangen, daß sich die prozentuale Verteilung bestimmter Merkmale in der Bevölkerung (Alter, Geschlecht, soziale Schicht, etc.) in der gezogenen Stichprobe in entsprechenden Quoten wiederfinden sollte. Das grundsätzliche Problem dieser Vorgehensweise liegt allerdings darin festzustellen, welche Merkmale überhaupt erfaßt werden müssen. Denn es ist oft theoretisch schwierig zu rechtfertigen, welche Quotenmerkmale überhaupt heranzuziehen sind. Ebenso sind die aktuellen Verteilungen bestimmter Merkmale in der Population häufig nicht bekannt, und auch die nach einer Festlegung der Quoten freie Wahlmöglichkeit zwischen verschiedenen Personen mit einer bestimmten Merkmalsausstattung birgt ein subjektives Element bei dieser Auswahl. Für Zeitzeugenbefragungen bietet sich ein solches Verfahren deshalb weniger an, weil dabei sowohl aktuelle Verteilungen relevanter Merkmale wie auch ihre Verteilung zur Zeit des in Frage stehenden zeitgeschichtlichen Ereignisses berücksichtigt werden müßten, was aus rein praktischen Erwägungen eher schwierig sein dürfte. Hier scheint eine zufallsgesteuerte Auswahl unter Zugrundelegung bestimmter Kriterien sinnvoller.
Eine einfache Zufallsauswahl aus der in Frage stehenden Population - beispielsweise Flüchtlinge und Heimatvertriebene, die nach 1945 nach Baden-Württemberg kamen -, für die speziellen Aussagen gemacht werden sollen, ist dabei praktisch kaum durchführbar, da in der Regel keine vollständige Liste der betreffenden Personen vorliegt bzw. zugänglich ist und auch der notwendige Stichprobenumfang in der Regel sehr groß sein müßte.[49] Allerdings könnte man in einem solchen Fall von absoluter Repräsentativität sprechen und die Generalisierbarkeit der Befunde wäre ohne Einschränkung gegeben.
Eine Alternative zur einfachen Zufallsauswahl bietet vor allem die Schichtenauswahl, und zwar insbesondere dann, wenn bereits Annahmen über die Bedeutung bestimmter Merkmale bestehen bzw. Hypothesen dahingehend formuliert wurden, welche Faktoren das in Frage stehende Merkmal beeinflussen könnten. Hier wird die Population in bestimmte Teilpopulationen (Schichten) unterteilt, von denen anzunehmen ist, daß die Varianz innerhalb der Schichten in Bezug auf das in Frage stehende Merkmal vergleichsweise gering ist. Ist dieses Kriterium erfüllt, ist auch von einem relativ geringen Stichprobenfehler auszugehen. Aus diesen Schichten werden dann per Zufall einzelne Personen gezogen. Als Schichtungsmerkmale erweisen sich in der sozialwissenschaftlichen Forschung insbesondere soziodemographische Merkmale - wie Alter, Geschlecht, Bildung, etc. - als sinnvoll. Grundsätzlich entscheidet jedoch die Art der Fragestellung bzw. die Art der Hypothesen darüber, welche Schichten zu berücksichtigen sind.

---

48 SCHEUCH (1967a) S. 73; bezüglich der inferenzstatistischen Implikationen einzelner Auswahlverfahren sei auf BORTZ (1984) S. 240 ff. verwiesen.
49 Zur Größe der Stichprobe vgl. BORTZ (1984) S. 277 ff.

Ein wesentlicher Vorteil der Schichtenauswahl liegt auch darin, daß sich auf diese Weise der Stichprobenumfang deutlich reduzieren läßt.[50]
Bei der Klumpenauswahl werden bestimmte vorgruppierte Elemente einer Population als Stichproben zugrunde gelegt, z.B. Betriebe oder Schulen. Diese Klumpen werden dabei zufällig ausgewählt. Im Gegensatz zur Schichtenstichprobe ist hier der Genauigkeitsverlust gering, wenn innerhalb der Klumpen eine möglichst hohe Varianz des in Frage stehenden Merkmales anzutreffen ist. Hier könnten beispielsweise aus einer großen Anzahl kleiner Gemeinden per Zufall einige ausgewählt werden, in denen dann eine vollständige Befragung der betreffenden Personen stattfinden sollte. Diese Art der Auswahl ist einerseits durch die Beschränkung auf klar umgrenzte Untersuchungseinheiten bzw. Klumpen vom organisatorischen Aufwand her relativ unproblematisch. Andererseits setzt sie aber eine vollständige Liste der in der Population vorhandenen Klumpen (also z.B. aller Teilgemeinden) und die Vollständigkeit der Befragung aller in den gezogenen Klumpen befindlichen Personen voraus.
In der Praxis wird sich daher häufig eine mehrfach gestufte Auswahl als sinnvoller und durchführbarer Kompromiß ergeben.[51] Bei einer solchen Auswahl werden verschiedene Arten zufallsgesteuerter Auswahlverfahren miteinander kombiniert, und zwar Klumpen- und Schichtenauswahl. Hierbei wird zunächst die Gesamtpopulation in Teilpopulationen aufgeteilt, und zwar auf mehreren Stufen, wobei jede darauffolgende Stufe wiederum Teil der vorigen Stufe ist. Stufenweise werden dann per Zufallsauswahl Teilstichproben gezogen.[52] Allerdings ist dabei der Stichprobenfehler größer als bei einer einfachen Zufallsauswahl, bzw. er nimmt mit der Anzahl der Stufen zu. Dennoch wird häufig eine Entscheidung für das mehrstufige Verfahren aus rein praktischen Überlegungen getroffen werden müssen.[53]
So ist grundsätzlich die Entscheidung für ein bestimmtes Auswahlverfahren selten anhand von theoretischen Kriterien der Minimierung des Stichprobenfehlers und der Maximierung der Repräsentativität und damit der Generalisierbarkeit der Ergebnisse zu treffen. In der Regel werden praktische Erwägungen bezüglich der Durchführbarkeit für die Wahl eines bestimmten Verfahrens entscheidend sein, was dann meistens nicht zu einer reinen zufallsgesteuerten Auswahl führt. In diesem Fall ist es allerdings besonders wichtig, im entsprechenden Untersuchungsbericht die Art der Vorgehensweise exakt darzustellen und sie insbesondere bei der Interpretation der Daten zu berücksichtigen.[54]
Wieviel Beachtung dem Problem der Repräsentativität letztendlich beigemessen werden muß und vor allem, in welcher Form die Befragung durchgeführt werden sollte, hängt dabei schließlich vom speziellen Erkenntnisinteresse des Forschers und der jeweils zu beantwortenden Fragestellung ab, z.B. davon, über welche Teilpopulationen Aussagen gemacht werden sollen. Doch scheint es unangebracht und auch unnötig, den Anspruch auf Repräsentativität - wie in vielen Oral-History-Studien - von vornherein völlig aufzugeben und so nicht einmal den Versuch zur Erlangung zumindest einer bedingten Repräsentativität durch entsprechende Aus-

---

50 BORTZ (1984) S. 292 ff.
51 FOWLER (1984) S. 26 ff. gibt hierzu Durchführungsbeispiele.
52 Beispielsweise könnten verschiedene Wohngebiete und unterschiedliche Altersgruppen berücksichtigt werden, um dann aus diesen Teilpopulationen Zufallsstichproben zu ziehen und diese zu befragen.
53 Vgl. SCHEUCH (1967a) S. 37 ff., FRIEDRICHS (1973), S. 141 ff.
54 Vgl. hierzu auch BORTZ (1984) S. 358 f.

wahlverfahren zu unternehmen.[55] Denn die Repräsentativität der Auswahl entscheidet letztendlich über die Generalisierbarkeit der Ergebnisse, was in einigen Oral-History-Studien dann allerdings nicht mehr bei der Interpretation berücksichtigt wird. In diesem Zusammenhang ist auch grundsätzlich auf das Problem der Erreichbarkeit der zu Befragenden und auf die sich daraus ergebenden Verzerrungen bei der Stichprobenziehung hinzuweisen. So konnten in verschiedenen Untersuchungen Zusammenhänge zwischen bestimmten demographischen Merkmalen (Alter, Geschlecht, Wohngebiet) und der Erreichbarkeit von Personen nachgewiesen werden.[56] Damit besteht die Gefahr, daß - bei reinen Zufallsstichproben - bestimmte Personengruppen nicht proportional zu ihrem Auftreten in der Population in die Stichprobe aufgenommen werden. Diese Probleme gilt es daher bei der Stichprobenziehung zu berücksichtigen, um einen dadurch bedingten systematischen Stichprobenfehler auszugleichen. Eine hier häufig eingesetzte Möglichkeit bei zufälliger Stichprobenziehung liegt beispielsweise darin, nicht diejenige Person in einem Haushalt zu befragen, die als erste erreicht werden kann, sondern gezielt nach einer Person im Haushalt mit einem bestimmten unsystematisch verteilten Merkmal zu fragen, z.B. nach derjenigen Person, die als letzte Geburtstag hatte.

Neben dem Auswahlverfahren kommt natürlich dem Meßinstrument, mit dem die Befragung durchgeführt werden soll, besondere Bedeutung zu. Hier stellt sich zunächst die Frage nach dem Ausmaß der Strukturierung der Befragung. Während bei der explorativen Zeitzeugenbefragung die Strukturierung relativ gering bleiben und sich im wesentlichen nur an einem Leitfaden für ein offenes Gespräch orientieren wird, kommt dem Strukturierungsgrad der Fragen beim analytischen Zeitzeugeninterview größere Bedeutung zu.
Strukturierung des Interviews bedeutet dabei, daß Frageformulierung, Fragenfolge und teilweise auch die Antwortmöglichkeiten im voraus für alle Befragten in gleicher Weise festgelegt werden. Die Vorteile eines solchen Vorgehens liegen insbesondere darin, daß die so von einzelnen Befragten erhaltenen Informationen direkt miteinander vergleichbar sind, denn Fehler, die sich aufgrund der Veränderungen des Wortlautes von Fragen bei unstrukturierten oder halbstrukturierten Befragungen ergeben, werden auf diese Weise minimiert; jeder Befragte erhält dieselbe Frage. Damit können auch Teilstichproben einem direkten Vergleich unterzogen werden. Vor allem aber ist es auf diese Art eher möglich, zu quantitativen Ergebnissen zu kommen und so insbesondere direkt konkrete Hypothesen zu überprüfen. Auch für den Interviewer ist die Durchführung derartiger Interviews vergleichsweise einfach, so daß hier Interviewereinflüsse in weitaus geringerem Maße als Verzerrungsfaktoren zu berücksichtigen sind als bei weniger strukturierten Interviews.
Allerdings ist für diese Art der Befragung eine gewisse Homogenität der Stichprobe erforderlich, d.h. die Befragten sollten ähnliche soziale und persönliche Charakteristika aufweisen. Zumindest muß eine möglicherweise große Heterogenität der Stichprobe bei der Fragebogenkonstruktion speziell berücksichtigt werden. Zudem können auf diese Art und Weise unerwar-

---

55 Vgl. dazu auch: FLECK (1988) S. 222.
56 Vgl. hierzu die zusammenfassende Darstellung bei ESSER (1974) S. 113 ff. Auch FOWLER (1984) S. 48 ff., S. 52 ff. stellt Möglichkeiten zur Reduktion von *nonresponses* (Nicht-Erreichbarkeit, Verweigerung) dar. Für den Umgang mit Verweigerern, die grundsätzlich (*Habe keine Zeit für ein Interview.*) oder in Bezug auf einzelne Fragen (*Ich weiß nicht mehr.*) keine Auskunft geben wollen, gibt GORDON (1987) S. 443 ff. praktische Hinweise.

tete Reaktionen der Befragten nicht erfaßt werden. Hier erfolgt eine klare Begrenzung auf vorher festgelegte Themen, was bei hypothesenprüfenden, analytischen Verfahren wesentlich ist, aber im explorativen Stadium einer Forschungsarbeit eine eindeutige Beschränkung bedeutet. Entscheidet man sich für ein strukturiertes Vorgehen, so sind bei der Konstruktion des Fragebogens verschiedene Faktoren zu beachten.[57] Wesentlich ist hier zunächst eine klare und eindeutige Frageformulierung.[58] Dabei geht es vor allem darum, daß für jeden Befragten in gleicher Weise deutlich wird, worauf eine Frage abzielt, es gilt also sicherzustellen, daß eine Frage für jeden Befragten die gleiche Bedeutung hat. Andernfalls entsteht eine Varianz in den Antworten der Befragten, die nicht auf tatsächliche Unterschiede im interessierenden Merkmal zurückgeht, sondern allein auf eine uneindeutige Frageformulierung. Grundsätzlich ist in diesem Zusammenhang natürlich darauf zu achten, daß die Fragen verständlich sind, daß sie also beispielsweise keine schwierigen Fremdworte oder mehrdeutigen Begriffe enthalten. Auch sollte für den Befragten klar ersichtlich sein, wie spezifisch seine Antwort ausfallen sollte, ob es also beispielsweise bei einer Zeitangabe um den genauen Tag, das Jahr oder nur um einen ungefähren Zeitraum geht. Allerdings ist in diesem Zusammenhang auch auf eine Verzerrung der Ergebnisse durch eine einseitige Formulierung von Fragen hinzuweisen, die bestimmte Antworten suggeriert. Fragen sollten neutral formuliert sein, wertende Ausdrücke und Formulierungen müssen unbedingt vermieden werden.

Neben dieser Minimalanforderung der Eindeutigkeit, Verständlichkeit und Nicht-Suggestivität an eine Frage ist jedoch grundsätzlich zu entscheiden, ob eine Frage offen oder geschlossen gestellt werden sollte.[59] Bei offenen Fragen werden der betreffenden Person keine Antwortkategorien vorgegeben, der Befragte kann bzw. muß die Antworten völlig selbständig formulieren. Im Gegensatz dazu werden bei geschlossenen Fragen feste Antwortmöglichkeiten vorgegeben; der Befragte muß sich für die auf ihn zutreffende Angabe entscheiden.

Offene Fragen verlangen demnach, sich an den nachgefragten Sachverhalt aktiv zu erinnern, was kognitiv ein aufwendigerer Prozeß ist, als - wie bei geschlossenen Fragen - die zutreffende Alternative wiederzuerkennen bzw. zu identifizieren. Die Antworten auf gezielte offene Fragen sind dabei in der Regel relativ kurz. Je allgemeiner, weitläufiger und unspezifischer die Frage gestellt wird, desto ausführlicher und auch unterschiedlicher - und damit schwerer vergleichbar - werden die Antworten ausfallen. Die Auswertung dieser Antworten, für die im voraus oder - falls dies nicht möglich ist - nachträglich Kategorien festgelegt werden müssen, ist in einem solchen Fall dann oft recht schwierig.

Geschlossene Fragen bedürfen einer sehr sorgfältigen Planung. Da sie eine leichtere und insbesondere schnellere Auswertung und eine bessere Vergleichbarkeit der Antworten ermöglichen, werden geschlossene Fragen standardmäßig bei großen Umfragen eingesetzt. Inzwischen besteht daher auch ein entsprechender Corpus an Forschungsliteratur, der sich mit Problemen und Fehlerquellen bei derartigen Fragen beschäftigt.[60] Insbesondere kommt es bei geschlosse-

---

57 Vgl. hierzu auch die ausführliche Darstellung bei KREUTZ & TITSCHLER (1974), SUDMAN & BRADBURN (1982) oder FOWLER (1984).
58 Vgl. hierzu beispielsweise FOWLER (1984) S. 74 ff. sowie insbesondere in Hinblick auf die Formulierung von Fragen zur Einstellungsmessung SUDMAN & BRADBURN (1982) S. 119 ff.
59 FOWLER (1984) S. 86 ff. gibt Beispiele für verschiedene Fragetypen.
60 Für einen neueren Überblick über die diesbezügliche Forschung sei verwiesen auf die entsprechenden Artikel in HIPPLER, SCHWARZ & SUDMAN (1987), sowie in SCHWARZ & SUDMAN (1992).

nen Fragen darauf an, daß die Antwortvorgaben alle möglichen, zumindest aber alle relevanten Antwortalternativen enthalten. Dabei muß die Bandbreite möglicher Antworten unter Umständen in einer Vorbefragung durch eine offene Frage geklärt werden. Doch auch die Reihenfolge der Vorgabe der Antwortmöglichkeiten nimmt entscheidenden Einfluß auf die Beantwortung einer Frage.

Eine Sonderform der geschlossenen Frage ist dabei die Skala-Frage, in welcher auf einer mehrstufigen Skala die Intensität oder Häufigkeit von Handlungen, Meinungen oder Einstellungen etc. abgefragt wird. Auch bei dieser Frageart müssen eine Reihe von Faktoren bedacht werden, die die Antworten verzerren können. Auf einige wesentliche soll im folgenden kurz eingegangen werden, da diese Frageart gerade in größeren Umfragen aufgrund ihrer einfachen durchführungs- wie auswertungstechnischen Handhabbarkeit häufig eingesetzt wird und sich so auch für größer angelegte analytische Zeitzeugenbefragungen zur Abfrage bestimmter Sachverhalte - wie etwa Meinungen und Einstellungen - in der Oral-History-Forschung anbietet, die Verzerrungsmechanismen, die hier wirksam werden, aber aufgrund der im Prinzip einfachen Struktur dieser Frage leicht übersehen werden.

So stellt sich grundsätzlich die Frage, aus wievielen Stufen diese Skala bestehen soll und ob sie eine mittlere Kategorie und demnach eine ungerade Anzahl von Stufen enthalten soll oder nicht. Denn bei Vorhandensein einer mittleren Kategorie läßt sich häufig in den entsprechenden Befragungen eine starke Tendenz zur Wahl derselben feststellen, wobei die Interpretation dieser Antwort - tatsächliche mittlere Ausprägung der Häufigkeit oder Intensität bzw. 'Unentschiedenheit' oder auch 'keine Meinung' - schwierig ist. Andererseits wird bei einer geraden Kategorienzahl eine Richtung der Antwort - entweder eher pro oder eher contra, eher hoch oder eher niedrig etc. - erzwungen, was dann wiederum die Fehlervarianz erhöhen könnte. In jedem Fall sollte die Anzahl der Stufen nicht zu gering gewählt werden (mindestens fünf), um dem Befragten eine gewisse Varianz in seinen Antworten zu ermöglichen. Dies ist insbesondere von Bedeutung, da die Extrempunkte einer Skala von Befragten eher selten gewählt werden. Andererseits kann eine zu hohe Anzahl von Stufen (über elf) auf den Befragten auch verwirrend und unklar wirken und damit ebenfalls zu einer Nivellierung bestehender Unterschiede zwischen Vergleichsgruppen beitragen.

Daneben kommt der Ausformulierung der einzelnen Stufen eine wesentliche Bedeutung zu. Werden alle Stufen einzeln beschrieben bzw. benannt, so ist dabei - um anschließend eine möglichst differenzierte Auswertung zu ermöglichen - zu beachten, daß die einzelnen Benennungen auch in etwa gleiche Unterschiede zwischen den einzelnen Skalenpunkten suggerieren.[61] Doch auch die Entscheidung für eine bloße Benennung der Endpunkte einer Skala enthebt nicht von einer sorgfältigen Auswahl der Formulierungen. So erhöhen beispielsweise Extremformulierungen wie 'nie' versus 'immer' im Gegensatz zu Formulierungen wie beispielsweise 'sehr häufig' versus 'sehr selten' die Tendenz zur Mitte und verringern so die Varianz der Antworten.[62] Extremformulierungen werden einfach seltener gewählt, was dann die Bandbreite der gegebenen Antworten künstlich verengt, wodurch tatsächliche Unterschiede zwischen verschiedenen Gruppen verwischt werden können. Doch auch eine Endpunkt-Formulierung von

---

61   Z.B. bei einer Häufigkeitseinschätzung: *nie - selten - gelegentlich - oft - immer* oder bei einer Intensitätseinschätzung: *nicht - wenig - mittelmäßig - ziemlich - sehr*; vgl. hierzu ROHRMANN (1978).
62   KREUTZ & TITSCHER (1974) S. 61.

'gar nicht wichtig' bis 'sehr wichtig' im Vergleich zu 'sehr unwichtig' versus 'sehr wichtig' sowie unterschiedliche numerische Vorgaben unter den Skalen führen zu systematisch unterschiedlichen Angaben der Befragten.[63] In jedem Fall ist es daher wichtig, auch die Art der vorgegebenen Antwortmöglichkeiten bei der Interpretation zu berücksichtigen, um kein falsches Bild entstehen zu lassen. Ob eine Ausformulierung aller Stufen notwendig ist, hängt letztendlich davon ab, ob angenommen werden kann, daß die zu befragende Stichprobe - z.B. alte Menschen - mit einer abstrakten Skala mit bloßer Endpunktbenennung zurecht kommt, was wiederum auch durch die Ausführlichkeit und Klarheit der Erläuterungen zum Skalengebrauch beeinflußt werden wird.

Grundsätzlich ist jedoch nicht nur für Skalafragen darauf hinzuweisen, daß die Bandbreite der Antwortalternativen auch sehr stark die Antworttendenzen festlegt. So werden Antworten systematisch anders ausfallen, je nachdem welche Abstufungen - also beispielsweise bei Häufigkeitsangaben: von 1mal bis 10mal oder von 5mal bis 15mal - gewählt werden.[64] Je nach Vorgabeskala wird sich bei derselben Stichprobe ein anderer Mittelwert ergeben. Dies geht im wesentlichen darauf zurück, daß die Befragten sich bei ihrer Antwort an den Vorgaben insofern orientieren, als sie annehmen, daß die Skala so gewählt ist, daß die meisten Angaben in einen mittleren Bereich fallen werden - also die durchschnittliche, 'normale' Person eher einen mittleren Wert angeben wird - und die Endpunkte - gleich wie sie gewählt sind - Extremgruppen beschreiben, denen man sich eher ungern zurechnet. Der gewählte Skalenbereich bildet hier den Anker für die eigenen Einschätzungen. Die Bandbreite der Antwortalternativen sollte daher im Zweifelsfalle in einem offenen Vortest ermittelt werden.

Obwohl bei der Formulierung von geschlossenen Fragen also eine Reihe von Verzerrungsfaktoren zu berücksichtigen sind, bieten sie sich jedoch gerade dann an, wenn es um die Überprüfung von spezifischen Hypothesen geht. Denn die Gleichförmigkeit der so erhaltenen Antworten ermöglicht eine bessere Vergleichbarkeit zwischen verschiedenen Gruppen. Dennoch ist hier festzuhalten, daß es dabei nicht darum gehen kann, einen Fragetyp das ganze Interview hindurch beizubehalten, sondern vielmehr um eine gezielte Anpassung der Einzelfrage an das Erkenntnisinteresse, die spezielle Interviewsituation und auch an den Befragten. So wird es insbesondere bei längeren Interviews sinnvoll sein, den Fragetyp zu wechseln, da gerade bei geschlossenen Fragen gewisse Ermüdungserscheinungen nicht auszuschließen sind und mit entsprechend eingestreuten offenen Fragen dem Mitteilungsbedürfnis des Befragten - insbesondere dann, wenn es sich um für ihn wichtige, mitteilungsrelevante Ereignisse aus seinem eigenen Leben handelt - eher entgegengekommen werden kann.

Dabei wird nun auch deutlich, daß neben der Formulierung der Einzelfrage dem Gesamtaufbau des Fragebogens entscheidende Bedeutung zukommt.[65] Hier geht es zunächst um den Grobaufbau des Fragebogens, also darum, welche Fragenkomplexe am Anfang und welche am Ende des Fragebogens plaziert werden sollen. Zum anderen muß die Abfolge der Einzelfragen genau

---

63   SCHWARZ, KNÄUPER, HIPPLER, NOELLE-NEUMANN & CLARK (1991).
64   SCHWARZ, HIPPLER, DEUTSCH & STRACK (1985).
       SCHWARZ (1990) diskutiert allgemein Verzerrungen bei Häufigkeitsangaben von alltäglichem Verhalten auf der Basis von theoretischen Annahmen der kognitiven Psychologie und gibt so Hinweise zur Fragebogenkonstruktion.
65   Vgl. hierzu beispielsweise die Darstellung bei SUDMAN & BRADBURN (1982) S. 207 ff. oder KREUTZ & TITSCHER (1974) S. 40 ff.

überlegt werden, da die Reaktion eines Befragten auf eine Frage sehr stark durch die vorherige Frage und ihre Beantwortung beeinflußt sein kann. Dies kann zum einen damit zusammenhängen, daß der Befragte konsistentes Verhalten zeigen möchte und damit für ihn ähnliche Fragen - sofern sie direkt aufeinanderfolgen - auch gleichförmig beantwortet. Verzerrungen können sich aber auch aufgrund einer erhöhten Motivation oder auch Ablenkung durch eine vorherige Frage und einen entsprechenden Ausstrahlungseffekt auf die nachfolgende Frage ergeben. Doch auch inhaltliche Ausstrahlungseffekte sind in diesem Zusammenhang zu berücksichtigen. Wird beispielsweise zuerst die spezifische Einstellung gegenüber Angehörigen einer bestimmten Nation abgefragt und danach die allgemeine Einstellung gegenüber Angehörigen fremder Nationen, so suggeriert dies dem Befragten, die bereits angesprochene Teilgruppe bei der Beantwortung der allgemeinen Frage nicht mehr zu berücksichtigen. Insofern würde in diesem Fall die Frage nach der allgemeinen Einstellung gegenüber Ausländern systematisch anders beantwortet, als wenn die spezielle Frage nicht vorgeschaltet worden wäre bzw. je nachdem welche spezifische Teilgruppe in der Vorfrage beurteilt werden sollte.[66]

Bezüglich der Fragenfolge innerhalb einzelner Themenkomplexe bietet es sich so in der Regel an, von allgemeinen zu speziellen Fragen zu kommen, um so Reihenfolge-Effekte möglichst klein zu halten.[67] Ein 'Trichtern' von allgemeinen, möglicherweise offenen zu spezifischen Fragen ist insbesondere bei einfachen, bekannten Themen angebracht. Bei komplexeren Themenbereichen, bei denen die freie Formulierung einer allgemeinen Einschätzung für den Befragten vergleichsweise schwierig ist, ist die umgekehrte Vorgehensweise - von spezifischen Fragen zu einem allgemeinen Statement des Befragten - in der Regel sinnvoller. Und gerade wenn es um Fragen zu weit zurückliegenden Ereignissen geht, also bei Retrospektivbefragungen, wie sie in der Oral-History-Forschung die Regel sind, spielt die Fragenfolge, aber auch die Abfolge bestimmter Themenkomplexe - z.B. chronologische, rückwärtsgerichtete oder ereignisgeleitete Abfrage - eine entscheidende Rolle. Auf diese spezielle Problematik wird deshalb an späterer Stelle noch genauer einzugehen sein.

In Hinblick auf den Grobaufbau des Fragebogens, also auf die Stellung einzelner thematischer Schwerpunkte, ist zudem beispielsweise zu entscheiden, ob demographische Fragen zur Person eher am Anfang oder am Ende der Befragung stehen sollten, was weitgehend vom Thema der Befragung abhängt. So könnten bei heiklen Themen die am Anfang stehenden Fragen zur Person den Befragten an der Anonymität der Befragung zweifeln lassen und so zu weniger ehrlichem, angepaßtem, sozial erwünschtem Antwortverhalten führen. Bestehen derartige Befürchtungen, sollten Fragen zur Person erst am Ende des Interviews gestellt werden. Zum anderen kann die Erhebung personenbezogener Daten am Beginn aber auch dazu beitragen, daß der Befragte dadurch eine stärkere Bedeutung seiner persönlichen Antworten wahrnimmt und sich so bemüht, möglichst gründlich und exakt zu antworten. Allgemeine Empfehlungen können hier kaum gegeben werden, in der Regel scheint jedoch die Erfassung der demographi-

---

66 Vgl. hierzu STRACK (1992), der insbesondere auch die psychologischen Ursachen derartiger Reihenfolgeeffekte darlegt. Eine umfassende Darstellung zu Aspekten der Fragenfolge bzw. zu Kontexteffekten in der Umfrageforschung findet sich in SCHWARZ & SUDMAN (1992).
67 SUDMAN & BRADBURN (1982) S. 208 ff. u. 219 ff., KREUTZ & TITSCHER (1974) S. 45 ff.

schen Informationen am Ende - sofern sie sich nicht völlig vermeiden läßt - eher angebracht.[68] Insbesondere sollte ihre Erhebung gegenüber dem Befragten aber begründet werden. Falls mehrere Themen innerhalb eines Interviews angesprochen werden, ist es zudem wesentlich, ein Springen von Themenbereich zu Themenbereich zu vermeiden. Es sollte eine sinnvolle - z.B. chronologische - Gliederung der Themenkomplexe stattfinden. Bevor mit einer neuen Thematik begonnen wird, sollte die vorherige klar abgeschlossen werden, und dem Befragten sollte der Wechsel von einem Thema zum nächsten durch eine entsprechende Überleitung im Fragebogen erleichtert werden.[69]

Ein Störfaktor im Verlauf des Interviews ist zudem das häufige Vorkommen von Fragen, die der Befragte nicht beantworten kann bzw. die für ihn irrelevant sind, da er zu einem bestimmten Ereignis oder Sachverhalt keine Informationen haben kann. Hier müssen entsprechende Filterfragen eingesetzt werden, die zunächst abklären sollen, ob die nachfolgenden Fragen die jeweilige Person überhaupt betreffen oder ob sie gegebenenfalls übersprungen werden müssen. Irrelevante, vom Betroffenen unbeantwortbare Fragen würden das Interview nur unnötig verlängern und zudem zu einer zunehmenden Unzufriedenheit beim Befragten führen.
Allgemein ist zur Länge des Fragebogens zu sagen, daß er selbstverständlich so kurz wie möglich gehalten werden muß und insbesondere Redundanzen vermeiden sollte. Ansonsten hängt die zumutbare Länge des Fragebogens von der Bedeutung des Themas für den Befragten ab. Handelt es sich um ein für ihn interessantes Thema - beispielsweise eigene Erlebnisse -, kann der Fragebogen insgesamt länger ausfallen als bei für ihn weniger interessanten Fragestellungen wie z.B. in der Marktforschung. Denn nur wenn das Interesse des Befragten erlangt und erhalten werden kann, können auch valide Ergebnisse erzielt werden.[70]
Es ist daher von grundsätzlicher Bedeutung, zunächst überhaupt das Interesse des Befragten zu erringen, was z.B. durch entsprechende Eingangsfragen, die ein Thema ansprechen, über das der Befragte gerne berichtet und deren Beantwortung ihm nicht schwer fällt, möglich ist. Die Aufmerksamkeit des Befragten gerade bei einem längeren Interview über die ganze Befragungsdauer auf einem hohen Niveau zu halten, dürfte sehr schwierig sein. Die Antwortbereitschaft unterliegt im Laufe des Interviews mehr oder weniger großen Schwankungen. Grundsätzlich läßt sich dieses Problem kaum vermeiden, doch kann - wie bereits erwähnt - durch Abwechslung gerade auch im Fragetyp ein zu großer Aufmerksamkeitsabfall eventuell vermieden werden. So könnte beispielsweise nach einer Reihe geschlossener Fragen - die häufig unvermeidlich sind - eine offene Frage zu einem für den Befragten in diesem Zusammenhang interessanten Teilbereich gestellt werden, diesem dann Raum läßt für eigene Berichte und vor allem auch für eine Ergänzung dessen, was seiner Meinung nach bei den geschlossenen Fragen zu kurz gekommen ist. Auch wenn diese Ergänzungen für den Forscher vielleicht nicht von eigentlichem Interesse sind, die Antworten möglicherweise auch nicht ausgewertet werden können und das Interview auch zusätzlich verlängern, können sie doch zu einem günstigeren Verlauf der Befragung beitragen, indem sie mit der beim Befragten so geweckten Erwartung, immer wieder doch noch die eigenen 'unbedingt notwendigen' Erläuterungen und Erklärungen

---

68 SUDMAN & BRADBURN (1982) S. 218 f.
69 Ebd. S. 222 f.
70 Ebd. S. 226 f.

abgeben zu können, dessen Bereitschaft erhöhen, auch auf weitere geschlossene Fragen zu antworten, so daß dann auch hier validere Antworten erlangt werden können. Dennoch muß darauf hingewiesen werden, daß es oft einiges Geschicks des Interviewers bedarf, nach weitläufigen Ergänzungen und Berichten der Befragten zu geschlossenen Fragen - die dann wieder sehr präzise Antworten erfordern - überzugehen.

Neben dem Instrument - an das Befragter wie Interviewer in gewisser Weise gebunden sind - nimmt die Person des Interviewers nicht nur auf den Verlauf des Interviews, sondern zum Teil auch auf die Art der Antworten erheblichen Einfluß.[71] Der Interviewer wird bei Befragungen häufig als das schwächste Glied in der Kette gesehen, wobei das grundlegende Problem vor allem in der großen Varianz des Verhaltens unterschiedlicher Interviewer liegt. Aber auch das Verhalten ein und desselben Interviewers wird zu unterschiedlichen Zeiten bzw. gegenüber unterschiedlichen Befragten stark variieren. Doch gerade wenn es um analytische Befragungen geht, besteht die Forderung nach Vergleichbarkeit der erhobenen Daten. Demnach müssen Maßnahmen getroffen werden, um diesen sogenannten 'Interviewerfehler' zu minimieren.
In diesem Zusammenhang lassen sich zunächst verschiedene Arten von Interviewereinflüssen unterscheiden. So konnte gezeigt werden, daß allein schon die Anwesenheit eines Interviewers beim Befragten eine verstärkte Tendenz zu sozial erwünschten Antworten fördert bzw. dazu, den vermuteten Erwartungen des Interviewers oder evtl. des Auftraggebers der Studie - sofern dieser bekannt ist - entsprechend zu antworten.[72] Hier spielt die Zusicherung der Anonymität eine entscheidende Rolle, um derartige Effekte zumindest abzumildern. Darüber hinaus muß die bloße Anwesenheit einer weiteren Person bei einer mündlichen - im Gegensatz zu einer schriftlichen - Befragung allein schon als Störfaktor gesehen werden, der das Verhalten der Befragten in irgendeiner Form beeinflußt.[73]
Zum anderen sind hier auch Fälschungen der Antworten durch den Interviewer - die leider nie ganz ausgeschlossen werden können - zu erwähnen, wie auch Fehlkodierungen, die sich allerdings in der Regel eher unbewußt aufgrund spezifischer Interviewererwartungen oder -einstellungen ergeben können. Fehlkodierungen gleich welcher Art werden dann am häufigsten auftreten, wenn der Interviewer freie Antworten des Befragten in Kurzform mitprotokollieren muß bzw. diese vorgegebenen Kategorien selbst zuweisen muß, also in Situationen, in denen vom Interviewer eine gewisse Interpretationsleistung gefordert wird. Je exakter die Frage und insbesondere je präziser die Antwortmöglichkeit des Befragten - im Extremfall bei geschlossener Antwortvorgabe -, desto unwahrscheinlicher sind Interviewerfehler in Form von Fehlkodierungen.
Von derartigen Fehlern abgesehen, müssen im wesentlichen zwei Gruppen von Einflußfaktoren, die sich durch den Interviewer ergeben, unterschieden werden: Dies sind zum einen äußer-

---

71 Eine frühe Darstellung der Forschung zu Interviewereffekten sowie der Einflüsse von Befragten-Verhalten und Situationsmerkmalen auf diese Effekte sowie eine Übersicht zu Möglichkeiten der Reduktion und Kontrolle diesbezüglicher Fehler findet sich in HYMAN, COBB, FELDMAN, HART & STEMBER (1954) S. 275 ff.. Weiterhin sei verwiesen auf ESSER (1984), ERBSLÖH & WIENDIECK (1974), SCHEUCH (1967b), SUDMAN & BRADBURN (1982), FOWLER & MANGIONE (1990).
72 ESSER (1984) S. 33 f., ERBSLÖH & WIENDIECK (1974) S. 93.
73 Vgl. hierzu beispielsweise ERBSLÖH & WIENDIECK (1974) S. 84 f. sowie ROSENTHAL & ROSNOW (1984) S. 107 ff.

liche Interviewermerkmale und zum anderen spezifische Einflüsse, die sich aus den Erwartungen, Einstellungen oder Wahrnehmungen des Interviewers ergeben und die dann das Verhalten des Befragten in irgendeiner Form beeinflussen. In welcher Form und in welchem Ausmaß diese Faktoren bedeutsam werden, hängt dabei nicht zuletzt auch von der Person des Befragten, von der Art der Befragung und vom spezifischen Befragungsthema ab. Mit äußerlichen Merkmalen des Interviewers sind dabei beispielsweise sein Alter, sein Geschlecht, seine ethnische Zugehörigkeit, aber auch die soziale Schicht, der er angehört, bzw. sein sozioökonomischer Status gemeint. In diesem Zusammenhang konnte gezeigt werden, daß sich Störeffekte dann ergeben, wenn sich Befragter und Interviewer hinsichtlich diesbezüglicher Merkmale deutlich unterscheiden.[74] Bei einer gewissen Ähnlichkeit zwischen Befragtem und Interviewer sollten sich Verzerrungen aufgrund sichtbarer Merkmale des Interviewers dagegen minimieren, was sich wohl am ehesten durch die in diesem Fall geringere Salienz bzw. Augenfälligkeit dieser Merkmale erklären läßt. Doch liegt hierzu bisher keine systematische Untersuchung vor, die diese Annahmen bestätigen könnte.[75] Verzerrungen aufgrund von sichtbaren Merkmalen ergeben sich allerdings insbesondere dann, wenn die Merkmale des Interviewers tatsächlich oder nur in der Wahrnehmung des Befragten mit dem Thema des Interviews in Bezug stehen (z.B. bei einer Befragung zur Einstellung gegenüber Ausländern durch einen ausländischen Interviewer). Um Verzerrungen durch sichtbare Merkmale des Interviewers zu vermeiden, wird daher zumeist eine zufällige Zuweisung von Interviewern und Befragten vorgenommen, um einem systematischen Fehler durch die gezielte Auswahl von bestimmten Befragten durch bestimmte Interviewer (z.B. wenn weibliche Interviewer nur Frauen befragen) vorzubeugen.

Allerdings ist darauf hinzuweisen, daß auch die Zufallszuweisung von Interviewern und Befragten einen systematischen Verzerrungsfaktor enthält, insofern die Merkmalsverteilung in Interviewerstäben in der Regel nicht derjenigen der Gesamtpopulation entspricht. Beispielsweise sind dort in einem relativ hohen Anteil Frauen mittleren Alters oder z.T. auch jüngere Personen, im speziellen Studenten, vertreten.[76] Deshalb kann es - in Abhängigkeit von der Fragestellung - durchaus sinnvoll sein, bestimmte Interviewer-Befragten-Konstellationen zu vermeiden, da diese die Antwortbereitschaft erheblich verringern würden oder bestimmte Antworttendenzen hervorbringen könnten.

Weitaus komplexer und weniger genau einschätzbar sind Verzerrungen, die sich aufgrund von Erwartungen, Meinungen oder Einstellungen des Interviewers ergeben.[77] Dabei geht es nicht darum, daß der Interviewer bewußt versucht, die Antworten der Befragten in Richtung seiner

---

74   Vgl. auch die zusammenfassenden Darstellungen in ERBSLÖH & WIENDIECK (1974), ESSER (1984) oder ROSENTHAL & ROSNOW (1984) S. 109 ff. Beispielsweise antworten Befragte eher mit einer Tendenz zur sozialen Erwünschtheit, wenn Befragter und Interviewer unterschiedlichen Geschlechts sind (HYMAN et al. (1954)).
75   ESSER (1984) S. 34, SCHANZ & SCHMIDT (1984).
76   Vgl. z.B. ERBSLÖH & WIENDIECK (1974) S. 100 ff.
77   Mit der Problematik derartiger Faktoren beschäftigte sich insbesondere ROSENTHAL (1964) in Zusammenhang mit Störeffekten in sozialpsychologischen Untersuchungen. Mit dem Einfluß von Interviewer-Erwartungen in der Umfrageforschung beschäftigten sich bereits 1954 HYMAN, COBB, FELDMAN, HART & STEMBER (1954) S. 83 ff. Als neuere Darstellung sei verwiesen auf ROSENTHAL & ROSNOW (1984) S. 110 f.

Erwartungen oder Präferenzen zu beeinflussen. (Ein solches Vorgehen würde eher in den Bereich der bewußten Fälschungen gehören.) Es muß vielmehr festgestellt werden, inwiefern und auf welchem Wege diese Faktoren unbewußt auf das Befragtenverhalten Einfluß nehmen. Hier ist zum einen zu berücksichtigen, daß Interviewer durch ihr Verhalten während des Interviews und die darin zum Ausdruck kommenden Erwartungen und Einstellungen das Antwortverhalten des Befragten mit bestimmen. Zum anderen bewirken die Erwartungen und Einstellungen des Interviewers auch eine entsprechende Interpretation der Antworten des Befragten. Im ersten Fall geht es also beispielsweise darum, daß ein aufmunterndes Lächeln, ein Nicken oder aber auch ein direktes Lob bzw. eine Bestätigung oder Mißfallensäußerung anderer Art bei bestimmten Antworten dem Befragten - oft auch unbewußt - signalisiert, welche Antworten von ihm eher gewünscht werden bzw. welche Antworten durch Zustimmung eher belohnt werden und welche nicht. Dabei muß angenommen werden, daß insbesondere in einer angenehmen Interaktionssituation, bei einem positiven Verhältnis zwischen Interviewer und Befragtem, derartige Prozesse als Verzerrungen wirken werden.[78] Das Ausmaß der Verzerrung durch derartige Verhaltenssignale seitens des Interviewers dürfte damit schwerpunktmäßig auch von der Motivation des Befragten - auf die noch näher einzugehen sein wird - bestimmt sein, also etwa davon, ob er den Interviewer irgendwie unterstützen möchte oder nicht.
Dabei dürfte die Art des Interviews - ob offen oder standardisiert - entscheidend sein für das Ausmaß des Auftretens derartiger Interviewerfehler da gerade bei freien Nachfragen durch den Interviewer - wie sie in der Oral-History-Forschung üblich sind - die Gefahr sehr groß ist, daß bestimmte Wertungen - mehr oder weniger bewußt - in die Frageformulierung einfließen und so dem Befragten die 'präferierte' Antwort eher nahelegen. Zudem ist gerade bei offenen Antworten der Interpretationsspielraum des Interviewers relativ breit, so daß auch bei der - oft zu verkürzenden - Antwortübernahme in den Fragebogen eine Selektion stattfindet, die von den Erwartungen und Einstellungen des Interviewers stark beeinflußt sein wird. Je weniger Interpretationsspielraum dem Interviewer aufgrund von festen Antwortvorgaben und klar spezifizierten Fragen gegeben wird, desto weniger können seine Interpretationen die vom Befragten intendierte Bedeutung einer Antwort überlagern. Besonders dann, wenn der Interviewer die Aufgabe hat, eine - möglicherweise aufgrund der Frageformulierung - sehr ausführliche, vielleicht unklare Antwort des Befragten selbst in Kurzform wiederzugeben oder auch in ein Schema einzuordnen, werden die Erwartungen und Einstellungen des Interviewers die aufgezeichneten Antworten unweigerlich beeinflussen.[79]
In diesem Zusammenhang konnte auch gezeigt werden, daß Interviewerinterpretationen insbesondere dann in die Darstellung einfließen, wenn die Antworten des Befragten eher neutral ausfallen; geht die Antwort des Befragten deutlich in eine bestimmte Richtung, so ergeben sich weniger Verzerrungen aufgrund der Einstellungen und Erwartungen des Interviewers. Dabei nehmen nicht in erster Linie die konkreten, themenbezogenen Einstellungen des Interviewers Einfluß auf die Interpretation, sondern Interviewer tendieren dazu, die Antworten des Befragten in eine einheitliche Richtung zu bringen und eher neutrale Antworten unter diesem Gesichtspunkt zu interpretieren, um so ein konsistentes Bild des Befragten entstehen zu lassen.[80]

---

78 ROSENTHAL (1964), FIELD (1955).
79 FISHER (1950), SMITH & HYMAN (1950).
80 Vgl. ERBSLÖH & WIENDIECK (1974).

Während Verzerrungen im Interview durch explizite verbale oder nonverbale Kommentare des Interviewers zu den Antworten des Befragten durch eine entsprechende Schulung der Interviewer unter Hinweis auf diese Fehlerquelle minimiert werden können,[81] ist es bedeutend schwieriger, die unbewußten Verzerrungen bei der Interpretation und Verschlüsselung von Antworten in den Griff zu bekommen oder zu kontrollieren. So ist es durchaus möglich, daß durch Hinweis auf die Gefahr der Verzerrung der Antworten in Richtung auf die eigene Meinung des Interviewers nur die Richtung der Verzerrung geändert wird, nicht aber der Fehler an sich verschwindet. Aus Furcht, sich zu sehr bei der Interpretation an eigenen Einstellungen zu orientieren, werden dann die von der eigenen Meinung des Interviewers abweichenden Stellungnahmen des Befragten überakzentuiert.

Das Ausmaß dieses Fehlers ergibt sich somit im wesentlichen aus der Art des Interviews: je geringer der Interpretationsspielraum, desto geringer der Einfluß dieses Interviewerfehlers. Um jedoch systematische Verzerrungen durch die Einstellungen und Erwartungen des Interviewers zu vermeiden, ist es auch hier angebracht, mit großen Interviewerstäben zu arbeiten, bei denen dann - wie bei den Befragten - eine hohe Varianz der Einstellungen und Erwartungen vorliegen sollte, und die einzelnen Interviewer den Befragten zufällig zugewiesen werden können.

Führt allerdings - wie es in der Oral-History-Forschung immer noch eher die Regel ist - der die entsprechende Fragestellung inhaltlich bearbeitende Forscher auch selbst die Interviews mit den Betroffenen durch, sind also Forscher und Interviewer identisch, so kann selbstverständlich nicht verhindert werden, daß seine ganz spezifischen Voreinstellungen und Erwartungen die Befragungssituation und damit insbesondere die Antworten des Befragten deutlich beeinflussen. Dies ist bei explorativen Zeitzeugenbefragungen oft kaum anders möglich, doch müssen dann die so erhaltenen *Geschichten* auch vor diesem Hintergrund, also unter Berücksichtigung von 'Interviewer'-Einflüssen, dokumentiert, präsentiert und interpretiert werden, was dann wiederum meist versäumt wird. Bei analytischen Zeitzeugenbefragungen, die bislang in der Oral-History-Forschung eher selten sind, sollte eine Identität von Forscher und Interviewer jedoch unbedingt vermieden werden.

Doch nicht nur das Ausmaß des Interviewereinflusses ist als stark situationsabhängig zu betrachten. Auch der Befragte selbst ist kein neutraler Lieferant von Informationen. Wie dargestellt ergeben sich verschiedene Fehlerquellen aus der Interaktion von Interviewer und Befragtem, die auf bestimmte Merkmale oder Motivationen des Interviewers zurückgeführt werden können. Allerdings unterliegen auch dem Verhalten des Befragten im Interview bestimmte motivationale Tendenzen, die vom Gegenstand der Befragung unabhängig sind. Aber auch Verzerrungen durch eine nicht adäquate Stichprobenziehung wie Probleme der Erreichbarkeit und (Selbst-)Selektivität sind in diesem Zusammenhang als Fehlerquelle von seiten des Befragten zu erwähnen, auf die jedoch schon an anderer Stelle eingegangen wurde.

In Hinblick auf die Motivationen des Befragten ist so zum einen danach zu fragen, was eine Person überhaupt dazu motiviert, an einer Befragung teilzunehmen, und zum anderen danach, welche speziellen Motivationen das Antwortverhalten im Interview beeinflussen können. Bezüglich letzterem werden im wesentlichen - zwar schwerpunktmäßig für Probanden in Expe-

---

[81] Zur Interviewer-Schulung vgl. BRENNER (1985) S. 32 ff. sowie FOWLER & MANGIONE (1990) S. 106 ff., die u.a. auch auf Möglichkeiten der Supervision von Interviewern eingehen (S. 120 ff.).

rimentaluntersuchungen - drei Rollen unterschieden, die von den Betreffenden eingenommen werden: die 'gute' bzw. kooperierende Versuchsperson,[82] die 'negativistische' bzw. sabotierende Versuchsperson[83] und die ehrliche Versuchsperson.[84] Diese unterschiedlichen Versuchspersonen-Motivationen[85] lassen sich selbstverständlich auch bei Befragten in Interview-Situationen feststellen: der 'gute' Befragte, der versucht die Absichten und Vorstellungen des Interviewers (oder des Auftraggebers der Studie) zu erkennen und sich demgemäß zu verhalten, der 'negativistische' Befragte, der ebenso daran interessiert ist, den eigentlichen Zweck der Untersuchung zu ergründen und dann dagegen opponierend genau die Reaktionen zeigt, von denen er annimmt, daß sie keiner erwarten würde, und schließlich die ehrliche Versuchsperson, die nicht versucht, die Hypothesen oder Erwartungen des Forschers zu erkennen, sondern sich bemüht, die Fragen aufrichtig zu beantworten.

Zwar wird bzw. sollte bei einer Befragung zu Beginn auf die Bedeutung aufrichtiger Antworten hingewiesen werden, dennoch kann ein solches Verhalten beim Befragten nicht grundsätzlich unterstellt werden, da die Befragungssituation an sich einen starken Aufforderungscharakter besitzt. Allerdings dürfte negativistisches Verhalten bei Befragten relativ selten auftreten; am ehesten dann, wenn sich der Befragte in irgendeiner Weise - durch ein zu starkes Insistieren des Interviewers - unter Druck gesetzt fühlt, an der Befragung teilzunehmen oder bestimmte - möglicherweise unangenehme - Fragen zu beantworten. Dagegen dürfte das Motiv, mit dem Interviewer zu kooperieren, vergleichsweise häufig sein. Gerade in einer angenehmen Befragungsatmosphäre kann der Befragte durchaus geneigt sein, mit seinen Antworten den (vermeintlichen) Erwartungen des Interviewers entgegenzukommen. Andererseits kann auch die Angst vor Bewertungen ('evaluation apprehension')[86] dazu führen, daß Befragte versuchen, sich möglichst erwartungskonform zu verhalten und so sich selbst möglichst positiv darzustellen. Eine Möglichkeit gerade der Tendenz entgegenzuwirken, aufgrund von Bewertungsangst stark sozial erwünschtes Verhalten zu zeigen, kann durch Sicherstellung und glaubhafte Zusicherung absoluter Anonymität erreicht werden. Aber auch die Begründung und Betonung der Notwendigkeit offener und ehrlicher Antworten spielt hier eine entscheidende Rolle. Abgesehen davon kann durch den Einsatz entsprechender Kontrollitems eine unterschiedlich stark ausgeprägte Tendenz zur sozialen Erwünschtheit bei den Befragten festgestellt und dann bei der Dateninterpretation berücksichtigt werden.[87]

Wie stark letztendlich welche Motivation zum Tragen kommt, hängt jedoch weniger von spezifischen Merkmalen des Befragten allein ab, sondern vielmehr von Merkmalen der Befragungssituation oder der speziellen Interaktion zwischen Interviewer und Befragtem. Letztere wurde bereits unter dem Stichwort Interviewerfehler abgehandelt. Bezüglich der Befragungssi-

---

82   ORNE (1962).
83   MASLING (1966).
84   FILLENBAUM (1966).
85   Zur Rollenmotivation vgl. auch ROSENTHAL & ROSNOW (1984) S. 104 f. oder COOK, BEAN, CALDE, FREY, KROVETZ & RUSMAN (1970) sowie für eine Überblicksdarstellung der verschiedenen Konzepte von Versuchspersonen-Rollen GNIECH (1976) S. 73 ff.
86   ROSENBERG (1969).
87   Für eine kurze Darstellung entsprechender Skalen sei verwiesen auf das Handbuch sozialwissenschaftlicher Skalen des Zentrums für Umfragen, Methoden und Analysen (Hg.) (1983) Bd. 3, Abschnitt P01, P02 und P03.

tuation muß darauf hingewiesen werden, daß insbesondere auch die Anwesenheit Dritter - beispielsweise des Ehepartners - einen starken Einfluß auf die Antworten des Befragten nimmt. Doch auch wenn derartige Einflußfaktoren berücksichtigt werden, kann nicht unbedingt davon ausgegangen werden, daß durch die über das Interview erhaltenen Daten die 'Realität' direkt abgebildet werden kann. Neben spezifischen Antwortstilen,[88] die - wie z.B. die Zustimmungstendenz oder die Tendenz zu sozial erwünschten Antworten - bei Befragten festgestellt werden konnten und die durch entsprechende Vorkehrungen bei der Frageformulierung abgeschwächt werden können, muß hier auch auf unbewußte und ungewollte Falschangaben durch den Befragten hingewiesen werden.

Diese dürften zum einen vor allem dann vorkommen, wenn von der Formulierung her uneindeutige oder schwierige Fragen extensive Schlußfolgerungsprozesse notwendig machen. In diesem Zusammenhang ist besonders auf die Bedeutung von Urteilsheuristiken zu verweisen, die zu falschen Schlußfolgerungen insbesondere bei Häufigkeits- und Wahrscheinlichkeitsschätzungen führen können.[89] So werden Informationen beispielsweise dann eher urteilsrelevant, wenn sie besonders leicht verfügbar sind, also stärker ins Auge fallen als andere. Neben dieser Verfügbarkeitsheuristik kommen Urteilsfehler häufig aufgund der sogenannten Repräsentativitätsheuristik zustande. Hier geht es darum, daß Befragte beispielsweise bei der Beurteilung der Wahrscheinlichkeit, ob eine Person einer bestimmten Gruppe angehört, häufig aufgrund der Ähnlichkeit mit einem Prototyp urteilen, also auf der Basis bestimmter für die Gruppe typischer Eigenschaften, die diese Person kennzeichnen oder nicht. Sie vernachlässigen bei dieser Wahrscheinlichkeitsschätzung dann die Basisverteilung der Kategorie als Grundlage für ihr Urteil, also z.B. die Frage, wie groß die jeweilige Gruppe überhaupt ist und wie wahrscheinlich es demnach grundsätzlich ist, einen Angehörigen dieser Gruppe zu treffen, und kommen so oft zu falschen Schlußfolgerungen. Schließlich fällt es Personen schwer, bei ihren Urteilen von einem einmal - möglicherweise beliebig - gesetzten Anker abzuweichen. So werden Häufigkeitsschätzungen deutlich unterschiedlich ausfallen, je nachdem ob ein Wert, der als Anker für die Einschätzung vorgegeben wurde, hoch oder niedrig angesetzt wurde bzw. eher in den positiven oder negativen Bereich fällt. Zudem spielen auch kausale Schemata eine wichtige Rolle bei der Einschätzung von Informationen, insofern Personen solche Informationen, die in eine kausale Argumentationskette passen, stärker gewichten und dazu tendieren, unpassende Informationen eher zu ignorieren.

Derartige heuristische Strategien dürften aber gerade auch dann vom Befragten angewandt werden, wenn eindeutige Erinnerungen an ein Ereignis fehlen und er dennoch - als 'guter' Befragter - versucht, dem Interviewer durch irgendeine Antwort auf seine Fragen 'weiterzuhelfen', indem er ihm nicht mehr geläufige Informationen unter Zuhilfenahme verschiedener 'Daumenregeln' erschließt. Dieses Problem stellt sich insbesondere bei Retrospek-

---

88 Vgl. hierzu die Überblicksdarstellung bei ESSER (1974) S. 126 ff.
89 Vgl. hierzu z.B. die Kurzdarstellung zur Wirkung von Urteilsheuristiken im Rahmen der Umfrageforschung bei TOURANGEAU (1984) S. 84 ff. Eine detaillierte Erörterung von heuristischen Strategien würde hier den Rahmen sprengen. Es sei deshalb auf die einschlägigen Arbeiten von KAHNEMAN & TVERSKY (1971, 1973) bzw. TVERSKY & KAHNEMAN (1973, 1974, 1980) verwiesen bzw. auf die zusammenfassende Darstellung von LEYENS & CODOL (1990) S. 105 ff. oder in FREY & GREIF (1983) S. 356 ff. NISBETT & ROSS (1980) geben eine umfassendere Darstellung zu Fehlern und Verzerrungen bei Schlußfolgerungsprozessen.

tivbefragungen, bei denen es darum geht, daß sich Personen an mehr oder weniger lang zurückliegende, autobiographische Sachverhalte, Ereignisse, Einstellungen, Absichten oder Erwartungen erinnern und diese wiedergeben. Welche weiteren, ganz speziellen Probleme sich zudem aufgrund einer begrenzten Abrufbarkeit von Informationen aus dem Gedächtnis, also aus Beschränkungen der Erinnerungsfähigkeit, für die Vorgehensweise bei Retrospektivbefragungen ergeben, soll daher im folgenden dargelegt werden.

Die Funktion des autobiographischen Gedächtnisses: Konsequenzen für Retrospektivbefragungen

An dieser Stelle soll nicht die eher von psychologischer Seite interessante Frage behandelt werden, ob es sich beim autobiographischen Gedächtnis um ein eigenes Gedächtnissystem handelt, ob es bestimmte Merkmale gibt, die es von anderen Wissensarten unterscheiden oder ob es verschiedene Arten des autobiographischen Gedächtnisses gibt.[90] Hier geht es vielmehr darum festzustellen, was überhaupt an autobiographischem Material gespeichert wird, wie der Wahrheitsgehalt autobiographischer Informationen einzuschätzen ist, welche Informationen wie am leichtesten wieder abgerufen werden können und insbesondere welche Faktoren dies beeinflussen. Selbstverständlich sind diese Fragen nicht unabhängig von der Struktur des autobiographischen Gedächtnisses zu sehen, doch soll dieser Aspekt nur in Zusammenhang mit den jeweils interessierenden Fragen behandelt werden.
In einem kurzen Literaturüberblick zur Genauigkeit von Berichten, in dem insbesondere Studien zur Erinnerungen an Kindererziehung, Krankheiten und an vergangene Interaktionen und Kommmunikation berücksichtigt werden, wird resümierend festgestellt, daß - vergleicht man Verhaltensbeobachtungen mit Selbstberichten - ungefähr die Hälfte dessen, was berichtet wird, in irgendeiner Form falsch ist.[91] Gleichzeitig wird jedoch auf die Möglichkeit verwiesen, die Erinnerung an Ereignisse durch die Art der Fragen oder die allgemeinen Bedingungen der Befragung zu verbessern.[92] Grundsätzlich ist festzustellen, daß das autobiographische Gedächtnis sicher nicht als absolut veridikale und exakte Repräsentation autobiographischer Fakten anzusehen ist. Das autobiographische Gedächtnis enthält vielmehr die persönliche Bedeutung und Interpretation eines vergangenen autobiographischen Ereignisses, die durch verschiedene interne und externe Faktoren beeinflußt wird, und damit neben der Erinnerung an einzelne Fakten auch die damit verbundenen Erwartungen, Wünsche oder Motivationen, die dann die Darstellung von Ereignissen aus der Vergangenheit beeinflussen und somit zu Lasten der Informationsgenauigkeit gehen.[93] Das bedeutet zwar nicht, daß die aus dem autobiographischen Gedächtnis abgerufenen Erinnerungen grundsätzlich als Informationsquelle untauglich sind, doch müssen bei der Beurteilung ihres Wahrheitsgehalts bestimmte Verzerrungsmechanismen berücksichtigt werden. Denn nur in Kenntnis dieser Mechanismen lassen sich Konsequenzen für

---

90 Hier sei verwiesen auf die Arbeiten von CONWAY (1990), BREWER (1986) oder RUBIN (1986).
91 BERNARD, KILLWORTH, KRONENFELD & SAILER (1984) S. 503.
92 Ebd. S. 509 ff.
93 CONWAY (1990) S. 9 ff.

die beste Art des Abrufs derartiger Informationen ableiten, um so die Effektivität von Retrospektivbefragungen zu maximieren. Allgemein lassen sich bei retrospektiven Berichten drei Fehlertypen unterscheiden: 1. das Vergessen von Ereignissen, 2. die Fehldatierung von Ereignissen und 3. die Verzerrung von Ereignissen im Sinne einer Veränderung von Fakten in Richtung auf Konsistenz.[94] In Hinblick auf das Vergessen ist festzustellen, daß Informationen nicht deshalb nicht mehr erinnert werden, weil sie aus dem Gedächtnis verschwunden sind. Das Problem liegt vielmehr darin, daß kein Zugang zu diesen Informationen besteht, da die wesentlichen Hinweise für ihre Auffindung fehlen bzw. zu unspezifisch sind.[95] Bei einer Befragung muß es also auch darum gehen, spezifische Hinweisinformationen zu geben, die dem Befragten das Auffinden der gewünschten Fakten und damit die Erinnerung an sie erleichtern bzw. ermöglichen.

So konnte bezüglich der Wiederauffindung von Informationen im Gedächtnis gezeigt werden, daß Personen bestimmte Strategien bevorzugen.[96] Die am häufigsten angewandte Erinnerungsstrategie ist dabei unabhängig vom Alter der Befragten vorwärtsgerichtet. Nach der Aufforderung, einige besondere Ereignisse aus der Vergangenheit zu berichten, beginnen Personen also meist in der Vergangenheit und arbeiten sich bis zur Gegenwart heran, die umgekehrte Strategie eines Zurückerinnerns von der Gegenwart in die Vergangenheit ist dagegen äußerst selten. Daneben werden auch Strategien gewählt, die eher einer inhaltlichen Organisation folgen, indem thematisch zusammengehörende Ereignisse berichtet werden, die dann ebenfalls chronologisch dargestellt werden. Es zeigt sich jedoch, daß je nach Vorgehensweise der Befragten die Menge ihrer Erinnerungen deutlich variiert. Die Qualität und Quantität von einzelnen Erinnerungen hängt damit sehr stark davon ab, welche Wiederauffindungsstrategie benutzt wird und welche Arten von Hinweisen für das Wiederauffinden verfügbar sind. Für Befragungen sind derartige Erkenntnisse insofern bedeutsam, als durch eine entsprechend gewählte Befragungsart - von der Vergangenheit bis in die Gegenwart und nicht umgekehrt bei gegebenenfalls gleichzeitiger Zusammenfassung bestimmter inhaltlicher Komplexe - dem natürlichen Vorgehen beim Abruf von Informationen am ehesten entsprochen werden kann. Bei einer solchen Vorgehensweise sind dann auch genauere und detailliertere Informationen zu erhalten. Dieser Einfluß der Wiederauffindungsstrategie dürfte allerdings insbesondere für lange zurückliegende Ereignisse bzw. für autobiographische Berichte über längere Zeitspannen bedeutsam sein und weniger für die spezifische Abfrage von bestimmten Fakten bzw. für die Datierung von Ereignissen. Bezüglich der Erinnerung an weniger weit zurückliegende, spezifische Fakten ergab sich in verschiedenen Studien eine größere Genauigkeit bei einer rückwärtsgerichteten Strategie.[97] Diese Ergebnisse werden mit der besseren Erinnerung an erst kurz zurückliegende Ereignisse (*recency*-Effekt) erklärt, die dann wiederum als Hinweise für die Auffindung weiter zurückliegender Fakten dienen können. Doch auch in diesen Studien wird die Wichtigkeit effektiver Hinweisinformationen in Form von öffentlichen und persönlichen *landmarks* bei der

---

94   SMITH (1984).
95   WAGENAAR (1988).
96   Vgl. u.a. COHEN & FAULKNER (1988); für einen Überblick vgl. auch CONWAY (1990) S. 44 ff.
97   Dies ist z.B. bei der Datierung und der Wiedergabe des Inhaltes von Prüfungen bei undergraduate-Studenten oder der Erinnerung an den Namen eines Lehrers in der ersten Klasse der Fall. Vgl. dazu LOFTUS & FATHI (1985), WHITTEN & LEONARD (1981), sowie LOFTUS & MARBURGER (1983).

Erinnerung an zurückliegende Ereignisse betont und ihre befragungstechnische Bedeutung hervorgehoben, um den Beginn einer in Frage stehenden Periode zu markieren. Das Entlangarbeiten an sogenannten *landmarks*, also an besonderen Ereignissen aus dem eigenen Lebenslauf, die eindeutig datiert werden können (z.b. Heirat, Geburt eines Kindes etc.), ist so zum einen eine wesentliche Strategie zur Wiederauffindung von Ereignissen, zum anderen dienen *landmarks* aber insbesondere auch als Erinnerungshilfen bei der Datierung von Ereignissen.[98] So orientiert man sich beispielsweise daran, ob das nachgefragte Geschehen vor oder nach dem *landmark*-Ereignis lag und kann dadurch seinen Zeitpunkt besser einkreisen und genauer bestimmen. Gehen Wiederauffindungsstrategien von solchen besonderen, persönlichen Ereignissen aus, so läßt sich eine exaktere Datierung einzelner Erinnerungen nachweisen.[99] Insbesondere wird dadurch auch einer Vorverlagerung bzw. Vordatierung einzelner Ereignisse in die nähere Vergangenheit stärker entgegengewirkt als durch andere Wiederauffindungsstrategien.[100] Auch die Erinnerung an bzw. Datierung von Nachrichtenereignissen, also von Begebenheiten, die nicht persönlich miterlebt wurden, erfolgt meist über die Erinnerung an zeitgleiche persönliche Erfahrungen oder Ereignisse.[101] In diesem Zusammenhang konnte auch festgestellt werden, daß sich Personen bei der Datierung von Ereignissen eher an anderen Ereignissen als an festen Daten orientieren, d.h. sie geben zur Datierung eines Ereignisses eher ein anderes Ereignis an, das gleichzeitig stattfand, als das Datum des gefragten Ereignisses.[102]
Bei einer ereignisgeleiteten Abfrageart (z.B.: 'Was geschah seit dem Ereignis x?') im Gegensatz zu einer zeitgeleiteten Strategie (z.B.: 'Was passierte in den letzten 6 Monaten?') zeigen sich auch bezüglich der Menge der genannten Informationen unterschiedliche Ergebnisse: so läßt sich eine exaktere Erinnerung bei einer ereignisgeleiteten Strategie feststellen; wird über einen Zeitraum abgefragt, werden fälschlicherweise zuviele Ereignisse in diesen Zeitraum verlegt.[103] Zudem konnte nachgewiesen werden, daß eine ereignisgeleitete Strategie, die von besonderen Ereignissen - wie etwa dem eigenen Geburtstag, dem Neujahrstag oder dem Ausbruch des Mt. St. Helen - ausgeht, zu einer exakteren Erinnerung führt, als wenn bestimmte - möglicherweise weniger relevante - spezifische Zeitpunkte bzw. Datumsangaben als Orientierungspunkte vorgegeben werden.
Allerdings ist in diesem Zusammenhang zudem zu berücksichtigen, daß die Bedeutsamkeit von Ereignissen auch ihre Datierung beeinflußt: weniger bedeutsame Vorkommnisse werden weiter in die Vergangenheit verlagert als bedeutsamere.[104] Entsprechend ergibt sich die bessere Erinnerung an weniger weit Zurückliegendes häufig auch als Artefakt der Tatsache, daß ausführlich erinnerte Ereignisse von Befragten eher in die nahe Vergangenheit fehldatiert werden. Auch dies unterstreicht die Bedeutung von Schlußfolgerungsprozessen bei der Erinnerung von Ereignissen und zwar insofern, als über die Menge der Erinnerung - die bei bedeutsameren Ereignissen größer sein wird - auf die Datierung des Ereignisses geschlossen wird.[105] Hier dürfte

---

98 COHEN & FAULKNER (1987).
99 BADDELEY, LEWIS & NIMMO-SMITH (1978).
100 ROBINSON (1986).
101 FRIEDMAN & WILKINS (1985).
102 BROWN, RIPS & SHEVELL (1986).
103 LOFTUS & MARBURGER (1983).
104 BROWN, RIPS & SHEVELL (1985).
105 CONWAY (1990) S. 55 f.

die auch als Zugänglichkeitsprinzip (*accessibility principle*) bezeichnete, subjektive Theorie von Personen zugrunde liegen, daß, wenn man sehr viel über ein Ereignis weiß, dieses noch nicht allzuweit zurückliegen kann.[106] Entsprechend muß auch bei der Datierung von Ereignissen die Bedeutung von Schlußfolgerungsprozessen herausgestellt werden, wobei diese Schlußfolgerungsprozesse hauptsächlich von persönlichen, autobiographischen Informationen geleitet werden und der Zeitpunkt eines Ereignisses nur dann zum Teil besser über nicht autobiographische Informationen (z.B. politische Ereignisse) erschlossen wird, wenn sie in einer thematischen Beziehung zum abgefragten Ereignis stehen. Zudem konnte gezeigt werden, daß Handlungen und Gedanken als vergleichsweise gute Hinweisreize für die Erinnerung dienen, wohingegen Hinweise auf den Ort oder gar auf die Zeit eines Geschehens zu deutlich schlechteren Erinnerungsleistungen führen. Informationen über den Zeitpunkt von Ereignissen werden im Gedächtnis am schlechtesten gespeichert.[107]

Insgesamt kann damit festgestellt werden, daß nicht das kalendarische Datum sondern Ereignisse den Rahmen für die zeitliche Organisation des autobiographischen Gedächtnisses bilden. Feste Ereignisdaten sind nicht als solche im Gedächtnis gespeichert, sondern sind erst über Schlußfolgerungsprozesse zugänglich. Für Retrospektivbefragungen bedeutet dies, daß weder die direkte Frage nach dem Datum eines - möglicherweise wenig bedeutsamen - Ereignisses noch die Nachfrage nach einem Ereignis über die Angabe des Datums oder Zeitpunktes zu einer veridikalen Angabe führt, sofern nicht Hinweise auf andere, spezifische, möglicherweise persönliche Ereignisse in diesem Zeitraum bzw. zu diesem Zeitpunkt gegeben werden. Dies ist beispielsweise dadurch möglich, daß dem Befragten die Möglichkeit angeboten oder er sogar dazu aufgefordert wird, das nachgefragte Faktum mit anderen für ihn vielleicht bedeutsameren und daher genauer zu datierenden Ereignissen in Verbindung zu bringen.

Doch wird die Güte der Erinnerung - insbesondere ihre Klarheit und Detailtreue - auch von der Art des Ereignisses beeinflußt. So werden beispielsweise distinkte, besondere Vorkommnisse besser erinnert, als alltägliche oder Routineereignisse, was mit Interferenz-Effekten bei der Kodierung vieler gleichförmiger Begebenheiten erklärt wird.[108] Ebenso nimmt die Zielbezogenheit der Ereignisse Einfluß auf ihre Erinnerbarkeit, möglicherweise deshalb, da zielgerichtete Ereignisse bzw. Handlungen mit bereits vorhandenen Gedächtnisstrukturen - nämlich den bereits vorhandenen Zielen - besser in Verbindung gebracht werden können. Dies mag auch in Zusammenhang mit ihrem emotionalen Gehalt - worauf noch einzugehen sein wird - stehen, der auf die Existenz eines persönlichen Ziels bezüglich des betreffenden Ereignisses hindeutet. Im speziellen konnte gezeigt werden, daß außergewöhnliche Ereignisse, also seltene oder auch unerwartete bzw. in irgendeiner Form überraschende Vorkommnisse von Befragten besonders lebendig dargestellt werden. Die Ursache hierfür wird von einigen Autoren darin gesehen, daß sobald ein unerwartetes, neuartiges Ereignis (z.B. der Tod einer bekannten Persönlichkeit) eintritt, in dieser Situation auch Merkmale gespeichert werden, die an sich relativ irrelevant sind. So wird dann beispielsweise auch die Situation, in der die betreffende Person von dem Ereignis erfahren hat, sehr exakt und lebendig erinnert. Derartige Erinnerungen werden so auch als

---

106 BROWN, RIPS & SHEVELL (1985).
107 BREWER (1986 und 1988).
108 WHITE (1982), BREWER (1988).

Blitzlicht-Erinnerungen (*flashbulb memories*) bezeichnet.[109] Im Gegensatz dazu wird von anderer Seite grundsätzlich die Zuverlässigkeit des Gedächtnisses und damit die Veridikalität der Erinnerung bezweifelt und in Abgrenzung dazu festgestellt, daß diese 'Blitzlicht-Erinnerungen' die tatsächlichen Ereignisse sicherlich nicht exakt widerspiegeln, insbesondere dann nicht, wenn das in Frage stehende Ereignis relativ lange zurückliegt.[110] Dies wird damit begründet, daß die Bedeutungszuweisung zu solchen besonderen Ereignissen oft erst viel später erfolgt und dann auch die Details der Situation, in der man von diesem Ereignis erfahren hat, erst später wieder rekonstruiert werden müssen. Diese häufige Wiederholung bzw. dieses Wiederablaufenlassen eines markanten Ereignisses kann dann dazu führen, daß Details, die erst bei der eigenen Erinnerung daran oder bei einem Bericht über dieses Ereignis beispielsweise in den Medien hinzukommen, mit der eigenen Erinnerung an das Originalerlebnis vermischt werden. *Flashbulb memories* werden so als Schnittpunkte zwischen öffentlicher und privater Geschichte gesehen. Ihre große Lebendigkeit ergibt sich dann daraus, daß sie zum einen häufig wiederholt werden bzw. häufig über sie nachgedacht und gesprochen wird, und zum anderen, da sie insofern markant sind, als sie die Geschichte des einzelnen in Bezug zur öffentlichen Geschichte setzen. Die Genauigkeit bzw. Ungenauigkeit dieser Erinnerungen ist von diesem Standpunkt aus von eher nachgeordnetem Interesse, insofern sich der Inhalt der entsprechenden Berichte dann auch eher aufgrund von narrativen Konventionen denn aus der tatsächlichen Qualität dieser Erinnerungen ergibt.[111] Grundsätzlich ist jedoch festzustellen, daß sicherlich auch außergewöhnliche Ereignisse nicht als Abbilder der Realität im Gedächtnis gespeichert sind und entsprechend abgerufen werden können, sondern auch in diesem Fall die Erinnerung auf Rekonstruktionen beruht.

Ähnliche Störprozesse, wie sie die Wiederholung eines Ereignisses durch seine Wiedererinnerung kennzeichnen, betreffen auch jene Ereignisse, die eine Person nicht alleine, sondern zusammen mit anderen, in einer Gruppe erlebt hat. Da schon vor bzw. während der Aufnahme des entsprechenden Ereignisses in das Gedächtnis des einzelnen in der Gruppe über das Ereignis kommuniziert und diskutiert wird, wird somit schon im Gruppenkontext festgelegt, was der einzelne überhaupt verarbeitet. Dies wird als *transaktive Enkodierung* von Informationen bezeichnet.[112] So kann zwischen individuellem und transaktivem Gedächtnis unterschieden werden, wobei letzteres sich aus mehreren individuellen Gedächtnissen (also den individuellen Erinnerungen mehrerer Personen) in Kombination mit der Kommunikation, die zwischen den betreffenden Personen stattfindet, ergibt. Man könnte hier von einer Art 'Gruppengedächtnis' sprechen. Dieses transaktive Gedächtnis beeinflußt dann zum einen, was die Gruppe als Ganzes erinnert, aber zum anderen eben auch das, was einzelne Mitglieder dieser Gruppe erinnern und - auch außerhalb des Gruppenkontextes - für richtig halten.[113] Dabei geht es auch darum, daß nicht jedes einzelne Gruppenmitglied alle Informationen speichert, sondern daß bestimmte Gruppenmitglieder als Experten auf verschiedenen Gebieten gelten und entsprechende Informationen damit bei Bedarf von der betreffenden Person eingeholt werden. So ist es für den ein-

---

109 BROWN & KULIK (1977).
110 NEISSER (1982a).
111 Ebd.
112 WEGNER (1987) S. 190.
113 Ebd. S. 191 ff.

zelnen nur notwendig, bestimmte Arten von Informationen in Verbindung mit einer bestimmten Person zu bringen und nicht mehr den Inhalt selbst abzuspeichern. Der Schwerpunkt der Argumentation liegt dabei in bisherigen Untersuchungen auf der Verteilung von Informationen in einer Gruppe, quasi auf der Auslagerung von speziellen Informationen zur Entlastung des individuellen Gedächtnisses, und damit auch auf dem Verlust an spezifischen Informationen und den sich daraus ergebenden negativen individuellen Konsequenzen beim Auseinanderbrechen der Gruppe. Für die sich hier stellende Frage nach der Veridikalität der Erinnerung an spezifische (autobiographische) Ereignisse ist allerdings zudem die durch transaktive Prozesse bedingte Veränderung von Informationen - der man bisher allerdings weniger Aufmerksamkeit geschenkt hat - von weitaus größerer Bedeutung. Denn die Diskussion von Informationen in der Gruppe, bevor diese überhaupt gespeichert werden, bedingt natürlich einen nicht zu unterschätzenden Grad an Verzerrung der Ursprungsinformation, insofern anzunehmen ist, daß dabei bereits bestimmte Bewertungen und Einschätzungen des Ereignisses ausgehandelt werden und sich verschiedene Wahrnehmungen einzelner Personen vermischen. Für den einzelnen ist letztendlich nicht mehr zu unterscheiden, was er nun selbst erlebt hat und was von anderen beigesteuert wurde. Es ist daher anzunehmen, daß derartige Ereignisse, die eine Gruppe von Personen betreffen, auch vom einzelnen völlig anders gespeichert werden, als wenn dieses Ereignis ihn alleine betrifft bzw. keine Kommunikation über dieses Ereignis stattfindet. Denn Kommunikation verändert die Wahrnehmung von Ereignissen und ihre Enkodierung. Und auch nach dem Enkodierungsvorgang kann Kommunikation mit anderen über das Ereignis den Verarbeitungsprozeß beeinflussen und die Erinnerung verändern. Transaktive Prozesse können so auf allen Stufen der Verarbeitung von Informationen auftreten und zu fehlerhaften Rekonstruktionen der Realität führen. Dabei muß jedoch auch der konstruktive Aspekt transaktiver Prozesse betont werden, insofern die kreative Zusammenführung und Integration von Einzelinformationen wiederum die Erinnerbarkeit von ansonsten isolierten Informationsbruchstücken erhöhen und gleichzeitig neue Erkenntnisse bedingen kann.[114]

Bei der Abfrage solcher Erinnerungen bei verschiedenen Gruppenmitgliedern - bzw. Personen, die ein Ereignis gemeinsam erlebt und verarbeitet haben - ist daher auch eine hohe Übereinstimmung in der Schilderung des Ereignisses zu erwarten. Diese ist jedoch dann keineswegs als Nachweis der Veridikalität der Erinnerungen zu interpretieren, sondern vielmehr als Hinweis auf eine transaktive Enkodierung des jeweiligen Ereignisses, in die gemeinsame und verschiedene individuelle Wahrnehmungen, Bewertungen und Überzeugungen Eingang gefunden haben. Gerade wenn es also um die Rekonstruktion von historischen Ereignissen geht, die ja in der Regel von größeren Personengruppen gemeinsam erlebt und insbesondere im Laufe der Zeit wohl häufiger in verschiedenen Kontexten diskutiert wurden, sind derartige Verzerrungsmechanismen bei der Beurteilung der Veridikalität einzelner persönlicher Erinnerungsberichte besonders zu berücksichtigen.

In diesem Zusammenhang konnte auch festgestellt werden, daß die Erinnerung an Sachverhalte durch die nachträgliche Gabe irreführender Informationen gestört wird.[115] Dieser Einfluß wird insbesondere bei der Beschreibung von Details des ursprünglich Erlebten deutlich. Die Ursache

---

114 Ebd. S. 196 f.
115 KÖHNKEN (1987).

solcher Falscherinnerungen dürfte dabei wohl weniger darin zu suchen sein, daß die ursprüngliche Erinnerung aus dem Gedächtnis gelöscht bzw. überschrieben wird. Es ist eher anzunehmen, daß die Ursprungsinformation einfach schwerer zugänglich wird oder die beobachteten Effekte nur aufgrund von veränderten Antworttendenzen auftreten. Je nachdem, ob es sich nun aber um ein rein kognitives Phänomen handelt oder ob auch sozialpsychologische Faktoren zu berücksichtigen sind - also Variablen, die das Antwortverhalten beeinflussen -, müssen auch unterschiedliche Maßnahmen zur Reduzierung derartiger Fehler ergriffen werden. Eine endgültige Klärung steht hier jedoch noch aus.[116]

Neuerdings wird jedoch auch auf die Bedeutung berichteter Ereignisse hingewiesen, die bisher in der Forschung zugunsten der Analyse selbst erlebter Ereignisse weitgehend vernachlässigt wurden. In einem entsprechenden Literaturüberblick wird neben einer grundsätzlichen merkmalsmäßigen Unterscheidung selbst erlebter und berichteter Ereignisse hierzu festgestellt, daß berichtete Ereignisse meist weniger genau erinnert werden; sie sind in der Regel weniger lebendig repräsentiert, weniger affektiv besetzt und somit schwerer zugänglich als selbst Erlebtes.[117] In diesem Zusammenhang kann auch auf eine Studie zu Unterschieden der Erinnerung an tatsächlich wahrgenommene und nur vorgestellte Ereignisse hingewiesen werden, in der festgestellt werden konnte, daß die Erinnerung an tatsächlich wahrgenommene Ereignisse insbesondere genauere zeitliche und räumliche Informationen sowie mehr wahrnehmungsmäßige Details enthält.[118] Allerdings beziehen sich diesbezügliche Studien stets auf berichtete Ereignisse, die mit der eigenen Autobiographie in keinem direkten Zusammenhang stehen. Können jedoch berichtete Ereignisse aufgrund der Ähnlichkeit zu selbst Erlebtem in die eigene autobiographische Erinnerung integriert werden, so wird eine eindeutige Unterscheidung zwischen selbst Erlebtem und Berichtetem häufig nur schwer möglich sein. Denn die Erinnerung an eigene Erlebnisse wird zwar durch fremde Schilderungen inhaltlich verändert, die entsprechenden Schilderungen verlieren dadurch jedoch sicherlich nichts von ihrer Lebendigkeit und Emotionalität.

Gerade die Möglichkeit der Unterscheidung von selbst Erlebtem und Berichtetem dürfte jedoch für die Oral-History-Forschung - wie für Retrospektivbefragungen überhaupt - von besonderem Interesse sein. Denn hier werden Personen nach für sie markanten Ereignissen aus der Vergangenheit befragt, und die entsprechenden Berichte fallen meist sehr ausführlich aus, was dann gerne als besonders wirklichkeitsnahe Beschreibung der Ereignisse angesehen wird. Bei der Interpretation dieser Schilderungen ist jedoch zu bedenken, daß eben diese hervorstechenden, besonderen Ereignisse auch so bedeutungsvoll sind, daß immer wieder über sie nachgedacht und anderen über sie berichtet wird, was schließlich zu einer Veränderung der Erinnerung an das selbst Erlebte führt. Da sie zudem meistens eine kollektive Erfahrung darstellen, sind spezifische Störprozesse auch schon bei der Speicherung der Informationen zu berücksichtigen. Insbesondere werden solche Erinnerungen gerne mit anderen Personen, die ähnliche Erfahrungen gemacht haben, ausgetauscht, und auch Medienberichte über diese Zeit dürften von den Betroffenen vergleichsweise häufig konsumiert werden, was ebenso zu Schwierigkeiten bei der Unterscheidung von Selbsterlebtem und Berichtetem bei der Erinnerung an Vergan-

---

116 Ebd.
117 LARSEN (1988).
118 JOHNSON, FOLEY, SUENGAS & RAYE (1988).

genes beiträgt. Legt man die Annahmen der Assimilations-Kontrast-Theorie[119] zugrunde, so ist dabei anzunehmen, daß insbesondere Berichte, die den eigenen Erfahrungen ähneln, assimiliert werden, wohingegen eine kontrastierende Abgrenzung gegenüber Darstellungen erfolgt, die weiter von den eigenen Erlebnissen entfernt sind. Ähnliche Berichte von anderer Seite - z.B. aus den Medien - werden also in die eigene Geschichte integriert bzw. zusätzliche Informationen aus ähnlichen Lebensberichten werden in die eigene Geschichte aufgenommen, um dadurch das Bild abzurunden. Dadurch verändert sich die Erinnerung an die eigenen Erlebnisse beispielsweise in Richtung auf das in den Medien vermittelte 'offizielle' Bild. Bewertungen und Einstellungen dürften dabei in erster Linie betroffen sein. Doch auch den eigenen Erfahrungen extrem unähnliche Darstellungen können zu stark kontrastierenden und damit ebenfalls verzerrten Berichten über eigene Erlebnisse führen.

Sofern man also versucht, Geschichte auf der Basis von einzelnen, möglichst genauen Lebenserinnerungen zu rekonstruieren, muß berücksichtigt werden, daß besonders plastische, ausführliche und lebhafte Darstellungen, die vor allem auch mit der 'offiziellen' Geschichte übereinstimmen, nicht unbedingt in jedem Detail auf tatsächlich vom Befragten selbst erlebten Ereignissen beruhen müssen. Dieser Punkt muß deshalb betont werden, da in der Oral-History-Forschung häufig gerade die Übereinstimmung verschiedener Berichte bzw. die Übereinstimmung der Berichte mit anderen Quellen - die möglicherweise über die Darstellung in verschiedenen Medien längst in das öffentliche Wissen eingeflossen sind - als Kriterium für die Richtigkeit und Glaubwürdigkeit der im Interview erhaltenen Informationen herangezogen werden.[120]

Neben der Bedeutung der Wiederholung wird jedoch von anderen Autoren[121] ein weiterer wesentlicher Faktor betont, der die Lebendigkeit der Erinnerung an bestimmte Ereignisse beeinflußt: der emotionale Gehalt dieser Ereignisse bzw. die emotionale Reaktion auf sie. Bezüglich des Zusammenhangs zwischen emotionaler Reaktion sowie der Bedeutung eines Ereignisses für das Selbst und der Verfügbarkeit entsprechender Ereignisse im Gedächtnis konnte gezeigt werden, daß insbesondere die Intensität - und weniger die Qualität - der Emotion, die mit einem Ereignis verbunden war, sowie der Einfluß den ein Ereignis auf das persönliche Leben der betreffenden Person hat, bestimmen, wie klar die Erinnerung daran ist.[122] Diese Erinnerungen an emotional und persönlich bedeutsame Ereignisse enthalten demnach mehr Details und basieren weniger auf Rekonstruktionen als die Erinnerungen an weniger bemerkenswerte bzw. Routineereignisse.

Andererseits ist darauf hinzuweisen, daß, wie aus der Forschung zu Augenzeugenberichten hervorgeht,[123] gerade die Erinnerung an emotional besetzte Ereignisse sehr anfällig für Zerstörung bzw. Vergessen ist.[124] Wesentlich scheint hier zu sein, was zwischen dem Erleben des

---

119 SHERIF & HOVLAND (1961), vgl. auch die Überblicksdarstellung in IRLE (1975) S. 288 ff.
120 Vgl. hierzu z.B. die Aussagen von NIETHAMMER (1985) S. 407.
121 PILLEMER (1984), PILLEMER, RINEHART & WHITE (1986), PILLEMER, GOLDSMITH, PANTER & WHITE (1988), BOHANNON (1988).
122 ROBINSON (1980), PILLEMER et al. (1988).
123 Verschiedene Aspekte der Forschung zu Augenzeugenberichten werden beispielsweise in GRUNEBERG, MORRIS & SYKES (1988) dargestellt.
124 TOURANGEAU (1984) S. 8.

Ereignisses und seiner Abfrage geschieht; denn gerade emotionale Ereignisse werden sehr häufig wiedererinnert bzw. an andere Personen weitererzählt, und gerade das beinhaltet - wie dargestellt - diverse Verzerrungsmöglichkeiten. In diesem Zusammenhang ist auch zu erwähnen, daß streßvolle, traumatische Erfahrungen besser erinnert werden als alltägliche Ereignisse.[125]
Bei Routineereignissen ist eher anzunehmen, daß diese auf der Basis von Selbst-Schemata rekonstruiert werden und somit hier eine stärkere Vermengung von tatsächlich Erlebtem und dem 'wie es auch hätte sein können' bzw. dem 'wie es eben immer war' stattfindet.[126] Dies dürfte immer dann der Fall sein, wenn keine eindeutigen Erinnerungshinweise vorliegen, wenn es sich also beispielsweise nicht um ein besonderes, herausragendes Ereignis handelt.[127] Die Erinnerungen gehen hier in erster Linie von dem entsprechenden Selbst-Schema des Befragten aus, bzw. es wird eher die allgemeine Bedeutung des in Frage stehenden Ereignisses erinnert und weniger der konkrete Inhalt, Passendes wird ergänzt. Hier werden im Grunde Erinnerungen in Konsistenz zum Selbst-Bild einer Person gebracht.

Dies zeigt sich insbesondere auch bezüglich der Erinnerung an ehemalige Meinungen und Einstellungen: Geht eine Person von der grundsätzlichen Überzeugung aus, daß sich ihre Meinung zu einem Thema über die Jahre hinweg nicht geändert hat, so wird die Erinnerung an ihre damalige Meinung auch deutlich stärker mit ihrer heutigen Meinung übereinstimmen als wenn sie annimmt, daß sich im Laufe der Zeit Veränderungen bei ihr ergeben haben. Denn die ehemalige Meinung wird rekonstruiert aufgrund von Annahmen über die Stabilität bzw. Veränderung, die sich im derzeitigen Selbst-Bild einer Person finden.[128] Allerdings konnte in verschiedenen Studien gezeigt werden, daß meist aufgrund der derzeitigen Einstellung auf die vergangenen geschlossen wird, bzw. daß eine hohe Korrelation zwischen der derzeitigen und der Angabe über ehemalige Einstellungen besteht.[129] Stabilitätsannahmen scheinen demnach vorzuherrschen, und es wird versucht, Konsistenz zwischen heutiger und ehemaliger Einstellung herzustellen.

Erinnerungen an eigenes Verhalten und Einstellungen in der Vergangenheit werden überhaupt sehr stark durch das Bedürfnis geleitet, vor sich und anderen einen möglichst positiven Eindruck zu hinterlassen. Ein wesentlicher Punkt ist dabei, dem anderen ein möglichst konsistentes Bild der eigenen Person zu vermitteln,[130] wobei es darum geht, sich möglichst positiv und erfolgreich zu präsentieren, was nicht zuletzt - gerade auch bei älteren Personen - den Zweck erfüllt, die eigene Selbstwertschätzung aufrecht zu erhalten.[131] Dies kann zum einen dazu führen, daß eigenes negatives Verhalten bedeutend seltener erinnert wird als eigenes positives Verhalten,[132] zum anderen ist es in bestimmten Fällen jedoch auch denkbar, daß ehemaliges

---

125   BARCLAY & DECOOKE (1988).
126   Ebd.
127   BARCLAY & SUBRAMANIAM (1987).
128   ROSS (1989).
129   BEM & MCCONNELL (1970), GOETHALS & RECKMAN (1973), GOETHALS & FROST (1978).
130   COHLER (1982).
131   MUMMENDEY (1990) S. 29.
      Zu den *Erfolgsstories, Schwänke(n), Übertrumpfungsgeschichten* als *typische Formen der Erinnerungserzählung* bei Flüchtlingen und Vertriebenen vgl. LEHMANN (1991) S. 25, 36.
132   Vgl. hierzu die Studie von MCMAHON & RHUDICK (1964) zu Rückerinnerungen amerikanischer Kriegsteilnehmer.

Verhalten zu negativ eingeschätzt wird, um so die eigene positive Entwicklung noch stärker zu betonen.
Gerade autobiographische Informationen werden vergleichsweise gut erinnert, weil sie in einem weiteren Zusammenhang mit dem Wissen über das eigenen Selbst stehen, also in Beziehung zu anderen Aspekten des Selbst.[133] Dies bedingt aber gleichzeitig, daß hier weniger die exakten Abläufe von Ereignissen gespeichert werden, als vielmehr ihre Bedeutung, die sich dann auch aus dem Zusammenhang mit anderen für die eigene Autobiographie relevanten Ereignissen bzw. in Zusammenhang mit dem Selbst-Bild ergibt, so daß hier nicht mit einer detailgetreuen Wiedergabe des jeweiligen Ereignisses zu rechnen ist. Dennoch sind diese Erinnerungen insofern wahrheitsgemäß, als sie Rekonstruktionen der persönlichen Bedeutung dieses Ereignisses für die Person darstellen.[134]
Da autobiographische Informationen in Konsistenz mit einem generellen Selbst-Schema konstruiert werden, werden demgemäß auch Informationen, die konsistent sind mit dem eigenen prototypischen Selbst-Konzept, genauer erinnert als inkonsistente Informationen.[135] Dabei kann man auch annehmen, daß gerade wiederholte Handlungen als Schemata Eingang in das Selbst-Konzept einer Person finden und dann auch nur noch über diese Selbst-Schemata aktiviert werden, so daß gerade wiederholte Handlungen weniger als exakte Einzelhandlungen erinnert werden, sondern vielmehr als generalisierte Handlungsschemata, was notwendigerweise eine geringere Genauigkeit der Erinnerung an eine spezifische einzelne, aber häufig in ähnlicher Form wiederholte Handlung bedingt. Dies kann auch dazu führen, daß Ereignisse erinnert werden, die tatsächlich nicht stattgefunden haben, aber eben in das jeweilige Schema passen.[136]
Insgesamt läßt sich damit feststellen, daß die Erinnerung an alltägliche, emotional wie persönlich wenig bedeutsame Ereignisse vergleichsweise schlecht bzw. ungenau ist, da diese eher schematisch in Form von Wissensstrukturen, die weniger die Details sondern eher die Regelmäßigkeiten von Ereignissen enthalten, gespeichert werden. Die Erinnerung an diese Ereignisse erfolgt dabei aufgrund von Rekonstruktionen, die über Schemata bzw. in Konsistenz mit dem aktuellen Selbst-Bild vorgenommen werden.[137] Die Oral-History-Forschung, die sich vor allem auf die *Erhebungen in stark routinisierten Bereichen des alltäglichen Lebens spezifischer Gruppen in der Vergangenheit* konzentriert,[138] vermutet dagegen gerade hier eine besondere Präzision der Erinnerung. So stellt Niethammer fest, daß gerade *Routine und [...] Gegenstände des Alltags [...] sich durch dauernde Wiederholung im Gedächtnis eingeschrieben [haben] und dort [...] offenbar in einer Art Latenzzustand [lagern], der ihre Unschuld bewahrt.*[139] Angesichts der dargestellten Ergebnisse psychologischer Forschung ist eine solche Einschätzung jedoch kaum aufrechtzuerhalten. Es ist eher anzunehmen, daß die in den entsprechenden

---

133 BARCLAY & DECOOKE (1988).
134 BREWER (1986), BARCLAY & WELLMAN (1986), BARCLAY (1988).
135 MARKUS & SENTIS (1980), ROGERS (1980).
136 Vgl. hierzu BARCLAY (1986) S. 88 f.
137 CONWAY (1990) S. 103 f. Damit in Verbindung stehen auch Befunde bezüglich der Organisation des autobiographischen Gedächtnisses, die nahelegen, daß diese Erinnerungen auf verschiedenen Abstraktionsebenen repräsentiert sind (vgl. hierzu CONWAY (1990) S. 105 ff., was in diesem Zusammenhang allerdings von geringerem Interesse ist. Zu Inhalt und Organisation des autobiographischen Gedächtnisses sei verwiesen auf BARSALOU (1988).
138 NIETHAMMER (1987) S. 321.
139 DERS. (1983) S. 20; vgl. auch DERS. (1985) S. 424 oder BRÜGGEMEIER (1984) S. 201.

Studien zusammengestellten Berichte weniger eine detaillierte Beschreibung vergangener Alltagssituationen als vielmehr eine mit dem heutigen Zustand konsistente Rekonstruktion derselben darstellen. In den offenen Interviews der Oral-History-Forschung werden diese Erinnerungen dann als besonders aussagekräftig eingeschätzt, da sie meist besonders ausführlich ausfallen und scheinbar ohne Erinnerungsprobleme geschildert werden. Dies liegt allerdings weniger daran, daß sich diese Erinnerungen in ihrer ursprünglichen Form *im Gedächtnis eingeschrieben* haben, als vielmehr daran, daß sich im Laufe der Jahre, in denen immer wieder ähnliche Routinen durchlebt wurden, ein allgemeingültiges Schema gebildet hat, aus dem ursprüngliche Abweichungen längst getilgt wurden bzw. dessen langsame Veränderung kaum registriert wurde. Was dann erhoben wird, ist demnach weniger als Beschreibung vergangener Alltagsgeschichte denn als Darstellung aktueller Mentalitätsgeschichte zu betrachten.

Die besondere Lebendigkeit, mit der überraschende bzw. unerwartete Ereignisse erinnert werden, hängt dagegen vor allem damit zusammen, daß diese häufiger ins Gedächtnis zurückgerufen werden, mit starken emotionalen Reaktionen einhergehen und oft von besonderer persönlicher Bedeutung sind, z.B. wenn sich in Folge solcher Ereignisse bestimmte Veränderungen für die betreffenden Personen ergeben haben. Aus diesem Grunde scheinen die Beschreibungen von solchen Erinnerungen über die Zeit hinweg erstaunlich konsistent zu sein, und nur wenige Details vergessen zu werden.[140] Inwiefern sie auch das selbst Erlebte ohne Ausschmückung und Verzerrung enthalten, sei jedoch dahingestellt.

Für Retrospektivbefragungen bedeutet dies, daß Antworten auf Fragen nach vergangenen alltäglichen Ereignissen nicht unbedingt deren tatsächlichen Ablauf, sondern eher heutige Ansichten und Einstellungen zu denselben widerspiegeln. Denn alltägliche Routineereignisse werden nicht exakt gespeichert und wieder abgerufen, sondern über Schemata vom heutigen Standpunkt aus - der ein völlig anderer sein kann als der damalige - rekonstruiert. Hier kann auch darauf verwiesen werden, daß Erinnerung und Vergessen als sozialer Prozeß angesehen werden muß, der nicht nur von individuellen Faktoren bestimmt wird, und damit auch nicht nur als individueller mentaler Prozeß analysiert werden sollte.[141] Das, was erinnert wird und wie es erinnert wird, ergibt sich zu einem Großteil aus dem jeweiligen sozialen, kulturellen, historischen, politischen und ideologischen Kontext, in dem es erinnert wird.

Wie gut ein Ereignis erinnert wird, hängt natürlich nicht zuletzt auch davon ab, wie weit es zurückliegt, und davon, in welchen Lebensabschnitt es fällt. Betrachtet man Erinnerungen im Altersverlauf, so läßt sich zunächst feststellen, daß sehr wenig Forschung zum autobiographischen Gedächtnis älterer - über 70-jähriger - Personen existiert.[142] Im Grunde kann nur festgestellt werden, daß die Erinnerung älterer Personen stärker beeinträchtigt ist als die jüngerer Personen. Andererseits erfüllt die Erinnerung an autobiographische Ereignisse gerade bei älteren Personen eine wichtige Funktion, nämlich die der Erhaltung des Selbst.

Teilt man die Autobiographie einer Person in verschiedene Lebensabschnitte ein, so zeigt sich auch, daß die Erinnerung an einzelne Lebensabschnitte sehr unterschiedlich ausfällt. Zusam-

---

140 CONWAY (1990) S. 87.
141 MIDDELTON & EDWARDS (1990).
142 CONWAY (1990) S. 149.

menfassend kann man feststellen,[143] daß unabhängig vom Alter der Befragten Erinnerungen an die ersten Lebensjahre überhaupt nicht zugänglich sind. Dagegen werden Ereignisse aus dem frühen Erwachsenenalter sehr gut erinnert, was damit zusammenhängen mag, daß sie im Laufe der Zeit vergleichsweise häufig abgerufen wurden. Wenig erstaunlich ist auch die Tatsache, daß weniger weit zurückliegende Ereignisse besser erinnert werden als bereits lange zurückliegende Ereignisse, deren Erinnerung zudem bedeutend aufwendigere Wiederauffindungsstrategien notwendig macht.[144] Eine Ausnahme bilden hier jedoch - wie bereits dargelegt wurde - Ereignisse, die bei ihrem ersten Auftreten sehr viel Aufmerksamkeit und Interesse auf sich zogen. Sie sind unabhängig von der vergangenen Zeitspanne leichter verfügbar.[145]

Doch auch die aktuelle Stimmungslage nimmt Einfluß auf die Erinnerung an vergangene Ereignisse. So berichten Personen in positiver Stimmung häufiger und schneller über angenehme vergangene Erfahrungen und Ereignisse, während in einer eher niedergedrückten Stimmungslage negative Ereignisse besser erinnert werden.[146] Eine Kongruenz bzw. Übereinstimmung von aktueller und ehemaliger Stimmung begünstigt also die Erinnerung an das vergangene Ereignis. Somit nimmt auch die aktuelle Interviewsituation deutlichen Einfluß darauf, welche inhaltlichen Informationen gegeben werden, ob also eher die positiven oder negativen Aspekte eines Erlebnisses dargestellt werden. Dies weist wiederum auf die Notwendigkeit einer sorgfältigen Planung der Interviewsituation hin, da dadurch ein völlig unterschiedliches Bild des in Frage stehenden Ereignisses entstehen kann.

Abschließend ist somit festzustellen, daß - neben den dargestellten allgemeinen Prinzipien zur Vorgehensweise bei Interviews - bei Retrospektivbefragungen insbesondere auch Merkmale und Eigenheiten des autobiographischen Gedächtnisses zu berücksichtigen sind. Dabei geht es zum einen darum festzustellen, über welche Befragungsstrategien eine möglichst umfangreiche und veridikale Erinnerung an vergangene Ereignisse zu erreichen ist. Zum anderen müssen für die Einschätzung der Veridikalität der so erhaltenen Erinnerungen spezifische Erkenntnisse zur differentiellen Erinnerung unterschiedlicher Arten von Ereignissen berücksichtigt werden. So haben persönliche Ereignisse, die vergleichsweise gut erinnert werden, bestimmte Merkmale: sie sind einzigartig bzw. selten, unerwartet und emotional; wiederholte, alltägliche und triviale Ereignisse werden dagegen schlecht erinnert.[147]
Grundsätzlich handelt es sich bei der Erinnerung an Vergangenes weniger um einen Reproduktions- als vielmehr um einen Rekonstruktionsprozeß.[148] Im Gegensatz zu älteren Ansätzen, die annahmen, daß Erinnerungen ein direktes Abbild der erlebten Realität seien,[149] wobei es dann nur eine Frage des Zugangs ist, um an diese Erinnerungen 'heranzukommen', weiß man heute,

---

143 CONWAY (1990) S. 48 f.
144 Eine zusammenfassende Darstellung verschiedener Wiederauffindungsstrategien findet sich bei CONWAY (1990) S. 129 ff.
145 BADDELEY & HITCH (1977).
146 ROBINSON (1980), TEASDALE & FOGARTY (1979), SNYDER & WHITE (1982).
147 LINTON (1975, 1982), RUBIN & KOZIN (1984), SMITH (1952), WHITE (1982), (1988).
148 BARTLETT (1932), NEISSER (1967).
149 Vgl. z.B. FURLONG (1951), EARLE (1956) oder BROWN & KULIK (1977).

daß es sich bei Erinnerungen um Rekonstruktionen von Ereignissen handelt,[150] die damit auch von einer Reihe weiterer Faktoren beeinflußt werden. Berichte über mehr oder weniger lang zurückliegende Ereignisse beinhalten zu einem nicht zu unterschätzenden Anteil (unbewußte) Schlußfolgerungen und nicht selbst erlebte Fakten, durch die das tatsächlich Erlebte ergänzt wird. Rekonstruktionen finden dabei auf der Basis des eigenen Selbst-Schemas statt, mit dem die Erinnerungen in Einklang gebracht werden. Insofern können Erinnerungen nur sehr bedingt als veridikal angesehen werden. Zumindest muß in Abhängigkeit von der Art des erinnerten Ereignisses eine spezifische Einschätzung der Erinnerungsgenauigkeit vorgenommen werden. Dabei muß aber auch die Häufigkeit der aktiven Wiedererinnerung an das in Frage stehende Ereignis - sei es dadurch, daß darüber mit anderen Betroffenen kommuniziert wurde oder daß Medienberichte zu diesem Ereignis konsumiert wurden - in Rechnung gestellt werden.

Trotz all dieser Einschränkungen, die sich bei Retrospektivbefragungen grundsätzlich nicht vermeiden lassen, kann man dennoch zu dem Schluß kommen, daß Interviews mit sehr alten Personen - und darum dürfte es in der Regel in der Oral-History-Forschung gehen - keineswegs als wertlos angesehen werden müssen, sondern zum Teil einen erstaunlich hohen Grad an Fakten-Genauigkeit erreichen, so daß deren Lebensberichte einen wesentlichen Teil zur Erhellung einzelner Details aus der Vergangenheit beitragen können.[151] Berücksichtigt man sowohl die allgemeinen Regeln der Interviewgestaltung als auch psychologische Erkenntnisse über das autobiographische Gedächtnis, so bilden nicht nur explorativ-deskriptive, sondern insbesondere auch die bislang kaum eingesetzten analytischen Befragungen im Rahmen der Oral History ein bedeutendes Instrument zur Rekonstruktion der Vergangenheit.

---

150 BARCLAY (1986), NEISSER (1981, 1982a).
151 JOB (1983) S. 374.

Literaturverzeichnis

Baddeley, Alan D. & Hitch, Graham J. (1977): Recency re-examined, in: Attention and performance, Vol. 6, S. 647 - 667

Baddeley, Alan D., Lewis, Vivien & Nimmo-Smith, Ian (1978): "When did you last..?", in: Gruneberg, Morris & Sykes (Hgg.), 1978, London, S. 77 - 83

Bahrdt, Hans P. (1987): Autobiographische Methoden. Lebensverlaufforschung und Soziologie, in: Voges (Hg.), 1987, Opladen, S. 77 - 85

Baltes, Paul B. & Brim, Orville G. (Hgg.) (1982): Life-span development and behavior, Bd. 4, New York

Barclay, Craig R. (1986): Schematization of autobiographical memory, in: Rubin (Hg.), 1986, Cambridge, S. 82 - 99

Barclay, Craig R. & Wellman, Henry M. (1986): Accuracies and inaccuracies in autobiographical memories, in: Journal of Memory and Language, 25, S. 93 - 103

Barclay, Craig R. & Subramaniam, Gayatri R. (1987): Autobiographical memories and self-schemata, in: Applied Cognitive Psychology, 1, S. 169 - 182

Barclay, Craig R. (1988): Truth and accuracy in autobiographical memory, in: Gruneberg, Morris & Sykes (Hgg.), 1988, Bd. 1, Chichester, S. 289 - 294

Barclay, Craig R. & DeCooke, Peggy A. (1988): Ordinary everyday memories: some of the things of which selves are made, in: Neisser & Winograd (Hgg.), 1988, New York, S. 91 - 125

Barsalou, Lawrence W. (1988): The content and organization of autobiographical memories, in: Neisser & Winograd (Hgg.), 1988, New York, S. 193 - 243

Bartlett, Frederic C. (1932): Remembering. A study in experimental and social psychology, Cambridge

Bem, Daryl J. & McConnell, H. Keith (1970): Testing the self-perception explanation of dissonance phenomena: On the salience of premanipulation attitudes, in: Journal of Personality and Social Psychology, 14, S. 23 - 31

Bernard, Russell H., Killworth, Peter, Kronenfeld, David & Sailer, Lee (1984): The problem of informant accuracy: The validity of retrospective data, in: Annual Review of Anthropology, 13, S. 495 - 517

Bertaux, Daniel & Kohli, Martin (1984): The life story approach: A continental view, in: Annual Review of Sociology, 10, S. 215 - 237

Best, Heinrich & Mann, Reinhard (Hgg.) (1977): Quantitative Methoden in der historisch-sozialwissenschaftlichen Forschung, Stuttgart

Bohannon, John N. (1988): Flashbulb memories for the Space Shuttle disaster: A tale of two theories, in: Cognition, 29, S. 179 - 196

Bortz, Jürgen (1984): Lehrbuch der empirischen Forschung für Sozialwissenschaftler, Berlin

Botz, Gerhard (1988): Neueste Geschichte zwischen Quantifizierung und 'Mündlicher Geschichte'. Überlegungen zur Konstituierung einer sozialwissenschaftlichen Zeitgeschichte von neuen Quellen und Methoden her, in: Botz, Fleck, Müller & Thaller (Hgg.), 1988, Frankfurt a. M./New York, S. 13 - 42

Botz, Gerhard, Fleck, Christian, Müller, Albert & Thaller, Manfred (Hgg.) (1988): 'Qualität und Quantität'. Zur Praxis der Methoden der Historischen Sozialwissenschaft, Frankfurt a. M./New York

Brenner, Michael (1985): Survey interviewing, in: Brenner, Brown & Canter (Hgg.), 1985, London, S. 9 - 36

Brenner, Michael, Brown, Jason & Canter, David (Hgg.) (1985): The research interview. Uses and approaches, London

Brewer, William F. (1986): What is autobiographical memory? in: Rubin (Hg.), 1986, Cambridge

Brewer, William F. (1988): Qualitative analysis of the recalls of randomly sampled autobiographical events, in: Gruneberg, Morris & Sykes (Hgg.), 1988, Bd. 1, Chichester, S. 263 - 268

Broszat, Martin (1954): Massendokumentation als Methode zeitgeschichtlicher Forschung, in: Vierteljahresschrift für Zeitgeschichte, 2, S. 202 - 213

Brown, Norman R., Rips, Lance J. & Shevell, Steven K. (1985): The subjective dates of natural events in very-long-term memory, in: Cognitive Psychology, 17, S. 139 - 177

Brown, Norman R., Rips, Lance J. & Shevell, Steven K. (1986): Public memories and their personal context, in: Rubin (Hg.), 1986, Cambridge, S. 137 - 158

Brown, Roger & Kulik, James (1977): Flashbulb memories, in: Cognition, 5, S. 73 - 99

Brüggemeier, Franz-Josef (1984): Traue keinem über sechzig? Entwicklungen und Möglichkeiten der Oral History in Deutschland, in: Geschichtsdidaktik, 9, S. 199 - 210

Brüggemeier, Franz-Josef & Wierling, Dorothee (1986): Einführung in die Oral History, Fernuniversität Hagen: Fachbereich Erziehungs- und Sozialwissenschaften, Hagen

Brüggemeier, Franz-Josef (1987): Aneignung vergangener Wirklichkeit - Der Beitrag der Oral History, in: Voges (Hg.), 1987, Opladen, S. 145 - 169

Bryman, Alan (1988): Quantity and Quality in social research, London

Cantor, Nancy & Kihlstrom, John F. (Hgg.) (1980): Personality, cognition, and social interaction, Hillsdale, N.J.

Cohen, Gillian & Faulkner, Dorothy (1988): Life span changes in autobiographical memory, in: Gruneberg, Morris & Sykes (Hgg.), 1988, Bd. 1, Chichester, S. 277 - 288

Cohler, Bertram J. (1982): Personal narrative and life course, in: Baltes & Brim (Hgg.), 1982, Bd. 4, New York, S. 206 - 224

Conway, Martin A. (1990): Autobiographical memory, Milton Keynes

Cook, Thomas D., Bean, James R., Calder, Bobby J., Frey, Robert, Krovetz, Martin L. & Reisman, Stephen R. (1970): Demand characteristics and three conceptions of the frequently deceived subject, in: Journal of Personality and Social Psychology, 14, S. 185 - 194

Crano, William D. & Brewer, Marilynn B. (1975): Einführung in die sozialpsychologische Forschung, Methoden und Prinzipien, Köln

Earle, William (1956): Memory, in: Review of Metaphysics, 10, S. 3 - 27

Ebbinghaus, Hermann (1885): Über das Gedächtnis. Untersuchungen zur experimentellen Psychologie, Leipzig

Erbslöh, Eberhard & Wiendieck, Gerd (1974): Der Interviewer, in: Koolwijk & Wieken-Mayser (Hgg.), 1974, Bd. 4, München, S. 83 - 106

Esser, Hartmut (1974): Der Befragte, in: Koolwijk & Wieken-Mayser (Hgg.), 1974, Bd. 4, München, S. 107 - 145

Esser, Hartmut (1975): Soziale Regelmäßigkeiten des Befragtenverhaltens, Meisenheim am Glan

Esser, Hartmut (1984): Determinanten des Interviewer- und Befragtenverhaltens: Probleme der theoretischen Erklärung und empirischen Untersuchung von Interviewereffekten, in: Mayer & Schmidt (Hgg.), 1984, Frankfurt, S. 26 - 71

Field, Jean B. (1955): The effects of praise in a public opinion poll, in: Public Opinion Quarterly, 19, S. 85 - 91

Fillenbaum, Samuel (1966): Prior deception and subsequent experimental performance: The "faithful" subject, in: Journal of Personality and Social Psychology, 4, S. 532 - 537

Fishbein, Martin (Hg.) (1980): Progress in social psychology, Bd. 1, Hillsdale, N. J.

Fisher, Harwood (1950): Interviewer bias in the recording operation, in: International Journal of Opinion and attitude research, 4, S. 391 - 411

Fleck, Christian (1988): Datengenese als Interpretationsproblem qualitativer Studien, in: Botz, Fleck, Müller & Thaller (Hgg.), 1988, Frankfurt a. M./New York, S. 211 - 238

Fowler, Floyd J. Jr. (1984): Survey research methods, Beverly Hills

Fowler, Floyd J. Jr. & Mangione, Thomas W. (1990): Standardized survey interviewing. Minimizing interviewer-related error, Newbury Park

Frey, Dieter & Greif, Siegfried (Hgg.) (1983): Sozialpsychologie. Ein Handbuch in Schlüsselbegriffen, München

Friedman, William J. & Wilkins, Arnold J. (1985): Scale effects in memory for the time of events, in: Memory and Cognition, 13, S. 168 - 175

Friedrichs, Jürgen (1973): Methoden empirischer Sozialforschung, Reinbek

Fuchs, Werner (1984): Biographische Forschung. Eine Einführung in Praxis und Methoden, Opladen

Furlong, Edmund J. (1951): A study in memory, London

Gerdes, Klaus (1979): Explorative Sozialforschung, Stuttgart

Gniech, Gisela (1976): Störeffekte in psychologischen Experimenten, Stuttgart

Goethals, George R. & Reckman, Richard F. (1973): The perception of consistency in attitudes, in: Journal of Experimental Social Psychology, 9, S. 491 - 501

Goethals, George R. & Frost, Marnie (1978): Value change and the recall of earlier values, in: Bulletin of the Psychonomic Society, 11, S. 73 - 74

Gordon, Robert M. (1987): Interviewing. Strategy technique and tactics, Chicago, Ill.

Gruneberg, Michael M., Morris, Peter E. & Sykes, Robert N. (Hgg.) (1978): Practical aspects of memory, London

Gruneberg, Michael M., Morris, Peter E. & Sykes, Robert N. (Hgg.) (1988): Practical aspects of memory: Current research and issues, Bd. 1: Memory in everyday life, Chichester

Hendrick, Clyde & Clark, Margaret S. (Hgg.) (1990): Research methods in personality and social psychology, Newbury Park

Hippler, Hans-Jürgen, Schwarz, Norbert & Sudman, Seymour (Hgg.) (1987): Social information processing and survey methodology, New York

Hyman, Herbert H. with Cobb, William J., Feldman, Jacob J., Hart, Clyde W. & Stember, Charles H. (1954): Interviewing in social research, Chicago, Ill.

Hyman, Herbert H. (1955): Survey design and analysis principles. Cases and procedures, Glencoe

Irle, Martin (1975): Lehrbuch der Sozialpsychologie, Göttingen

Jabine, Thomas B., Straf, Miron L., Tanur, Judith M. & Tourangeau, Roger (Hgg.) (1984): Cognitive aspects of survey methodology: Building a bridge between disciplines, Washington, D.C.

Job, Eena M. (1983): Retrospective life span analysis: A method for studying extreme old age, in: Journal of Gerontology, 38, S. 369 - 374

Johnson, Marcia K., Foley, Mary A., Suengas, Aurora G. & Raye, Carol L. (1988): Phenomenal characteristics of memories for perceived and imagined autobiographical events, in: Journal of Experimental Psychology: General, 117, S. 371 - 376

Kahneman, Daniel & Tversky, Amos (1971): Subjective probability: A judgement of representativeness, in: Cognitive Psychology, 3, S. 430 - 454

Kahneman, Daniel & Tversky, Amos (1973): On the psychology of prediction, in: Psychological Review, 80, S. 237 - 251

Köhnken, Günter (1987): Nachträgliche Informationen und die Erinnerung komplexer Sachverhalte - Empirische Befunde und theoretische Kontroversen, in: Psychologische Rundschau, 38, S. 190 - 203

König, René (Hg.) (1952): Praktische Sozialforschung. Formen - Technik - Auswertung, Dortmund und Zürich

König, René (Hg.) (1957): Das Interview. Formen - Technik - Auswertung, Köln

König, René (Hg.) (1967a): Handbuch der empirischen Sozialforschung, Bd. 2: Grundlegende Methoden und Techniken, Erster Teil, Stuttgart

König, René (Hg.) (1967b): Handbuch der empirischen Sozialforschung, Bd. 2: Grundlegende Methoden und Techniken, Zweiter Teil, Stuttgart

Koolwijk, Jürgen van & Wieken-Mayser, Maria (Hgg.) (1974): Techniken der empirischen Sozialforschung, Bd. 4: Erhebungsmethoden: Die Befragung, München

Kreutz, Henrik & Titscher, Stefan (1974): Die Konstruktion von Fragebögen, in: Koolwijk, & Wieken-Mayser (Hgg.), 1974, Bd. 4, München ,S. 24-82

Lamnek, Siegfried (1988): Qualitative Sozialforschung, Bd. 1: Methodologie, München

Lamnek, Siegfried (1989): Qualitative Sozialforschung, Bd. 2: Methoden und Techniken, München

Larsen, Steen F. (1988): Remembering without experiencing: Memory for reported events, in: Neisser & Winograd (Hgg.), 1988, New York, S. 326 - 355

Lehmann, Albrecht (1991): Im Fremden ungewollt zuhaus. Flüchtlinge und Vertriebene in Westdeutschland 1945 - 1990, München

Leyens, Jacques-Philippe & Codol, Jean-Paul (1990): Soziale Informationsverarbeitung, in: Stroebe, Hewstone, Codol & Stephenson (Hgg.), 1990, Berlin, S. 89 - 111

Linton, Marigold (1975): Memory for real-world events, in: Norman & Rumelhart (Hgg.), 1975, San Francisco, S. 376 - 404

Linton, Marigold (1982): Transformations of memory in everyday life, in: Neisser (Hg.), 1982, San Francisco, S. 77 - 91

Lisch, Ralf & Kriz, Jürgen (1978): Grundlagen und Modelle der Inhaltsanalyse, Reinbek

Loftus, Elisabeth F. & Marburger, Wesley (1983): Since the eruption of Mt. St. Helen, has anyone beaten you up?, in: Memory and Cognition, 11, S. 114 - 120

Loftus, Elisabeth F. & Fathi, David C. (1985): Retrieving multiple autobiographical memories, in: Social Cognition, 3, S. 280 - 295

Maher, B. A. (Hg.) (1964): Progress in experimental personality research, Vol. 1, New York

Markus, Hazel & Sentis, Keith (1980): The self in social information processing, in: Suls (Hg.), 1980, Hillsdale, N.J., S. 41 - 70

Masling, Joseph M. (1966): Role-related behavior of the subject and psychologist and its effects upon psychological data, in: Nebraska Symposium on Motivation, 14, S. 67 - 103

Mayer, Karl U. & Schmidt, Peter (Hgg.) (1984): Allgemeine Bevölkerungsumfrage der Sozialwissenschaften. Beiträge zu methodischen Problemen des ALLBUS 1980, Frankfurt

Mayer, Karl U. (1987): Lebenslaufforschung, in: Voges (Hg.), 1987, Opladen, S. 51 - 73

McMahon, Arthur W. & Rhudick, Paul J. (1964): Reminiscing: Adaptional significance in the aged, in: Archives of General Psychiatry, 10, S. 292 - 298

Middleton, David & Edwards, Derek (Hgg.) (1990): Collective Remembering, London

Mostyn, Barbara (1985): The content analysis of qualitative research data: A dynamic approach, in: Brenner, Brown & Canter (Hgg.), 1985, London, S. 115 - 145

Mullen, Brian & Goethals, George R. (Hgg.): Theories of Group Behavior, New York

Mummendey, Hans D. (1990): Psychologie der Selbstdarstellung, Göttingen

Neisser, Ulric (1967): Cognitive psychology, New York

Neisser, Ulric (1981): John Dean's memory. A case study, in: Cognition, 9, S. 1 - 22

Neisser, Ulric (1982a): Snapshots or benchmarks?, in: Ders. (Hg.), 1982b, San Francisco, S. 43 - 48

Neisser, Ulric (Hg.) (1982b): Memory observed - Remembering in natural contexts, San Francisco

Neisser, Ulric & Winograd, Eugene (Hgg.) (1988): Remembering reconsidered: ecological and traditional approaches to the study of memory, New York

Niethammer, Lutz (Hg.) (1983): 'Die Jahre weiß man nicht, wo man die heute hinsetzen soll.' Faschismus-Erfahrungen im Ruhrgebiet (= Lebensgeschichte und Sozialkultur im Ruhrgebiet, Bd. 1), Berlin/Bonn

Niethammer, Lutz (1985): Fragen - Antworten - Fragen. Methodische Erfahrungen und Erwägungen zur Oral History, in: Niethammer & Plato (Hgg.), 1985, Berlin/Bonn, S. 392 - 445

Niethammer, Lutz & Plato, Alexander von (Hgg.) (1985): "Wir kriegen jetzt andere Zeiten". Auf der Suche nach der Erfahrung des Volkes in nachfaschistischen Ländern (= Lebensgeschichte und Sozialkultur im Ruhrgebiet 1930 bis 1960, Bd. 3), Berlin/Bonn

Niethammer, Lutz (1987): Flucht ins Konventionelle? Einige Randglossen zu Forschungsproblemen der deutschen Nachkriegsmigration, in: Schulze, Brelie-Lewien & Grebing (Hgg.), 1987, S. 316 - 322, Hildesheim

Nisbett, Richard & Ross, Lee (1980): Human Inference: Strategies and shortcomings of social judgement, Englewood Cliffs, N.J.

Norman, Donald A. & Rumelhart, David E. (Hgg.) (1975): Explorations in cognition, San Francisco

Orne, Martin T. (1962): On the social psychology of the psychological experiment: With particular reference to demand characteristics and their implications, in: American Psychologist, 17, S. 776 - 783

Pillemer, David B. (1984): Flashbulb memories of the assassination attempt on President Reagan, in: Cognition, 16, S. 63 - 80

Pillemer, David B., Rinehart, E. D. & White, Sheldon H. (1986): Memories of life transitions: The first year in college, in: Human Learning, 5, S. 109 - 123

Pillemer, David B., Goldsmith, Lynn R., Panter, Abigail T. & White, Sheldon H. (1988): Very long-term memories of the first year in college, in: Journal of Experimental Psychology: Learning, Memory and Cognition, 14, S. 709 - 715

Plato, Alexander von (1985): Fremde Heimat. Zur Integration von Flüchtlingen und Einheimischen in die Neue Zeit, in: Niethammer & Plato (Hgg.), 1985, Berlin/Bonn, S. 172 - 219

Plato, Alexander von (1991a): Oral History als Erfahrungswissenschaft. Zum Stand der "mündlichen Geschichte" in Deutschland, in: BIOS, Zeitschrift für Biographieforschung und Oral History, 4, S. 97 - 119

Plato, Alexander von (1991b): "Wir leben auch unter keinem anderen Stern wie ihr." Eine erfahrungsgeschichtliche Untersuchung mit Umgesiedelten in der SBZ und in der DDR, in: Plato & Meinicke (Hgg.), 1991, Berlin, S. 83 - 265

Plato, Alexander von & Meinicke, Wolfgang (Hgg.) (1991): Alte Heimat - neue Zeit. Flüchtlinge, Umgesiedelte, Vertriebene in der Sowjetischen Besatzungszone und in der DDR, Berlin

Robinson, John A. (1980): Affect and retrieval of personal memories, in: Motivation and Emotion, 4, S. 149 - 174

Robinson, John A. (1986): Temporal reference systems and autobiographical memory, in: Rubin (Hg.), 1986, Cambridge, S. 159 - 190

Rogers, T. B. (1980): A model of the self as an aspect of the human information processing system, in: Cantor & Kihlstrom (Hgg.), 1980, Hillsdale, N.J., S. 193 - 214

Rohrmann, Bernd (1978): Empirische Studien zur Entwicklung von Antwortskalen für die sozialwissenschaftliche Forschung, in: Zeitschrift für Sozialpsychologie, 9, S. 222 - 245

Rosenberg, Milton J. (1969): The conditions and consequences of evaluation apprehension, in: Rosenthal & Rosnow (Hgg.), 1969, New York, S. 279 - 349

Rosenthal, Robert (1964): The effects of the experimenter on the results of psychological research, in: Maher, B. A. (Hg.), 1964

Rosenthal, Robert & Rosnow, Ralph L. (Hgg.) (1969): Artifact in behavioral research, New York

Rosenthal, Robert & Rosnow, Ralph L. (1975): The volunteer subject, New York

Rosenthal, Robert & Rosnow, Ralph L. (1984): Essentials of behavioral research. Methods and data analysis, New York

Ross, Michael & Conway, Michael (1986): Remembering one's own past: The construction of personal histories, in: Sorrentino & Higgins (Hgg.), 1986, New York, S. 122 - 144

Ross, Michael (1989): Relation of implicit theories to the construction of personal histories, in: Psychological Review, 96, S. 341 - 357

Rubin, David C. & Kozin, Marc (1984): Vivid memories, in: Cognition, 16, S. 81 - 95

Rubin, David C. (Hg.) (1986): Autobiographical memory, Cambridge

Schanz, Volker & Schmidt, Peter (1984): Interviewsituation, Interviewermerkmale und Reaktionen von Befragten im Interview: Eine multivariate Analyse, in: Mayer & Schmidt (Hgg.), 1984, Frankfurt, S. 72 - 113

Scheuch, Erwin K. (1967a): Auswahlverfahren in der Sozialforschung, in: König (Hg.), 1967b, Bd. 2, Stuttgart, S. 1 - 96

Scheuch, Erwin K. (1967b): Das Interview in der Sozialforschung, in: König (Hg.), 1967a, Bd. 2, Stuttgart, S. 66 - 190

Schieder, Theodor (1954/61): Dokumentation der Vertreibung der Deutschen aus Ost-Mitteleuropa, (5 Bde.), Bonn

Schulze, Rainer, Brelie-Lewien, Doris von der & Grebing, Helga (Hgg.) (1987): Flüchtlinge und Vertriebene in der westdeutschen Nachkriegsgeschichte. Bilanzierung der Forschung und Perspektiven für die künftige Forschungsarbeit, Hildesheim

Schwarz, Norbert, Hippler, Hans-Jürgen, Deutsch, Brigitte & Strack, Fritz (1985): Response categories: Effects on behavioral reports, in: Public Opinion Quarterly, 49, S. 388 - 395

Schwarz, Norbert (1990): Assessing frequency reports of mundane behaviors. Contributions of cognitive psychology to questionnaire construction, in: Hendrick & Clark (Hgg.), 1990, Newbury Park, S. 98 - 119.

Schwarz, Norbert, Knäuper, Bärbel, Hippler, Hans-Jürgen, Noelle-Neumann, Elisabeth & Clark, Leslie (1991): Rating scales: Numeric values may change the meaning of scale labels, in: Public Opinion Quarterly, 55, S. 499 - 533

Schwarz, Norbert & Sudman, Seymour (Hgg.) (1992): Context effects in social and psychological research, New York

Sherif, Muzafer & Hovland, Carl I. (1961): Social judgement - Assimilation and contrast effects in communication and attitude change (= Yale Studies in attitude and communication, Vol. 3), New Haven, Connect.

Smith, Harry L. & Hyman, Herbert H. (1950): The biasing effect of interviewer expectations on survey results, in: Public Opinion Quarterly, 14, S. 491 - 506

Smith, Madorah E. (1952): Childhood memories compared with those of adult life, in: The Journal of Genetic Psychology, 80, S. 151 - 182

Smith, Tom W. (1984): Recalling attitudes: An analysis of retrospective questions on the 1982 GSS, in: Public Opinion Quarterly, 48, S. 639 - 649

Snyder, Marc & White, Phyllis (1982): Moods and memories: Elation, depression, and the remembering of the events of one's life, in: Journal of Personality, 50, S. 149 - 167

Sorrentino, Richard M. & Higgins, Edward T. (Hgg.) (1986): Handbook of motivation and cognition, New York

Stöckle, Frieder (1990): Zum praktischen Umgang mit Oral History, in: Vorländer (Hg.), 1990, Göttingen, S. 131 - 158

Strack, Fritz (1992): "Order effects" in survey research. Activation and information functions of preceding questions, in: Schwarz & Sudman (Hgg.), 1992, New York, S. 23 - 34

Stroebe, Wolfgang, Hewstone, Miles, Codol, Jean-Paul & Stephenson, Geoffrey M. (Hgg.) (1990): Sozialpsychologie. Eine Einführung, Berlin

Sudman, Seymour & Bradburn, Norman M. (1982): Asking questions, San Francisco

Suls, Jerry (Hg.) (1980): The self in social psychology, Hillsdale, N.J.

Teasdale, John D. & Fogarty, Sarah J. (1979): Differential effects of induced mood on retrieval of pleasant and unpleasant events from episodic memory, in: Journal of Abnormal Psychology, 88, S. 248 - 257

Tourangeau, Roger (1984): Cognitive sciences and survey methods, in: Jabine, Straf, Tanur & Tourangeau (Hgg.), 1984, Washington, D.C., S. 73 - 100

Tversky, Amos & Kahneman, Daniel (1973): Availability: A heuristic for judging frequency and probability, in: Cognitive Psychology, 5, S. 207 - 232

Tversky, Amos & Kahneman, Daniel (1974): Judgement under uncertainty: Heuristics and biases, in: Science, 85, S. 1124 - 1131

Tversky, Amos & Kahneman, Daniel (1980): Causal schemas in judgements under uncertainty, in: Fishbein (Hg.), 1980, Bd. 1, Hillsdale, N. J., S. 49 - 72

Voges, Wolfgang (Hg.) (1978): Methoden der Biographie- und Lebenslaufforschung, Opladen

Vorländer, Herwart (1990): Mündliches Erfragen von Geschichte, in: Vorländer (Hg.), 1990, Göttingen, S. 7 - 28

Vorländer, Herwart (Hg.) (1990): Oral History. Mündlich erfragte Geschichte, Göttingen

Wagenaar, Willem A. (1988): People and places in my memory: A study on cue specificity and retrieval from autobiographical memory, in: Gruneberg, Morris & Sykes (Hgg.), 1988, Bd. 1, Chichester, S. 228 - 232

Webb, Eugene J., Campbell, Donald T., Schwartz, Richard D. & Sechrest, Lee (1975): Nichtreaktive Meßverfahren, Weinheim (Titel der Originalausgabe: Unobtrusive measures. Nonreactive research in the social sciences, Chicago 1966)

Wegner, Daniel M. (1987): Transactive memory: A contemporary analysis of the group mind, in: Mullen & Goethals (Hgg.), 1987, New York, S. 185 - 208

White, Richard T. (1982): Memory for personal events, in: Human Learning, 1, S. 171 - 183

Whitten, William B. & Leonard, Janet M. (1981): Directed search through autobiographical memory, in: Memory and Cognition, 9, S. 566 - 579

Zentrum für Umfragen, Methoden und Analysen (Hg.) (1983): ZUMA-Handbuch Sozialwissenschaftlicher Skalen (3 Bde.), Mannheim